中国近代纺织服饰出版史
（1891—1949）

吴川灵 施敏俊 徐建红 著

中国纺织出版社有限公司

内容提要

中国近代纺织服饰报刊和图书作为近代纺织服饰出版史料，对于研究中国近代纺织工业、纺织科技以及纺织教育等具有重要的学术价值和史料价值。本书对中国近代纺织服饰出版史料进行了搜集和整理，在此基础上分析了近代纺织服饰出版业各个历史时期的发展状况，并对纺织服饰期刊、报纸、图书做了分类整理和特色分析，论述了出版史料的地域分布、出版机构、出版人物，以及近代纺织服饰出版的历史作用和现实意义。

中国近代纺织服饰出版史是中国近代纺织史的细分领域。本书是《中国近代纺织史》相关内容的深入和拓展，可作为纺织服装史教学和研究人员、纺织行业管理和技术人员、相关专业师生的参考书。

图书在版编目（CIP）数据

中国近代纺织服饰出版史：1891—1949 / 吴川灵，施敏俊，徐建红著. -- 北京：中国纺织出版社有限公司，2024.9. -- ISBN 978-7-5229-1848-8

Ⅰ.G239.29

中国国家版本馆 CIP 数据核字第 2024FG5195 号

ZHONGGUO JINDAI FANGZHI FUSHI CHUBANSHI

责任编辑：范雨昕　孔会云　　特约编辑：由笑颖
责任校对：高　涵　　　　　　责任印制：王艳丽

中国纺织出版社有限公司出版发行
地址：北京市朝阳区百子湾东里 A407 号楼　邮政编码：100124
销售电话：010—67004422　传真：010—87155801
http://www.c-textilep.com
中国纺织出版社天猫旗舰店
官方微博 http://weibo.com/2119887771
北京华联印刷有限公司印刷　各地新华书店经销
2024 年 9 月第 1 版第 1 次印刷
开本：710×1000　1/16　印张：29.75
字数：450 千字　定价：188.00 元

凡购本书，如有缺页、倒页、脱页，由本社图书营销中心调换

自序

中国近代的报刊和图书，曾在中国近代发展史上起着极其重要的作用，是后人研究中国近代社会政治、经济、思想、文化、科学的重要载体。中国近代纺织服饰报刊和图书作为近代纺织出版史料，对于研究中国近代纺织工业、纺织科技以及纺织教育等具有重要的学术价值和史料价值，同时也是研究中国近代社会的重要文献。据统计，中国近代纺织服饰报刊有300余种，图书有1500余种。这些纺织服饰出版史料，全方位地记录了中国近代纺织工业的兴起、纺织科技的进步、纺织贸易的兴衰、纺织教育的发展等。对这些史料的整理和发掘，为全面了解中国近代纺织史提供了帮助。

1997年出版的《中国近代纺织史》，集诸多前辈专家之力，对中国近代纺织工业做了全面的论述，是研究中国近代纺织史的集大成之作。该书也涉及纺织服饰出版物。作者以此为基础，针对纺织服饰出版这个点进行展开和研究，其中一些概念、范围的确定等都源于此书。所以，毫不夸张地说，我们是站在前辈的肩膀上做了一点工作。

本书的作者毕业于中国纺织大学（现东华大学）的纺织服饰相关专业，现在又从事与报刊、图书相关的出版与图书馆工作。出于对纺织事业的热爱，多年来我们在中国近代纺织服饰出版史料的搜集、整理和研究方面做了一些工作，以后还将继续下去，为我国近代纺织史的深入研究尽绵薄之力。

感谢上海市哲学社会科学规划办公室批准了我们于2020年申报的与本

书内容相关的上海市哲学社会科学规划课题，这是对我们的鞭策和鼓励。感谢中国国家图书馆、上海图书馆、南京图书馆、重庆图书馆、东华大学图书馆提供了相关史料的文字介绍和图片。感谢东华大学和中国纺织出版社有限公司在本书的出版过程中给予的支持。

著者

2023年12月15日

目 录

绪 论 ·· 001

 一、中国近代纺织服饰出版业的形成背景 ······························ 001

 二、中国近代纺织服饰出版业的范畴 ····································· 001

 三、中国近代纺织服饰出版业的历史分期与出版数量 ·············· 003

 四、中国近代纺织服饰出版业的研究进展 ······························ 004

 五、中国近代纺织服饰出版的历史作用 ································· 006

 六、中国近代纺织服饰出版的现实意义 ································· 008

·发展篇·

第一章 中国近代纺织服饰出版业的发轫（1891—1919） ············ 015

 一、《纺织机器图说》等拉开近代纺织服饰出版的序幕 ············ 015

 二、丝业期刊崭露头角 ·· 016

 三、发轫期纺织服饰出版业统计数据 ····································· 017

 四、发轫期重要的纺织服饰出版物 ·· 022

 五、发轫期纺织服饰出版业分析 ··· 022

第二章 中国近代纺织服饰出版业的成长（1920—1936）·················024

  一、国人开始编撰纺织技术图书·················024
  二、棉业和纺织染报刊后来居上·················025
  三、成长期纺织服饰出版业统计数据·················026
  四、成长期重要的纺织服饰出版物·················031
  五、成长期纺织服饰出版业分析·················032

第三章 中国近代纺织服饰出版业的曲折（1937—1949）·················033

  一、全面抗战时期纺织服饰出版业的凋零·················033
  二、抗战胜利后纺织服饰出版业的波动·················034
  三、曲折期纺织服饰出版业统计数据·················035
  四、曲折期重要的纺织服饰出版物·················039
  五、曲折期纺织服饰出版业分析·················040

·期刊篇·

第四章 中国近代纺织服饰期刊分类与特色·················043

  一、中国近代纺织服饰期刊的种类·················043
  二、中国近代纺织服饰期刊的出版内容和数量分布·················044
  三、中国近代纺织服饰期刊的出版机构分布·················044
  四、中国近代纺织服饰期刊的出版时间分布·················045
  五、中国近代纺织服饰期刊的出版地分布·················046
  六、中国近代纺织服饰期刊特色分析·················047

第五章 中国近代丝业期刊的发展·················049

  一、中国近代丝业期刊的发展脉络·················049
  二、中国近代重要的丝业期刊·················052
  三、中国近代代表性丝业期刊《中国蚕丝》·················065
  四、中国近代丝业期刊特色分析·················066

第六章　中国近代棉业期刊的发展············069
- 一、中国近代棉业期刊的发展脉络············069
- 二、中国近代重要的棉业期刊············072
- 三、中国近代代表性棉业期刊《中华棉产改进会月刊》············086
- 四、中国近代棉业期刊特色分析············088

第七章　中国近代纺织染期刊的发展············090
- 一、中国近代纺织染期刊的发展脉络············090
- 二、中国近代重要的纺织染期刊············093
- 三、中国近代代表性纺织染期刊《纺织周刊》············120
- 四、中国近代纺织染期刊特色分析············122

第八章　中国近代服饰期刊的发展············124
- 一、中国近代服饰期刊的发展脉络············124
- 二、中国近代重要的服饰期刊············125
- 三、中国近代代表性服饰期刊《装束美》············134
- 四、中国近代服饰期刊特色分析············136

第九章　中国近代刊载服饰时尚信息的其他期刊的发展············138
- 一、中国近代刊载服饰时尚信息的其他期刊的发展脉络············138
- 二、中国近代刊载服饰时尚信息的其他重要期刊············144
- 三、中国近代代表性刊载服饰时尚信息的其他期刊《良友》············153
- 四、中国近代刊载服饰时尚信息的其他期刊特色分析············155

· 报纸篇 ·

第十章　中国近代纺织服饰报纸分类与特色············159
- 一、中国近代纺织服饰报纸的种类············159
- 二、中国近代纺织服饰报纸的出版内容和数量分布············159

三、中国近代纺织服饰报纸的出版机构分布 …………………………… 160

四、中国近代纺织服饰报纸的出版时间分布 …………………………… 160

五、中国近代纺织服饰报纸特色分析 …………………………………… 161

第十一章　中国近代纺织报纸的发展 …………………………………… 163

一、中国近代纺织报纸的发展脉络 ……………………………………… 163

二、中国近代重要的纺织报纸 …………………………………………… 164

三、中国近代代表性纺织报纸《纺织时报》…………………………… 169

四、中国近代纺织报纸特色分析 ………………………………………… 171

第十二章　中国近代服饰报纸的发展 …………………………………… 173

一、中国近代服饰报纸的发展脉络 ……………………………………… 173

二、中国近代重要的服饰报纸 …………………………………………… 174

三、中国近代代表性服饰报纸《衣食住行周刊》……………………… 180

四、中国近代服饰报纸特色分析 ………………………………………… 181

·图书篇·

第十三章　中国近代纺织服饰图书分类与特色 ………………………… 185

一、中国近代纺织服饰图书的种类 ……………………………………… 185

二、中国近代纺织服饰图书的出版内容和数量分布 …………………… 186

三、中国近代纺织服饰图书的作者分布 ………………………………… 186

四、中国近代纺织服饰图书的出版机构分布 …………………………… 187

五、中国近代纺织服饰图书的出版时间分布 …………………………… 188

六、中国近代纺织服饰图书的出版地分布 ……………………………… 191

七、中国近代纺织服饰图书特色分析 …………………………………… 191

第十四章　中国近代纺织图书的发展 …………………………………… 195

一、中国近代纺织图书的发展脉络 ……………………………………… 195

二、中国近代重要的纺织图书 …………………………………………… 196

三、中国近代代表性纺织图书《纺织机器图说》……252
　　四、中国近代纺织图书特色分析……255

第十五章　中国近代服饰图书的发展……257
　　一、中国近代服饰图书的发展脉络……257
　　二、中国近代重要的服饰图书……263
　　三、中国近代代表性服饰图书《雪宧绣谱》……279
　　四、中国近代服饰图书特色分析……280

·专题篇·

第十六章　中国近代纺织服饰出版史料的地域分布……285
　　一、出版史料数量的地域分布……285
　　二、有影响出版史料的地域分布……289
　　三、出版史料地域分布的特点……291
　　四、上海是中国近代纺织工业和时尚业中心的出版史料佐证……292

第十七章　中国近代纺织服饰出版机构……294
　　一、出版机构种类及其出版物……294
　　二、著名机构的纺织服饰出版活动……303
　　三、出版机构分析……311

第十八章　中国近代纺织服饰出版人物……316
　　一、出版人物分类及其出版物……316
　　二、著名人物的纺织服饰出版活动……318
　　三、出版人物分析……325

· 图录篇 ·

第十九章　中国近代重要的纺织服饰报刊图录 ·················· 329
  一、纺织报刊图录 ·· 329
  二、服饰报刊图录 ·· 349

第二十章　中国近代重要的纺织服饰图书图录 ·················· 369
  一、纺织图书图录 ·· 369
  二、服饰图书图录 ·· 375

参考文献 ·· 379

附　录 ··· 395
  附录一　中国近代大部分纺织服饰报刊目录 ·················· 395
  附录二　中国近代大部分纺织服饰图书目录 ·················· 409

后　记 ··· 459

绪　论

一、中国近代纺织服饰出版业的形成背景

1. 近代纺织业的发展

19世纪70年代末，中国开始引进欧洲的技术装备和技术人员，仿照欧洲工厂的生产形式创办近代纺织工厂。1878年，左宗棠筹设甘肃织呢局；同年，李鸿章筹设上海机器织布局；1888年，张之洞筹设湖北织布局。在这些洋务运动创办的近代工业企业之后，一批民族资本兴办的纺织工厂陆续出现[①]。自此，以动力机器为特征的机器纺织工业时代到来了。随着新型纺织技术的运用，迫切需要传媒和出版物进行相应的宣传、推广和知识传播。

2. 近代出版业的发展

出版业的主要载体是报刊和图书。中国近代出版业的形成是以报刊为特色的。19世纪期刊由西方传入中国，曾在中国近代发展史上起着极其重要的作用，它是后人研究中国近代社会政治、经济、思想、文化、科学的一个重要载体。第一份中文期刊是1815年创刊于马来半岛西岸马六甲的《察世俗每月统记传》[②]，中国本土的第一份期刊是1833年普鲁士传教士郭士立在广州创办的《东西洋考每月统记传》[③]。随后，各种内容的中文报刊开始诞生并越来越多。

正是在中国近代纺织业发展和出版业西风东渐的背景下，中国近代纺织服饰出版业应运而生。包括报刊和图书的纺织服饰出版物，以一种全新的编辑、印刷和发行方式进行传播。这些出版物对于研究中国近代纺织工业、纺织科技以及纺织教育等具有重要的学术价值和史料价值，同时也是研究中国近代社会的重要文献。

二、中国近代纺织服饰出版业的范畴

关于纺织服饰出版物的范围没有严格的限定标准，从狭义的角度看，按

[①] 《中国近代纺织史》编辑委员会.中国近代纺织史：上卷[M].北京：中国纺织出版社，1997.
[②] 石峰，刘兰肖.中国期刊史·第一卷（1815—1911）[M].北京：人民出版社，2017.
[③] 宁树藩.《东西洋考每月统记传》评述[J].新闻大学，1982（5）：58-63.

照中国图书分类法主要是轻工类中的纺织工业技术，包括纺织、染整、化纤、服装刺绣编结等；从广义的角度看，应该还包括与纺织原料相关的，在中图分类法中归在农业科学中的有关纺织经济作物，如植棉、蚕桑、苎麻和畜牧业中的动物纤维等，同时也包含了与纺织业相关的农业经济、工业经济和贸易经济，以及与纺织相关的教育、文化、历史等领域。

《中国近代纺织史》[①]是全面论述中国近代纺织工业历史的力作，在"纺织出版物"一节中，列举了22种纺织报刊和130种纺织图书。尽管它列举的出版物以纺织工业技术类居多，但也包含了部分纺织工业经济、贸易类及少量的农业经济作物类出版物，如《公益工商通讯》《棉业月刊》《蚕桑谱》《中国棉产统计》《胡竟良棉业论文选集》等。所以为更全面反映中国近代的纺织服饰出版业，本书也照此从广义的角度确定其范畴。

从形式上分，纺织服饰出版物有期刊、报纸、图书等。从内容上分，把报刊分为五类，图书分为七类。

在报刊内容方面，可分为纺织原料、纺纱织造、印染、服装和综合性等五个类别。纺织原料类报刊介绍用于纺织的原料信息，包括蚕丝和棉花等；纺纱织造类报刊主要论述纺纱和织造方面的内容，如棉纺和丝织等；印染类报刊讲述纺织品生产后道工序的情况，如印花和整理等；服装类报刊介绍服装的制作和穿着等；综合性类报刊的内容则涉及原料、纺纱、织造、印染、服装、管理、教育等多方面。

在图书内容方面，按照中国图书分类法，可分为七个类别。

（1）把纺织、染整工业技术（中图分类号TS1）和化学工业（中图分类号TQ）中与纺织工业有关的内容等列为第一类，简称"工业技术类"。

（2）把服装、刺绣、编结（中图分类号TS9）等内容列为第二类，简称"服装编结类"。

（3）把工业经济（中图分类号F4）中有关纺织工业的部分列为第三类，简称"工业经济类"。

（4）把农业经济（中图分类号F3）中有关纺织农业经济的部分列为第四类，简称"农业经济类"。

（5）把农业科学（中图分类号S）中的纤维农作物、动物纤维、蚕桑等

---

① 《中国近代纺织史》编辑委员会.中国近代纺织史：上卷[M].北京：中国纺织出版社，1997.

与纺织原料棉、毛、丝、麻相关的内容列为第五类，简称"农业科学类"。

（6）把贸易经济（中图分类号F7）中有关纺织品贸易的部分列为第六类，简称"贸易经济类"。

（7）把有关纺织行业的文化、教育、历史、艺术（中图分类号G、J）等列为第七类，简称"科教文化类"。

三、中国近代纺织服饰出版业的历史分期与出版数量

纺织服饰出版业，尤其是纺织服饰图书自古就有。如何界定近代纺织服饰出版业的形成时间，是后续论述的基础性问题。因为近代纺织工业以动力机器纺织工业为显著标志，所以中国近代纺织服饰出版业也应以此为界定标准。即以中国近代自动力机器纺织工业技术出现以来中文报刊和图书的出版时间为中国近代纺织服饰出版业的形成时间。

根据中国近代纺织服饰出版史上重大标志性事件的发生时间，可以把中国近代纺织服饰出版业的发展分成三个阶段，即发轫期（1891—1919年）、成长期（1920—1936年）和曲折期（1937—1949年）。

据统计，中国近代纺织服饰报刊的出版量为300余种，纺织服饰图书的出版量超过1500种。图0-1为中国近代纺织服饰报刊逐年出版数量情况，根据书后所附300种纺织服饰报刊资料统计所得；图0-2为中国近代纺织服饰图书逐年出版数量情况[①]。

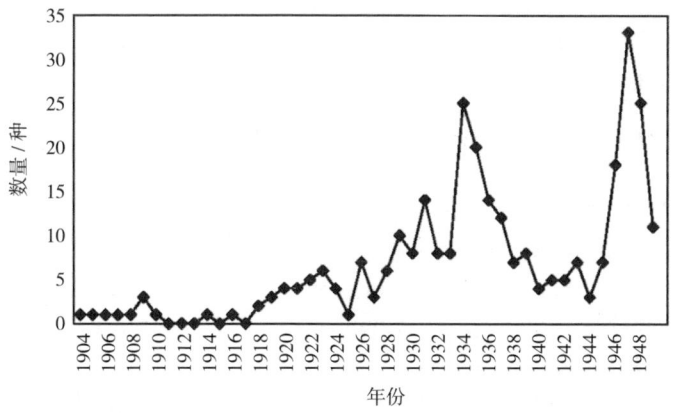

图0-1　中国近代纺织服饰报刊逐年出版数量情况

---

① 施敏俊,吴川灵.中国近代纺织图书统计与分析[J].丝绸,2020,35（9）:96-101.

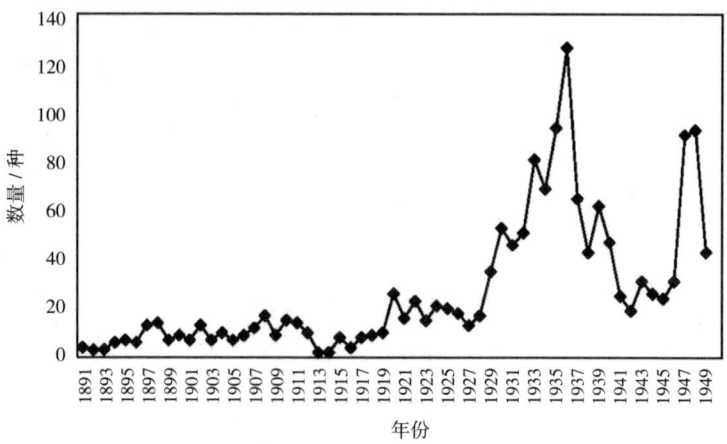

图0-2　中国近代纺织服饰图书逐年出版数量情况

四、中国近代纺织服饰出版业的研究进展

已经有一些学者对中国近代纺织服饰出版物进行了整理和研究，现根据论文发表或图书出版的时间顺序综述如下。

1989年，陈耀廷对《纺织周刊》的特点作了分析[1]；1990年，吴川灵对包括近代纺织期刊的中国纺织期刊的发展作了梳理[2]；1993年，陈耀廷对20世纪30—40年代的纺织期刊作了探析[3]；1996年，徐建红对包括近代服饰报刊的时装报刊的发展历史与现状作了探究[4]；1997年，《中国近代纺织史》编委会所著的《中国近代纺织史》出版，其中涉及近代纺织出版物的内容[5]；2006年，张竞琼、曹彦菊探讨了《玲珑》杂志在中西服饰文化传播中的作用[6]；2009年，卞向阳、陆立钧、徐惠华对民国时期上海报刊中的服饰时尚信息作了分析[7]，曹振宇对我国近代纺织期刊的创办及意义作了探讨[8]；2010

---

[1] 陈耀廷.《纺织周刊》特点初析[J].中国纺织大学学报,1989,15(3):91-94.
[2] 吴川灵.我国纺织期刊的发展[J].中国纺织大学学报,1990,16(5):246-251.
[3] 陈耀廷.三四十年代国内纺织期刊分析[J].中国纺织大学学报,1993,19(3):92-94.
[4] 徐建红.时装报刊发展的历史与现状[D].上海:东华大学,1996.
[5] 《中国近代纺织史》编辑委员会.中国近代纺织史[M].北京:中国纺织出版社,1997.
[6] 张竞琼,曹彦菊.《玲珑》杂志在中西服饰文化传播中的作用探讨[J].武汉科技学院学报,2006,19(12):19-22.
[7] 卞向阳,陆立钧,徐惠华.民国时期上海报刊中的服饰时尚信息[J].福州大学学报(哲学社会科学版),2009,23(1):85-91.
[8] 曹振宇.我国近代纺织期刊的创办及意义[J].新闻爱好者,2009(14):122-123.

年，赵云泽所著的《中国时尚杂志的历史衍变》出版[1]；2012年，肖爱丽、杨小明对《申报》中有关我国近代纺织业的史料进行了发掘[2]；2014年，苏轩、杨小明对《纺织之友》历史意义作了探讨[3]；2016年，吴川灵对包括近代纺织期刊的中国近代科技期刊作了统计分析[4]，张竞琼、许晓敏对民国服装史料与研究方向作了探析[5]；2017年，李强、张雷、赵金龙等对解放前刊发的中国纺织类期刊作了整理[6]，刘盼红对《纺织时报》作了研究[7]；2018年，吴川灵对中国近代纺织期刊作了统计分析[8]，梁文倩对解放前刊发的中国时尚类期刊作了整理[9]；2019年，吴川灵对中国近代学校出版的纺织期刊作了评述[10]，王仰旭对《纺织周刊》作了研究[11]，高潜对《染织纺周刊》与全面抗战爆发前后的纺织行业作了探析[12]；2020年，吴川灵对中国近代行业组织与企业出版的纺织期刊[13]、中国近代学术团体出版的纺织期刊作了评述[14]，施敏俊、吴川灵对中国近代纺织图书作了统计分析[15]，韩敏、李强对晚清民国时期中国纺织类期刊作了宏观研究[16]；2022年，吴川灵、施敏俊对中国近代纺织报

---

[1] 赵云泽.中国时尚杂志的历史衍变[M].福州：福建人民出版社，2010：11-120.
[2] 肖爱丽，杨小明.《申报》有关我国近代纺织业的史料发掘[J].理论探索，2012（2）：81-85.
[3] 苏轩，杨小明.论《纺织之友》的几点历史意义[J].丝绸，2014，51（12）：64-71.
[4] 吴川灵.中国近代科技期刊的种类数量与创刊时间统计分析——以上海图书馆馆藏文献为例[J].中国科技期刊研究，2016，27（9）：1002-1007.
[5] 张竞琼，许晓敏.民国服装史料与研究方向[J].服装学报，2016（1）：94-100.
[6] 李强，张雷，赵金龙，等.解放前刊发的中国纺织类期刊的整理[J].服饰导刊，2017，6（3）：14-21.
[7] 刘盼红.《纺织时报》研究[D].上海：上海师范大学，2017.
[8] 吴川灵.中国近代纺织期刊统计分析及其研究意义[J].东华大学学报（自然科学版），2018，44（3）：453-461.
[9] 梁文倩.解放前刊发的中国时尚类期刊的整理[J].服饰导刊，2018，7（6）：65-74.
[10] 吴川灵.中国近代学校出版的纺织期刊评述[J].东华大学学报（社会科学版），2019，19（1）：54-59.
[11] 王仰旭.《纺织周刊》研究[D].上海：东华大学，2019.
[12] 高潜.《染织纺周刊》与全面抗战爆发前后的纺织行业[D].上海：东华大学，2019.
[13] 吴川灵.中国近代行业组织与企业出版的纺织期刊评述[J].东华大学学报（社会科学版），2020，20（1）：49-55.
[14] 吴川灵.中国近代学术团体出版的纺织期刊评述[J].北京服装学院学报（自然科学版），2020，40（3）：106-110.
[15] 施敏俊，吴川灵.中国近代纺织图书统计与分析[J].丝绸，2020，35（9）：96-101.
[16] 韩敏，李强.晚清民国时期中国纺织类期刊的宏观研究[J].丝绸，2020，35（9）：102-107.

纸[1]、中国近代服饰报刊[2]、中国近代纺织服饰出版史料的地域分布[3]、上海近代纺织报刊的行业分布与影响作了研究[4]，施敏俊、吴川灵对中国近代服饰图书[5]、上海近代纺织图书的作者队伍与出版机构作了探析[6]。

值得指出的是，1997年出版的《中国近代纺织史》，是集诸多前辈专家之力，对中国近代纺织工业做出全面回顾和论述的集大成之作。该书涉及纺织服饰出版物，提供了22种近代重要纺织报刊和130余种近代重要纺织图书的信息，是较早论述中国近代纺织出版物的重要文献。

五、中国近代纺织服饰出版的历史作用

1. 记录近代纺织服饰工业的成长

在中国近代工业中，纺织工业占据着重要的地位。据1933年初的统计，全国各类产品商标有6487个，其中纺织品一项就有2173个之多，占总数的三分之一以上[7]，纺织工业的地位可见一斑。近代中国纺织业由手工纺织进入动力机器纺织时代，民族纺织业发展迅速，从民国初年到抗战前夕，已经形成大生系、申新系、永安系等规模较大的企业集团。这些在近代纺织服饰出版物中均有所体现，尤其是一些企业创办的杂志，更能反映当时的企业状况。创刊于1931年的《人钟月刊》，由申新纺织公司主办，辟有"言论""学术""译述""调查"等栏目，发表对纺织业的看法，探讨纺织技术问题，翻译国外纺织文献，登载纺织企业消息。荣德生在第二期上发表了《欲纺织业之发展全在认真（一）》，"凡所执之务，加忠实之思想，对上对下，一秉良心，尽力研究，如何使机器运转不损，如何使材料去除浪费，如何能使工作改进，如何能使出品精良……要之皆认真一念所致也"[8]。从杂

---

[1] 吴川灵，施敏俊.中国近代纺织报纸整理与研究[J].武汉纺织大学学报，2022，35（2）：43-47.
[2] 吴川灵，施敏俊.中国近代服饰报刊整理与研究[J].服装学报，2022（3）：235-241.
[3] 吴川灵，施敏俊.中国近代纺织服饰出版史料的地域分布研究[J].浙江纺织服装职业技术学院学报，2022（1）：53-59.
[4] 吴川灵，施敏俊.上海近代纺织报刊的行业分布与影响[J].纺织科技进展，2022（5）：14-19.
[5] 施敏俊，吴川灵.中国近代服饰图书出版探析[J].服装导刊，2022（6）：86-93.
[6] 施敏俊，吴川灵.上海近代纺织图书的作者队伍与出版机构研究[J].纺织报告，2022（4）：94-97.
[7] 左旭初.近代纺织品商标图典[M].上海：东华大学出版社，2007.
[8] 荣德生.欲纺织业之发展全在认真（一）[J].人钟月刊，1931（2）：2-3.

志中可以了解纺织企业的历史风貌、产品品牌,研究它们的产生、发展和成就。

2. 推动近代纺织服饰科技的进步

近代纺织科技人员在学习国外技术的同时,不断研究开发新技术并取得突破。如1936年雷炳林发明了粗纺机双喇叭喂入装置和精纺机弹簧销皮圈式大牵伸机构,取得多国专利,《纺织之友》对其进行了全面报道[1]。抗日战争初期由企业家荣尔仁和纺织专家张方佐等倡议,由上海申新二厂技术人员创制了新农式成套纺纱机,这是一种适用于战时的短流程、轻小型纺纱成套设备,《染织纺》对其作了详细介绍[2]。另外,《纺织染工程》对纺纱工艺的诸多改进也作了综述[3]。近代中国纺织服饰出版物大多为技术性刊物和图书,它们从纺织服饰的各个领域介绍了生产技术及革新方法,记载了纺织服饰科技进步的点点滴滴。这些出版物为当时纺织服饰科技的传播和交流,起到了积极的推动作用,也为研究中国近代纺织技术的进步提供了重要的史料依据。

3. 促进近代纺织服饰教育的发展

自1897年林启创办蚕学馆,1912年张謇创办南通纺织专门学校(后更名为南通学院),中国近代纺织院校逐渐兴盛。早期著名的还有苏州工业专科学校和杭州高级工业职业学校等,纺织均是重点系科。以后逐渐发展,学校越来越多。近代纺织教育的发展轨迹在近代纺织服饰出版物中得到丰富展现,学校师生在出版物上发表他们的学术观点,展示他们的教学和研究成果。其中更有60余种刊物就是由学校主办,例如《蚕学月报》《纺织之友》《杼声》《染织月刊》《纺织染季刊》《纺声》《纺工》《纤声》等。周承佑在《纺声》改刊时的发刊词中说道,"教育愈发达,则刊物愈昌盛,学术愈切磋,则作品愈精深。盖教育之主旨,在培养学者之学术,与启发其思想"[4]。可以从这些期刊中研究他们的教育理念和教学方法等。

---

[1] 雷炳林.棉纺大牵伸机伸弹器发明经过及其特点概说[J].纺织之友,1937(6):B87–89.
[2] 李向云.新农式超大牵伸小型纺纱机[J].染织纺,1940(3):2519–2524.
[3] 黄希阁.棉纺机设备之进步[J].纺织染工程,1946,8(3):43–52.
[4] 周承佑.发刊词[J].纺声,1948,1(1):11.

六、中国近代纺织服饰出版的现实意义

1. 传承优秀民族文化

中国近代纺织服饰出版物从无到有，从少到多，经历了发轫期、成长期和曲折期三个发展阶段。对其出版数量、出版种类、作者、出版者、出版地等的统计分析，勾勒出了纺织服饰出版物的历史轨迹，也从侧面反映了近代纺织工业发展的历史风貌。对这些近代纺织服饰出版史料的整理和研究，也能为当代纺织服饰业的发展提供经验借鉴。如《杭州蚕学馆章程》《南通私立纺织专门学校学则》等反映了中国历来重视纺织教育；张謇于1914年为南通纺校题写的校训"忠实不欺，力求精进"，至今仍有教益。尽管现在的时代与中国近代相比，社会和平稳定，科技发展日新月异，经济实力显著提高，但近代纺织服饰出版发展史中所蕴含的精神、理念、气节等是永不过时的，从中能以史为镜，继承中华民族优秀的传统文化，为当代社会发展提供帮助。

2. 振兴民族品牌

中国近代纺织工业的发展，孕育了许多民族品牌。如创办于1914年中华第一针织厂，其棉毛衫内衣品牌为"菊花"牌，是我国第一家自行纺织、染整、制衣的企业，如今该品牌仍然屹立于市场；源于1927年的"恒源祥"绒线，历经90多年风雨，如今其品牌已延伸到服装和家用纺织品；始建于1937年的上海萃众毛巾总厂，其毛巾品牌"钟牌""414"，一直沿用至今……还有很多老品牌。《纤维工业》《纺声》等刊物中均有纺织老品牌的介绍和广告[1][2]。这些品牌具有厚重的文化积淀，具有久远的历史和故事，是不可多得的宝贵资源。可以从近代纺织服饰出版物中寻觅到民族品牌的发展足迹，感受到独特的人文魅力，进而研究如何发挥老品牌的文化优势，提升老品牌的影响力，振兴民族品牌，增强民族经济的国际竞争力。

3. 服务国家"一带一路"倡议

目前国家提出"一带一路"倡议，这对我国现代化建设具有深远的意义。"一带一路"分别是指丝绸之路经济带和21世纪海上丝绸之路。从2100

---

[1] 中华第一针织厂.菊花牌介绍[J].纤维工业，1946，1（2）：封三.
[2] 章华毛绒纺织股份有限公司.章华呢绒介绍[J].纺声，1948，1（1）：封一.

多年前张骞出使西域到600多年前郑和下西洋，海陆两条丝绸之路把中国的丝绸、茶叶、瓷器等带往沿线各国，也形成了和平合作、开放包容、互学互鉴、互利共赢的丝路精神。丝绸之路中的丝绸即是纺织品，因而纺织行业与之有着天然的联系。"丝绸之路"这一名称的原意就是强调从中国向西方输出丝绸以及丝织品。随着丝路经济贸易、文化交流日盛，往来物品种类越来越多，但丝绸和丝织品一直是沿线各国民众所钟爱的品种。近代纺织服饰出版物中也涉及相关内容，如1931年《纺织周刊》登载了许弢的《世界上丝的大市场》，介绍了丝绸产地与出口市场等情况，并附图说明[①]，之后还有数篇续文。从近代纺织服饰出版物中寻找到相关史料，并加以研究引用，服务于国家倡议。

4. 彰显历史底蕴

近代图书、期刊、报纸等出版史料，是记录中国近代纺织工业诞生和发展的重要载体。对这些史料进行整理和发掘，可以获得不可多得的一手资料，为全面了解我国近代纺织史提供了帮助。另外，各个城市都有自己的历史和特色，对这些史料出版地的梳理，也为各个地区的地方史研究增添了宝贵的素材，为城市文化建设提供了彰显历史底蕴的翔实材料。

以上海为例，纺织服饰于上海，有着深厚的历史底蕴，也是一张亮丽的名片。如今上海要建设国际时尚中心，要继法国巴黎、美国纽约、意大利米兰、英国伦敦、日本东京等之后成为世界时尚之都，需要有丰富翔实的史料来彰显其渊源和传统，为其做铺垫和支撑，需要传承好上海时尚传统，用百年时尚历史讲好上海故事。

（1）以丰富翔实的近代纺织服饰史料（包括出版史料）来彰显其渊源和传统。在上海近代纺织工业的发展中，留下了丰富的纺织服饰史料，其中也包括纺织服饰出版史料。这些出版史料包括一百多种报刊和六百多种图书。它们全方位地记录了中国近代纺织工业的兴起、纺织科技的进步、纺织贸易的兴衰、纺织教育的发展等，是研究中国近代纺织技术史、经济史、文化史、教育史和出版史的一手文献。这些史料为全面了解上海近代纺织史提供了帮助，也彰显了上海引领中国纺织服饰业的渊源和传统。

（2）以由纺织厂改造而成的创意园区等实景来展示其内涵和外延。在上

---

① 许弢.世界上丝的大市场[J].纺织周刊,1931,1(16):400–402.

海进行产业结构调整和城市功能转变的过程中，一些纺织企业的厂房被改建成了博物馆、设计中心、创意园区等。如上海纺织博物馆处于原申新纺织第九厂的旧址，M50创意园位于原信和纱厂旧址，半岛1919文化创意产业园坐落于原大中华纱厂和华丰纱厂的旧址。在这些实景中，多有文字记录它们的前世今生。旧时的纺织工厂，如今向艺术、时尚和创意转型。厂房被保留，有的还保留有大烟囱，成为具有历史感的时尚地标。

（3）以民族品牌的历史来讲述上海时尚故事。在上海一百多年的近代工业化进程中，诞生了许多民族品牌，其中很多是纺织服饰品牌。它们有着久远的历史和故事，具有厚重的文化积淀，是难得的宝贵资源。从这些老品牌、老商标中，可以寻觅到民族品牌的成长足迹，感受到几十年前乃至一百年前的独特魅力，进而思考如何传承老品牌的文化优势，以老品牌的集聚度和影响度来渲染上海这座"海纳百川"的城市。总之，以民族品牌的历史来讲述上海时尚故事，提升上海的文化魅力。

（4）以高校、科研机构、博物馆等力量来助力上海国际时尚中心建设。在学校方面，上海有全国最大的以纺织服饰为鲜明特色的高等学校——东华大学，是国家"211工程"、国家"双一流"建设高校；上海工程技术大学有纺织服装学院和艺术设计学院，上海视觉艺术学院也有时尚设计学院。在科研机构方面，有上海市纺织科学研究院，包含上海市服装研究所、上海市合成纤维研究所、上海市毛麻纺织科学技术研究所、上海市印染技术研究所、上海市色织科学技术研究所等。在博物馆方面，有上海纺织博物馆、上海纺织服饰博物馆。这些机构具有教育和科研特色，具有人才集聚特点。发挥它们的优势，起到时尚智库的作用，来助力上海国际时尚中心的建设。

中国近代纺织工业从萌芽开始到兴盛经历了曲折发展、逐渐成长的过程。中国近代纺织服饰出版物作为见证近代中国纺织工业发展的文献史料，对于研究中国近代纺织技术史、经济史、文化史、教育史和出版史具有重要意义。先辈们怀着科学救国的理想，自强不息，百折不挠，学习国外先进科技，积极投身民族复兴事业。他们创办了一批纺织服饰报刊，翻译、整理和编撰了一大批纺织服饰图书，为中国纺织工业的进步做出了不可磨灭的贡献。他们留下的纺织服饰出版物和科学精神是后人可贵的财富。对中国近代纺织服饰出版史料的研究，有着文化传承和服务当代的重要意义。

以下各章中，第一章至第三章根据历史分期分析了各时期纺织服饰出版业的状况，第四章分析了纺织服饰期刊的分类与特色，第五章至第九章对各类纺织服饰期刊的发展作了阐述，第十章分析了纺织服饰报纸的分类与特色，第十一章和第十二章分别叙述了纺织报纸和服饰报纸的发展状况，第十三章阐述了纺织服饰图书的分类与特色，第十四章和第十五章分别介绍了纺织图书和服饰图书的发展状况，第十六章分析了纺织服饰出版史料的地域分布，第十七章和第十八章分别介绍了涉及纺织服饰出版物的出版机构和出版人物，第十九章和第二十章以图录形式介绍了重要的纺织服饰报刊和图书。附录附有中国近代纺织服饰报刊和图书目录。

发展篇

第一章 中国近代纺织服饰出版业的发轫
（1891—1919）

一、《纺织机器图说》等拉开近代纺织服饰出版的序幕

1891年，上海江南制造局（全称为江南机器制造总局，也称上海机器局）翻译馆出版了中文版图书《纺织机器图说》《西国漂染棉布论》。这是中国近代首次涉及机器纺织工业技术的中文图书，由此拉开了中国近代纺织服饰出版的序幕。此两书由供职于上海江南制造局翻译馆的英国传教士傅兰雅（John Fryer）翻译（图1-1、图1-2）。

图1-1 《纺织机器图说》

图1-2 《西国漂染棉布论》

在1891—1919年近30年的时间里，共出版报刊十余种，内容以蚕丝等纺织原料为主；出版图书200余种，其中纺织技术图书以翻译或编译为主。

二、丝业期刊崭露头角

1904年，武昌农务学堂在武汉出版了《蚕学月报》，这是可查到的中国近代第一种纺织期刊，也是中国近代第一种学校出版的纺织期刊，刊物由赵叔彝主编。继该刊出版后，1906年，浙江农工研究会在杭州出版了《柞蚕杂志》，这是中国近代第一种学术团体出版的纺织期刊；1909年，中国蚕丝业会在东京出版了《中国蚕丝业会报》，这是中国近代第一种行业组织出版的纺织期刊。在20世纪初的20年里，创刊的纺织期刊绝大多数为与蚕丝有关的丝业期刊（图1-3～图1-6）。因此，在该时期，纺织期刊作为纺织服饰出版物的一个重要组成部分，稍晚于纺织图书面世，出版之初多为纺织期刊之一的丝业期刊。

图1-3 《柞蚕杂志》

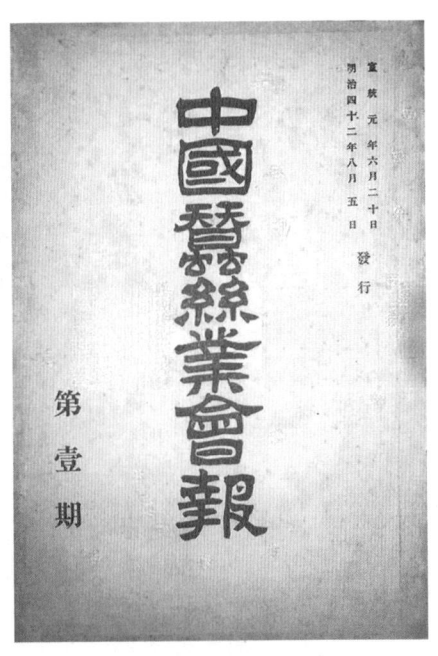

图1-4 《中国蚕丝业会报》

图1-5 《浙江蚕业学校校友会杂志》

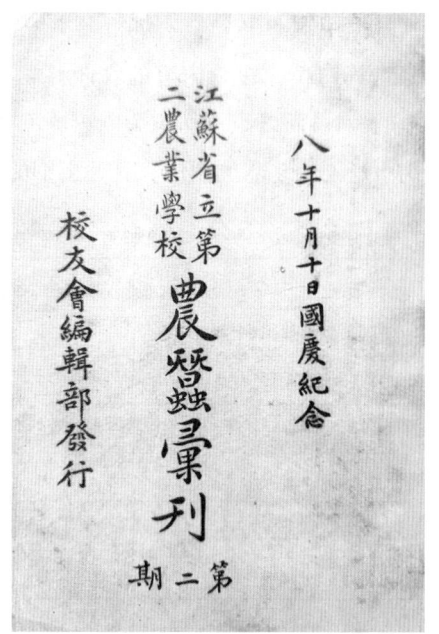

图1-6 《农蚕汇刊》

三、发轫期纺织服饰出版业统计数据

1. 内容和数量

纺织服饰报刊内容可分为纺织服饰原料、纺纱织造、印染、服装和综合性等5个类别。表1-1为发轫期纺织服饰报刊内容的分布情况，共有纺织原料、纺纱织造和综合性3个类别。由表1-1可以看出，该时期中国近代纺织服饰报刊中纺织原料类报刊占绝对优势，超过了总数的八成；综合性类报刊其次，约占总数的一成多；而纺纱织造类报刊只有一种。

表1-1 发轫期纺织服饰报刊内容分布

报刊种类	数量/种	占比/%
纺织原料	13	81.3
综合性	2	12.5
纺纱织造	1	6.2
合计	16	100.0

表1-2为该时期纺织服饰图书内容的分布情况，共分为工业技术、农业科学、工业经济、农业经济、贸易经济、服装编结、科教文化7个类别，分

别根据中国图书分类法进行分类统计。从表1-2可以看出，该时期以蚕丝、棉花等纺织原料为内容的农业科学和农业经济类图书出版量最多，约占总数的3/4；而以机器纺织为内容的工业技术和工业经济类图书属于起步阶段，出版量不足总数的两成；其他类别的图书则更少，只有几种。

表1-2　发轫期纺织服饰图书内容分布

图书种类	数量/种	占比/%
农业科学	157	64.1
农业经济	30	12.2
工业技术	25	10.2
工业经济	17	7.0
服装编结	8	3.3
贸易经济	5	2.0
科教文化	3	1.2
合计	245	100.0

2．作者和出版者

刊物的出版者，有学校、官方机构、报刊社、行业组织、学术团体。表1-3为该时期纺织服饰报刊出版者的分布情况。由表1-3可以看出，该时期学校出版的报刊数量最多，其次为报刊社，然后是行业组织、学术团体和官方机构，而企业则无。

表1-3　发轫期纺织服饰报刊出版者分布

出版者	数量/种	占比/%
学校	8	50.0
报刊社	3	18.8
行业组织	2	12.5
学术团体	2	12.5
官方机构	1	6.2
合计	16	100.0

图书的作者可分为个人、官方机构、行业组织、企业、学校、学术团体、科研机构和其他，见表1-4。由表1-4可以看出，在1891—1919年，纺织服饰图书作者以个人作者为主，占了总数的八成多；以企业、官方机构、

学校、学术团体、科研机构等名义出版的图书较少，共30余种；行业组织的最少。

表1-4 发轫期纺织服饰图书作者分布

作者	数量/种	占比/%
个人	200	81.6
企业	13	5.3
官方机构	12	4.9
学校、学术团体、科研机构	8	3.3
行业组织	2	0.8
其他	10	4.1
合计	245	100.0

图书的主要出版者有江南制造局翻译馆、杭州蚕学馆、新学会社、商务印书馆、科学书局、新华书局、鸿宝书局、宏章书局、大同书局、翰墨林书局、江南农学总会等。

3. 出版时间

根据年份可统计纺织服饰报刊的逐年创刊数量。表1-5为该时期纺织服饰报刊的创刊时间分布。最早的纺织期刊是创刊于1904年的《蚕学月报》，由武昌农务学堂创办，也是纺织原料类最早的期刊；综合性类最早的期刊是《染织研究会志》，由中国留日学生于1909年创办；纺纱织造类的最早刊物为《华商纱厂联合会季刊》，1919年由华商纱厂联合会主办。

表1-5 发轫期纺织服饰报刊创刊时间分布

创刊年份	数量/种	占比/%
1904	1	6.2
1905	1	6.2
1906	1	6.2
1907	1	6.2
1908	1	6.2
1909	3	18.8
1910	1	6.2
1911	0	0
1912	0	0

续表

创刊年份	数量/种	占比/%
1913	0	0
1914	1	6.2
1915	0	0
1916	1	6.2
1917	0	0
1918	2	12.5
1919	3	18.8
合计	16	100.0

表1-6为该时期纺织服饰图书的出版时间分布。从表1-6可以看出，在该时期内，自1891年开始每年都有纺织服饰图书出版，少则每年几种，多则每年十几种。

表1-6 发轫期纺织服饰图书出版时间分布

出版年份	数量/种	占比/%
1891	4	1.6
1892	3	1.2
1893	3	1.2
1894	6	2.4
1895	7	2.9
1896	6	2.4
1897	13	5.3
1898	14	5.7
1899	7	2.9
1900	9	3.7
1901	7	2.9
1902	13	5.3
1903	7	2.9
1904	10	4.1
1905	7	2.9
1906	9	3.7
1907	12	4.8

续表

创刊年份	数量/种	占比/%
1908	17	6.9
1909	9	3.7
1910	15	6.1
1911	14	5.7
1912	10	4.1
1913	2	0.8
1914	2	0.8
1915	8	3.3
1916	4	1.6
1917	8	3.3
1918	9	3.7
1919	10	4.1
合计	245	100.0

4．出版地

观察报刊的出版地，共有7个地区出版有纺织服饰报刊。表1-7为该时期近代纺织服饰报刊出版地的分布。

表1-7　发轫期纺织服饰报刊出版地分布

出版地	数量/种	占比/%
江苏	5	31.3
四川	3	18.8
海外	3	18.8
浙江	2	12.5
上海	1	6.2
湖北	1	6.2
广东	1	6.2
合计	16	100.0

表1-8为该时期中国近代纺织服饰图书出版地的分布情况。由于当时出版印刷技术相对落后，流传至今的同一种书有不同地区不同机构的刻本、石印本等版本，有些图书较难考证最初的出版地。而在较为明确的出版地中，

上海、浙江、江苏、安徽等纺织业较早兴起的江南地区较为集中，还有北京、广东、四川、湖北、河南、天津等传统丝业和棉业地区。

表1-8 发轫期纺织服饰图书出版地分布

出版地	数量/种	占比/%
上海	73	29.8
浙江	21	8.5
江苏	14	5.7
安徽	14	5.7
北京	13	5.3
广东	8	3.3
四川	8	3.3
湖北	7	2.9
河南	7	2.9
天津	4	1.6
其他	16	6.5
未知	60	24.5
合计	245	100.0

四、发轫期重要的纺织服饰出版物

1. 重要报刊

发轫期的重要报刊有《蚕学月报》（1904）、《柞蚕杂志》（1906）、《中国蚕丝业会报》（1909）、《四川蚕丛报》（1909）、《浙江蚕业学校校友会杂志》（1918）、《华商纱厂联合会季刊》（1919）、《农蚕汇刊》（1919）等。

2. 重要图书

此段时期的代表性作者及所著图书有傅兰雅的《纺织机器图说》《西国漂染棉布论》，陈启沅的《蚕桑谱》，陈秉濂的《棉业考》，孙琳的《纺织图说》，张长、彭应球的《工艺染织新编》，郑辟疆的《制丝教科书》，穆藕初的《植棉改良浅说》，沈寿口述、张謇整理的《雪宧绣谱》，邹德谨、蒋正陆的《衣服论》，汪农麟的《缝纫教科书》等。

五、发轫期纺织服饰出版业分析

在纺织服饰报刊和图书的出版类别方面：1891—1919年，中国纺织业主要以自给自足的手工纺织为主，出版的纺织服饰报刊和图书内容主要以蚕桑、植棉等以纺织原料为主的农业经济作物和手工纺织技术为主。尤其是受丝绸外销的刺激，各地兴办蚕桑业，蚕桑类报刊和图书的数量较多，这也反映了当时的纺织业状况。该时期随着机器纺织工业的逐步建立，纺织原料在数量和质量上都已不能满足工业发展的需要，这推动了近代国外先进农业科学技术的传入和中国传统农业技术的改良。机器纺织工业的发展也推动了纺织工业技术的引入和普及。这段时间开始出现了以翻译国外纺织图书或编译国外纺织文献为内容的纺织工业技术方面的图书，以及纺纱织造方面的期刊。

在纺织服饰报刊和图书的创办者和作者方面：因为早期的纺织业以手工业为主，所以纺织服饰报刊和图书主要涉及纺织原料为主的农业生产和手工纺织业的内容，往往是由进士、举人、地方官员和实业家个人在生产实践中积累经验总结或通过搜集、整理前人出版的文献，依各地实际情况编撰而成。随着18世纪西方工业革命和纺织工业的迅猛发展，清末民初掀起了赴欧美、日本留学潮，他们学成归国后，通过创办报刊和翻译国外图书，开始引入西方发达国家的纺织技术。学校总是得风气之先，在创办报刊方面居于领先地位；而当时的行业组织、学术团体等机构弱而分散，也缺乏先进纺织技术的人才，所以在纺织服饰报刊和图书的出版数量方面显得较少。

在纺织服饰报刊和图书的出版地方面：出版数量较多的地区，以上海、浙江、江苏、安徽等纺织业较早兴起的江南地区较为集中，以及北京、广东、四川、湖北、河南、天津等传统丝业和棉业地区，还有留学生集中的海外地区。

第二章 中国近代纺织服饰出版业的成长（1920—1936）

一、国人开始编撰纺织技术图书

1920年，华商纱厂联合会出版了由朱仙舫编著的《理论实用纺绩学（前编）》，这是中国学者自己编著的第一本纺织技术图书，自此，以他为代表的一批中国纺织技术专家，开启了著书立说的征程。这标志着中国近代纺织服饰出版进入了一个新时期。在1920—1936年这段时间里，共出版报刊140余种，纺织原料类报刊下降为总数的近六成；纺织服饰图书的年出版量也于1920年首次突破20种，在随后的时间里开始由缓慢至快速地增加，并于1936年达到最高峰。该时期图书出版量为700多种，纺织服饰技术图书以编著与编译并存。图2-1～图2-3为该时期典型的纺织技术图书。

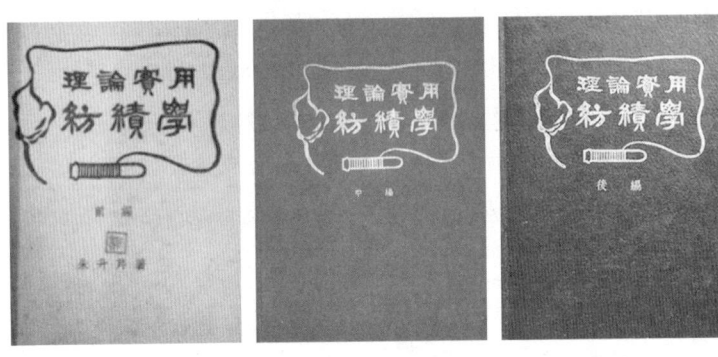

图2-1 《理论实用纺绩学（前编、中编、后编）》

 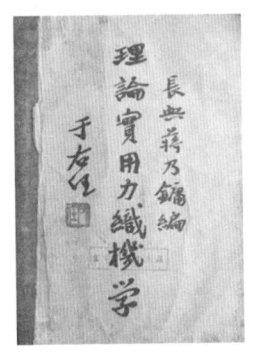

图2-2 《实用机织法》　　图2-3 《理论实用力织机学》

二、棉业和纺织染报刊后来居上

随着机器棉纺织技术的引进和发展,关于棉纤维和棉纺织印染的棉业和纺织染报刊开始增多。1920年,华商纱厂联合会的《棉产调查报告》出版(图2-4);1921年,上海华商棉业公会的《上海华商棉业公会周刊》创刊(图2-5);1922年,天津棉业公会的《棉业汇刊》出版,金陵大学农林科的《棉业丛刊》出版;1923年,华商纱厂联合会的《纺织时报》创刊(图2-6),这是中国近代第一张纺织报纸;1924年,恒丰纺织新局的《恒丰周刊》创刊(图2-7),这是中国近代第一种企业出版的棉纺织期刊;1932年,上海印染股份有限公司的《拂晓月刊》出版,这是中国近代第一种印染期刊。在此时

图2-4 《棉产调查报告》

图2-5 《上海华商棉业公会周刊》

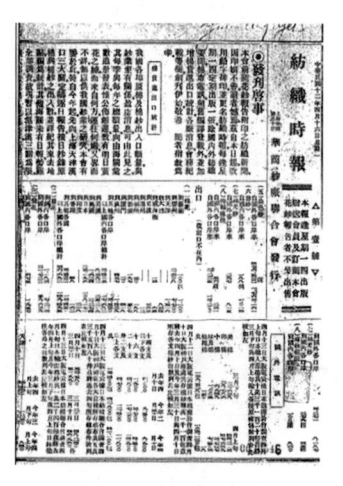

图2-6 《纺织时报》

图2-7 《恒丰周刊》

期,棉业和纺织染报刊的出版数量超过了丝业期刊的数量,呈现一种后来居上的趋势。纺织图书呈现出与纺织报刊一样的势头。由此,从该时期开始,中国近代纺织出版物确立了以棉纺织为主要内容的地位。

三、成长期纺织服饰出版业统计数据

1. 内容和数量

表2-1为成长期纺织服饰报刊内容的分布情况,共有纺织原料、纺纱织造、印染、服装和综合性5个类别。由表2-1可以看出,该时期中国近代纺织服饰报刊中纺织原料类报刊超过了总数的一半;综合性类和纺纱织造类报刊其次,各占总数近二成;服装类较少,印染类最少。

表2-1 成长期纺织服饰报刊内容分布

报刊种类	数量/种	占比/%
纺织原料	82	55.8
综合性	26	17.7
纺纱织造	25	17.0
服装	13	8.8
印染	1	0.7
合计	147	100.0

表2-2为该时期纺织服饰图书内容的分布情况。从表2-2可以看出,该时期与纺织相关的农业科学和农业经济类图书的出版量降到总数的一半以下;与纺织相关的纺织工业经济和工业技术类图书的出版量上升为总数的三分之一;与纺织相关的贸易经济、科教文化、服装编结类的图书数量也显著增加,各有几十种。

表2-2 成长期纺织服饰图书内容分布

图书种类	数量/种	占比/%
农业科学	195	26.9
农业经济	157	21.7
工业经济	133	18.4
工业技术	107	14.8
贸易经济	64	8.8
科教文化	41	5.7

续表

图书种类	数量/种	占比/%
服装编结	27	3.7
合计	724	100.0

2. 作者和出版者

表2-3为该时期纺织服饰报刊出版者的分布情况。由表2-3可以看出，该时期官方机构出版的报刊数量最多，约占总数的三成；其次为学校，约为总数的1/4；然后是企业，将近总数的二成；行业组织、报刊社和学术团体则较少。

表2-3　成长期纺织服饰报刊出版者分布

出版者	数量/种	占比/%
官方机构	42	28.6
学校	38	25.9
企业	26	17.7
行业组织	18	12.2
报刊社	12	8.2
学术团体	11	7.4
合计	147	100.0

表2-4为该时期纺织服饰图书作者的分布情况。从表2-4可以看出，在1920—1936年，除个人作者仍然最多外，官方机构和企业编撰的图书有了大量的增加，行业组织与学校、学术团体、科研机构编撰的图书也开始活跃起来。

表2-4　成长期纺织服饰图书作者分布

作者	数量/种	占比/%
个人	352	48.6
官方机构	181	25.0
企业	82	11.3
行业组织	57	7.9
学校、学术团体、科研机构	47	6.5

续表

作者	数量/种	占比/%
其他	5	0.7
合计	724	100.0

主要出版者有华商纱厂联合会、新学会社、商务印书馆、中华书局、世界书局、大东书局、染织纺周刊社、国立北平大学工学院、南通学院纺织科学友会、金陵大学农林科、国立东南大学农科、工商部（实业部）商品检验局、全国经济委员会棉业统制委员会、整理棉业筹备处、中国合众蚕桑改良会，以及各省的棉业试验场、棉产改进会、蚕丝统制委员会等。

一些纺织图书还成系列地出现在著名出版社的图书品牌中，如商务印书馆的"万有文库"有10种，"工学小丛书"有11种；中华书局的"中华百科丛书"有3种。

3. 出版时间

表2-5为该时期纺织服饰报刊的创刊时间分布。服饰类最早的刊物是上海新妆研究社于1926年6月创办的《新妆特刊》；《时事新报》于1932年在上海出版了副刊《时装周刊》，这是中国近代第一张可查到的服饰报纸副刊。纺织服饰报刊在20世纪20年代每年创刊的数量大都在10种以内，30年代中期则达到了每年20余种。

表2-5 成长期纺织服饰报刊创刊时间分布

创刊年份	数量/种	占比/%
1920	4	2.7
1921	4	2.7
1922	5	3.4
1923	6	4.1
1924	4	2.7
1925	1	0.7
1926	7	4.8
1927	3	2.1
1928	6	4.1
1929	10	6.8

续表

创刊年份	数量/种	占比/%
1930	8	5.4
1931	14	9.5
1932	8	5.4
1933	8	5.4
1934	25	17.0
1935	20	13.6
1936	14	9.5
合计	147	100.0

表2-6为该时期纺织服饰图书的出版时间分布。从表2-6可以看出，在该时期内，20世纪20年代中，每年图书的出版量增长不明显；但自20世纪30年代始，每年图书的出版量较20年代增长显著，尤其到了1936年，年出版量达到了峰值，有127种。这个数字也是整个中国近代纺织服饰图书年出版量的最高值。

表2-6 成长期纺织服饰图书出版时间分布

出版年份	数量/种	占比/%
1920	26	3.6
1921	16	2.2
1922	23	3.2
1923	15	2.1
1924	21	2.9
1925	20	2.8
1926	18	2.5
1927	13	1.8
1928	17	2.4
1929	35	4.8
1930	53	7.3
1931	46	6.4
1932	51	7.0

续表

出版年份	数量/种	占比/%
1933	80	11.0
1934	69	9.5
1935	94	13.0
1936	127	17.5
合计	724	100.0

4．出版地

观察报刊的出版地，共有16个地区出版有纺织服饰报刊。表2-7为该时期近代纺织服饰报刊出版地的分布。

表2-7　成长期纺织服饰报刊出版地分布

出版地	数量/种	占比/%
上海	43	29.2
江苏	29	19.7
浙江	21	14.3
广东	11	7.4
天津	9	6.1
北京	7	4.8
陕西	6	4.1
湖南	5	3.4
山东	4	2.7
湖北	4	2.7
安徽	2	1.4
海外	2	1.4
四川	1	0.7
河北	1	0.7
河南	1	0.7
广西	1	0.7
合计	147	100.0

表2-8为该时期中国近代纺织服饰图书出版地的分布情况。从表2-8可以看出，在1920—1936年，上海的出版量遥遥领先，达326种，占了总量的四成多。另外，超过100种的是江苏，超过30种的是广东、天津、浙江，超过20种的是山东、北京、湖南。

表2-8 成长期纺织服饰图书出版地分布

出版地	数量/种	占比/%
上海	326	45.0
江苏	111	15.3
广东	38	5.2
天津	36	5.0
浙江	34	4.7
山东	27	3.7
北京	20	2.8
湖南	20	2.8
河北	16	2.2
河南	10	1.4
其他	57	7.9
未知	29	4.0
合计	724	100.0

四、成长期重要的纺织服饰出版物

1．重要报刊

成长期的重要报刊有《棉产调查报告》(1920)、《上海华商棉业公会周刊》(1921)、《蚕丝专刊》(1921)、《纺织时报》(1923)、《恒丰周刊》(1924)、《新妆特刊》(1926)、《装束美》(1926)、《美的装束》(1927)、《北平纺织染研究会季刊》(1929)、《纺织周刊》(1931)、《纺织之友》(1931)、《人钟月刊》(1931)、《拂晓月刊》(1932)、《时装周刊》(1932)、《染织纺周刊》(1935)、《纺织世界》(1936)等。

2．重要图书

此段时期的代表性作者及所著图书有朱仙舫的《理论实用纺绩学》《改良纺织工务方略》《纺织合理化工作法》《纺织》，蒋乃镛的《理论实用力织机学》，傅道伸的《实用机织学》，黄浩然的《实用机织法》，诸楚卿的《染织品整理学》《染织机械概论》《染织概论》,张迭生的《染色学》《漂棉学》《染色试验法》,陶平叔的《染织工业》,张汉文的《精梳毛绒纺绩学》《精纺工程》《毛纺学》,朱新予的《夏秋蚕人工孵卵法》,穆藕初的《救济棉业计划》,李秉权的《中国羊毛品质之研究》,余飒声的《纤维素化学工业》,赵良壁的《人造丝制造法》,尹良莹的《中国蚕业史》,朱启钤的《丝绣笔记》,顾天云的《西服裁剪指南》,孟洪诒的《英汉纺织辞典》等。

五、成长期纺织服饰出版业分析

在纺织服饰报刊和图书的出版类别方面:随着机器纺织工业的扩大和成熟,从纤维加工、纺纱、织造到印染,这样一个生产加工流程就应运而生。每道工序都有值得学习和研究的课题,与之相对应的纺织工业技术的报刊和图书开始增多。纺织产品已摆脱自给自足的模式而开始流通经营销售,贸易经济的出版物也多了起来。另外,纺织专业学校的开办等促使纺织科教文化类出版物的增长,美化大众生活的服装编结类出版物也日趋增多。同时,这时期出版印刷业得到了较大的发展,也促进了纺织服饰出版业迅猛发展和数量的增长。

在纺织服饰报刊和图书的创办者和作者方面:随着商品贸易的发展,官方机构开始在蚕丝和棉花等纺织原料领域起主导作用,如在丝业和棉业的统制、改进和商品检验等方面。民营纺织企业大量兴办,对纺织技术图书的需求也随之上升,以企业名义出版的报刊和图书也开始增多。各类与纺织有关学校的建立,使得学校的出版物显著增加。此外,纺织行业组织促进了纺织业的发展,对纺织原料生产统计、纺织企业组织、纺织商品交易等起着积极的作用。学术团体、科研机构对纺织业人才培养、纺织科学研究、纺织经济调查等方面做出了重要贡献,所以它们的出版物也占据了一席之地。

在纺织服饰报刊和图书的出版地方面:上海作为中国近代纺织工业和纺织贸易的中心,其行业龙头地位与纺织服饰出版物的出版量高度一致,也与这一时期上海拥有像商务印书馆、中华书局、世界书局等众多出版机构有关。而其他出版量靠前的地区,有的地处沿海,贸易便利;有的是近代各时期的政治中心,官方机构云集;有的是丝绸和棉纺织生产的重镇,企业众多。因而,这些地区出版物的数量也较大,这与当地纺织工业的发达程度是相匹配的。

第三章 中国近代纺织服饰出版业的曲折（1937—1949）

一、全面抗战时期纺织服饰出版业的凋零

从1937年起，由于抗日战争的全面爆发，纺织服饰报刊和图书的出版量骤减，并持续在低位徘徊。对于纺织服饰报刊而言，在1937—1945年，除了第一年有12种报刊，其余各年份的创刊数量均为个位数。对于纺织服饰图书而言，出版数量从1936年的127种骤降为1937年的65种，约下降一半。近9年中，纺织服饰报刊的出版量为50余种，纺织服饰图书的数量为300多种。图3-1~图3-4为该时期的典型出版物。

图3-1 《纺织染工程》　　图3-2 《纺工》　　图3-3 《纺织染工程手册》

图3-4 《男女洋服裁缝法》

二、抗战胜利后纺织服饰出版业的波动

抗战胜利以后,纺织服饰报刊和图书的出版量开始强劲反弹。对于纺织服饰报刊而言,从1946年起,每年的创刊数量均超两位数,并于1947年达到年创刊数33种的顶峰。对于纺织服饰图书而言,1947年和1948年的出版量均为90种以上,达到曲折期中的高位。然而,好景不长,纺织服饰报刊和图书的出版量又因战争呈断崖式下跌。这一时期,纺织服饰报刊和图书的出版波动剧烈,经历了曲折的发展过程。这4年中,纺织服饰报刊的出版量为80余种,纺织服饰图书的数量为200多种。图3-5~图3-8为该时期的典型出版物。

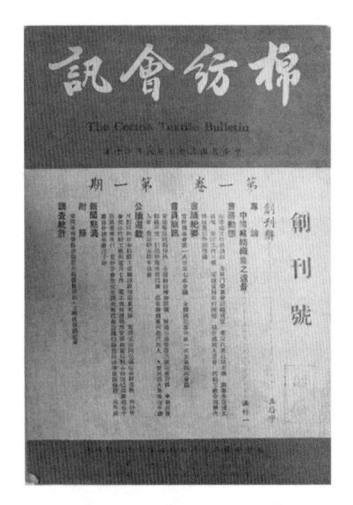

图3-5 《棉纺会讯》

图3-6 《纺织建设月刊》

图3-7 《棉练漂学》

图3-8 《衣冠服饰》

三、曲折期纺织服饰出版业统计数据

1. 内容和数量

表3-1为曲折期纺织服饰报刊内容的分布情况，共有纺织原料、纺纱织造、印染、服装和综合性5个类别。由表3-1可以看出，该时期中国近代纺织服饰报刊中综合性类首次超越纺织原料类居于首位，它们各占总数约三分之一；纺纱织造类约占总数的四分之一；服装类和印染类较少。

表3-1 曲折期纺织服饰报刊内容分布

报刊种类	数量/种	占比/%
综合性	48	33.1
纺织原料	47	32.4
纺纱织造	36	24.8
服装	8	5.5
印染	6	4.2
合计	145	100.0

表3-2为该时期纺织服饰图书内容的分布情况。从表3-2可以看出，该时期与纺织有关的工业经济和工业技术类图书的出版量已上升为总数的一半以上，与纺织有关的农业经济和农业科学类图书的出版量则下降为总数的三成左右，服装编结类图书出版量的占比有所上升，而与纺织有关的贸易经济和科教文化类图书出版量的占比有所下降。该时期出版总数为600种。

表3-2 曲折期纺织服饰图书内容分布

图书种类	数量/种	占比/%
工业经济	199	33.1
工业技术	139	23.2
农业经济	105	17.5
农业科学	69	11.5
服装编结	40	6.7
贸易经济	36	6.0
科教文化	12	2.0
合计	600	100.0

2. 作者和出版者

表3-3为该时期纺织服饰报刊出版者的分布情况。由表3-3可以看出，该时期企业出版的报刊数量最多，约占总数的三分之一；其次为官方机构，占了总数的二成；然后是学校和行业组织，报刊社和学术团体较少。

表3-3 曲折期纺织服饰报刊出版者分布

出版者	数量/种	占比/%
企业	47	32.4
官方机构	29	20.0
学校	21	14.5
行业组织	21	14.5
报刊社	15	10.3
学术团体	12	8.3
合计	145	100.0

表3-4为该时期纺织服饰图书作者的分布情况。从表3-4可以看出，该时期的图书作者分布，与上一时期相比相差不大，还是个人作者最多，官方机构和行业组织略有下降，唯有学校、学术团体、科研机构与企业的比例增大。

表3-4 曲折期纺织服饰图书作者分布

作者	数量/种	占比/%
个人	278	46.4
企业	114	19.0
官方机构	103	17.2
学校、学术团体、科研机构	65	10.8
行业组织	35	5.8
其他	5	0.8
合计	600	100.0

主要出版者有商务印书馆、中华书局、正中书局、纤维工业出版社、南通学院纺织科学友会、中国纺织染工业补习学校、中国纺织染工程研究所、中国纤维工业研究所、中国纺织建设公司、中国科学图书仪器公司、中国经济统计研究所、国民经济研究所、金陵大学农学院、全国经济委员会棉业统制委员会以及各省棉产改进会（所）等。

这一时期，商务印书馆的"职业学校教科书"有11种纺织图书，中华书局的"中华文库"有3种纺织图书。

3．出版时间

表3-5为该时期纺织服饰报刊的创刊时间分布。从1937年开始，纺织服饰报刊的数量开始下降，尤其是1938—1945年，每年的创刊数量仅是个位数。直到1946年，创刊数量开始上升，但从1948年起又开始下降。

表3-5 曲折期纺织服饰报刊创刊时间分布

创刊年份	数量/种	占比/%
1937	12	8.3
1938	7	4.8
1939	8	5.5
1940	4	2.8
1941	5	3.5
1942	5	3.5
1943	7	4.8
1944	3	2.1
1945	7	4.8
1946	18	12.4
1947	33	22.8
1948	25	17.2
1949	11	7.5
合计	145	100.0

表3-6为该时期纺织服饰图书的出版时间分布。从表3-6可以看出，该时期自1937起至20世纪40年代前半期，相较于成长期，每年的图书出版量长期在低位徘徊。直至1947年，年出版数量直线上升。而到1949年，年出版数量又掉头向下。

表3-6 曲折期纺织服饰图书出版时间分布

出版年份	数量/种	占比/%
1937	65	10.8
1938	43	7.2
1939	62	10.3

续表

出版年份	数量/种	占比/%
1940	47	7.8
1941	25	4.2
1942	19	3.2
1943	31	5.2
1944	26	4.3
1945	24	4.0
1946	31	5.2
1947	91	15.1
1948	93	15.5
1949	43	7.2
合计	600	100.0

4．出版地

观察报刊的出版地，共有18个地区出版有纺织服饰报刊。表3-7为该时期近代纺织服饰报刊出版地的分布。

表3-7 曲折期纺织服饰报刊出版地分布

出版地	数量/种	占比/%
上海	79	54.5
江苏	14	9.6
四川	11	7.5
山东	8	5.5
北京	8	5.5
天津	6	4.1
云南	3	2.1
浙江	3	2.1
广东	2	1.4
陕西	2	1.4
山西	2	1.4
湖北	1	0.7
贵州	1	0.7
江西	1	0.7

续表

出版地	数量/种	占比/%
河南	1	0.7
河北	1	0.7
辽宁	1	0.7
香港	1	0.7
合计	145	100.0

表3-8为该时期中国近代纺织服饰图书出版地的分布情况。从表3-8可以看出，在1937—1949年，上海的出版量仍然最多，达270种，占了总量四成多。而出版数量排名第二的由江苏换成了四川（包含重庆），超过40种的为江苏，超过20种的是北京、湖南、天津。

表3-8 曲折期纺织服饰图书出版地分布

出版地	数量/种	占比/%
上海	270	45.0
四川	84	14.0
江苏	44	7.3
北京	25	4.2
湖南	24	4.0
天津	21	3.5
山东	16	2.7
云南	14	2.3
江西	10	1.7
陕西	9	1.5
其他	50	8.3
未知	33	5.5
合计	600	100.0

四、曲折期重要的纺织服饰出版物

1. 重要报刊

曲折期的重要报刊有《衣食住行周刊》(1938)、《纺织染工程》(1939)、《染化月刊》(1939)、《纺织染季刊》(1939)、《纺工》(1941)、《中国蚕桑研究所汇报》(1941)、《中国纺织学会会刊》(1943)、《纤维工业》(1945)、《纺声》（1945）、《纺织染通讯》（1946）、《纺织建设月刊》（1947）、《公益工商通讯》（1947）、《棉纺会讯》（1948）、《纱布日报》（1948）等。

2．重要图书

此段时期的代表性作者及所著图书有蒋乃镛的《实用织物组合学》《纺织染工程手册》《英华纺织染辞典》《男女洋服裁缝法》《西式衣服裁制法》，杜燕孙的《国产植物染料染色法》《棉练漂学》，何达的《最新棉纺学》《纺织力学》《现代棉纺织图说》，黄希阁的《纺绩工程学》《纺织机械》《纺织原料与试验》《纤维工业辞典》，陆绍云的《纺织日用手册》，张方佐的《棉纺织工场之设计与管理》，吕德宽的《棉纺工程》，雷炳林的《弹簧大牵伸与双喇叭》，杨樾林的《浆纱学》，瞿炳晋的《纺织计算学》，应寿纪的《纤维材料学》，丁宪祐、王世椿的《人造纤维》，李升伯的《十年来之棉纺织工业》，严中平的《中国棉业之发展》，胡竟良的《中国棉产改进史》，杨荫深的《衣冠服饰》等。

五、曲折期纺织服饰出版业分析

在纺织服饰报刊和图书的出版类别方面：随着机器纺织工业的发展，有关纺织工业技术与经济的报刊和图书也朝着更深层次和更广阔的空间发展。此类出版物首次在所有类别中占据首位，上升趋势明显。然而，受到战争的影响，纺织工业经历了长达十年的低迷期，纺织贸易和科教文化事业也遭到严重摧残。出版行业因战争的破坏而陷入困境，相应地，纺织服饰出版物的年出版量明显萎缩，直至抗日战争结束后才又恢复增长，而后又因战争而遭受挫折。

在纺织服饰报刊和图书的创办者和作者方面：这一时期企业出版的报刊和图书数量占总出版量的比例明显上升。这是因为随着纺织工业的发展，特别是抗日战争胜利后，社会渴望经济得到快速复苏，新组建的中国纺织建设公司出版了较多的生产管理报刊和图书。学校、学术团体、科研和出版机构等也纷纷回迁恢复工作，也催生了纺织服饰出版业的繁荣，相应地，出版数量得到了增加。

在纺织服饰报刊和图书的出版地方面：全面抗日战争期间，大量官方机构、学校、科研和出版机构等单位内迁，四川、云南等西南地区的出版物数量有所上升。而重庆成为临时的政治中心，因而其出版物数量明显增加。综上，纺织服饰报刊和图书的出版与当时的政治经济局势紧密相关。

期刊篇

第四章 中国近代纺织服饰期刊分类与特色

一、中国近代纺织服饰期刊的种类

中国近代纺织服饰期刊,按行业属性分类,可分为丝业期刊、棉业期刊、纺织染期刊和服饰期刊;按出版类别分类,可分为专业性期刊、连续性报告、纪念刊等。

1. 按行业属性分类

(1) 丝业期刊。丝业期刊为专门论述纺织原料之一蚕丝的专业刊物,服务于栽桑育蚕、蚕丝生产、蚕丝改良、蚕丝销售等丝业从业人员。

(2) 棉业期刊。棉业期刊为专门介绍纺织原料之一棉花的专业刊物,服务于棉花种植、棉花加工、棉花改良、棉花销售等棉业从业人员。

(3) 纺织染期刊。纺织染期刊包括纺纱、织造、印染和综合性的刊物,服务于纺织染生产技术、企业经营管理、纺织品销售等纺织业从业人员。

(4) 服饰期刊。服饰期刊为论述服装、编结、刺绣等内容的刊物。服务于服装设计、服装制作、服装销售、绒线编结、刺绣等服饰业从业人员。

2. 按出版类别分类

(1) 专业性期刊。专业性期刊为专门论述纺织原料、纺纱织造、印染、服装或兼而有之的综合性内容的期刊,这是纺织服饰期刊的主要组成部分。如论述纺织原料内容的有《中国蚕丝业会报》《棉业汇刊》等,论述纺纱织造内容的有《华商纱厂联合会季刊》《人钟月刊》等,论述印染内容的有《染化月刊》《染声月刊》等,论述服装内容的有《新妆特刊》《装束美》等,论述综合性内容的有《北平纺织染研究会季刊》《纺织周刊》等。

(2) 连续性报告。连续性报告为针对纺织某一事项的调查报告或统计报告等,一般每年一次、连续出版。如《棉产调查报告》《广东蚕丝出口统计报告》《津纺统计年报》等。

(3) 纪念刊。纪念刊为纪念某一事件而出版的刊物,刊载纪念性文字和图片。如《浙江省立蚕桑科职业学校卅周纪念特刊》《中国染化工程学会成立纪念刊》《庆祝雷老师炳林六十寿辰纪念刊》等。

二、中国近代纺织服饰期刊的出版内容和数量分布

期刊的出版内容有纺织原料、纺纱织造、印染、服装和综合性等。表4-1为中国近代纺织服饰期刊内容和数量的分布情况（不包含报纸），包括纺织原料、纺纱织造、印染、服装和综合性等5个类别的期刊数量和占比。由表4-1可以看出，纺织原料类期刊最多，几乎接近总数的一半；其次为综合性类期刊，约为总数的四分之一；然后是纺纱织造类，约为总数的五分之一；而服装类期刊和印染类期刊较少，占比仅为个位数。

表4-1 纺织服饰期刊内容和数量分布

期刊种类	数量/种	占比/%
纺织原料	141	48.0
纺纱织造	57	19.4
印染	7	2.4
服装	13	4.4
综合性	76	25.8
合计	294	100.0

三、中国近代纺织服饰期刊的出版机构分布

出版机构有学校、学术团体、行业组织、企业、报刊社和官方机构等。表4-2为中国近代纺织服饰期刊出版机构的分布情况。由表4-2可见，企业和官方机构出版的数量较多，两者数量不相上下，各占总数的四分之一左右；紧接着为学校出版的数量，超过了总数的五分之一；行业组织出版的数量也超过了总数的八分之一；而学术团体和报刊社出版的数量较少，占比为个位数。

表4-2 纺织服饰期刊出版机构分布

出版者	数量/种	占比/%
企业	73	24.8
官方机构	72	24.5
学校	67	22.8
行业组织	39	13.3
学术团体	25	8.5
报刊社	18	6.1
合计	294	100.0

四、中国近代纺织服饰期刊的出版时间分布

表4-3为中国近代纺织服饰期刊出版时间的分布情况。纺织服饰期刊自1904年诞生以来，在此后的20多年时间里发展成长，每年的出版数量均是个位数，直到1929年才达到两位数。20世纪30年代前期和中期是纺织服饰期刊发展的第一个高峰期，每年的创刊数量大都为十几种，尤其是在1934年，达到了23种。但自进入全面抗战以后，期刊的出版量跌入低谷。抗战胜利后，纺织服饰期刊的发展迎来了第二个高峰期。特别是在1947年，期刊的创刊数量达到了创纪录的32种。

表4-3 纺织服饰期刊出版时间分布

创刊年份	数量/种	占比/%
1904	1	0.3
1905	1	0.3
1906	1	0.3
1907	1	0.3
1908	1	0.3
1909	3	1.0
1910	1	0.3
1911	0	0
1912	0	0
1913	0	0
1914	1	0.3
1915	0	0
1916	1	0.3
1917	0	0
1918	2	0.7
1919	3	1.0
1920	4	1.4
1921	4	1.4
1922	5	1.7
1923	5	1.7
1924	4	1.4

续表

创刊年份	数量/种	占比/%
1925	1	0.3
1926	7	2.4
1927	3	1.0
1928	6	2.1
1929	10	3.4
1930	8	2.7
1931	14	4.8
1932	7	2.4
1933	8	2.7
1934	23	7.8
1935	19	6.5
1936	14	4.8
1937	12	4.1
1938	5	1.7
1939	8	2.7
1940	4	1.4
1941	3	1.0
1942	5	1.7
1943	7	2.4
1944	3	1.0
1945	7	2.4
1946	16	5.5
1947	32	10.9
1948	23	7.8
1949	11	3.8
合计	294	100.0

五、中国近代纺织服饰期刊的出版地分布

表4-4为中国近代纺织服饰期刊出版地的分布情况。由表4-4可以看出，上海的出版数量有100多种，超过了总数的三分之一，遥遥领先；江苏的出

版数量有 40 多种，位居第二，相较其他地区也有明显的优势；浙江的出版数量有 20 多种，位居第三；北京、天津、四川、广东、山东的出版数量各有十几种；其余地区的出版数量则为个位数。

表4-4 纺织服饰期刊出版地分布

出版地	数量/种	占比/%
上海	109	37.1
江苏	48	16.3
浙江	26	8.9
北京	15	5.1
天津	15	5.1
四川	15	5.1
广东	14	4.8
山东	12	4.1
陕西	8	2.7
湖北	6	2.1
湖南	5	1.7
海外	5	1.7
云南	3	1.0
安徽	2	0.7
河北	2	0.7
河南	2	0.7
山西	2	0.7
江西	1	0.3
辽宁	1	0.3
广西	1	0.3
贵州	1	0.3
香港	1	0.3
合计	294	100.0

六、中国近代纺织服饰期刊特色分析

中国近代纺织服饰期刊在 40 多年的历程中，从少到多，由弱到强，逐步发展成为具有数百种期刊规模的出版体量，出现了一些影响广泛的重要期刊。这些期刊各具特色，为反映中国近代纺织服饰业状况、传播纺织服饰技术等起到了不可或缺的作用。

从出版内容来看，纺织服饰期刊有纺织原料类的丝业期刊和棉业期刊等，有包含纺纱、织造、印染和综合性的纺织染期刊，有关于服装、编结、刺绣的服饰期刊等。它们服务于纺织服饰各自的细分领域，为纺织服饰业整体的发展起到了各自的作用。

从出版机构来看，企业出版的期刊多为纺织染刊物，侧重于纺纱、织造、印染等工业生产环节；官方机构出版的期刊多为纺织原料类刊物，聚集在丝业和棉业领域；而学校、学术团体、行业组织和报刊社期刊的内容则兼而有之，视出版机构所属的性质而定。

从出版时间来看，纺织服饰期刊自20世纪初诞生以来，以丝业等纺织原料类刊物为先导，逐渐向各细分行业发展；20世纪30年代前期和中期，是纺织服饰期刊发展的繁荣时期，各细分行业创刊的杂志呈遍地开花之势；抗战胜利后的几年，也是刊物快速恢复的时期。

从出版地域来看，各省份的期刊出版地多为该省的主要城市，全国各地的刊物出版地多集中于大中城市，如上海、南京、杭州、北京、天津、重庆等。出版地域分布很不均衡，尤其是上海，出版数量具有明显的优势，许多重要的刊物也都是在上海出版的。

第五章 中国近代丝业期刊的发展

一、中国近代丝业期刊的发展脉络

在纺织服饰期刊中，介绍纺织原料之一蚕丝的期刊历史最为悠久。创刊时间最早的五种刊物都是丝业期刊，即1904年武昌农务学堂的《蚕学月报》、1905年四川蚕桑公社的《蚕业白话演说》、1906年浙江农工研究会的《柞蚕杂志》、1907年农桑学杂志社的《农桑学杂志》、1908年广东蚕业学堂的《蚕学报》。

丝业期刊的出版机构中，学校的出版量最多。这些学校初为农业学校和蚕业学校，如武昌农务学堂、广东蚕业学堂、江苏省立第一农业学校、江苏省立第二农业学校、江苏省立第三农业学校、浙江省立甲种蚕业学校、江苏省立女子蚕业学校等；后有高等院校加入其中，如国立浙江大学农学院等。官方机构出版的丝业期刊也较多，内容多为蚕丝改良、生丝检验、蚕业推广等。这些机构有全国经济委员会蚕丝改良委员会、广东全省改良蚕丝局、实业部广州商品检验局、广东建设厅生丝检查所、浙江省建设厅管理改良蚕桑事业委员会、浙江省蚕业推广委员会等。表5-1为丝业期刊出版机构分布情况。

表5-1 丝业期刊出版机构分布

出版者	数量/种	占比/%
学校	26	40.0
官方机构	22	33.9
报刊社	6	9.2
行业组织	5	7.7
学术团体	3	4.6
企业	3	4.6
合计	65	100.0

在长达四十多年的中国近代丝业期刊的发展过程中，刊物的年创刊量比较平均，呈现出时间跨度长、发展平稳的态势。仅在20世纪20年代末及30年代初期创刊数量较多。表5-2为丝业期刊出版时间分布情况。

表5-2 丝业期刊出版时间分布

创刊年份	数量/种	占比/%
1904	1	1.5
1905	1	1.5
1906	1	1.5
1907	1	1.5
1908	1	1.5
1909	2	3.1
1910	1	1.5
1911	0	0
1912	0	0
1913	0	0
1914	0	0
1915	0	0
1916	1	1.5
1917	0	0
1918	2	3.1
1919	2	3.1
1920	0	0
1921	2	3.1
1922	0	0
1923	1	1.5
1924	1	1.5
1925	1	1.5
1926	1	1.5
1927	2	3.1
1928	3	4.7
1929	6	9.3
1930	1	1.5
1931	2	3.1
1932	2	3.1
1933	4	6.2
1934	5	7.7
1935	3	4.7

续表

创刊年份	数量/种	占比/%
1936	3	4.7
1937	1	1.5
1938	1	1.5
1939	1	1.5
1940	2	3.1
1941	1	1.5
1942	0	0
1943	0	0
1944	0	0
1945	1	1.5
1946	3	4.7
1947	2	3.1
1948	2	3.1
1949	1	1.5
合计	65	100.0

刊物的出版地比较集中，主要为蚕丝生产大省浙江、江苏、广东和四川，区位优势比较明显。它们的出版数量占了总数的八成多。而其他仅有少数省份有为数不多的刊物。出版期刊的学校以江苏、浙江为多，官方机构以浙江、广东为主。表5-3为丝业期刊出版地分布情况。

表5-3 丝业期刊出版地分布

出版地	数量/种	占比/%
浙江	18	27.7
江苏	18	27.7
广东	11	16.9
四川	7	10.8
上海	5	7.7
安徽	2	3.1
海外	2	3.1
湖北	1	1.5
贵州	1	1.5
合计	65	100.0

二、中国近代重要的丝业期刊

1.《柞蚕杂志》(1906)

该刊为清末浙江农工研究会校刊,于1906年在杭州创刊(图5-1)。浙江农工研究会由浙江巡抚增韫设立,杭辛斋为会长。刊首有增韫所作之弁言,称当地人们对柞树柞蚕,"不知养蚕,仅作染色烧炭之用,殊属可惜,因采集种树养蚕之法,名曰柞蚕杂志"[①]。该刊专题介绍柞树种植和柞蚕饲养知识,以发展生产。包含柞树介绍、柞蚕介绍和柞蚕知识问答等内容。

图5-1 《柞蚕杂志》(1906)

2.《中国蚕丝业会报》(1909)

1909年,浙江留日学生倪绍文、朱显邦等人,在日发起组织"中国蚕丝业会",于1909年8月在东京出版该刊,向国内发行,双月刊。内容主要论述中外蚕业形势,介绍有关蚕业各项科学知识和实验成绩报告等。首期有胡惟德的《发刊叙言》,并有浙江蚕学馆及林启写真等。刘先櫆在《发刊辞》中说:"蚕丝业有独立科学之价值即如彼,而与各科学与国家之关系复如此。然

---

① 增韫.弁言[J].柞蚕杂志,1906(1):1.

言之无文，行之不远……而有蚕丝业会之组织，而斯报之所为作也。"①图5-2为《中国蚕丝业会报》。

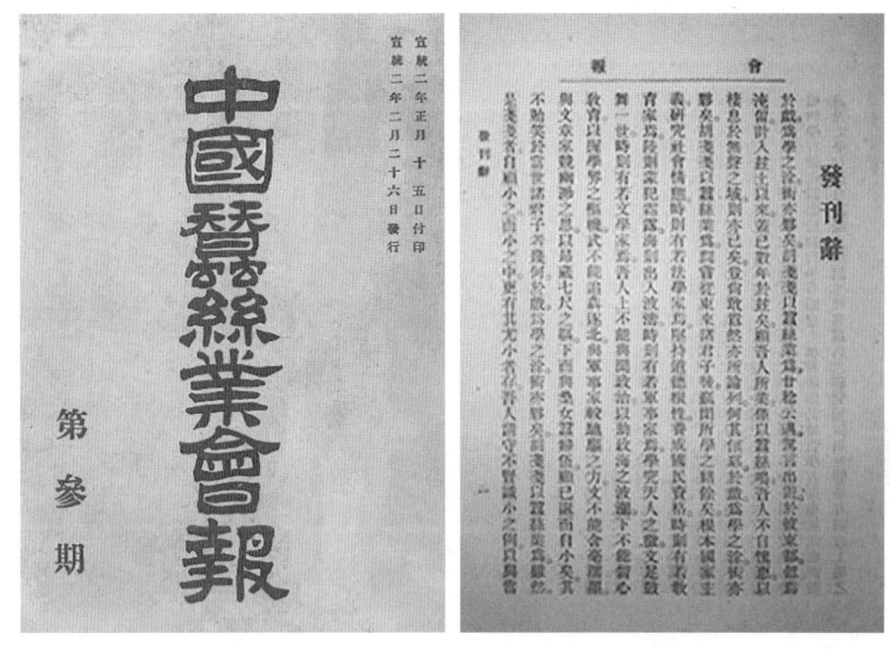

图5-2 《中国蚕丝业会报》

刊登的文章有《上农商工部请设中央蚕丝会条议》《中国蚕丝业教育普及之捷法》《蚕种制造之要点》《秋蚕整理》《预防蚕病法提要》《蚕体病理学讲义》《蚕体解剖学》《柞蚕及柞蚕丝》《中国蚕丝业之感言》《上粤省劝业道陈改良蚕业意见书》《上川督蚕业政策书》《桑园开垦及桑园速成法》《桑树培养法》《蚕种优劣鉴定法》《中国农桑纪要》《制丝业之经营》《浙江省绍兴府余姚县蚕业近况调查报告》《中国蚕丝业教育论》《两广蚕业谈》《世界蚕况》等。

3.《浙江蚕业学校校友会杂志》(1918)

该刊为浙江蚕业学校校友会杂志，创刊于1918年12月，年刊，出版地杭州。刊物旨在探讨我国蚕丝业的发展和改良，登载有关蚕丝业技术、经济贸易方面的文章，同时还翻译一些外国蚕丝业的文章，以供国人参考，还发表一些与蚕丝业有关的小说、词歌、散文等。朱显邦在《序言一》中说，校

---

① 刘先橚.发刊辞[J].中国蚕丝业会报，1909（1）：1-3.

友会杂志"取以发表校友之心得，得以证现在之进境，文不取乎高深，理不关乎奥赜"①。栏目有"论说""研究""译林""文苑""杂俎""调查"。其他题名《浙江省立甲种蚕业学校校友会杂志》。图5-3为《浙江蚕业学校校友会杂志》。

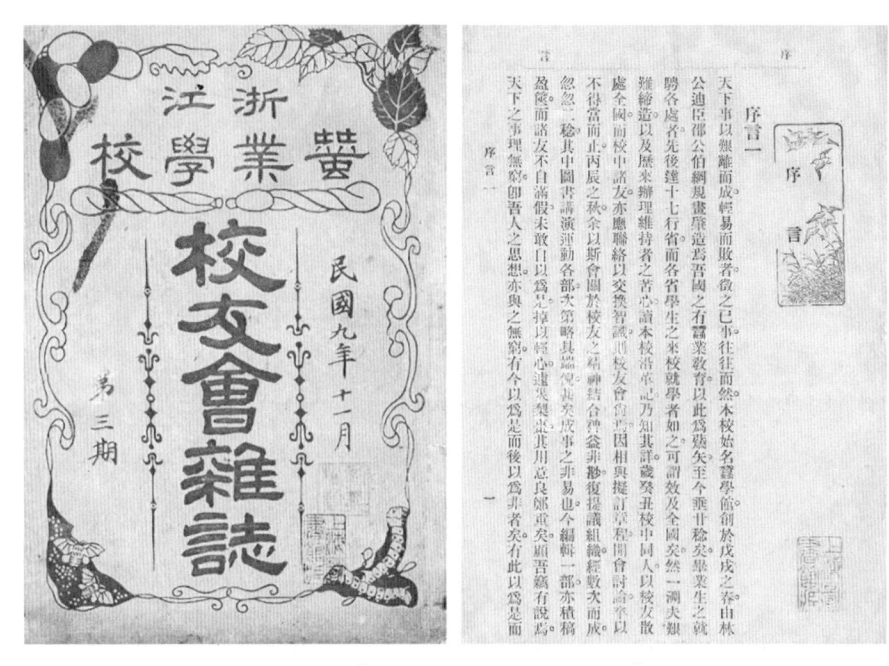

图5-3 《浙江蚕业学校校友会杂志》

刊登的文章有《蚕儿对于光线之关系》《蚕儿形态上雌雄鉴别之新法》《蚕丝业与国家之关系》《改良蚕事刍议》《改良中国蚕种意见书》《中国蚕业与女子教育之关系》《中国蚕业的过去和现在》《振兴浦江蚕业之意见》《安徽太和蚕业之情形》《永城蚕业状况》《提倡蚕业为振兴陕西实业的入手办法》等。

4.《农蚕汇刊》（1919）

1919年创刊于苏州，江苏省立第二农业学校校友会编辑并发行。主要撰稿人有朱树谟、尤孝镖、宋君宜、王骏等。该刊内容介绍农业生产知识和科学技术，总结学校发展概况及未来规划，并展示该校师生的科研成果。设有"论说""学艺""研究报告""杂俎""附录"等栏目。图5-4为《农蚕汇刊》。

---

① 朱显邦.序言一[J].浙江蚕业学校校友会杂志, 1918（1）: 1-2.

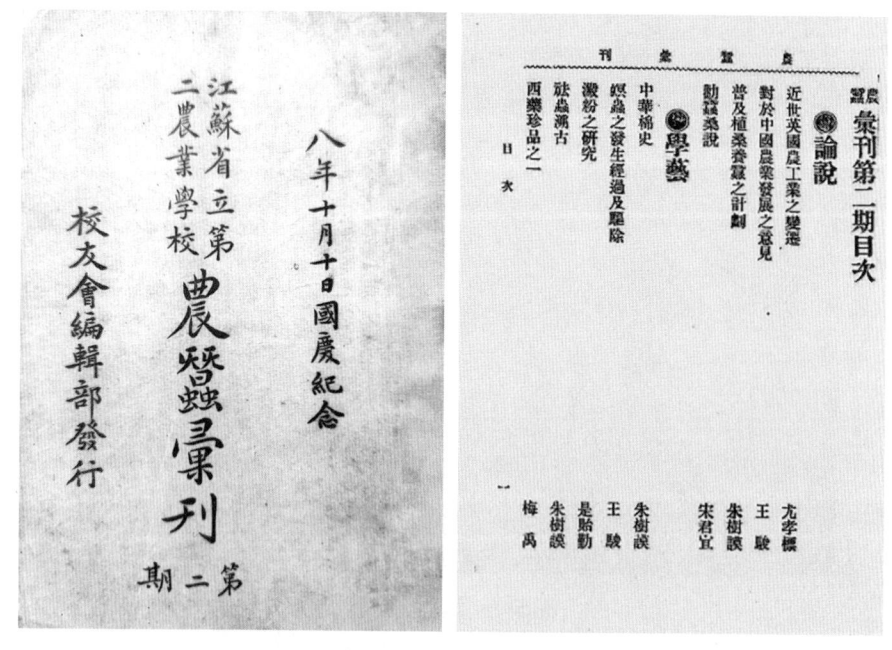

图5-4 《农蚕汇刊》

"论说"栏目有《普及植桑养蚕之计划》《劝蚕桑说》等。"学艺"栏目有《改良蚕种制造之要点》《蚕纲论》《迟眠蚕之检出》等。"研究报告"栏目有《七年春蚕试验成绩表》《七年春蚕饲育成绩报告表》等。"杂俎"栏目有《本校今后五年进行计划书》《赴杭垣考察蚕业状况记》等。"附录"栏目有《江苏省立第二农业学校校友会会员录》《图书室报告》等。

5.《蚕丝专刊》(1921)

该刊于1921年3月在江阴创刊,中华农学会编辑并发行。刊物内容有蚕业历史、蚕业改良、丝厂经营、养蚕指导、调查报告等。朱显邦在《发刊词》中说,"我国蚕业教育,渐已各省,学者日益滋多,蓄于心而积于虑者,亦日以富。能集合而发表之,正得其机,而适于用矣"[①]。图5-5为《蚕丝专刊》。

刊登的文章有《养蚕指导述略》《蚕种与无锡蚕业》《蚕业史》《蚕种考》《蚕儿趋温性之试验》《应用X光线之新问题》《改良扩充浙江省蚕业计划书》等。

---

① 朱显邦.发刊词[J].蚕丝专刊,1921(1):1.

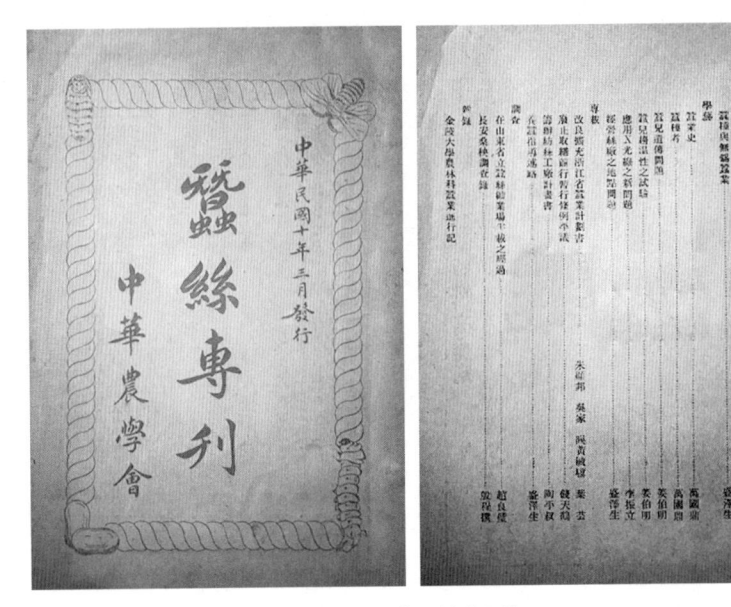

图5-5 《蚕丝专刊》

6.《女蚕》(1923)

该刊创刊于1923年4月,江苏省立女子蚕业学校校友会主办,地址在江苏浒墅关,苏州文新印书馆印刷。该刊以登载蚕业方面的著述、新闻、调查、报告为主要内容,有"论著""讲坛""译述""本会消息"等栏目。图5-6为《女蚕》。

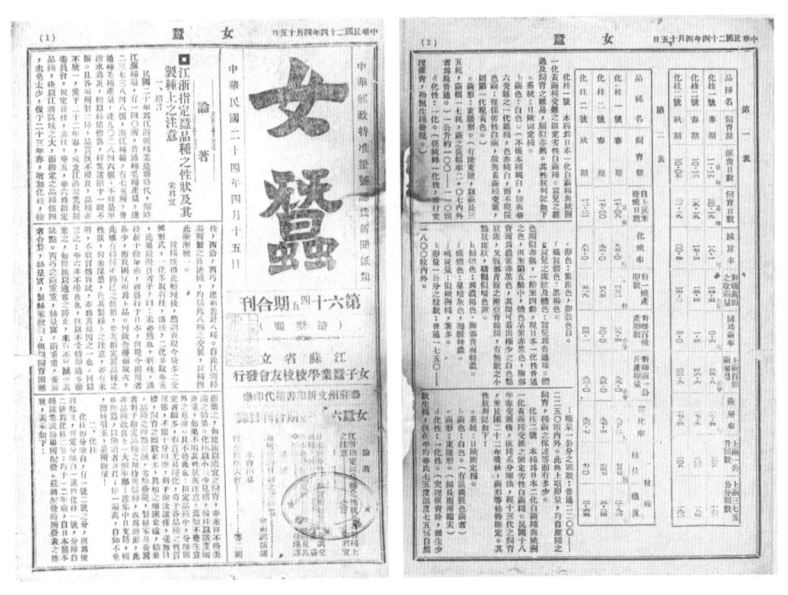

图5-6 《女蚕》

"论著"栏目有《江浙指定蚕品种之性状及其制种上之注意》等。"讲坛"栏目有《如何救济目前之蚕丝业》等。"译述"栏目有《日本新分配之夏秋蚕用原蚕种及其交杂种》《日本新分发之春蚕用原蚕种及其交杂种之性状》等。"本会消息"栏目有《校友常年大会》《第一次执委会》等。

7.《蚕丝业月刊》(1924)

该刊创刊于1924年10月,四川高等蚕业讲习所本科同学会主办,月刊,出版地成都。创刊目的是促醒国人积极从事蚕丝业经营,介绍栽桑、养蚕、制丝、制种的蚕丝业常识,调查国内外蚕丝业的现状。董仁清在《发刊词》中说:"其宗旨在将素常所习之蚕丝学理,公诸社会,以应时势之要求,而促蚕丝之发展。"①有"通论""科学""译述""调查""通信""专件""杂俎"等栏目。图5-7为《蚕丝业月刊》。

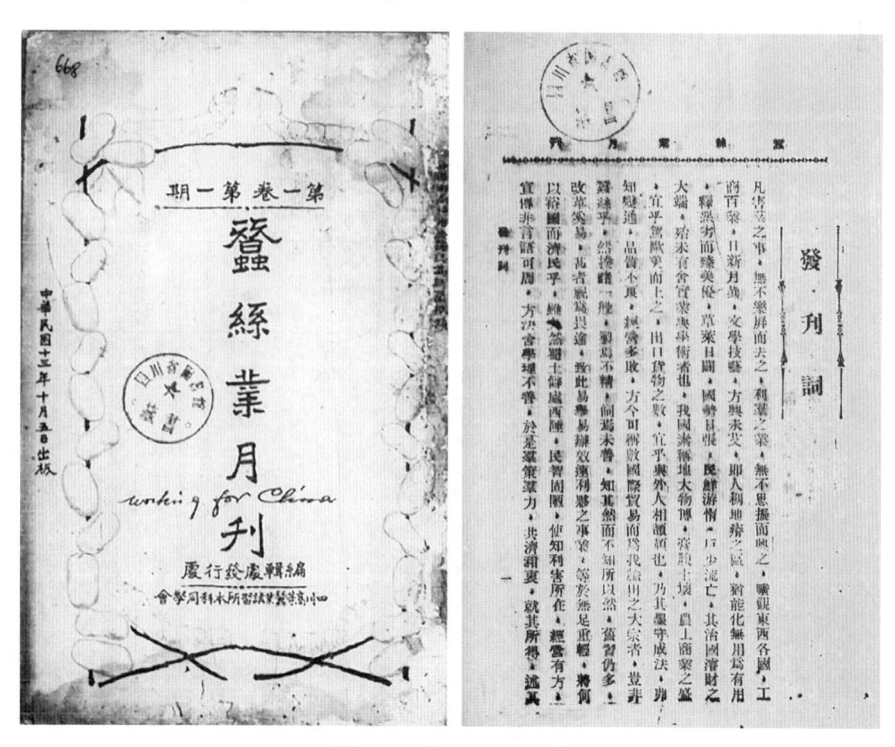

图5-7 《蚕丝业月刊》

刊登的文章有《蚕丝业与中国之关系》《蚕丝之组成及效用》《蚕之传播史略》《改良缫丝法》《谋蚕丝业发展之政策》《拟订制丝工厂通则草案》《柞

---

① 董仁清.发刊词[J].蚕丝业月刊,1924,1(1):1-3.

蚕之种类》《整顿蚕丝业之管见》《制丝用水之改良》《对于吾川蚕业教育之计划》《丝厂购茧之困难及其补救方法》等。

8.《蚕声》(1929)

该刊创刊于1929年，国立浙江大学农学院蚕桑系同学会出版委员会编辑出版，最初为月刊，后来改为季刊，出版地杭州。刊名由时任浙江大学校长的蒋梦麟题写。该刊主要供稿人有张祝三、徐肇坤、戴礼澄、求良儒、王学祥、李化鲸、钱幼琢、包容、包叔良、葛敬中、胡仲本等。该刊以促进我国蚕丝界发展为主旨，研究蚕桑改良及养殖方法，介绍生丝精练方法，讲述蚕桑业历史，探讨改良方针等。对于出版的目的，编者在《发刊词》中说："本院为本省研究农业最高学府，同人等目睹近年来蚕丝界之危机，有岌岌不可终日之势；因于课余之暇，将研究讨论之结果，付梓问世，名曰《蚕声》。"① 图5-8为《蚕声》。

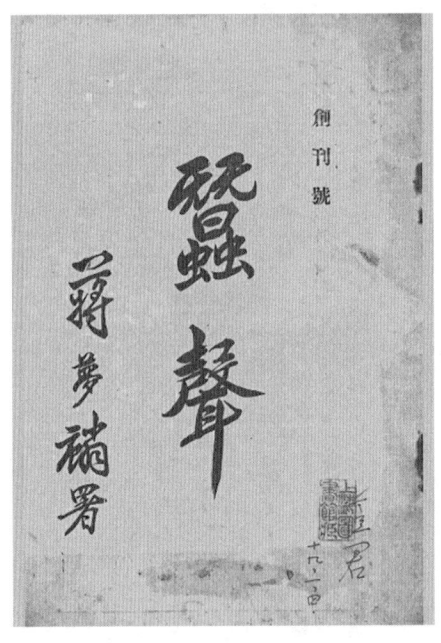

图5-8 《蚕声》

刊载的文章有《今后蚕业改良的方针》《今后蚕丝业之新趋势》《最近蚕业改良问题讨论》《广东蚕丝业复兴之途》《提倡秋蚕饲育之必要》《嵊新旧种业调查报告》《蚕之皮肤组织研究》《生丝化学的精练法》《就地种饲育之

---

① 编者.发刊词[J].蚕声,1929,1(1):5.

商榷》《两种桑叶之成分》《中国蚕业过去的历史》《关于蚕桑之农谚》等。

9.《女蚕期刊》(1930)

该刊创刊于1930年3月,浙江省立女子蚕业讲习所学生会出版,出版地杭州。刊登内容为该校学生有关蚕业方面的论著、文艺作品,以及学生会会章、消费合作社章程等。编者在《卷首语》中说:"我们在学校的时间有限,而学校的生命,却是无穷;我们所学的范围,固然狭窄,而实业的新进展,又是无穷;我们所记载的,只是学校生命的过去,希望着的,却是学校生趣的将来,也就是学校的新希望。"[①] 图5-9为《女蚕期刊》。

图5-9 《女蚕期刊》

刊载的文章有《我国蚕丝业落伍之原因及改良方法》《对于蚕业之我见》《秋蚕饲育之注意》《实习指导略记》《对于我国蚕业之感想》《校外实习状况报告》《现代思想与合作主义录》《读书与革命》《什么叫自由》等。

10.《镇蚕》(1933)

该刊创刊于1933年8月,镇江女子蚕业学校镇蚕毕业同学会出版,镇蚕编辑部编辑,月刊,出版地镇江。刊名由中国合众蚕桑改良会总技师何尚平题写。主要撰稿人有何尚平、之隐、宋郑震、葛敬中、李国宪、陆星垣、朱

---

① 编者.卷首语[J].女蚕期刊,1930(1):1-3.

新予、徐肇坤、胡鸿均等。该刊探讨蚕业发展，介绍养蚕知识，介绍国外动态，报道该校消息。何尚平在《发刊辞》中说，出版的宗旨是"集诸同学之心得经验作探讨之资，发行之期每月一次，篇幅不求其多，而内容务求其充实，议论不贵乎广泛，而纪载专力于精详"[①]。刊物内容除探讨文章外，尚有本会消息、校闻、随笔、摘译等。图5-10为《镇蚕》。

图5-10 《镇蚕》

刊载的文章有《蚕业新趋势》《夏秋蚕新品种分离白一号及其交杂种》《华六（一〇六号）之特性剖白》《关于新品种华六之认识》《各令蚕儿发育时期生活要素之注意》《在江浙环境下对于蚕品种选择之商榷》《饲育期中温湿度调节目标》《统制声中蚕品种问题》《所谓日本蚕丝业之统制问题》等。

11.《蚕友》（1933）

该刊创刊于1933年，安徽省立女子中等职业学校蚕友会出版，出版地安庆。该刊以交流研讨蚕业技术，提高蚕业发展能力为宗旨。戴岩在《发刊词》中说，刊物的使命是"蚕业学术的探讨，蚕业问题的研究，蚕业建设意

---

① 何尚平.发刊辞[J].镇蚕，1933（1）：1.

见的供献，蚕业知识的交换"①。栏目有"论著""学术""调查""纪事"等。图5-11为《蚕友》。

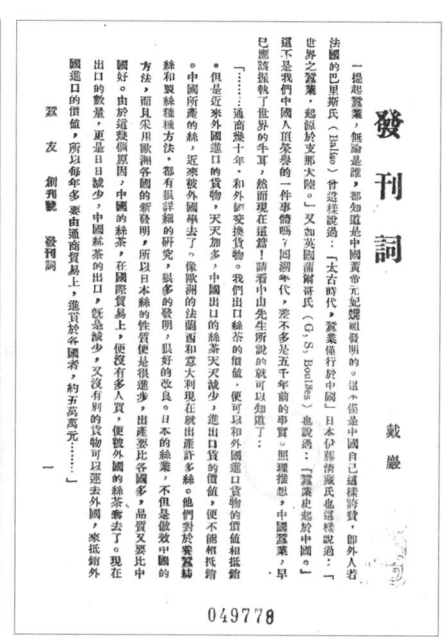

图5-11 《蚕友》

刊登的文章有《女子与蚕业》《发展安徽蚕业之我见》《我国蚕业的过去未来》《蚕桑稽古》《中国蚕业今昔观》《吾国蚕丝业的出路》《对于蚕丝事业的希望》《丝量与饲育法之关系》《蚕的血液循环》《蚕的软叶病》《安徽省立蚕业改良场之沿革》《本校蚕丝科之今昔》《最近我国蚕丝业概况》等。

12.《蚕丝统计月刊》(1935)

该刊创刊于1935年4月，全国经济委员会蚕丝改良委员会编辑发行，月刊，出版地杭州。刊物主要刊登国内和世界生丝统计表格，供蚕业界人士参考。图5-12为《蚕丝统计月刊》。

国内生丝统计包括上海生丝出口报告表、广东生丝出口报告表、全国生丝及废丝出口数量及价值表、江浙生丝存底表、江浙干茧存底表、各类干茧生丝市价表，各种生丝销数表等。世界生丝统计包括美国生丝统计表、伦敦生丝统计表、日本生丝输出数量表、伦敦里昂生丝价格表、日本横滨生丝现货价格表、美国纽约交易所生丝价格表等。

---

① 戴岩.发刊词[J].蚕友，1933 (1): 1-3.

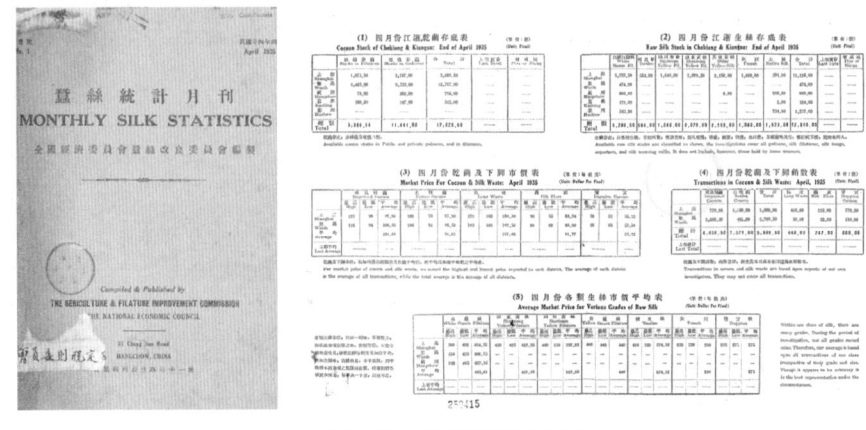

图5-12 《蚕丝统计月刊》

13.《中国蚕丝》（1935）

该刊创刊于1935年8月，月刊，全国经济委员会蚕丝改良委员会发行，出版地杭州。刊物以促进蚕丝业改良为宗旨，主要刊登蚕丝理论技术、调查研究等内容，包括桑蚕、制丝的理论、技术及调查研究的著述和译述以及生丝产销动态的报道。谭熙鸿在《发刊词》中说："凡关于蚕丝之理论技术以及调查研究之作，不论创作译述，均予刊载，期以唤起国人士之注意，而促进蚕丝业之改良。"[①]图5-13为《中国蚕丝》。

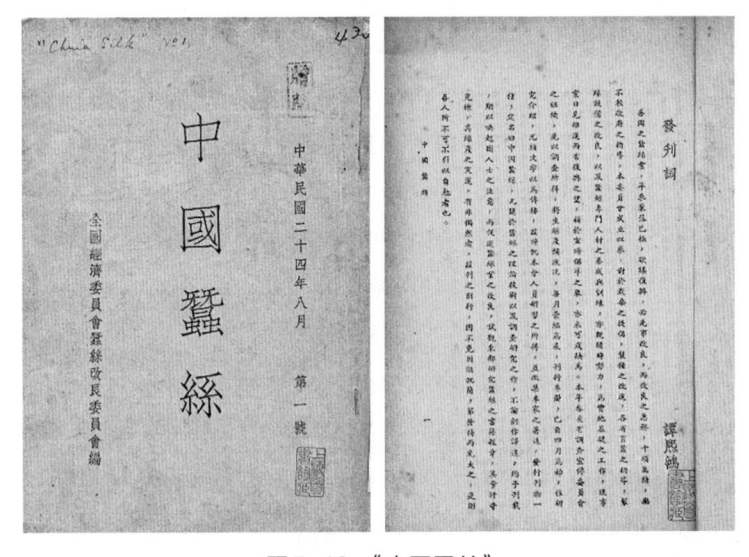

图5-13 《中国蚕丝》

---

① 谭熙鸿.发刊词[J].中国蚕丝，1935（1）：1.

刊登的文章有《制种业之现在及将来》《生丝贸易与国际市场》《蚕丝业教育之重要》《振兴我国蚕丝事业之原则》《胶东之柞蚕》《夏秋蚕条桑育用桑之育成及采收法》《解舒丝长与丝量丝质之关系》《家蚕育种上关于几种蚕斑纹之研究》《民国廿三年世界茧产额》《近年新品种茧质及其检查》《生丝成本计算法》《生丝检验》《缫丝机械》《缫丝工训练概要》《丝厂附属机械及设备》《制丝业经营之合理化》《缫丝术语之解说》《多条缫丝法摘要》《最近美国之丝织业》等。

14.《中蚕通讯》（1946）

该刊于1946年10月在上海创刊，中国蚕丝公司出版，1948年12月停刊，双月刊，多有两期合刊情况。刊物登载探讨我国蚕丝业发展的文章，介绍国内外蚕丝业以及中国蚕丝公司的状况。内容侧重蚕丝统计资料和国内外消息，供从业人员参考。编者在《发刊词》中说，出版该刊的目的"为阐扬辅导方针，报道业务情况，介绍国内外蚕丝业动态及新发明"[①]。图5-14为《中蚕通讯》。

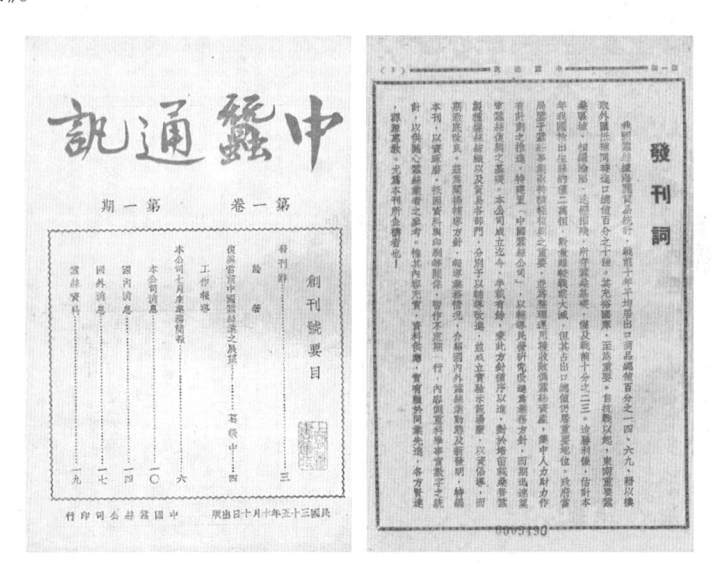

图5-14 《中蚕通讯》

刊登的文章有《复兴当前中国蚕丝事业之展望》《我国今后蚕丝政策之商榷》《当前我国蚕丝产销事业应有之动向》《一年来之蚕丝贸易》《中国蚕丝事业之回顾与展望》《我国蚕丝业界对人造尼龙应有之认识》《提高蚕种品

---

① 编者.发刊词[J].中蚕通讯，1946,1（1）:1.

质》《广东丝绸业一斑》《上海丝市一斑》《抗战期间全国蚕丝业损失调查近况》《我国丝业复苏前途颇可乐观》《世界蚕丝市场之概况》等。

15.《蚕丝杂志》(1947)

该刊于1947年1月创刊，1948年12月1日停刊，月刊，中国蚕丝杂志社编辑发行，出版地江苏苏州。刊名由蚕桑实业家、教育家邵申培题写。总编辑为宋君宜，主要撰稿人有蒋同庆、胡鸿均、俞筠镯、陆锦标、梁嗣统、觉僧、王天子、周俊我、刘寅楼、王干治、韩惠卿、李莘农、俞赞陶、席德衡等。邵申培在《发刊词》中说，该刊的目的在于蚕业方面"问题之检讨，学术之研究，消息之流通"等①。载文讨论国内外蚕业现状，研究蚕业新技术，报道蚕业动态消息。栏目有"专载""学术""调查""蚕业动态""国际消息""资料""社会服务""杂俎"等。图5-15为《蚕丝杂志》。

图5-15 《蚕丝杂志》

刊登的文章有《中国蚕丝问题》《中国蚕丝教育之检讨》《如何挽救中国蚕丝业》《新品种再度改进刍议》《今后新品种繁殖推广之商榷》《蚕儿斑纹利用简易的雌雄鉴别法》《现行新品种及更新品种之特性与饲育制种上之注

---

① 邵申培.发刊词[J].蚕丝杂志,1947,1(1):1.

意》《目前四川的蚕丝业》《苏浙两省三十五年度产种量统计》《浙江省蚕丝试验场成立》《蚕专校庆速写》《国立湖州高级蚕丝科职业学校成立开始招生》等。

三、中国近代代表性丝业期刊《中国蚕丝》

创刊于1935年的《中国蚕丝》，由全国经济委员会蚕丝改良委员会出版。1931年，为推行统制经济、与国际联盟的经济技术合作等，国民政府筹备成立全国经济委员会。1933年10月，该会正式成立。下属的蚕丝改良委员会成立于1934年1月，负责全国蚕丝改良工作。江浙两省的建设厅长、金融家、蚕丝企业家和蚕丝专家担任常务委员，有谭熙鸿、沈百先、张公权、冷遹、胡笔江、吴中伯、葛敬中、何尚平，主委曾养甫。蚕丝改良委员会的会址设在杭州，在上海、南京设办事处①。图5-16为蚕丝改良委员会试验部奠基纪念照片。

图5-16 蚕丝改良委员会试验部奠基纪念

谭熙鸿是该委员会首席常务委员兼代主委（图5-17）。1925年他创建北京大学生物学系并为第一任系主任，1927年创办国立浙江大学农学院并为首任院长，1932年任实业部林垦署署长，中华人民共和国成立后任中央人民政府农业部顾问。葛敬中为该委员会常务委员兼技术室主任（图5-18），主持出版《中国蚕丝》杂志。1916年他任北京农业专门学校园艺系教授，1924年任国立东南大学教授、蚕桑系主任，1928年任国立浙江大学农学院教授、蚕桑系主任，此后又创办无锡女子蚕桑讲习所（后迁镇江改为女子蚕桑学校），

---

① 柴德强.南京国民政府全国经济委员会研究（1931—1938）[D].济南：山东师范大学，2017.

1945年任中国蚕丝公司总经理①。

《中国蚕丝》刊登的文章，围绕蚕丝改良进行论述，内容广泛，涉及面广。有的探讨在技术上改良蚕丝的方法，有的阐述蚕丝教育的重要性，有的介绍丝厂的机械、经营和管理，有的对中国蚕丝业进行回顾和展望，有的介绍各地蚕业状况，有的介绍国外丝织业的状况，有的讲述蚕丝贸易与市场，有的是国内外蚕丝统计情况，有的描述蚕丝统制的情况，还有蚕丝改良委员会的工作摘要、桑树虫害报告等。该刊是反映20世纪30年代中国蚕业发展情况的重要文献。图5-19为《中国蚕丝》创刊号目录。

图5-17 谭熙鸿 　　图5-18 葛敬中　　图5-19 《中国蚕丝》创刊号目录

《中国蚕丝》作为官方主办的刊物，刊载内容具有指导性、权威性和全面性，对中国蚕丝改良事业发挥了重要作用，因而也成为中国近代代表性的丝业期刊。

四、中国近代丝业期刊特色分析

1. 丝业期刊的创刊时间较早

丝业期刊是中国近代纺织服饰期刊中创刊较早的。早期的纺织服饰期刊大多为丝业期刊。1904年武昌农务学堂的《蚕学月报》是可查到的中国近代纺织服饰期刊中创刊最早的丝业期刊。20世纪前十年出版的八种纺织服饰期刊中，除留日学生创办的《染织研究会志》以外，其余七种均为丝

---

① 编者. 钩沉[J]. 教育与职业，2015（4）：110.

业期刊。20世纪10年代出版的八种纺织服饰期刊，有六种是丝业期刊。可见在中国近代纺织服饰期刊出版的早期，丝业期刊的重要程度。丝绸是我国从古至今传统的优质纺织面料，作为织造丝绸的原料蚕丝，其生产和改良历来为人们所重视，所以当时丝业期刊的繁荣与蚕丝业的地位是相匹配的。

2. 学校是丝业期刊出版的主力军

在中国近代丝业期刊中，学校出版的刊物最多，占了总数的四成。这些学校，有的是农业学校，有的是专门的蚕业学校，有的是高校的蚕丝专业，还有的是职业学校。而以农业学校创刊最早，接着为蚕业学校。农业学校有武昌农务学堂、江苏省立第一农业学校、江苏省立第二农业学校、江苏省立第三农业学校、浙江省立实验农业学校等；蚕业学校有广东蚕业学堂、浙江省立蚕业学校、江苏省立女子蚕业学校、四川高等蚕业讲习所、浙江省立女子蚕业讲习所、镇江女子蚕业学校等；高等院校有国立浙江大学农学院、国立中央技艺专科学校等；职业学校有安徽省立女子中等职业学校等。这些学校是丝业期刊出版的主力军，为丝业人才的培养做出了重要贡献。

3. 官方机构是丝业期刊出版的生力军

在中国近代丝业期刊中，官方机构出版的刊物也较多，约为总数的三分之一。这些官方机构，有的是全国性的，有的是地方性的。全国性官方机构有全国经济委员会蚕丝改良委员会，地方性机构有广东建设厅蚕丝改良局、广东建设厅生丝检查所、实业部广州商品检验局、浙江省蚕种制造技术改进会、浙江省建设厅管理改良蚕桑事业委员会、浙江省蚕丝统制委员会、浙江省蚕业推广委员会、浙江省蚕丝业改进管理委员会、江苏省立育蚕试验所、江苏省立蚕桑模范场、广东建设厅顺德蚕业改良实施区、四川省蚕丝改良场等。在不同的年代，机构的称谓有所不同。这些官方机构在蚕丝改良、生丝检验、蚕业推广等方面发挥了积极作用。

4. 出版地以浙江、江苏、广东和四川居多

中国近代丝业期刊的出版地以浙江、江苏、广东和四川居多，它们占了总数的八成。其中浙江和江苏各超过了总数的四分之一，广东约为总数的六分之一，四川约为总数的十分之一。对浙江而言，全国性的官方机构全国经济委员会蚕丝改良委员会位于杭州，拥有《中国蚕丝》等三种期刊；办学最早的蚕业学校浙江蚕学馆也在杭州，出版了《浙江蚕业学校校友会杂志》等五种刊物。对江苏来说，影响广泛的中华农学会位于江阴，出版有《蚕丝专

刊》；位于浒墅关的江苏省立女子蚕业学校出版有《女蚕》等两种刊物；位于南京的江苏省立第一农业学校、位于苏州的江苏省立第二农业学校、位于淮阴的江苏省立第三农业学校均有涉及蚕业的杂志。对广东而言，广东建设厅出版有《蚕业导报》等六种刊物，实业部广州商品检验局出版有《广东生丝出口及生丝检验统计》等两种刊物。四川的丝业杂志创刊较早，在20世纪初就有《蚕丛》等三种杂志创刊，四川高等蚕业讲习所、国立中央技艺专科学校都有相关刊物。这些产丝大省贡献了大部分的丝业期刊。

第六章　中国近代棉业期刊的发展

一、中国近代棉业期刊的发展脉络

继丝业期刊以后，棉业期刊也开始兴盛，并且有后来居上之势。中国近代棉业期刊的总数也超过了丝业期刊。其中创刊最早的棉业刊物是1920年华商纱厂联合会创办的《棉产调查报告》，其介绍全国各地产棉区的棉产情况，并定期更新。

棉业期刊的出版机构中，官方机构的出版量最多，超过总数的六成。这些机构有中国棉业经济委员会、全国经济委员会棉业统制委员会、中央棉产改进所、经济部农本局研究室、农林部棉产改进处、中央棉花搀水搀杂取缔所、实业部国产检验委员会棉花检验监理处、实业部天津商品检验局、实业部汉口商品检验局，还有各省的棉产改进所、棉业试验场等。行业组织出版的刊物也较多，占了总数的两成。这些行业组织有华商纱厂联合会，全国棉场联合会，中华棉产改进会，中华棉业统计会，上海华商棉业公会，天津棉业公会，广西棉业促进会，通如海棉业公会，金城、通成、诚孚联合棉业调查所等。相较于官方机构和行业组织，学校、企业、学术团体和报刊社则显得较弱，各自出版的刊物仅为数种。这种状况与20世纪30—40年代民国政府实行棉业统制政策有关，即由政府主导棉产改进与推广工作，如此官方机构所办的刊物自然就多。表6-1为棉业期刊出版机构分布情况。

表6-1 棉业期刊出版机构分布

出版者	数量/种	占比/%
官方机构	48	64.9
行业组织	15	20.3
学校	4	5.4
企业	3	4.0
学术团体	2	2.7
报刊社	2	2.7
合计	74	100.0

自1920年棉业期刊诞生后,从20年代起,棉业期刊开始缓慢发展,其主要推动力量是行业组织和学校。到了20世纪30年代,尤其是30年代前中期,棉业期刊蓬勃发展,30年代的创刊数量超过了总数的一半,官方机构成为舞台的主角。进入20世纪40年代,受到战争影响,棉业期刊发展受阻,创刊数量显著减少,尽管在40年代后期有短暂上升趋势,但又戛然而止,40年代的创刊数量仅为总数的四分之一左右。总之,中国近代棉业期刊呈现出一种曲折发展的态势。表6-2为棉业期刊出版时间分布情况。

表6-2 棉业期刊出版时间分布

创刊年份	数量/种	占比/%
1920	3	4.0
1921	1	1.4
1922	3	4.0
1923	3	4.0
1924	1	1.4
1925	0	0
1926	1	1.4
1927	0	0
1928	0	0
1929	0	0
1930	3	4.0
1931	3	4.0
1932	2	2.7
1933	2	2.7
1934	6	8.2
1935	10	13.5
1936	6	8.2
1937	6	8.2
1938	3	4.0
1939	3	4.0
1940	1	1.4
1941	0	0
1942	3	4.0
1943	3	4.0
1944	0	0

续表

创刊年份	数量/种	占比/%
1945	0	0
1946	2	2.7
1947	3	4.0
1948	5	6.8
1949	1	1.4
合计	74	100.0

在刊物的出版地中,上海和江苏两地遥遥领先于其他地区。上海是行业组织的聚集地,也有一些官方机构;江苏的出版地集中在南京和南通,以南京为主,南京以官方机构居多。上述两地几乎囊括了有关棉业的全国性官方机构、行业组织和学术团体,刊物出版数量均超过总数的两成,占据了中国近代棉业期刊的半壁江山。其余刊物分散于全国各地的产棉区。表6-3为棉业期刊出版地分布情况。

表6-3 棉业期刊出版地分布

出版地	数量/种	占比/%
上海	18	24.3
江苏	15	20.3
陕西	7	9.4
四川	5	6.8
北京	4	5.4
天津	4	5.4
湖北	4	5.4
山东	3	4.0
湖南	3	4.0
浙江	2	2.7
广东	2	2.7
云南	2	2.7
河南	2	2.7
河北	1	1.4
江西	1	1.4
广西	1	1.4
合计	74	100.0

二、中国近代重要的棉业期刊

1.《棉产调查报告》(1920)

1920年5月发行于上海，年刊，华商纱厂联合会编辑发行。华商纱厂联合会于1918年开始棉产调查，1919年始，组织专业调查员赴各省调查，为棉业的发展提供参考数据。1923年由《中国棉产统计》继承。

该刊根据华商纱厂联合会派赴各省棉产调查员的报告编制而成。内容有中国产棉概况图，中国各省棉产额及占全国的百分比，江苏、安徽、江西、湖北、直隶、山东、河南、山西、浙江、陕西等十个产棉大省的棉产调查表，包括省内各县的棉田面积、每亩产量、棉产额等。该刊由全国性行业组织负责调查，既有翔实的统计数据，也有棉花产量的比较分析，为当时棉业与棉纺织业的发展提供了必要的统计数据，也开创了中国近代棉业期刊的先河。图6-1为《棉产调查报告》。

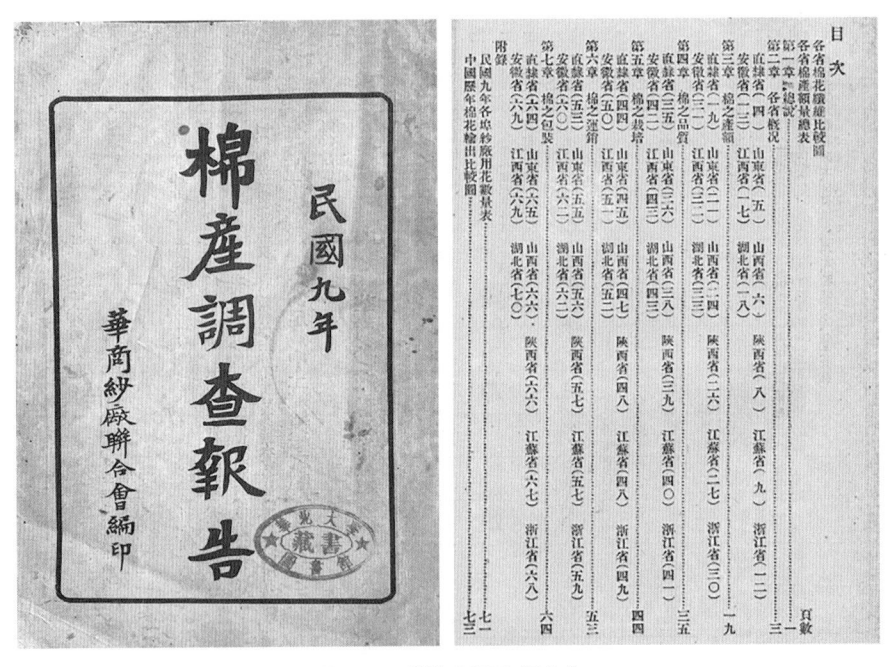

图6-1 《棉产调查报告》

2.《上海华商棉业公会周刊》(1921)

1921年1月创刊于上海，1924年6月停刊，周刊，上海华商棉业公会编辑发行。该刊主要报道一周棉业状况、各地棉市情况等，有"棉业要闻""棉业常识""本埠商情"以及"商余休闲录"等栏目。

"棉业要闻"栏目刊登载有关棉花产业的各种信息,包括交易情况、价格信息、各地棉花产量、棉花商号经营情况等,如《改良推广江苏棉作之计划》《植棉试验录公布》《天津棉市近讯》《瑞和洋行花市报告》《全国实业会议关于棉业之记载》《美国棉业联合会年会》《印度棉花复归政府管理》等。"棉业常识"栏目有《棉花与羊毛关于物理之区别》《纯籽与棉产》等。"本埠商情"栏目介绍上海港口货物进出口情况,涉及国内外各种商品。"商余休闲录"栏目有《改良棉种说》等。图6-2为《上海华商棉业公会周刊》。

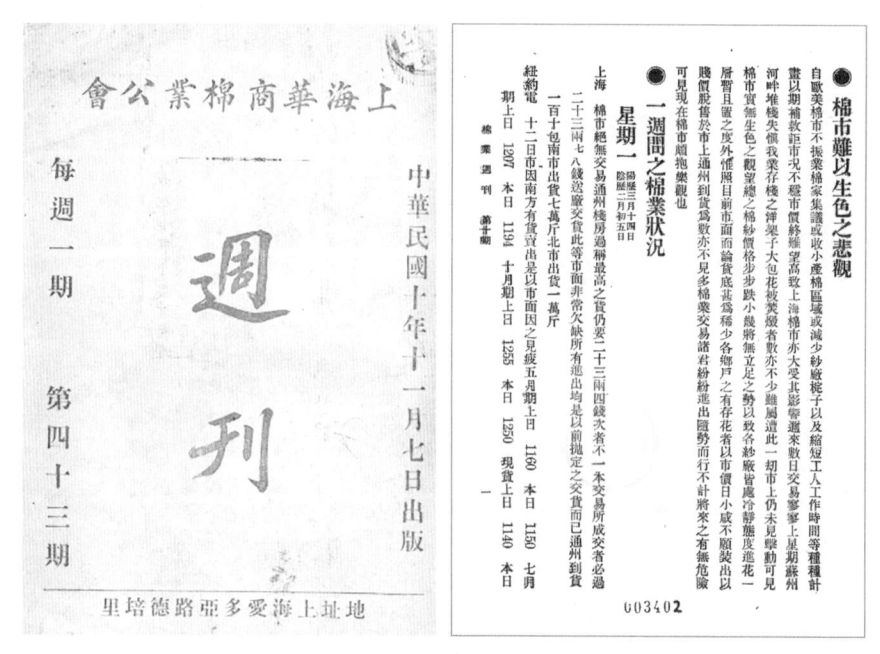

图6-2 《上海华商棉业公会周刊》

3.《棉业汇刊》(1922)

1922年6月20日创刊于天津,双月刊,天津棉业公会发行。刊名由教育家严修题写。刊物报道国内外棉业状况,推广种植技术,翻译研究文章,发布统计调查数据等,也涉及一些纺织问题。刊物发行的目的在于加强棉业理论的研究,引进国外先进的棉花种植技术,发表有实际经验的论文,促进我国棉业的改良。曹秉权在《发刊辞》中说,希望此刊能使"我同人所引为知音"[①]。主要栏目有"评论""译著""调查""统计""专载"等。

---

① 曹秉权. 发刊辞[J]. 棉业汇刊,1922,1(1):1.

"评论"栏目聚焦先进棉花种植技术的推广,如《世界四大棉产国植棉法概要》《美棉推广问题之商榷》《禁棉出口问题》等。"译著"栏目介绍国外植棉情况,如《棉株每部排列法》《合理美棉推广法》《一九二〇年印度棉花概况》等。"调查"栏目刊载世界以及国内棉花调查数据,如《世界棉花之调查》《十年度中国棉产调查》等。"统计"栏目有《五月份美棉市况》等。"专载"栏目有《整理棉业处提倡植棉公会办法》《整理棉业处植棉试验场委托章程》等。图6-3为《棉业汇刊》。

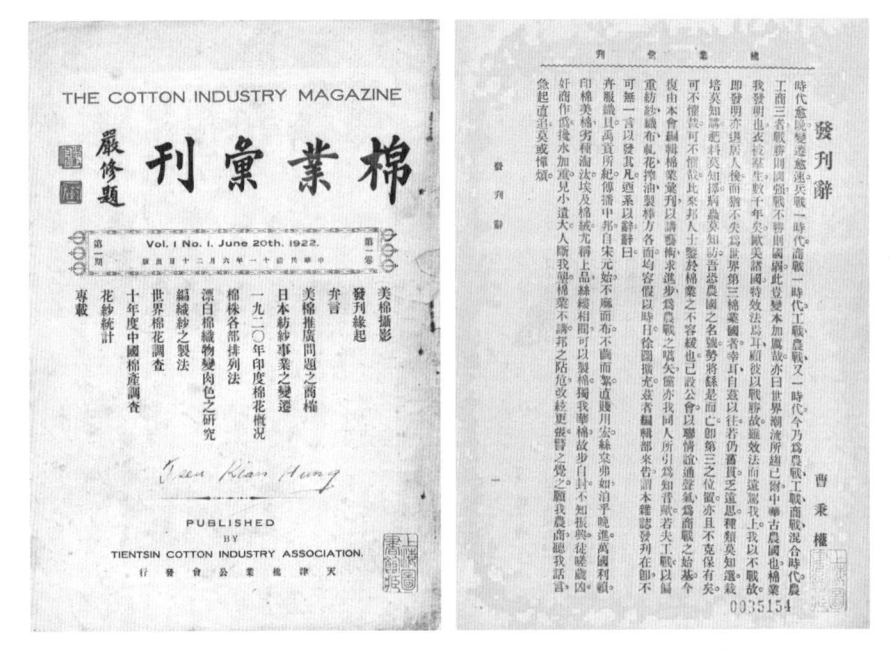

图6-3 《棉业汇刊》

4.《天津棉鉴》(1930)

1930年6月创刊于天津,1937年4月停刊,月刊,实业部天津商品检验局出版发行。编者在《发刊小言》中说,"其目的,一方面在报告棉检服务状况,为事实的宣传,以促棉商之自觉,而致力于棉花品质之纯正,一方面复至诚的希冀华北棉业界之速谋重要结合,共策未来发展。本刊篇幅虽小,为应时代需要起见,举凡棉业问题之讨论,各地棉商之情况,棉检办法之指正等,无不乐为发刊"[1]。该刊登载"棉业要闻简报""论著""棉花检验统计""各地棉讯"等。

---

[1] 编者.发刊小言[J].天津棉鉴,1930,1(1):1.

"棉业要闻简报"有《湖北棉业改良委员会推设试验场》《中国棉产改进统计会议情形专记》《美国产棉报告日期发表》等。"论著"有《棉花检验之效用》《棉作改良与检验》《华北棉产之经济观》等。"棉花检验统计"有《检验棉花报运出口统计表》《检验棉花分类统计表》《报运出口棉花地别比较表》等。"各地棉讯"有《六月份天津棉花市况》《沙市棉业概况》《一月之国外棉市概况》等。图6-4为《天津棉鉴》。

图6-4 《天津棉鉴》

5.《中华棉产改进会月刊》（1931）

1931年8月创刊于上海，英文刊名 *Chinese Cotton Bulletin*，1937年2月停刊，月刊，中华棉产改进会编辑发行。作为全国性棉业行业团体，中华棉产改进会创办该刊的宗旨是"集中各方对于棉产改进之主张及各省棉业实施之概况，作精密之讨论，以供献于国人"[①]。该刊登载"研究文章""评论""报告""国内通讯""世界棉讯""会务记录"等。

"研究文章"有《中国棉作病理之研究》《关于考查纤维长度取样之试验》《美国棉产纤维长度之分析》等。"评论"有《中国棉产改进统计会议统计》《所望于中国棉业贸易公司者》等。"报告"有《二十一年全国棉产第二次估计报告》《中央农业实验所之报告》等。"国内通讯"有《徐州棉产概

---

① 方君强.发刊词[J].中华棉产改进会月刊,1931,1（1）:2.

况》《鲁棉推进植棉合作社六百处》等。"世界棉讯"有《英国植棉协会年会》《美作物家洛夫来华》等。"会务记录"有《本会及中华棉业统计会成立会》《第四届全国棉业讨论会》等。图6-5为《中华棉产改进会月刊》。

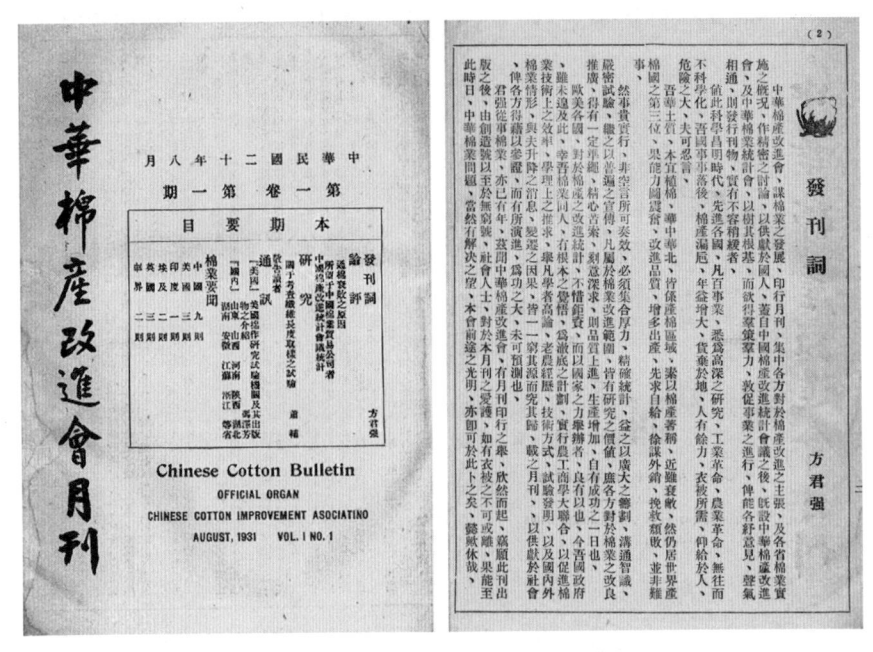

图6-5 《中华棉产改进会月刊》

6.《汉口棉检周刊》(1933)

1933年10月创刊于湖北汉口，周刊，实业部汉口商品检验局编辑发行。该刊在第一期《编后语》中说，"本刊是站在科学的立场，既不尚文采的工饰，也用不着虚伪的呐喊，完全是根据客观事实，作一系统的记载。……本刊使命，也是求宣传的效能，循序渐进，以达到影响及于棉种质与量的改进"[1]。因此，该刊聚焦于改良中国棉花，注重棉花材料统计工作。图6-6为《汉口棉检周刊》。

该刊所刊内容有文字类和图表类两种。文字类主要是关于全国棉花产量的估计报告和湖北省棉业改良会的估计报告；图表类主要是统计表格，主要内容有棉商每月报验市场买卖担数比较表、棉花运销国内外每月数量比较表、市场买卖棉花各产区水分合格或不合格统计表等，这些表格内容详尽，有明确的商号、日期和分析数据。

---

① 编者.编后语[J].汉口棉检周刊,1933,1(1):43.

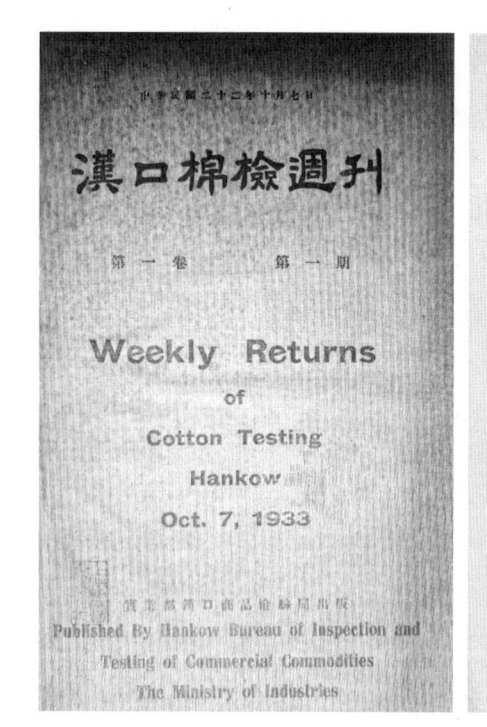

图6-6 《汉口棉检周刊》

7.《棉讯》(1934)

1934年1月创刊于上海，1934年6月15日第9/11期停刊，半月刊，中华棉产改进会编辑发行。该刊目的在于沟通棉业消息，促进棉业生产。编者在《缘起》中说，刊登内容"凡关于棉业之问题，如棉产、市况、棉业行政、棉场设施、纺织情形、棉业刊物等，均在采纳之列"[①]。该刊所载棉业消息涉及山东、河北、安徽、江苏、陕西、湖北、湖南、云南、浙江等省。图6-7为《棉讯》。

该刊主要报道国内各省棉业消息，如《上海市社会局举行农产品展览会》《陕西现有棉种一斑》《天津商检局筹设棉种厂》等。刊登我国棉业发展状况的有《本会与中央农业实验所合办棉业讨论会》《减少美棉借款数额问题》《近年我国纺厂销棉之变迁》《继续举行全国中美棉品种试验》等。介绍国外棉业信息的有《二十三年春季国内外主要棉价表》《本季世界四大产棉国棉产额皆增加》《美国实行限制棉产》等。

---

① 编者.缘起[J].棉讯,1934(1):1.

图6-7 《棉讯》

8.《全国棉花搀水搀杂取缔所通讯》(1935)

1935年7月创刊于南京，1937年6月停刊，月刊，中央棉花搀水搀杂取缔所编印。其创刊目的，编者在《发刊要义》中说，一是"宣扬设立取缔所实施取缔的意义"，二是"公告取缔工作，实施状况，进展程度，供国人批评"，三是儆戒不法棉商，使其"打消图谋不法之念"[①]。该刊主要刊登"技术性文章""工作报告""案件处理情况""会议记录"等。

"技术性文章"有《棉花水分检验之原理》《水分烘验时应注意之要点》《抽查花衣应注意之事项》等。"工作报告"有《各所二十三年度工作简报》《取缔棉花搀水搀杂两年来之回顾》等。"案件处理情况"有《江苏种种案件处理情形》《鄂省几种重要案件之处置》《陕省各区分所查获棉商作伪案件之处置》等。"会议记录"有《江苏省及上海市各区分所主任第一届会议记录》《第二届全国棉花查验行政会议第二次开会记录》等。图6-8为《全国棉花搀水搀杂取缔所通讯》。

---

① 编者.发刊要义[J].全国棉花搀水搀杂取缔所通讯，1935（1）：1.

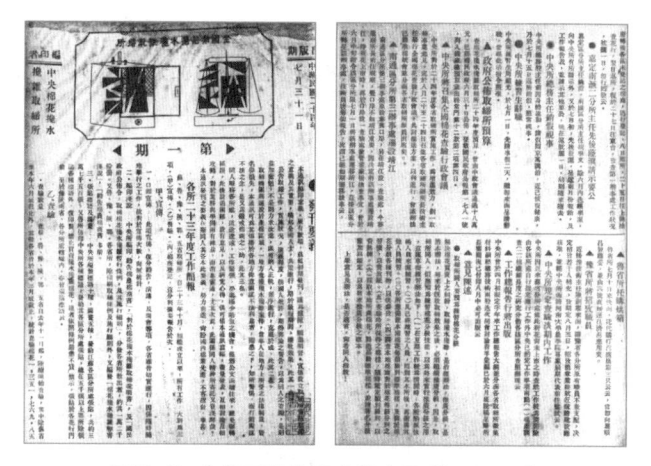

图6-8 《全国棉花搀水搀杂取缔所通讯》

9.《棉级丛刊》(1935)

1935年10月创刊于南京,不定期刊,中央棉产改进所棉花分级室编辑,全国经济委员会棉业统制委员会出版。该刊旨在研究棉业的发展并对其加以指导监督,内容包括分析各地棉花品级检验情况以及棉花生产运销情况,介绍国产棉花品级及品质检验方法、国外棉花分级方法、棉纤维室内研究方法,发表检验报告和工作报告等。

介绍国外棉花分级理论与方法的文章有《美种黄色棉品级之研究》《棉纤维之室内研究法》《美国实施棉花分级办法》《关于棉花分级学识之出版物》等。一些检验报告和工作报告有《二十四年度国产棉花品级及品质检验报告》《在陕西未央区棉花生产运销合作社施行棉花分级结果报告》《办理江浦植棉指导所棉花分级工作报告》等。图6-9为《棉级丛刊》。

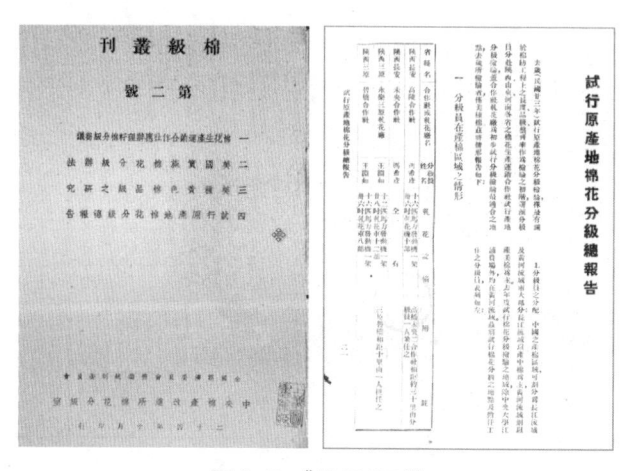

图6-9 《棉级丛刊》

10.《合作界》(1935)

1935年6月创刊于南京,月刊,金陵大学棉业合作班合作界社编辑出版与发行,后由位于西安的棉业合作班同学会经办。创刊之际,合作事业在中国各地普遍发展,为了保持合作事业稳健的发展,避免其误入歧途,金陵大学棉业合作班的成员拟设立一个与社会人士相互作客观研讨、找寻合作理论方法的新阵地,共同促进合作关系事业的进步,进而推动合作事业在我国的发展。出版这本刊物,旨在促进合作事业的发展,做"中心理论的揭示,作前进的准则;过去利弊揭示,资前进时借鉴"①。

就文章内容而言,在探讨合作事业方面,有《从事合作工作者的信念与兴趣》《合作协会与合作事业之改进》《棉花产销合作社结算方法之探讨》等;在介绍各地棉运合作方面,有《陕西棉花产销情形及棉运合作概况》《陕西棉花生产运销合作社一览表》《二十四年度豫鄂皖赣农村合作概况》等;在报道消息动态方面,有《中行扩展陕西合作事业》《广东积极积极推行合作事业》《苏蚕改会提倡养蚕合作》等。图6-10为《合作界》。

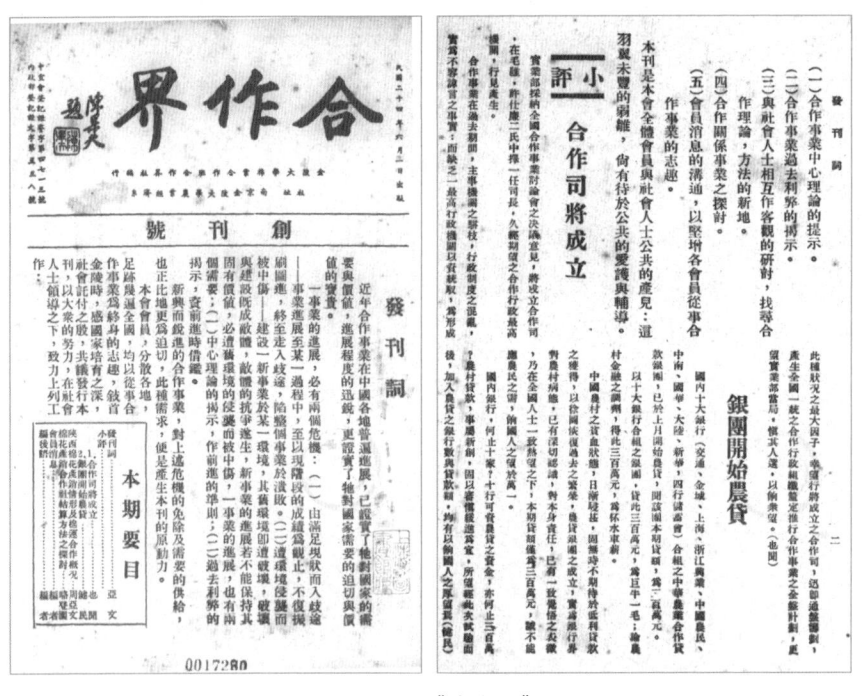

图6-10 《合作界》

---

① 编者.发刊词[J].合作界,1935(1):1.

11.《棉业月刊》(1937)

1937年1月15日创刊于上海，1937年7月停刊，月刊，全国经济委员会棉业统制委员会编辑发行。其创刊主旨，时任棉统会主任委员陈光甫在《发刊辞》中说，一是棉统会所属单位"已有发行刊物者，与其分驰心力于同一意义之刊物，毋宁集中编印，俾得节省时间与经济"，二是"所望先进专家，匡其不逮，俾收集思广益之效"，三是"本刊之作，盖所以昭告实况，求国人明其情而有所策励，使早日获达统制棉业之终鹄，斯实嘤鸣求友之意也"①。主要栏目有"论著""专载""计划""棉业要闻""统计"等。

"论著"有《棉统会棉产改进工作概况》《全国原棉改进设施纲要》《我国之重要棉作害虫及其防治法之研究与实施》等。"专载"有《棉纺织染实验馆筹备经过及其近况》等。"计划"有《棉产调查统计计划大纲》等。"棉业要闻"有《中央棉产改进所主办全国植棉指导讲习会》《皖省扩大植棉区域》《国际棉业委员会开会》等。"统计"有《中央棉产改进所棉花分级室各种标准价格一览表》《棉虫标本价目一览表》等。图6-11为《棉业月刊》。

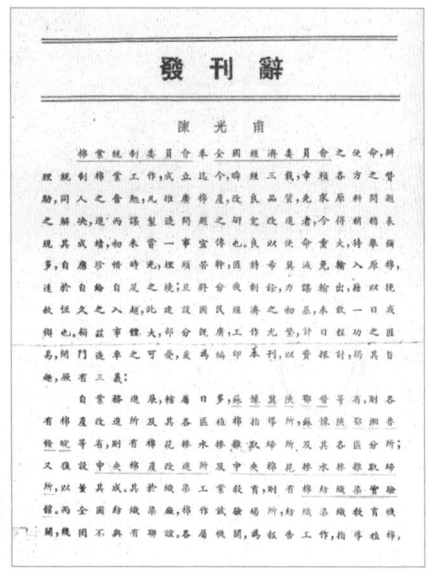

图6-11 《棉业月刊》

12.《棉检通讯》(1937)

1937年7月创刊于上海，月刊，实业部国产检验委员会棉花检验监理处

---

① 陈光甫.发刊辞[J].棉业月刊，1937，1(1)：1.

编辑发行。该刊的使命在于"宣扬棉花检验之知识,沟通检验界消息"①。该刊内容有棉花检验概述、检验工作总结、新式测定棉丝长度及精细度之仪器及其使用方法介绍,也刊登国外种植棉花的经验和方法、研究统计报告以及棉花贸易书报摘要等。栏目有"言论""工作报告""视察报告""案件处置""统计资料""杂讯""专载""译述""转载"等。

"言论"有《棉花检验之意义》等,"工作报告"有《陕西渭南西北打包厂驻厂查验工作总报告》等,"视察报告"有《晋省产棉各县棉花查验工作视察报告》等,"案件处置"有《棉花搀水搀杂案件处理一览》等,"统计资料"有《豫省机器打包厂驻厂查验棉花数量统计(二十六年六月份)》等,"杂讯"有《棉花检验监理处正式成立》等,"专载"有《棉花杂质检验概述》,"译述"有《埃及之棉花品级鉴定方法》等,"转载"有《全国经济委员会棉统会议纪事》等。图6-12为《棉检通讯》。

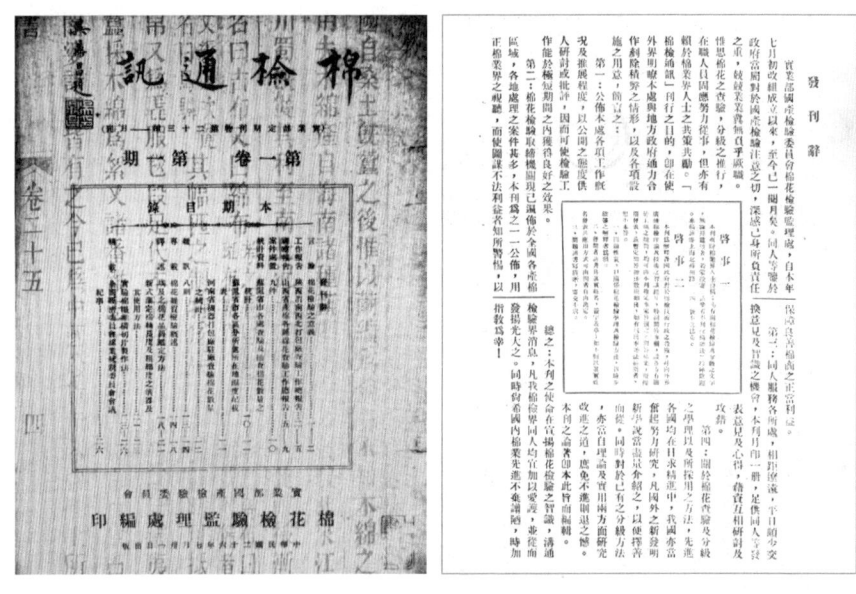

图6-12 《棉检通讯》

13.《中国棉讯》(1947)

1947年5月创刊于南京,1949年4月停刊,半月刊,农林部棉产改进处编辑,棉产改进咨询委员会发行,中国棉讯半月刊社出版。关于其创刊目的,孙恩麟在《发刊辞》中说,"兹为阐扬棉业政策,报道业务动态,及

---

① 编者.发刊辞[J].棉检通讯,1937,1(1):封2.

其他有关事项，爰特编印本刊，藉以加强外界之认识，密切同人之联系"[①]。主要栏目有"通论""技术""经济""报导""书报介绍""人物介绍""特写""棉情报告""处闻辑要""各地通讯""中外棉讯"等栏目。

"通论"栏目主要登载有关如何复兴棉业、增产改进、推广和检验、棉业人才培养等文章。"技术"栏目刊登棉作育种、棉虫害防治、国外棉作经验等技术性文章。"经济"栏目刊登与棉业经济相关的文章和统计分析。"报导"栏目报道全国各地及国外棉业发展情况。"书报介绍"栏目刊登棉业方面的书报，如介绍《世界棉业概况与统计》《中国棉产改进史》等。"人物介绍"栏目刊登相关棉业名人的传略及回忆文章。"特写"栏目为棉业方面重要活动的记录。"棉情报告"栏目刊登各地天气等与棉业相关的情况。"处闻辑要"栏目记录棉产改进处的各项工作。"各地通讯"栏目登载各地棉种运输等业务动态。"中外棉讯"栏目刊登中国与国外的重要棉业信息。图6-13为《中国棉讯》。

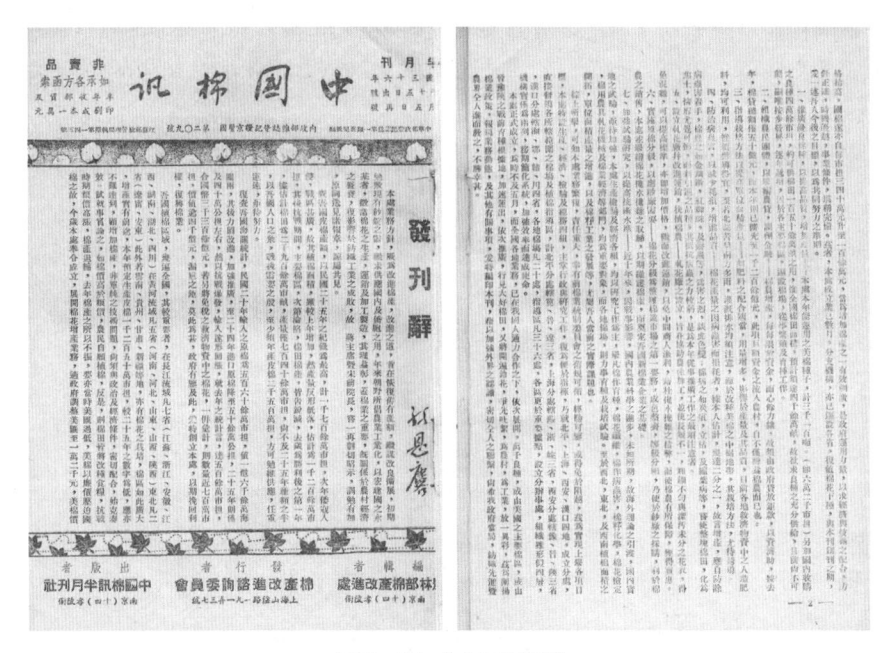

图6-13 《中国棉讯》

14.《中国棉业副刊》(1947)

1947年7月创刊于南京，1949年1月停刊，不定期刊，农林部棉产改进

---

① 孙恩麐.发刊辞[J].中国棉讯，1947（1）：1.

处暨中央农业实验所棉作系编辑，棉产改进咨询委员会发行，中国棉业副刊社出版。关于刊物的内容，孙恩麟在《发刊辞》中说，"内容计分通论、植物学、细胞遗传、育种、栽培、土壤肥料、病虫害、纤维品质、棉之工业诸项。倘遇必要，编印专号。初期材料，多采自国外书报，嗣当徐图充实，并推荐国人之研究，藉资宣扬"[①]。该刊定位于棉业文摘，主要登载国外书报中相关内容的文摘。

刊物首先刊载有关中外棉业情况和棉业技术的专著或译作，如《现用棉花遗传基因符号表》《回交及回交后代之记号法》《t 分配之显著百分点表》等；然后是主要内容——棉业文献，分门别类地介绍棉业各方面的内容，如世界棉情、棉之植物学、棉之栽培学、棉之细胞遗传学、棉之育种、棉之纤维及纺纱、棉之病虫害等。该刊还经常整本登载研究论著或译作，如第一年第四期为奚元龄的专著《棉属细胞研究之成就》，第二年第二、三期合刊为奚元龄翻译的《棉属之进化》，第二年第四期为吴中道编订、冯泽芳校阅的《中国棉业文献索引》。图6-14为《中国棉业副刊》。

图6-14 《中国棉业副刊》

---

① 孙恩麟.发刊辞[J].中国棉业副刊，1947，1（1）：1.

15.《中国棉业》(1948)

1948年1月11日创刊于南京,1948年11月停刊,不定期刊,农林部棉产改进处编辑,棉产改进咨询委员会发行,中国棉业社出版。关于创刊的目的,编者在《发刊辞》中说:"吾国棉业科学之研究,历史尚暂,偶有少数专门性之研究,亦以出版条件之所限,未克公之于世,其间接对学术事业之影响,不难想象,吾人乃就力之所及,编印本刊,尽量披露研究实验调查之报告,及棉业上之重要论著,冀于棉业学术上尽其应尽之责任。"[1]该刊登载关于棉业的论著、研究报告、调查统计等内容,主要栏目有"专论""试验研究""调查""编述"等。

"专论"栏目有《棉产改进之重点》《棉作育种问题的探讨》等,"试验研究"栏目有《木棉生长习性产量及品质之研究》《中国棉区之土壤与肥力》《亚洲棉花青素遗传之赓续研究》等,"调查"栏目有《豫西五县棉种之演变与现况》《晋西南棉种之演变与现况》《介绍美国珂克斯纯种公司》等,"编述"栏目有《人工综合新棉种之途径及其展望》《棉炭疽病》《各国皮棉产额与纤维长度发展之趋向》等。图6-15为《中国棉业》。

图6-15 《中国棉业》

---

[1] 编者.发刊辞[J].中国棉业,1948,1(1):1.

三、中国近代代表性棉业期刊《中华棉产改进会月刊》

创刊于1931年的《中华棉产改进会月刊》，由中华棉产改进会出版。中华棉产改进会成立于1931年3月，是全国性的棉业组织，以"筹划全国棉产之改进"为宗旨，会员来自华商纱厂联合会、国内各产棉省的省立棉场、棉业机关等。聂潞生、方君强、孙恩麟为常务委员，蒋迪先为总干事，冯泽芳为驻美干事，秦子野为驻法干事，方君强、孙恩麟、冯肇传、陈燕山、叶元鼎为编辑委员，负责审核稿件、编辑刊物。中华棉产改进会发行刊物、召开年会、组织棉业讨论会、举办演讲等，传播棉业知识，开展交流和研究，探索中国棉业改良的途径[①]。图6-16为中华棉产改进会第二届年会照片。

图6-16　中华棉产改进会第二届年会

孙恩麟从北京清华学校毕业后，赴美国伊利诺伊大学农学院和路易斯安那州立大学农学研究所学习，是我国留学生中该专业第一人，先后任江苏第一农校、河南农业专科学校、东南大学、中央大学农学院、南通学院农科教授，中央棉产改进所所长，中央农业实验所棉作系主任，农林部棉产改进处处长。中华人民共和国成立后，历任农业部工业原料司司长、农业生产总局

---

① 范铁权，张小雪.20世纪30年代的中华棉产改进会[J].近代史学刊，2021（2）：259-267.

副局长①。图6-17为孙恩麟照片。冯泽芳毕业于东南大学农科，后赴美国康奈尔大学研究院学习，获博士学位。1934年任中央棉产改进所副所长，1942年任中央大学农学院院长，1947年任农林部棉产改进处副处长。中华人民共和国成立后任南京大学和南京农学院教授、中国科学院生物学部委员，1957年任中国农业科学院棉花研究所第一任所长②。图6-18为冯泽芳照片。

《中华棉业改进会月刊》创刊于1931年8月，初为竖排本，从第2卷第1期起改为横排本，1937年2月停刊，共出版3卷36期。中华棉产改进会共举行了4次年会、4次全国棉业讲习会（讨论会）③。刊物对此都作了报道，尤其是对第二届、第三届、第四届年会，第三届、第四届棉业讨论会作了详尽的报道，并刊登了山西棉业改进讨论会的详细内容。特别是1936年的第3卷第5/6期，全部登载第四届全国棉业讨论会的内容。这些会议培训了一大批棉业专门人才，为当时的棉产改进工作奠定了扎实基础。图6-19为冯泽芳撰写的文章。

图6-17 孙恩麟 　　图6-18 冯泽芳　　图6-19 冯泽芳撰写的文章

《中国棉产改进会月刊》在凝聚华商纺织企业、棉业管理行政机关、棉产改进教学和科研机构、各省棉业试验场的力量方面发挥了很大的作用，为当时中国棉业的发展做出了积极贡献。

---

① 刁光中.我国棉花界老前辈简介：孙恩麟[J].中国棉花，1991（2）：49.
② 邓煜生.我国棉花界老前辈简介：冯泽芳[J].中国棉花，1991（3）：49.
③ 宋晓轩.20世纪30年代我国棉产改进工作概述——中华棉产改进会概略[J].中国棉花，2005（12）：40.

四、中国近代棉业期刊特色分析

1. 棉业期刊数量后来居上

对于同为纺织原料的棉花和蚕丝来说，中国近代棉业期刊是晚于丝业期刊诞生的。最早的棉业刊物是1920年创刊的《棉产调查报告》，其后，棉业期刊开始蓬勃发展。20世纪20年代，棉业期刊的出版数量还逊于丝业期刊的数量。到了30年代，棉业期刊在数量上超越了丝业期刊，并且几乎是后者的两倍。40年代，棉业杂志的数量仍然多于丝业杂志的数量。随着国外纺织机械和纺织技术的引进，以棉纺织为代表的中国近代机器纺织业逐渐成长。而棉花作为棉纺织生产的原料，越来越受到重视。有了良好的原料，才能生产出优质的纺织品。因此，探讨棉花种植和棉产改进的棉业期刊越来越多。棉业期刊后来居上的态势与中国近代机器棉纺织业逐渐成为主流一致。

2. 出版内容涵盖了棉业的各个方面

观察中国近代棉业期刊的内容，其已涵盖棉业的各个方面，包括棉作、育种、管理、推广、统计、检验、取缔掺水掺杂、棉运合作等。一些刊物专注于某一方面的内容，如《棉产调查报告》《中国棉产统计》《湖南棉产调查报告》《陕西棉产估计调查报告》专事棉产调查与统计，《天津棉鉴》《汉口棉检周刊》《棉检通讯》《棉检月刊》登载棉花检验内容，《全国棉花掺水掺杂取缔所通讯》《湖北省棉花掺水掺杂取缔所月刊》报道棉花掺水掺杂取缔情况，《棉运合作》《合作界》《棉花产销》关注棉运合作。更多的期刊则是综合性地刊登各类文章，从技术、管理等角度多方位探讨棉业问题。很多期刊为介绍和引进国外先进技术，均翻译国外文献、报道国外消息，这也是刊物的一大特色。在文章形式上，有论著，评论、译作，调查报告，统计数据，国外文摘、通讯等，形式多样，丰富多彩。

3. 官方机构与行业组织是棉业期刊出版的主要力量

在中国近代棉业期刊中，官方机构出版的刊物最多，其次为行业组织，两者的出版数量占了总数的八成多。在政府主导棉产改进与推广工作的背景下，在棉业期刊的出版机构中，在不同的时期出现了各种官方机构。全国性官方机构有全国经济委员会棉业统制委员会、中国棉业经济委员会、经济部农本局研究室、农林部棉产改进咨询委员会、农林部棉产改进处、实业部国产检验委员会棉花检验监理处、中央棉产改进所、中央棉花掺水掺杂取缔所、中央农业实验所等。地方性官方机构有实业部天津商品检验局、实业部汉口商品检验局，以及一些省份的建设厅、棉业处、棉产改进处、棉产改进所、棉花掺水掺杂取缔所、棉业试验场等。全国性和地方性行业组织有华商纱厂联合会、全国棉场联合会、中华棉产改进会、中华棉业统计会、上海华商棉业公会、天津棉业公会、通如海棉业公会等。

4. 出版区域严重不平衡

中国近代棉业期刊的出版区域严重不平衡，以上海、江苏居多。对上海而言，大部分与棉业相关的全国性行业组织均在上海，如华商纱厂联合会、中华棉产改进会、中华棉业统计会等；官方机构有中国棉业经济委员会、实业部国产检验委员会棉花检验监理处、农林部棉产改进咨询委员会等；还有中国原棉研究学会、中国棉建公司等全国性的学术团体和企业。对江苏来说，官方机构有全国经济委员会棉业统制委员会、中央棉产改进所、中央棉花掺水掺杂取缔所、农林部棉产改进处等；行业组织有全国棉场联合会等；还有金陵大学农林科、江苏省立第一农业学校等涉及棉业的学校。有关棉业的全国性的官方机构、行业组织、学术团体和企业几乎都集中于两地，而其他省份的刊物则显得相对较少。

5. 为中国近代棉业发展做出了积极贡献

中国近代棉业期刊登载了各种关于棉业方面的文章，且各类出版机构的期刊具有不同的侧重面。官方机构的刊物在棉产改进、棉花检验、棉业推广的政策、管理等方面发挥主导作用，行业组织的期刊在棉业调查、数据统计整理、棉业动态汇总等方面具有优势，学校的刊物侧重于理论与技术，企业的刊物聚焦于棉花产销等。它们既记录了当时关于棉产改进的努力与成果，也传播了棉业科学知识，提高了植棉育种水平，沟通了各界信息。这些刊物是中国近代棉产改进事业的记录者和传播者，为中国近代棉业发展做出了积极贡献，也是研究中国棉业发展历史的重要文献。同时，这些刊物所承载的技术和管理知识，以及包括其编者和作者在内的棉业人才队伍，也为中华人民共和国成立后棉业的发展奠定了良好基础。

第七章　中国近代纺织染期刊的发展

一、中国近代纺织染期刊的发展脉络

在中国近代纺织服饰期刊中，纺织染期刊是主力军。这表现在其内容涵盖了纺纱、织造、印染这些纺织工业的主要生产过程，还有包含各种内容的综合性刊物。它还表现在其出版数量最多，约占整个纺织服饰期刊总量的一半。纺织染期刊的兴盛晚于丝业期刊和棉业期刊，20世纪30年代前期和40年代后期是其鼎盛期。

纺织染期刊的出版机构中，企业的出版量最多，接近总数的一半。这些企业包括恒丰纺织新局、天津东亚毛呢纺织股份有限公司、申新纺织公司、湖南第一纺织厂、美亚织绸厂、上海印染股份有限公司、苏州苏纶纺织厂、常州大成纺织染公司、辛丰织印绸厂、永安纺织公司、济南仁丰纺织染股份有限公司、青岛华新纱厂、新光标准内衣染织整理厂、永新汉记内衣雨衣染织制造厂、上海裕民毛绒线厂、中国纺织建设公司等知名公司。尤其以中国纺织建设公司的刊物数量最多。学校出版的期刊也较多，约为总数的四分之一。这些学校有南通学院纺织科、国立北平大学工学院、浙江高级工业职业学校、苏州工业专科学校、上海纺织工业专科学校、国立中央技艺专科学校、国立西南中山高级工业职业学校、西北工学院、上海市立工业专科学校、上海文绮染织专科学校等。其中南通学院纺织科的刊物数量最多。表7-1为纺织染期刊出版机构的分布情况。

表7-1　纺织染期刊出版机构分布

出版者	数量/种	占比/%
企业	64	45.7
学校	37	26.4
行业组织	18	12.9
学术团体	16	11.4
报刊社	4	2.9
官方机构	1	0.7
合计	140	100.0

纺织染期刊兴盛于20世纪30年代，该时期期刊的数量和质量相较于过去都有了大幅提升。抗战胜利后，又迎来了短暂的繁荣期，特别是1947年，刊物的数量达到了历史的顶峰。表7-2为纺织染期刊出版时间分布情况。

表7-2　纺织染期刊出版时间分布

创刊年份	数量/种	占比/%
1909	1	0.7
1910	0	0
1911	0	0
1912	0	0
1913	0	0
1914	1	0.7
1915	0	0
1916	0	0
1917	0	0
1918	0	0
1919	1	0.7
1920	0	0
1921	1	0.7
1922	2	1.4
1923	1	0.7
1924	2	1.4
1925	0	0
1926	3	2.1
1927	0	0
1928	2	1.4
1929	4	2.9
1930	3	2.1
1931	9	6.4
1932	3	2.1
1933	2	1.4
1934	10	7.2
1935	5	3.6
1936	4	2.9
1937	5	3.6
1938	0	0

续表

创刊年份	数量/种	占比/%
1939	4	2.9
1940	1	0.7
1941	2	1.4
1942	2	1.4
1943	4	2.9
1944	2	1.4
1945	6	4.3
1946	8	5.7
1947	27	19.4
1948	16	11.5
1949	9	6.4
合计	140	100.0

刊物的出版地中，上海一枝独秀，占了总数的一半；其次为江苏，也有总数的一成；期刊数量多于五种的出版地有天津、北京、山东和浙江，都属于纺织业比较发达的地区。表7-3为纺织染期刊出版地分布情况。

表7-3 纺织染期刊出版地分布

出版地	数量/种	占比/%
上海	73	52.2
江苏	15	10.7
天津	11	7.9
北京	9	6.4
山东	9	6.4
浙江	6	4.3
四川	3	2.1
海外	3	2.1
湖南	2	1.5
山西	2	1.5
广东	1	0.7
陕西	1	0.7
湖北	1	0.7
云南	1	0.7
河北	1	0.7
辽宁	1	0.7
香港	1	0.7
合计	140	100.0

二、中国近代重要的纺织染期刊

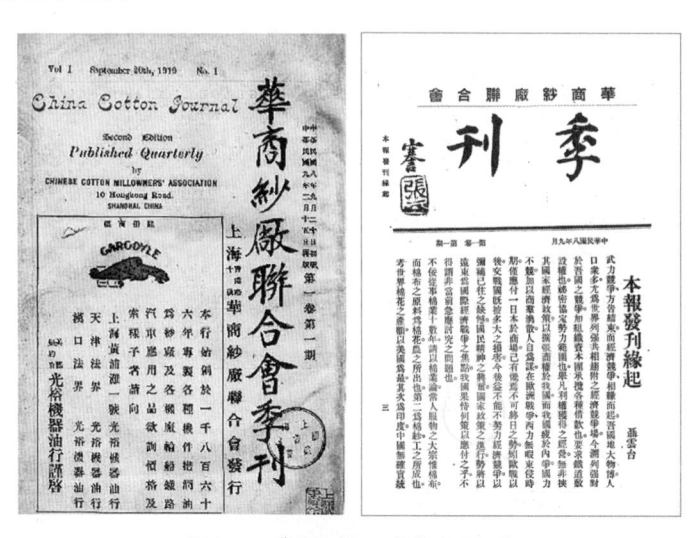

1.《华商纱厂联合会季刊》(1919)

该刊于1919年9月在上海创刊，1934年2月停刊，共出版12卷，由华商纱厂联合会编辑并发行。先为季刊，自1931年第9卷起改为半年刊，刊名也改为《华商纱厂联合会半年刊》。张謇题写"季刊"两字。刊物主要登载与纱厂有关的纺织方面的研究文章和消息，栏目有"文牍""议案""各厂消息""植棉纪事""会议记载""社说""各国纺织界消息"等。在《本报发刊缘起》中，聂云台说："世界文化之进步，报章杂志，实与有功。……吾国此种记载，曾不数觏，于棉业尤属创举，区区之志，将以本报论述世界变迁大势，国内需给情形，暨夫弊宝所在，改良所急，学理技术之研求，调查讨论之资料，凡关斯业，必期网罗而毕举之，以成斯界公言。"①

刊登的文章有《振兴棉业刍议》《英美纺纱机器之比较》《我国纺织业之前途及其当前之大敌》《中国棉业之外人观察》《纱厂计划要略》《浆纱略说》《机械：排列纺纱机械之管见》《试验室管理法》《社说：提倡植棉之必要》《织物考验法》《染色工厂用水》《纱厂改良工务策》《纺织工场空气之调节法》《美棉品级长度之标准》《棉纱强力之求法》等。图7-1为《华商纱厂联合会季刊》。

图7-1 《华商纱厂联合会季刊》

---

① 聂云台.本报发刊缘起[J].华商纱厂联合会季刊,1919,1(1):3-8.

2.《恒丰周刊》(1924)

该刊于1924年11月在上海创刊，1927年2月停刊，由恒丰纺织新局周刊社编辑并发行，周刊。刊物主要论述改良棉纺织技术，制定各部门工作法，管理纱厂，训练工人，改进生产工艺等，其中有中国纺织业与英、美、日商生产的锭子总数统计，并刊登"海外珍闻""时事感言""文艺作品"及"随笔"。聂云台在《发刊词》中说，希望大家"本互助的精神，以道义相切磋，并为有系统的组织来办这周刊，那么这周刊必然是好的"①。图7-2为《恒丰周刊》。

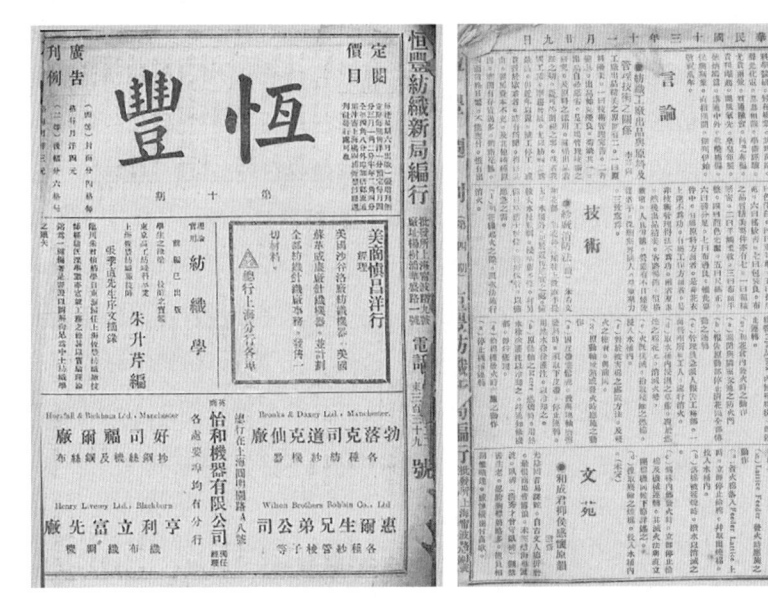

图7-2 《恒丰周刊》

刊登的文章有《中国之纺织业》《我国古代工业》《保全摇纱机之管见》《服务纺织厂者之要件》《纱厂消防法》《纺织工厂出品与原料及管理技术之关系》《纱厂适用羊皮之研究》《论纺织各机宜有历史纪录之必要》《实用布厂管理法》《皮罗拉制作法》《织厂能率增进法》《牵伸论》《纱厂采购棉花之先决问题》《清花部工作法概要》《混棉工程上之要项》《纺机零件配置之管见》《论经纱马力与弹性之重要》《纱厂原动力问题之商榷》等。

3.《北平纺织染研究会季刊》(1929)

该刊于1929年6月在北平创刊，北平纺织染研究会编辑并发行，季刊。

---

① 聂云台.发刊词[J].恒丰周刊，1924（1）: 2.

王芝祥题写刊名。刊物主要进行纺织染科学研究，重点介绍纺织染的理论知识、生产技术及纺织业的调查报告等。王瑞闳在《卷头语》中说，该刊是"提倡实业，有精密计划、组织、经验及研究之刊物"[①]。

刊登的文章有《制呢手续概要》《论呢绒染色不匀与各部制造关系之研究》《劝办铁机织布工厂刍议》《实用漂染学序》《论硫化颜料》《论有缺点之棉布对于漂染整理工程上之困难》《洗毛之研究》《为新组织棉布漂染厂者进一解》《制呢手续概要》《论纺纱工业》《河北省纺织业之一斑》《北平纺织染工厂一览表》等。图7-3为《北平纺织染研究会季刊》。

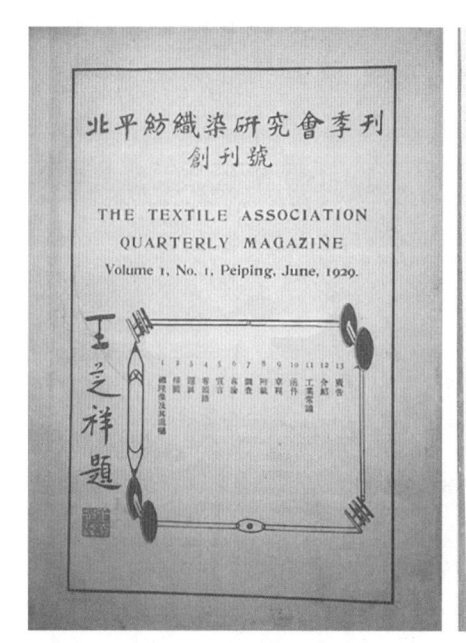

图7-3 《北平纺织染研究会季刊》

4.《纺织学友》（1931）

该刊于1931年1月在江苏南通创刊，出版者为南通学院纺织科学友会，出版地江苏南通，不定期刊。韩国钧题写刊名。该刊以"将学友的消息，本会的消息，母校的消息，时常的通知学友们"[②]为宗旨，研究学理之余，介绍各埠学友的实际经验及所获的心得，使得大家有所研究及参考。

刊登的文章有《大牵伸机应用于粗劲原棉之研究》《成纱捻数与合线捻

---

① 王瑞闳.卷头语[J].北平纺织染研究会季刊，1929，1（1）：1-2.
② 编者.编辑室杂志[J].纺织学友，1931（1）：74.

数影响于双线强力之研究》《钢丝圈与捻转数目之研究》《我国纺织工程师与人事管理》《棉纺厂管理学》《精梳机管理概述》《提花机谈》《实用织机平装》《"做学教"合一与纺织》《本会成立经过述略》《投杼运动》《上海分会成立大会记》等。图7-4为《纺织学友》。

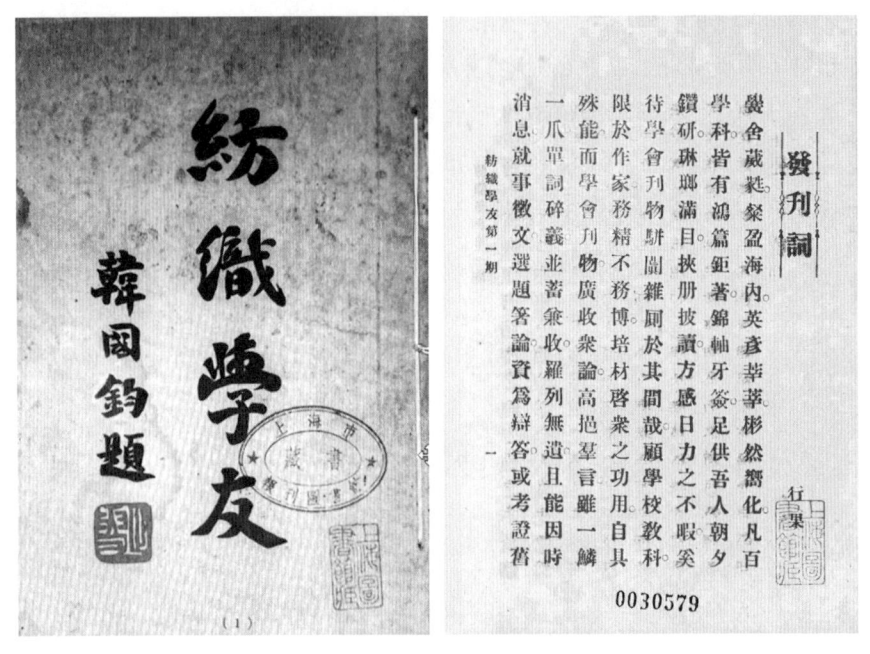

图7-4 《纺织学友》

5.《纺织周刊》(1931)

该刊于1931年4月在上海创刊，先由钱贯一以私人名义创办，后由中国纺织学会（现中国纺织工程学会的前身）承办，周刊。刊物内容主要探讨中国纺织工业建设问题，系统记载纺织界学术研究成果，报道业内消息和动态，介绍国外纺织行业科技概况等。钱贯一在《发刊词》中说，"应该处处从事研究，更以研究所得贡献于社会，则事业界自然可得相当进步"[①]。

刊登的文章有《我国棉纺织业之前途》《纺织业前途之希望》《谈织物印花的历史》《中国纺织原料与制品》《大牵伸简易改造论》《增进普通织机效率论》《世界棉花纤维之分析》《过去一年间之中国蚕丝界》《中国丝绸对外

---

① 钱贯一.发刊词[J].纺织周刊,1931,1(1):7-10.

贸易》《真丝与人造丝》《建设上海纺织学校运动》《力织工厂实习记》等。图7-5为《纺织周刊》。

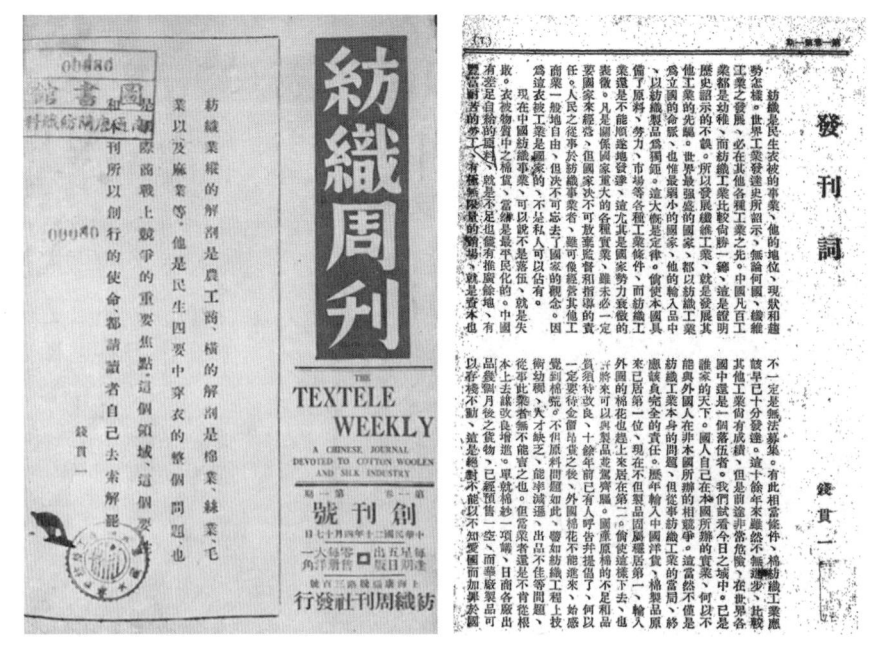

图7-5 《纺织周刊》

6.《纺织之友》(1931)

该刊创刊于1931年4月，出版者为南通学院纺织科学友会上海分会，出版地上海，先为年刊，后为月刊。刊名由中国近代政治家、教育家、书法家、南通学院校董于右任题写。该刊以我国纺织学术能有昌明之日，纺织事业可臻兴盛之境为目的，文章类型有纺织学术论著、调查统计数据、经验之谈、随感录、母校概况、会务等。刊物内容包括纺织、印染技术问题探讨，纺织企业经营管理，纺织厂设计与安全，纺织品贸易，国内外纺织业状况，以及对纺织业的展望与建议等。在创刊号《发刊辞》中，张孝若说"诚欲致全国有志于纺织业之士子，专心一志，从事于学理技术之研求，庶几以专长致大用耳"[①]。

刊登的文章有《摇纱间单磅纱之算法》《粗纱机变换轮齿之关系浅说》《梳棉机之研究》《棉纱之水分及其计算法》《布厂设计要点》《科学管理法

---

① 张孝若.发刊辞[J].纺织之友，1931（1）：1-2.

之管见》《论大牵伸》《纤维排列法之研究》《大牵伸细纱机之管见》《力织机筘身运动之速度及加速度求法》《纺厂装置喷雾机之管见》《梳棉机隔离论》《棉纺大牵伸机伸弹器发明经过及其特点概说》等。图7-6为《纺织之友》。

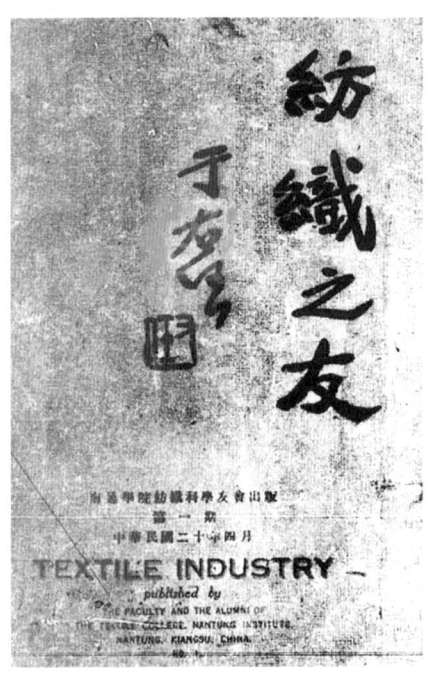

图7-6 《纺织之友》

7.《纺织年刊》（1931）

该刊于1931年5月在上海创刊，中国纺织学会编辑并发行，年刊。出版该刊的中国纺织学会是全国性纺织学术团体。"学会将以改良技术、增进能率为唯一目的。"[①] 刊物主要登载有关纺织技术的论文，记载每年纺织界大事，当年棉花、棉纱市况及进出口统计等内容。

刊登的文章有《本会之建设计划》《精纺接头详论》《大牵伸之研究》《织物分析术》《环锭精纺机钢丝圈之研究》《细纱机绕纱工作与力学之关系》《府绸织法之研究》《摇纱工程之研究》《棉纱支数计算法》《布厂设计》《纺机之马力》《改善纱厂之我见》《南通纺织业现状及今后应有之准备》《整染厂与我国纺织业之关系》《谈染业》等。图7-7为《纺织年刊》。

---

① 编者.本会成立宣言[J].纺织年刊,1931:1-2.

图7-7 《纺织年刊》

8.《人钟月刊》(1931)

该刊于1931年9月在江苏无锡创刊,由申新纺织公司第三纺织厂人钟月刊社出版,月刊。刊名中的"人钟",为该厂棉纱产品商标。实业家荣宗敬题写刊名。刊物以研究纺织学术及谋求工务之改进为宗旨,刊登纺织界的评论及重要消息,纺织科学理论及技术的研究文章,译述东西各国的纺织书籍以及有参考价值的各种图表和照片。荣尔仁在《发刊辞》中,希望刊物能"时时介绍世界之新消息、新发明,译述著名而切要之学术,互相切磋,互相观摩"[①]。图7-8为《人钟月刊》。

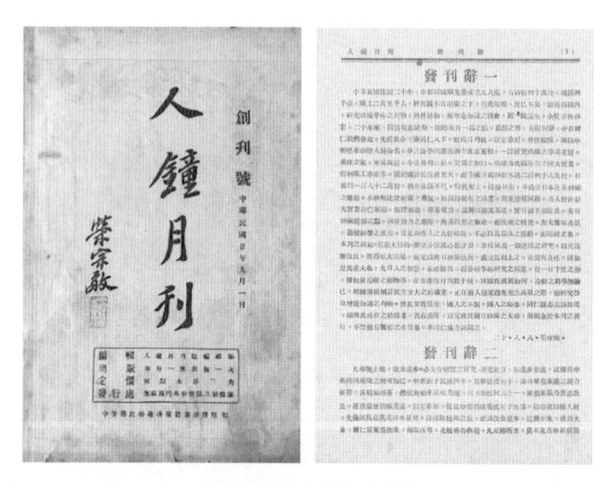

图7-8 《人钟月刊》

---

① 荣尔仁.发刊辞[J].人钟月刊,1931（1）：1-2.

刊登的文章有《发挥效率为纺织业唯一要素》《欲纺织业之发展全在认真》《对于国内棉产改进之我见》《经纱浆糊材料之检查法》《精纺部回丝之成因及其减少之方法》《改良粗纺机上筒管齿轮之解说》《棉纺机上罗拉负重之算法》《粗纺及精纺机断头之原因之调查法》《整经机之制动装置》《防止清花机产生过分下脚之新方法》《意外牵伸之小研究》《纱之支数与其直径之关系》等。

9.《拂晓月刊》（1932）

该刊于1932年5月在上海创刊，由上海印染股份有限公司拂晓月刊社出版，月刊。近代画家杨清磐题写刊名。刊物提倡国货，研究印染工艺，介绍织物印花历史，刊登有关色彩鉴赏力和染色用水等方面的论文，并有小说、散文、剧本、笔记等。杨清磐在《发刊辞》中说："本编之旨趣，希望群众仗义执言，各具救人自救之矢志。首册先由上海印染公司同人执笔，作抛砖引玉之想。"① 图7-9为《拂晓月刊》。

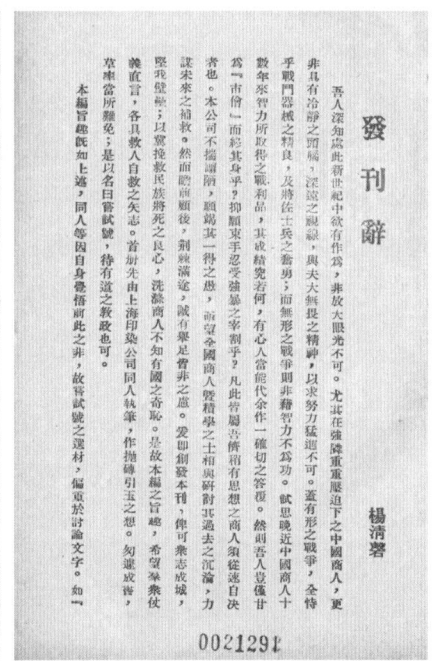

图7-9 《拂晓月刊》

刊登的文章有《机器印花工程》《印花法》《织物印花之由来及其所负之使命》《染色用水》《制造煤焦油染料的发展概略》《织物印花历史》《色彩之

---

① 杨清磐.发刊辞[J].拂晓月刊, 1932（1）: 1–3.

鉴赏力》《论生产》《湖州蚕事种种》《吴兴丝织业之概况》《提倡国货之三要点》《推销国货与爱国》《国耻常识》《上海印染公司工厂内部情景》《问题征答》等。

10.《苏纶半月刊》(1932)

该刊于1932年在江苏苏州创刊,由苏州苏纶纺织厂苏纶学术会出版,半月刊。实业家严庆祥题写刊名。该刊旨在交流知识、研究技术、改良工作、增加生产,刊载有探讨纺织技术的文章,并有科学管理、工务研究、技术问答等内容。徐佐舜在《苏纶半月刊之使命》中说,出版刊物是为了"各抒所见,互相参证,庶知识以交换而日新,觉学术得深究而益明"①。

刊登的文章有《和花清花消防方法》《精纺机缩度实验及计算》《梳棉机隔离之重要及校准动作时之注意》《棉纺梳棉部技术问答》《对于消防之意见》《工务研究》《工人能力与生产效率》《实施科学管理之前应有何种准备》《职工精神》《工厂服务人员应有的责任》《为有志扩大实业者进一言》《星期学术演讲》等。图7-10为《苏纶半月刊》。

图7-10 《苏纶半月刊》

---

① 徐佐舜.苏纶半月刊之使命[J].苏纶半月刊,1932(1):5.

11.《杼声》(1933)

该刊创刊于1933年5月,出版者为南通学院纺织科学生自治会,出版地江苏南通。刊物主要探讨纺纱、织造、染整方面的各种生产工艺和技术,内容涉及机织、漂染印整、棉纺、麻纤维、丝光研究、人造染料、纺织机械的构造及日常维护修理等,并载有校闻及一些文艺作品,共出版十卷。编者在《编后例话》中说:"我们觉得埋下头来着实的干干,总要比叫喊呼号来得有效些。"①

刊登的文章有《我国染印工业之现在与将来》《中外纺织厂之比较观》《特种纱的纺绩法》《棉纱之抬度与直径之关系》《自动毛巾机及毛巾之组织法》《珠罗纱之制织及其分析法》《水中之杂质及其对于漂染工业之影响及纠正方法》《人造丝之制造及今后之展望》《混合织物染色之讨论》《中国纺织史概略》等。图7-11为《杼声》。

图7-11 《杼声》

12.《染织纺周刊》(1934)

该刊于1934年创刊时名为《染织周刊》,1935年8月改为《染织纺周刊》,由上海机器染织业同业公会主办,1941年8月停刊,1947年12月由《纺织染

---

① 编者.编后例话[J].杼声,1934,2(1):64.

月刊》继承。诸文绮题写刊名。刊物以研究学术，讨论意见，传递消息，交换知识为宗旨，探讨纺织印染技术及组织管理，分析市场产销状况，改进业务工作。在《发刊词》中，诸文绮说："上海市机器染织业同业公会诸同人，于团结同业改进业务之余，对染织文化有所努力……今社中同人，见于染织纺三部工程，在棉纤维工业上有不可分离之价值，颇以染织为未足，决扩大范围，增加纺部，改名染织纺周刊。"①栏目有"学术""特载""小言""调查""消息"等。图7-12为《染织纺周刊》。

刊登的文章有《本刊之使命》《如何救济棉纤维工业》《介绍云南的染织业》《麻纺绩之研究》《人造丝及其织物之进口》《人造丝与他种纤维之混合织物的简易染色法》《最新式高超大牵伸单程粗纺机》《牵伸分配与原棉之关系》《纱罗织物之提花装置》《升降梭箱织机使用法》《改良钢筘之研究》《精梳》《电解漂白液应用之得失》等。

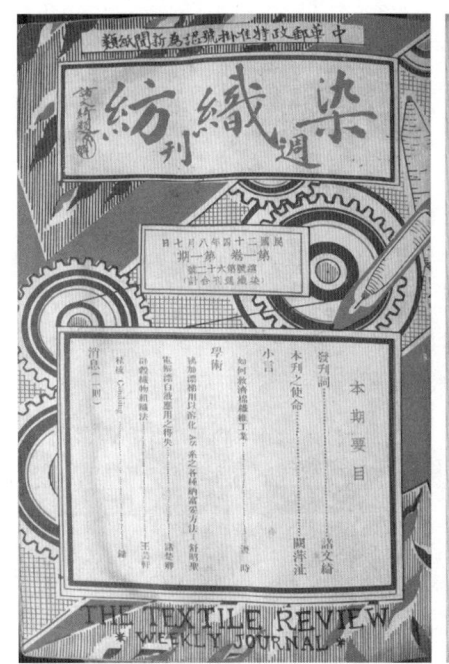

图7-12 《染织纺周刊》

13.《纺织染月刊》(1934)

该刊于1934年8月创刊于上海，月刊，中华纺织染杂志社出版。刊物

---

① 诸文绮.发刊词[J].染织纺周刊,1935,1（1）:1-2.

因抗战一度停刊，于1947年继承《染织纺周刊》复刊。设有"技术""言论""学术""报道""特载""杂俎"等栏目。编者在复刊《发刊词》中说，刊物的使命是"维护纺织染工业，联络事业界与技术界，促进纺织染工业出产之外销，重视技术人士，提倡工业教育"①。

刊登的文章有《纺毛钢丝机喂入速度及产量之计算》《纺织厂之用油》《输送器蒸箱加速棉布生产》《通气的防水棉织物》《织物计算》《如何可使清花机上之洋琴运动收正确调整之效》《清棉机隔距之检讨》《现代络纱工程的进展》《冰染料及其染法》《现代纤维工业常识》《香港工业之近况》《永安纱厂概况》等。图7-13为《纺织染月刊》。

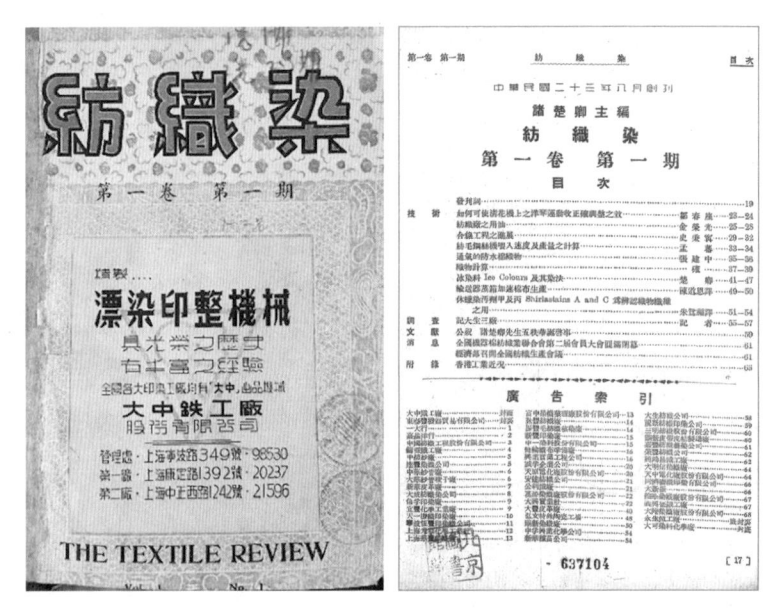

图7-13 《纺织染月刊》

14.《纺织世界》（1936）

该刊于1936年5月创刊于上海，半月刊，1937年7月停刊，纺织世界社出版，王一鸣任编辑与发行。设有"研究""学术座谈""调查""要闻一束"等栏目。王一鸣在《创刊词——汪洋大海中找寻我们的灯塔》中说，创刊的目的是"为大众作喉舌，为维护民族工业的堡垒；凭着大众的力量，达到民族工业的复兴"②。图7-14为《纺织世界》。

---

① 编者.发刊词[J].纺织染月刊,1947（1）:19.
② 王一鸣.创刊词——汪洋大海中找寻我们的灯塔[J].纺织世界,1936,1（1）:1.

图7-14 《纺织世界》

刊登的文章有《我国纺织业之过去及其现势》《中国纺织厂更生之我见》《中国纺织学会第六届年会之先声》《中国纺织学会第五届年会之回忆》《布机修理及改良之研究》《工厂之防火采光与换气》《织机应如何改良》《皮带长度计算法》《单纱试验之应用及其记录资料之统计法》《非常时期之棉纺织业》《上海昔日棉布纺织之工具》《棉纺学序》等。

15.《纺织染季刊》（1939）

该刊创刊于1939年1月，出版者为苏州工业专科学校纺织染学会，出版地上海。该刊设有"言论""学术""调查""特载""会务"等栏目。在创刊号《发刊辞》中，吴赞廷说"本刊之使命，非仅求同学间之学术讨论，且进而为加强我纺织染事业之原动力，及探求纺织染技术而为进展之轨迹"[①]。

刊登的文章有《一万纱锭新式机械之设计》《纺织染工场照明》《大牵伸精纺机上用三粗双纺与单纺之比较》《精纺机罗拉角度之实际改进法》《织物色光之研究》《织物之结构》《制浆》《增进织布工厂之效率论》《染印皂油助剂之讨论》《交织物染色法》《座谈上海纺织染业之现状与将来》《上海市棉纺织工厂调查》等。图7-15为《纺织染季刊》。

---

① 吴赞廷.发刊辞[J].纺织染季刊，1939，1（1）：1-2.

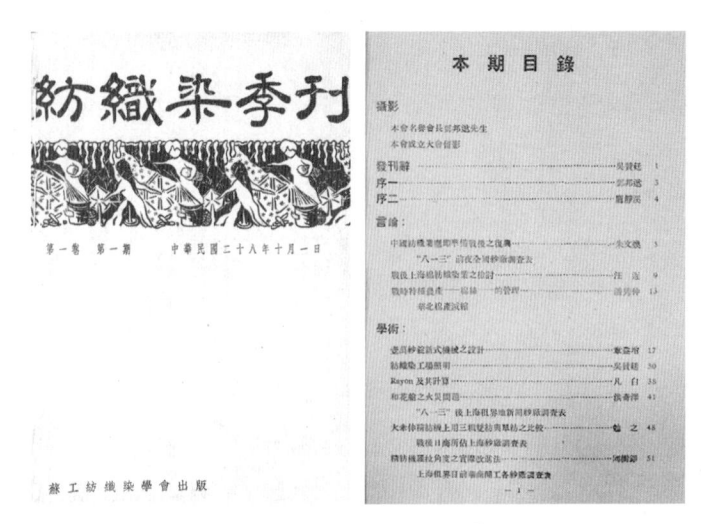

图7-15 《纺织染季刊》

16.《染化月刊》(1939)

该刊创刊于1939年3月,出版者为南通学院纺织科染化工程系同学会染化研究会,出版地上海,1941年停刊,1946年复刊后改由中国染化工程学会出版,共出版五卷。刊物主要探讨染整学术内容。在创刊号《发刊的话》中,陈钧说该刊"专拟登载关于纺织品漂染印花整理以及化学方面的文字"[①]。图7-16为《染化月刊》。

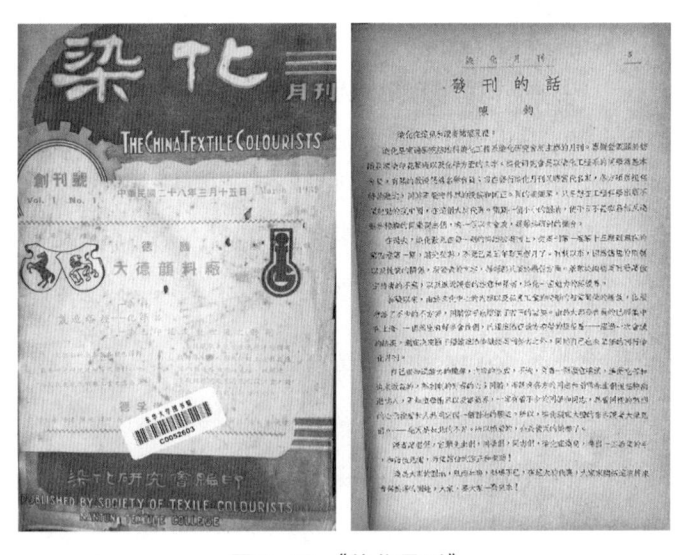

图7-16 《染化月刊》

---

① 陈钧.发刊的话[J].染化月刊,1939,1(1):1.

刊登的文章有《纤维染色的原理》《漂布之整理》《缩绒之理论与方法》《国产棉布染色法概述》《食盐及其在漂染上之应用》《人造丝之去光》《印染工厂之要素》《靛蓝之氧化拔染法》《漂白粉中有效氯质检定法》《毛织物整理法》《印染厂之设计》《章华毛绒纺织厂新志》《色泽名称中英对照表》《丝光爱国蓝染色一得》等。

17.《纺织染工程》（1939）

该刊于1939年5月在上海创刊，中国纺织染工程研究所编辑并发行，先为季刊，后为月刊。刊物主要登载纺织染研究文章，介绍国内外学术，生产工艺改良和进展状况等。黄希阁在《发刊词》中说，刊物将"介绍世界各国有关纺织染之最新发明或研究精华，以俾斯界人士参考、讨论、观摩，各就所业之范围内谋发展或改进；引用科学方法，作有系统之研讨，庶几事半功倍"[①]。

刊登的文章有《我国纺织染工业之前瞻》《云南省棉产与蚕丝的推广与复兴》《力织机之研究》《力织机特种织造之研究》《织机之打梭运动》《力织机梭子之研究》《钢刺辊装置之研究》《五万锭新式纱厂设计》《卷筒机及摇纱机之效率计算机》《丝织品染色不匀之检讨》《染色实用计算法》《中国纺织染工程补习学校概况》等。图7-17为《纺织染工程》。

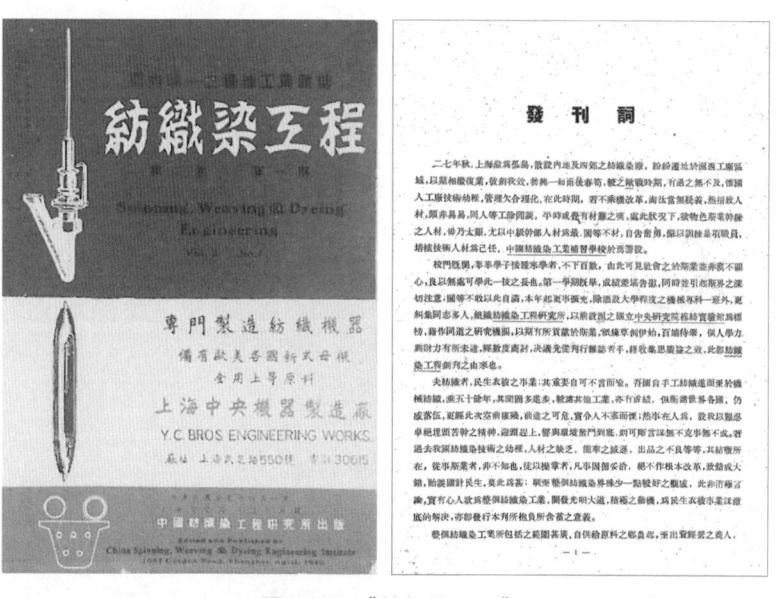

图7-17 《纺织染工程》

---

① 黄希阁.发刊词[J].纺织染工程,1939,1(1):1-2.

18.《纺工》(1941)

该刊创刊于1941年1月，出版者为南通学院纺织科纺织工程系纺工出版委员会，出版地上海。近代实业家聂云台题写刊名。该刊设有"论著""特载""纺绩""机织""染整""调查"等栏目。在创刊号《纺工序》中，郑瑜说出版该刊"以谋学术之精进，而作相互之切磋"[①]。

刊登的文章有《中国纺织业应准备战后之复兴》《关于精纺机产量问题》《如何制造钢丝针布》《高速度尘笼之改良装置》《纺织纱线计算法》《椰子纤维之纺绩》《纬纱试探探针装置》《力织工场设计》《经纱张力对于棉织物之影响》《矿物染料染色法》《棉布之精练及漂白》《谈谈沪市的毛纺织业》《纺织与染印刊物之变迁略述》等。图7-18为《纺工》。

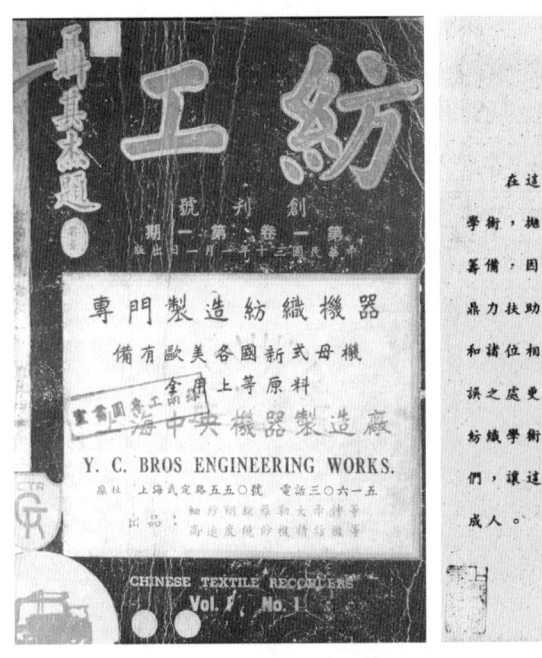

图7-18 《纺工》

19.《中国纺织学会会刊》(1943)

1943年4月，因抗战迁渝的中国纺织学会因多年未出年刊，随即出版纺织学会会刊。刊物以发展我国纺织事业为目的，主要刊登战时以及大后方纺织业的分析，纺织染问题的探讨，技术及管理的研究，新式机械、书籍学说

---

① 郑瑜.纺工序[J].纺工，1941，1（1）：5.

的介绍，调查纪事，纺织染消息等。编者在《本刊之因缘及其义旨》中说，刊物"实即远续纺织时报和年刊而合并之。尚冀吾业同志，共擎斯举，以充实其内容，俾绵延而不断"①。

刊登的文章有《中国纺织业实施计划刍议》《我国棉业复兴之途径》《战时棉纺织业之变迁及其救济》《抗战期中棉纺织业应有之认识》《衣服工业建设计划基本数字》《衣服工业之研究要点》《棉纺纤维数与强力之关系》《革新纺纱机制造技术之二三例》《棉花标准与纺织》《纺织工厂科学管理法》《后方各省缫丝织绸厂统计》等。图7-19为《中国纺织学会会刊》。

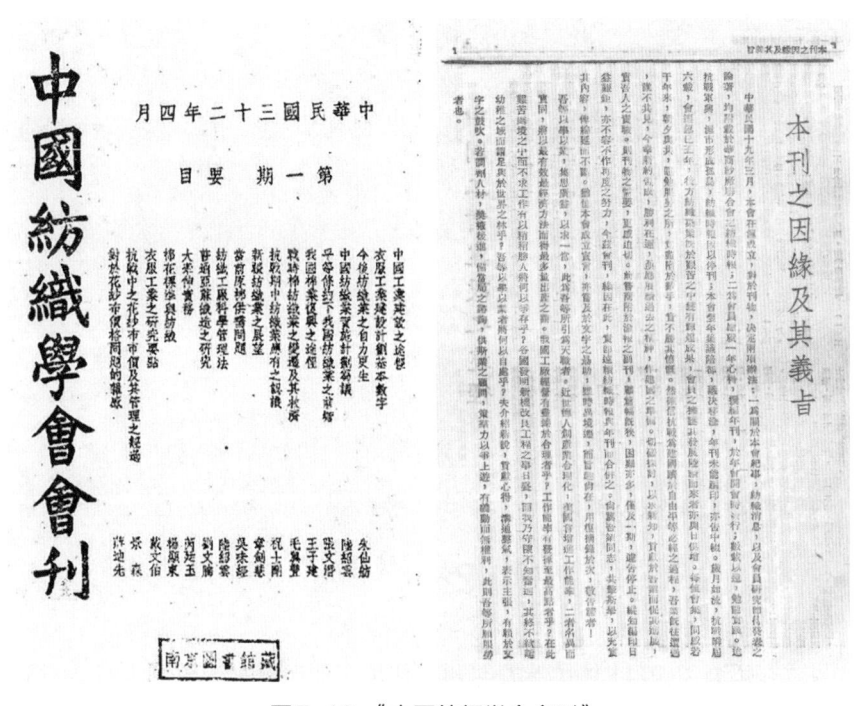

图7-19 《中国纺织学会会刊》

20.《纺声》(1945)

该刊创刊于1945年3月，出版者为上海纺织工业专科学校纺织工程系学友会，月刊，1948年改为半年刊，出版地上海。近代教育家蒋维乔题写刊名。在《创刊词》中，编者说"本刊内容以学术为主，尽量刊载有关纺织的各种知识"②。该刊设有"言论""学术""杂录""消息"等栏目。

---

① 编者.本刊之因缘及其义旨[J].中国纺织学会会刊,1943(1):1.
② 编者.创刊词[J].纺声,1945(1):1.

刊登的文章有《我国之职业教育》《连续式整染法》《假纱组织之构成原因》《人造染料发展史略》《棉纺机上之梳毛纱纺绩》《织物分类与经纱浆料配合之关系》《我国之针织工业》《大牵伸粗纱机概述》《纺织机械之发明》《原棉与清棉工程》《花纱中水分之研究》《苏北棉产及收买状况调查报告》《各国纺织工业现状之统计》《德丰纱厂概况》等。图7-20为《纺声》。

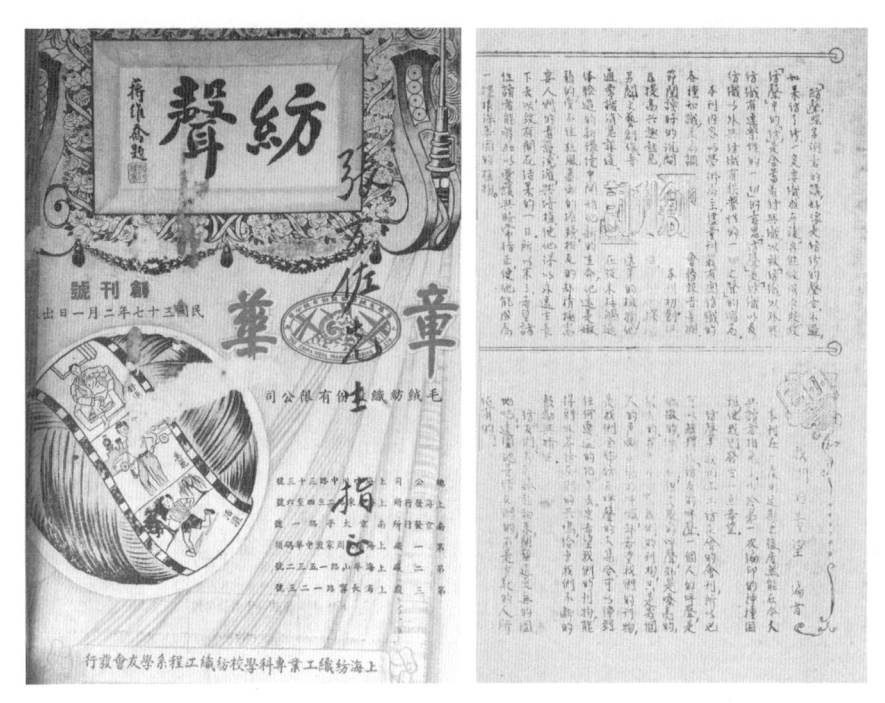

图7-20 《纺声》

21.《纤维工业》(1945)

该刊于1945年11月在上海创刊,纤维工业出版社编辑并发行,月刊。刊物主要探讨纺织业学术问题,介绍纺织工业和教育现状,展望纺织业的前景等。杜燕孙在《本社成立旨趣》中说,"拟利用工余课后之时间,从事有关纤维工业书籍杂志之出版,一则相互切磋,求增一己知识,一则介绍学术,进谋工业发扬"[①]。

刊登的文章有《整饬纺织教育管见》《纺织试验理论与实际》《尼龙制造图解》《编纂纺织染辞典的刍议》《新式电力气动投梭装置》《毛纺钢丝布之应用与理论》《直接染料染棉概说》《影响棉花纺纱价值几种因素》《发展西

---

① 杜燕孙.本社成立旨趣[J].纤维工业,1945,1(1):1-2.

北羊毛工业之我见》《略谈土纱工业》《手工围巾制造业概况》《棉纺资料》《南通学院纺织科复兴计划》等。图7-21为《纤维工业》。

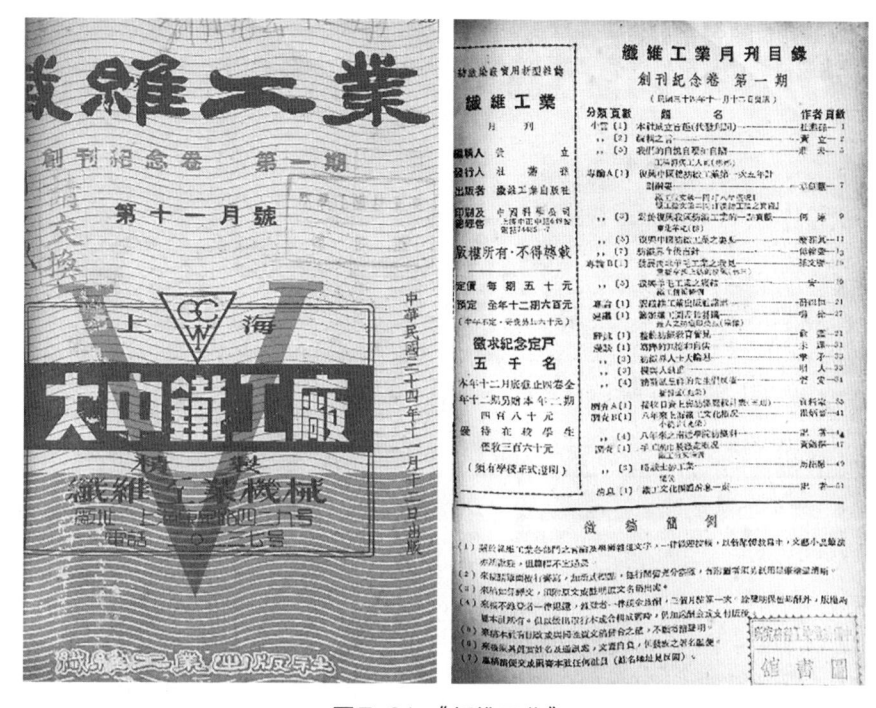

图7-21 《纤维工业》

22.《纺织染通讯》(1946)

该刊出版者为中央技艺专科学校纺织染学会，出版地四川乐山，半年刊。该刊以研究纺织染的学识与技能，交流学员间感情为宗旨，载文介绍纺织工业，探讨改良技术，研究纺织装置，刊登学校实习生活，报道学校新闻，发布学会近讯等。在《编后的话》中，编者说该刊"用以介绍现代纺织染业知识，研讨有关纺织染之技术，并报导学校近况，会友动态"[①]。

刊登的文章有《我国棉纺织工业的成长和危机》《话四川棉织业近貌》《谈裁制学》《对我国纺织工业的感想》《应用齿轮开口装置的运动分析》《论升降杆至综框运动之装置》《谈裁制学》《图案与生活》《原纱条件》《纱厂常数的利用》《染色用水》《纺织染学会史略》《到本校经过与希望》《从万新纱厂说到纺织工业的危机》等。图7-22为《纺织染通讯》。

---

① 编者.编后的话[J].纺织染通讯, 1948 (4): 30.

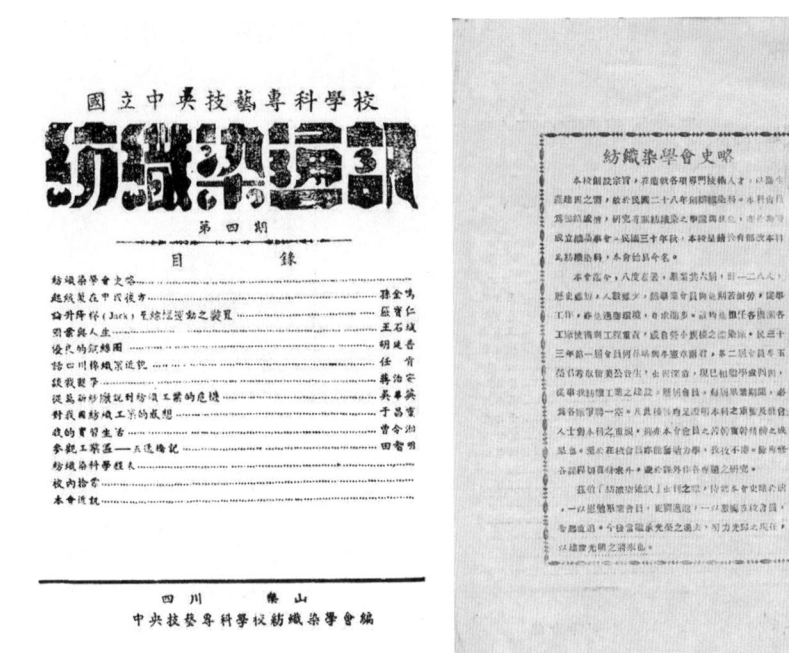

图7-22 《纺织染通讯》

23.《纺修》（1947）

该刊创刊于1947年，出版者为南通学院纺织进修社，该社成员均为纺织工程系的在读学生，出版地上海。该刊设有"纤维""纺纱""织布""机械""资料""消息"等栏目。在创刊号《南通学院纺织进修社成立经过——代发刊词》中，编者说"我们现在目前主要的工作，是出版这本刊物，环绕着它，我们学习，研究，写作；环绕着它，我们联络同学间的感情，报导校内、校外有关的消息"[①]。

刊登的文章有《从籽棉到打包》《纤维之分析方法》《包针布实际工作法》《罗拉加重装置新法》《清棉间之温度问题》《打纬力之计算》《成布优美之主要因素》《纺织机械之传动》《磨针》《纺织人物介绍——雷炳林大师》《我国战后纺织厂分布概况》《织物污点除法》《本年中国纺织界的两个盛会》《纺建第一绢纺厂参观后记》等。图7-23为《纺修》。

---

① 编者.南通学院纺织进修社成立经过——代发刊词[J].纺修,1947,1(1):1-2.

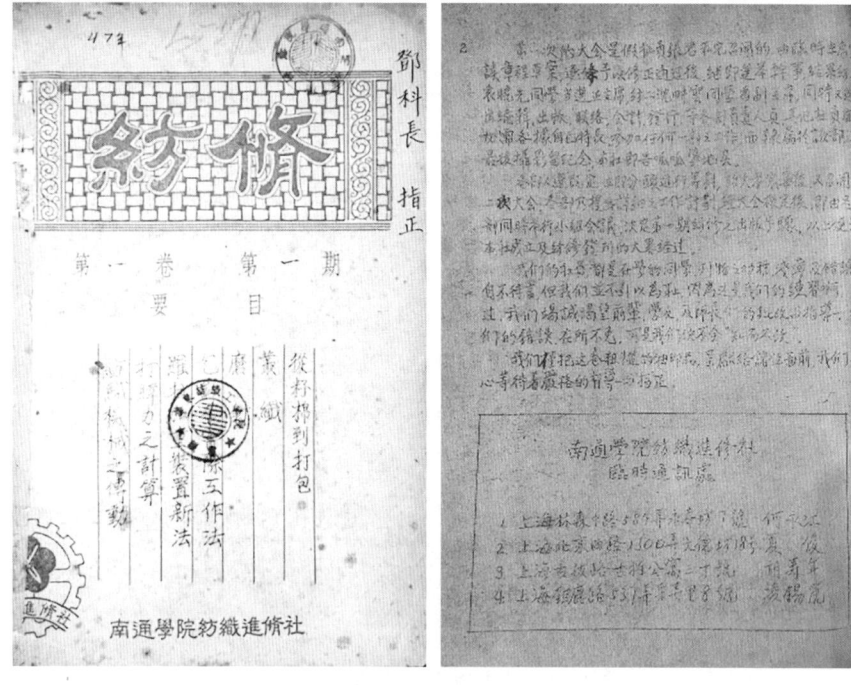

图7-23 《纺修》

24.《公益工商通讯》(1947)

该刊于1947年4月在上海创刊,公益工商研究所编辑并发行,半月刊。刊物内容以纺织技术和经济信息为主,介绍科学新技术及经营新方法,并刊登有关工商法规及统计资料等。荣鸿元在《发刊辞》中说,"本刊想尽量介绍这种种科学上的新发明,技术上的新方法,以及管理上的新制度"[1]。

刊登的文章有《整理棉织物之机械及其方法》《空气中的电能影响纺织论》《毛织品之不缩整理》《高速连续漂白法》《棉纱的放大透视》《纺织厂的机械化运转方法及成本》《鄂省之棉业》《从研究来观察纺织的前途》《原子能产生动力的前瞻》《公益工商研究所创办经过》《中国纺织染工程学院创办经过》《国外人造纤维研究事业消息》等。图7-24为《公益工商通讯》。

---

[1] 荣鸿元.发刊辞[J].公益工商通讯,1947,1(1):3.

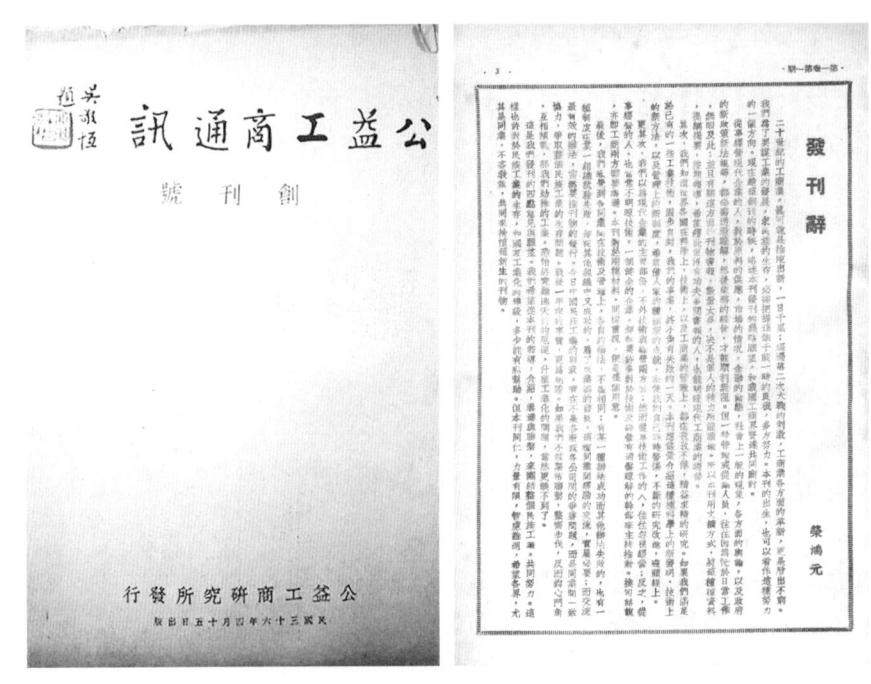

图7-24 《公益工商通讯》

25.《棉布月报》(1947)

该刊于1947年8月在上海创刊,1948年8月第8期停刊,由上海市棉布商业同业公会编辑并发行,月刊。刊物是该会以"沟通意志增强团结,交换学识改进业务,培养道德提高信誉,集中力量共谋福利"[①]为使命,谋求会务的进展而出版的,主要内容为本会工作报告、会务报告、通告,以及报道市场的市价概况等,刊物栏目有"法令章则""会务报告""通告""言论""抗战诗史"等。图7-25为《棉布月报》。

刊登的文章有《对于棉布业之回忆与希望》《物价趋势与棉布市况》《对于现行捐税的一点意见》《抑平纱布涨风刍议》《本会组织概况暨会务报告》《办理申请发还劫余纱布之经过》《本会第二次会员代表大会纪录》《本会第三次会员代表大会特辑:全体会员代表名单》《本会三十六年度会务概况》《如何筹设股份有限公司》《本会市场卅七年七月份棉布价格表》等。

---

① 董久峰.发刊词[J].棉布月报,1947,1(1):3.

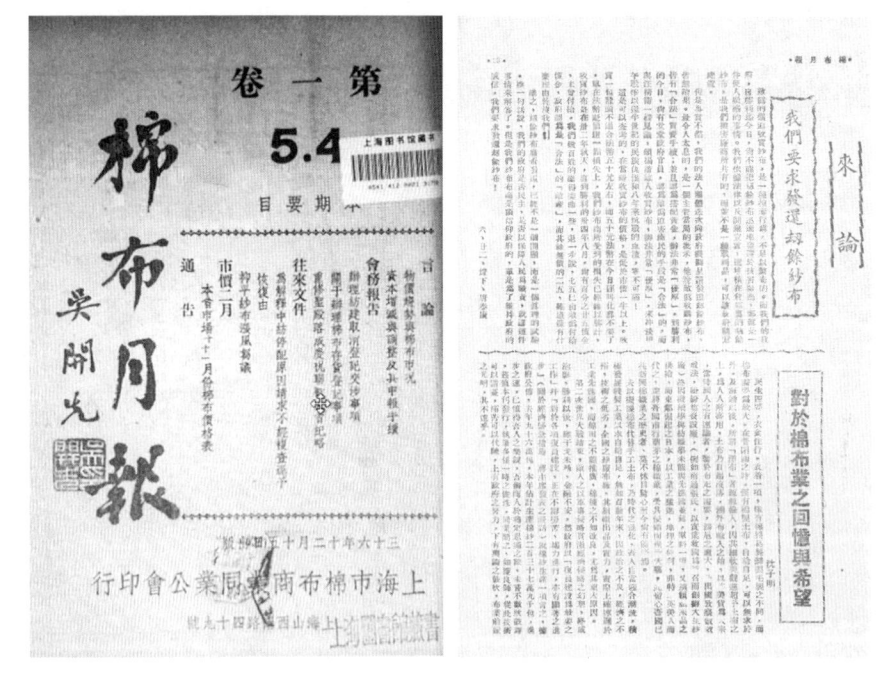

图7-25 《棉布月报》

26.《中纺季刊》(1947)

该刊于1947年8月在昆明创刊,季刊,中纺季刊编辑委员会编辑,国立西南中山高级工业职业学校纺织学会出版发行。卢汉题写刊名。设有"论述""技术""调查统计""会讯""杂俎"等栏目。关于出版目的,编者在《创刊缘起》中说,"我们将尽量刊载世界纺织业的动态及研究的标的,另一方面我们也将设法介绍国内纺织业的近况,得以研究改进"[①]。

刊登的文章有《云南木棉之发展经过及将来》《染色坚牢度之试验》《几种环状化合物及其他有机化合物对漂染的用途》《纺纱厂各部工作纪要》《关于实习工作之我见》《本校纺织科概况》《昆明手工纺织工厂统计表》《杭州第一纱厂股份有限公司概况》《在成长中的裕华纺织厂》《大华纺织厂广元分厂》等。图7-26为《中纺季刊》。

---

① 编者.创刊缘起[J].中纺季刊,1947(1):3.

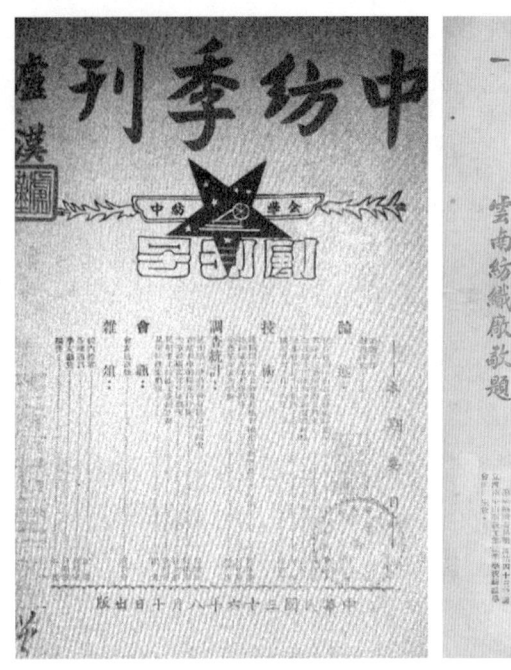

图7-26 《中纺季刊》

27.《纺建》(1947)

该刊于1947年11月在上海创刊，1949年2月第2卷第11/12期停刊；新第1卷第1期出版于1949年8月，停刊于1950年1月第11期。中国纺织建设公司编辑室编辑，半月刊。该刊研究纺织工业技术和生产管理，刊登重要经济消息，介绍最新纺织技术和知识，关注国内外纺织业动态。关于创刊的目的，编者在《发刊词》中说："目的厥在于研究纺织技术，介绍纺织学理，报导纺织消息，促进员工福利，且冀由此一小型刊物之阐述传播，藉以增进工作效率，达成发展纺织建设事业之理想。"[1]设有"生产调查""各地动态""本公司消息""纺织业的生力军""职工补习教育""新闻选辑"等栏目。

刊登的文章有《奠立我国工业化之基础应发展棉纺织业》《我国纺织工业的回顾与前瞻》《当前原棉供给问题》《论棉纱联合配销》《论全国棉纺联会二届大会》《梳毛练条工程》《现行棉纺机械之缺点》《本年收购新棉要点》《全国国货展览会参观记》《东北棉业综览》《今日之台湾纺织业》《广州纺织厂的一页沧桑史》等。图7-27为《纺建》。

---

① 编者.发刊词[J].纺建,1947,1(1):1.

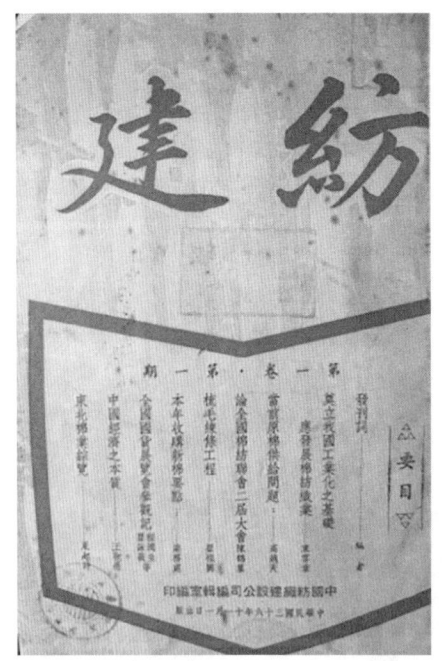

图7-27 《纺建》

28.《纺织建设月刊》（1947）

该刊于1947年12月在上海创刊，1949年4月停刊，由中国纺织建设公司纺织建设月刊社出版，月刊。刊物以建设发展我国纺织业，切磋纺织工艺为目的，刊登有关纺织染整工业的学术专著和译述、纺织界消息、调查报告及统计资料等，提供给纺织业界作参考。其中"纺建公司技术研究班特稿"特色栏目是其一大特色，并有许多关于纺织各行业和地区的综述文章。李升伯在《发刊辞》中说，办刊的目的在于"能发表有关纺织建设之各种文字，使彼此间获一切磋交融机会。集中智力，对应与应革诸事，作深切之讨论，以所得结果，提供关心纺织业者之参考，俾缩短此辛苦建设之路程"①。

刊登的文章有《纺织研究事业之借镜》《值得提倡的纺织研究事业》《我国纺织教育之展望》《中国棉纺织业之演进》《历史悠久之丝织工业》《人造丝工业的概况》《我国柞蚕丝业的回顾》《我国绢丝事业概况》《浙江省的蚕丝业》《无锡纺织工业之调查》《上海内衣织造业》《香港棉纺织工业近貌》《巴西之蚕丝业》《印度之纺织工业》《织物染印小史》《人造丝的

---

① 李升伯.发刊辞[J].纺织建设月刊，1947，1（1）：2.

发源小史》《拒水织物的化学进展》《纺建式大牵伸》《葛明松君自动布机反序装置的发明》《棉卷黏连病之处理》《论梳棉机之除尘力》等。图7-28为《纺织建设月刊》。

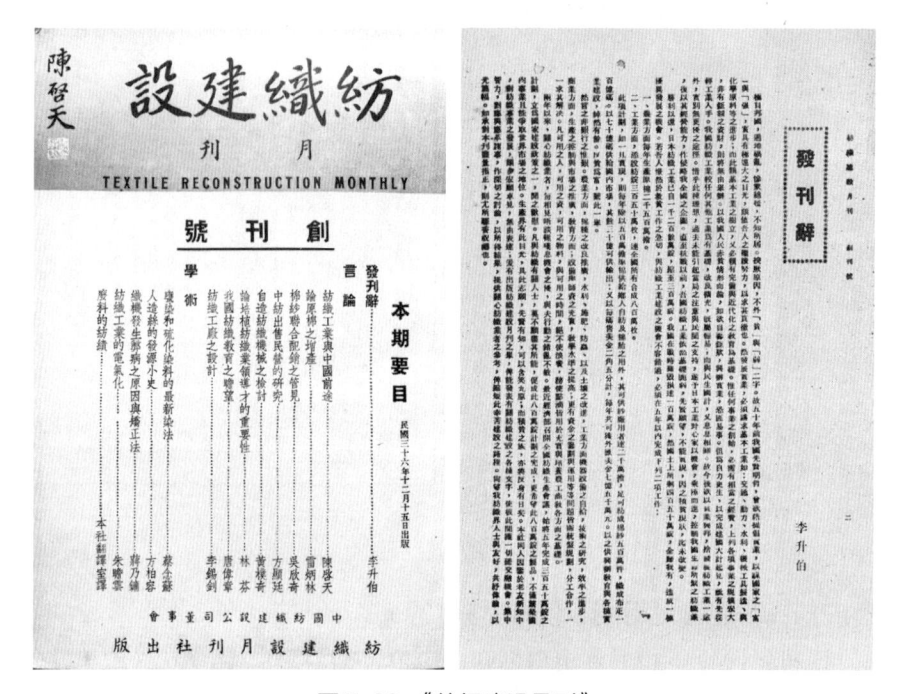

图7-28 《纺织建设月刊》

29.《棉纺会讯》(1948)

该刊于1948年8月在上海创刊,1948年12月第1卷第9/10期停刊,由苏浙皖京沪区棉纺织工业同业公会编辑并发行,半月刊。该刊内容以研究纺织经济,发表短评,报道会务动态及会议纪要,并提供有关研究参考的资料为主,还刊有公牍、法令、通讯及有关棉纺业方面统计的调查资料等。栏目有"专论""会务动态""会议记录""会员简讯""公牍""调查统计""新闻点滴""附录"等。在《创刊辞》中,王启宇说:"将以纺织界之大团结,迈进于工业建国之大目标,则兹刊问世,虽云对内发行,而映一种事业进步之新动向,……公报性质,难语精彩,但冀于平凡中求充实,恒久中求进步。"①

刊登的文章有《中国棉纺织工业之远景》《中美棉纺织厂工人效率之比

---

① 王启宇.创刊辞[J].棉纺会讯,1948,1(1):1.

较》《国棉联购问题》《上海市各会员厂减工状况调查统计》《半月花纱布商情统计》《渝市棉情之观察》《湖北棉花产销近况》《本年新棉产量两种估计》《中国棉纺织品盛销远东各地》《积极筹组外销机构》《申新拓展纺织研究》《筹建纺专新校舍》等。图7-29为《棉纺会讯》。

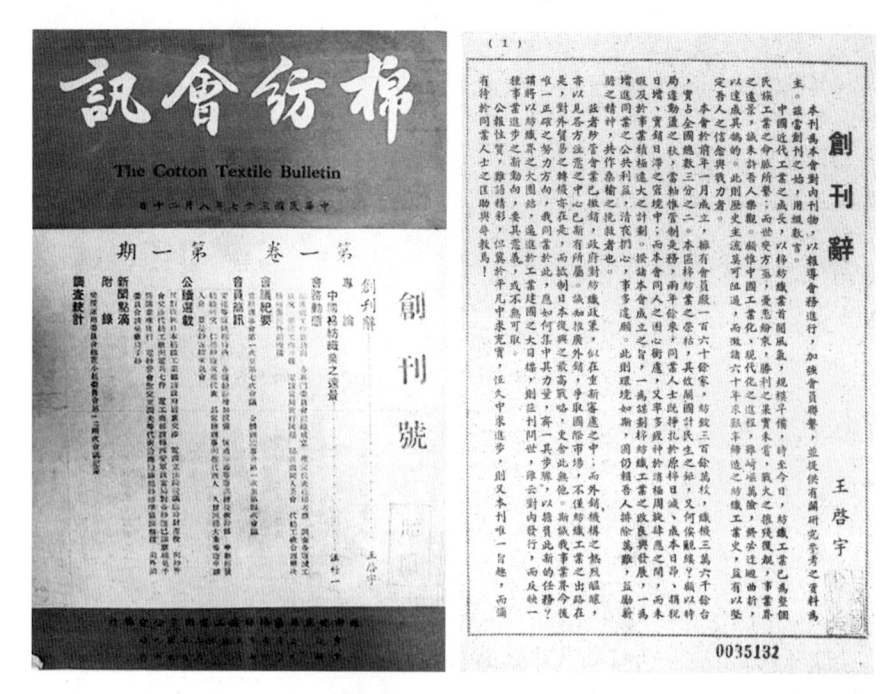

图7-29 《棉纺会讯》

30.《纤声》(1949)

该刊出版者为上海文绮染织专科学校纤声出版委员会，出版地上海。该刊设有"言论""学术""特稿""技术研究"等栏目。在创刊号"雏凤新声（代发刊辞）"中，编者说该刊"是一群对纺织染学术有兴趣的同志，于课读之余，从事垦植的一个自己的园地"[①]。

刊登的文章有《钢领式细纺机上纱条张力的试验》《透凉罗之制法》《梭箱运动》《阪本式自动织机使用法》《不溶性偶氮染料之染色》《阿尼林元染色》《染色概论》《硫化染料之染色》《谈不变绿精元印花》《蓝晒图纸》《调浆术》《巧夺天工》《编者的话》等。图7-30为《纤声》。

---

① 编者.雏凤新声（代发刊辞）[J].纤声，1949，1（1）：1-2.

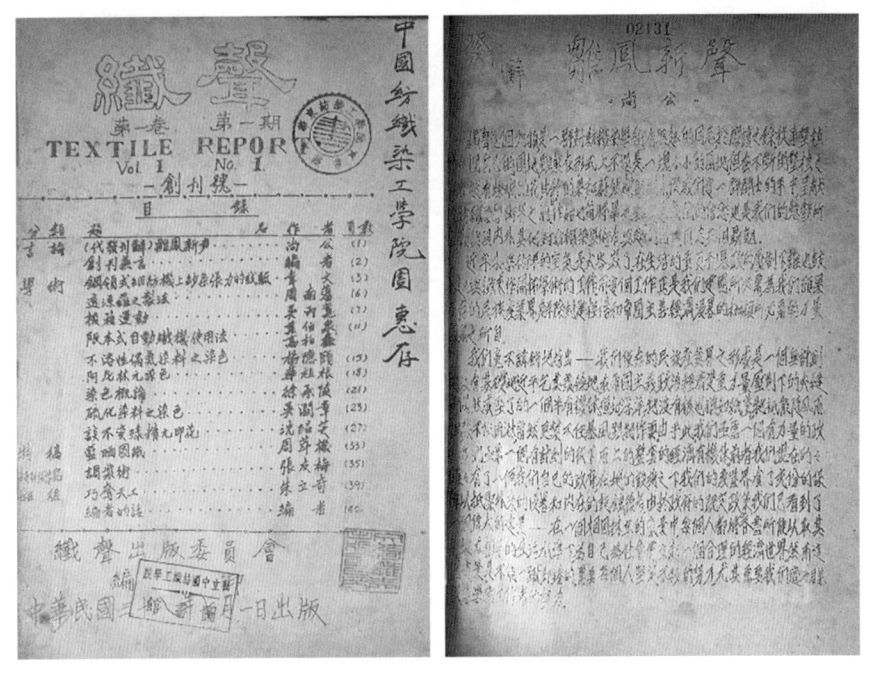

图7-30 《纤声》

三、中国近代代表性纺织染期刊《纺织周刊》

《纺织周刊》于1931年4月17日创刊于上海，周刊，由钱贯一以个人名义创办。1934年冬，钱贯一因身体原因准备转手，纺织周刊社成立以朱仙舫、汪孚礼、童润夫、张文潜、曾祥熙、傅道伸等人组成的筹备改组委员会，编辑发行业务由个人转移至集体。1935年始，由纺织周刊社继办，在出版至第5卷37/38期后停刊。1946年复刊（图7-31），1947年由中国纺织学会接办（图7-32），1949年1月27日停刊。《纺织周刊》共出版了10卷326期[①]。

《纺织周刊》的创办者钱贯一热心纺织出版事业。他曾在《华商纱厂联合会季刊》《纺织时报》担任编辑工作，后来还承担过《纱布日报》主编工作。《纺织周刊》与中国纺织学会有着密切的关系。中国纺织学会把本会的记载通讯放于《纺织周刊》登载，后来更是正式决议把刊物作为学会的通信公布机关。学会还在经济上对刊物予以支持，资助刊物的办刊经费。学会的会员经常向刊物供稿，发表各类文章，为刊物的稿源提供了保障。

---

① 王仰旭.《纺织周刊》研究[D].上海：东华大学，2019.

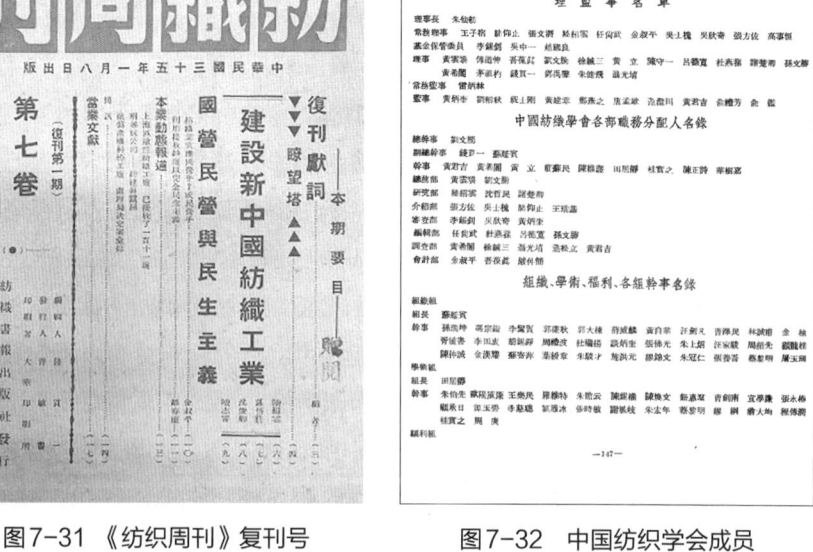

图7-31 《纺织周刊》复刊号　　图7-32 中国纺织学会成员

《纺织周刊》的栏目安排为：首先是整篇技术类或经济类著作数篇，置于最前面；其次是"编者与读者"栏目，登载各类小块文章；再次是"纺织世界"栏目，有国内记载和国外记载部分，报道国内和国外纺织消息；从次是"每周市况"栏目，刊登棉花、生丝、棉纱等市场价格；最后是"长篇著作"栏目，对各类长篇著作进行连载。另有各种与纺织有关的工厂和产品的广告。在刊物的刊头上（图7-33），明确写着"民生衣被事业的专门刊物，中国纺织学会指定公布机关"字样。

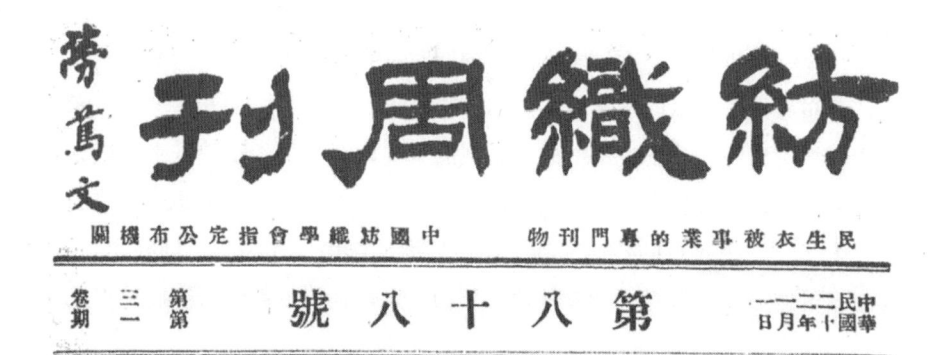

图7-33 《纺织周刊》刊头

《纺织周刊》以创刊时间较早、延续时间长、刊登内容及时、著名学会主办、影响广泛等因素，在中国近代纺织期刊中具有突出的地位，被誉为"中国近代纺织期刊之雄"[①]。

四、中国近代纺织染期刊特色分析

1. 行业组织和企业出版的纺织染期刊反映纺织企业的特点

在中国近代纺织染期刊中，行业组织和企业出版的刊物最多，接近总数的六成。这是因为纺织科技属于应用技术，直接运用在纺织工业生产中，也体现在众多的纺织生产企业中，包括具有纺纱、织造、印染等各道工序的生产企业或前后道工序兼而有之的生产企业。可以说，大批的纺织企业是庞大的纺织工业的主力军，而在它们基础上产生的行业组织则是如影随形，不可分离。正是由于这些刊物是由行业组织和企业编辑出版的，因此它们的身上就深深打下了企业的烙印。行业组织的刊物，多刊载该组织的报告、通告，本行业的法令、要闻，市场的行情、统计资料，各厂的动态、消息，还有会讯、电讯等。工业企业的刊物则聚焦于沟通信息，改良工作，促进生产，管理企业，培训工人，交流技术，改进生产工艺，制定部门工作规则，另有工务问答、厂务会议记录等。商业企业也不例外，关注贸易流通、市场价格等问题。因为这些内容是企业迫切关心和需要解决的，也是它们加入行业组织的初衷。这些行业组织和企业的所思所想理所当然地体现在了刊物的字里行间，也形成了刊物的特色。办刊的行业组织和企业多是在业内较有影响力的组织和知名企业。

2. 学校出版的纺织染期刊聚焦于纺织技术知识和教育

学校出版的纺织染期刊也是比较多的。学校刊物的作者、编者多是学校的教师和学生，这就打上了鲜明的学校印记，有着区别于其他刊物的特点。他们在介绍纺织科技、探讨学术问题的同时，会经常报道学校情况、校友动态，背靠母校，联络同学之间的感情。中国近代纺织服饰期刊大多为技术性刊物，学校出版的刊物也不例外，刊载的主要内容是关于纺织技术知识方面的。它们从纺织染各个领域介绍生产技术及革新方法，记录了纺织科技的进步，为当时纺织科技的传播起到了积极的推动作用。作为学校创办的刊物，其内容更加关注于教育。学校教师在刊物上发表他们的教学研究成果，从而

---

① 陈耀庭.《纺织周刊》特点初析[J]. 中国纺织大学学报, 1989（3）: 91-94.

展示他们的教育理念和教学方法。

3. 学术团体出版的纺织染期刊注重学术性

学术团体出版的纺织染期刊，皆重视学术研究。其一，杂志刊登各种纺织科技的综述文章和调查报告，让大家了解当时纺织科技的状况。其二，刊物登载各类科研文章，记录促进纺织科技进步的点点滴滴，包括改进技术、改良机械等。刊物中的文章多为学术研究之作。这些杂志研究纺纱、织造、染整等各个方面的理论问题和生产技术，改进纺织工艺，改良纺织机械，探讨纺织厂管理，介绍国内外纺织行业科技状况，回顾纺织业历史，展望纺织业前景。这是由学术团体的性质所决定的。学术团体就是从事学术研究，推进科学技术发展的组织，因此学术性是学术团体的第一要素。这种特性也反映在它们所出版的杂志中。各刊物有关学术研究的文章均占了较大比重，这也推动了我国近代纺织科技的进步。

4. 出版地多为纺织业发达地区

中国近代纺织染期刊的出版地中，上海出版的刊物最多，其他依次为江苏、天津、北京、山东和浙江，都是纺织业比较发达的地区。位于上海的刊物出版者中，行业组织有华商纱厂联合会、全国纺织业联合会、苏浙皖京沪区棉纺织工业同业公会、上海机器染织业同业公会、上海棉织厂业同业公会、上海市棉布商业同业公会等全国性和地方性组织；企业有恒丰纺织新局、申新纺织公司、永安纺织公司、美亚织绸厂、上海印染股份有限公司、中国纺织建设公司等著名企业；学校有南通学院[①]、苏州工业专门学校[②]、上海纺织工业专科学校、上海市立工业专科学校、上海文绮染织专科学校等；学术团体有中国纺织学会、中国染化工程学会等。很多全国性的纺织机构都在上海，可谓群星云集。江苏有南通学院、苏州工业专门学校、无锡申新纺织公司、苏州苏纶纺织厂、常州大成纺织染公司、无锡新毅一厂等。天津有河北省立工业学院、中国纺织学会天津分会、东亚毛呢纺织公司、中国纺织建设公司天津分公司等。北京有国立北平大学工学院、北平纺织染研究会等。山东有中国纺织学会青岛分会、济南仁丰纺织染股份有限公司、青岛华新纱厂、中国纺织建设公司青岛分公司等。浙江有浙江高级工业职业学校等。

---

① 南通学院1938年因抗战迁往上海，1946年部分回迁南通，1949年全部回迁南通。
② 苏州工业专门学校在抗战期间迁往上海。

第八章 中国近代服饰期刊的发展

一、中国近代服饰期刊的发展脉络

中国近代服饰期刊作为近代纺织服饰出版史料的组成部分之一，在当时普及服饰文化知识、推广服饰设计理念、反映服饰行业动态、指导服饰穿着搭配、传播社会流行时尚等方面起着重要作用。服饰期刊是指专门刊登时装画、服装款式、服装裁剪、时装表演、绒线编结等内容的期刊，且期刊名称有与服饰相关的文字，不包括含有部分服饰内容的如美术、摄影、电影等其他专业期刊和一些综合性期刊。

根据检索整理结果，中国近代服饰期刊约有10种。表8-1列出了中国近代主要服饰期刊的数量与种类统计情况，包括期刊名称、创刊时间、出版机构、出版机构种类和出版地。

表8-1　中国近代主要服饰期刊的数量与种类

期刊名称	创刊时间	出版机构	出版机构种类	出版地
新妆特刊	1926年6月	上海新妆研究社	学术团体	上海
装束美	1926年10月	白鹅画会装饰画研究部	学术团体	上海
美的装束	1927年10月	上海装束美研究会	学术团体	上海
妇女新装特刊	1928年1月	九华绸缎商店	企业	上海
时装特刊	1930年	先施公司新装部	企业	上海
时装表演特刊	1936年	永安公司	企业	上海
编结特刊	1946年10月	国华煤球厂事务所	企业	上海
社会晚报时装特刊	1934年	社会晚报社	报刊社	上海
新女型：时装、流行、美容	1946年5月	新女型图画杂志社	报刊社	上海
西服工人	1946年8月	上海市西服业职业工会	行业组织	上海

从表8-1可以看出，服饰期刊诞生于20世纪20年代，其出版机构有学术团体、企业、报刊社和行业组织，期刊的出版地均在上海，期刊内容涉及服装、时装表演、绒线编结等。

二、中国近代重要的服饰期刊

1.《新妆特刊》(1926)

该刊于1926年6月在上海创刊,英文刊名 *Vogue Magazine*,上海新妆研究社出版。作者有张秋岭、爱玲、霭丽、慧剑、何海鸣、金仪翔、沈家骧、邹寒君等。该刊主要介绍不同季节妇女的服装穿着风貌,并介绍西方妇女的服装观念,对当时人们的穿着打扮有宣传导向作用,对研究20世纪20年代妇女服饰流行时尚也是重要的素材。图8-1为《新妆特刊》。

图8-1 《新妆特刊》

刊物内容主要为妇女服装介绍，包括妇女服装的设计与加工方法、服装款式图等，刊载了一系列图片。内容介绍主要从三个方面展开，一是服装的样式，二是服装的变化，三是中外妇女服装观念的比较。服装的样式方面介绍了马甲、跳舞服装、运动装以及内衣等几种服饰，服装的变化方面介绍了马甲、衣袖、服装腰领的变化等，中外妇女服装观念的比较方面介绍了中外妇女服装设计与制作的数据和图片以及中外女性衣袖等审美的差异。

刊登的图文有《衣色之研究》《衣饰与经济》《中国女子体格规量表》《女子衣袖的西人观》《西方妇人裁剪标准表》《初夏新装》《袖之变化》《两种新装之发明》《内衣之种种》《华贵式之两袭衣》《我之服装谈片》《跳舞新妆》《初夏旗袍》《新妆夫妇公司》等。

2.《装束美》（1926）

该刊于1926年10月在上海创刊，白鹅画会装饰画研究部出版，属服饰文化刊物。刊物的宗旨正如朱应鹏在序中所说，是使"中华民族生活的改善，达到'艺术化'"①。刊内有各种女士服装画及关于女性装束之美的评论。刊物内的服装画为方雪鸪构图，陈秋草缮绘，都雪鸥、都雪鸿装饰。周瘦鹃题签，严独鹤、戈公振、马瘦红题字，朱应鹏、青骑、鲁少飞、但杜宇、丁悚、黄文农、史东山、孙夏民等艺术界名人作序。白鹅画会是中国近代较早的业余美术教学研究机构。图8-2为《装束美》。

---

① 朱应鹏.序（一）[J].装束美,1926（1）:1.

图8-2 《装束美》

刊载的文章有《白鹅画会改组启事》《白鹅画会筹备通讯研究部先声》《断片谈论以前》《断片谈论（一）》《断片谈论（二）》《断片谈论（三）》《断片谈论（四）》《断片谈论（五）》《断片谈论（六）》《装束美所给予我的感想》《最后一页》等。

3.《美的装束》(1927)

该刊于1927年在上海创刊，上海装束美研究会出版。主编为蒋兆和、胡旭光。刊物申明装束美研究会之主旨："本会多数同志，经数年之研究，对于改良服装问题，以艺术思想，表现民族的真精神，提倡国货，并实行案考一种最经济而且极美丽之艺术装束式样藉以供给今日社会之需要为主旨。"①

刊内有交际装、便装、女学生装等各种款式服装画及配文，评论文章等。蒋兆和绘制服装画并配文说明，评论文章有《夏季女子的衣装》《奶美与小马甲》《时代的眼光》等。图8-3为《美的装束》。

---

① 编者.装束美研究会之主旨[J].美的装束，1927，1（1）：1.

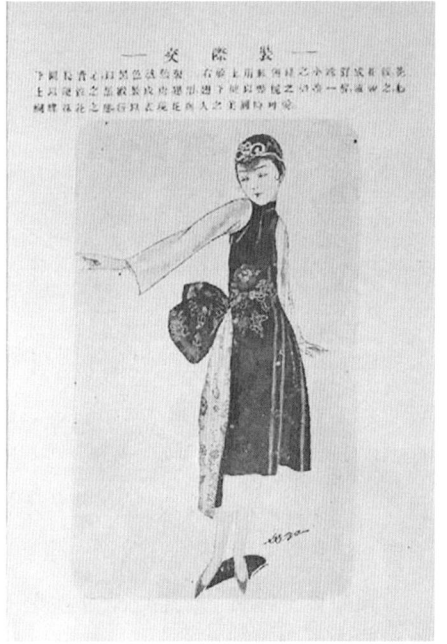

图 8-3 《美的装束》

4.《妇女新装特刊》(1928)

该刊由位于上海南京路的九华绸缎商店出版,1928年1月创办于上海,编辑者芮鸿初。刊物旨在革新妇女装束,提倡国货。张天健在序中说:"我人欲研究新装束必先有新知识，而运以新思想，然后以新艺术、新颜色，种种设施，方能美备，最后加以新工作，制成最新之衣裙。"① 经理胡乐培在"赘言"中道，该店"设新装部，延聘美术专家，研究新服装，以供社会之采择"。刊物主要内容为围绕女子新装束的各类评论文章，各种女装款式图，并配有文字说明。

载文有《装束的美》《什么叫新装》《妇女新装与革命》《人要衣装》《装束之伟大》《对新装之我见》《服装与制造性》《九华绸缎商店之我见》《阿金姐的装饰》等。图8-4为《妇女新装特刊》。

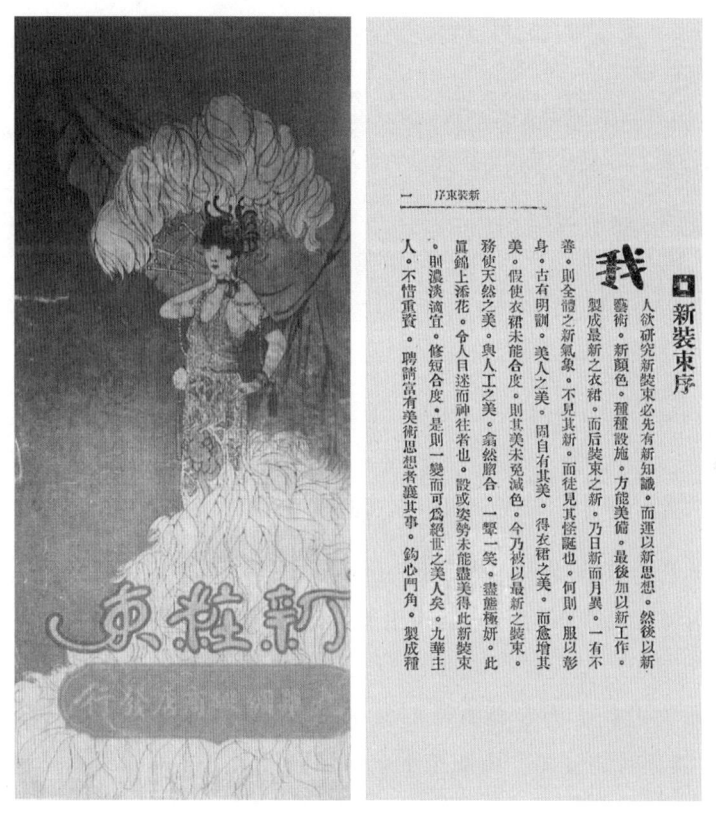

图8-4 《妇女新装特刊》

5.《时装特刊》（1930）

该刊由先施公司新装部出版，1930年创办于上海。内容包含服装最新款式、服装搭配技巧、参观厂家的体验等，还有各种手绘服装款式图，十分时

---

① 张天健.序[J].妇女新装特刊，1928（1）：1-2.

髦。这些款式图均为彩色绘制，有的附有背面视图，生动形象。先施公司为近代上海开设较早的大型百货公司，位于上海南京路，于1917年10月20日开张。图8-5为《时装特刊》。

图8-5 《时装特刊》

6.《社会晚报时装特刊》（1934）

该刊为社会晚报特刊，创刊于1934年，刊登了鸿翔时装公司的各类服装，介绍了时装发展的趋势，当时的一些明星及其所穿服装等。鸿翔时装公司为近代上海专营女子时装的著名公司。蔡钧徒在《编辑小言》中说："鸿翔时装公司，由职工十余人增至千余人，不能不算是超过寻常的非常发展了。"①

刊登的文章有《从"人要衣装佛要金装"说到美的新装》《服装美与错觉》《美的女性的"本能美"》《旗袍是妇女大众的服装》《时装表演之滥觞》《服装是表演个性的重要物》《有意义的时装大会》《鸿翔公司时装谈》等，配有大量图片。图8-6为《社会晚报时装特刊》。

---

① 蔡钧徒.编辑小言[J].社会晚报时装特刊,1934（1）：41.

图8-6 《社会晚报时装特刊》

7.《时装表演特刊》(1936)

该刊由永安公司出版，1936年春创办于上海。永安公司为民国时期上海四大百货公司之一。1936年，永安公司联合震旦丝织公司、美亚丝织厂、美文绸厂、久丰绸庄、同章绸庄、云章绸庄、大美丝织公司等15家绸庄和绸厂，举办时装表演。该刊为此次时装表演的记录，这在刊物的《卷首语》中可见一斑："本公司应时代之需，集合国内各大绸厂举行时装表演会。由本公司新装部精心设计，将各厂最近出品制成新颖时装，由各女同事担任表演。"① 图8-7为《时装表演特刊》。

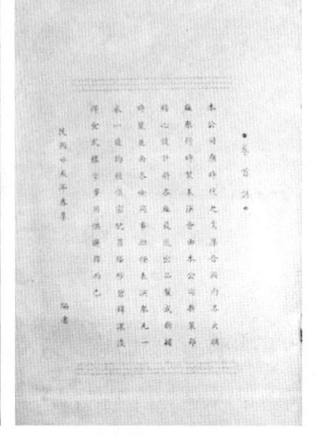

图8-7 《时装表演特刊》

---

① 编者.卷首语[J].时装表演特刊，1936（1）：1.

刊物内容主要为身着各类服装的模特照片集合，照片下方标有模特的名字和服装款式的名称。展示的服装有新式旗袍、外套、便服、西式服装、游泳衣、披肩、运动衣、晨衣和浴衣等。

8.《新女型：时装、流行、美容》(1946)

该刊于1946年5月在上海创刊，由新女型图画杂志社出版。该刊主编为陈玲女士。欧阳素心在《献辞》中说："这是迎接夏天的时候了！陈玲女士为这个正在蹑手蹑足、轻疾降下的夏季设计了新装。"①

刊物主要内容为新潮服装设计款式图。如《蝉翼纱追求的和声（设计两袭）》《对于腰的赞美（设计两袭）》《薄纱中所暗藏的（设计两袭）》《服装的宝岛（设计一袭）》等。刊内款式图均为手绘，式样新潮。图8-8为《新女型：时装、流行、美容》。

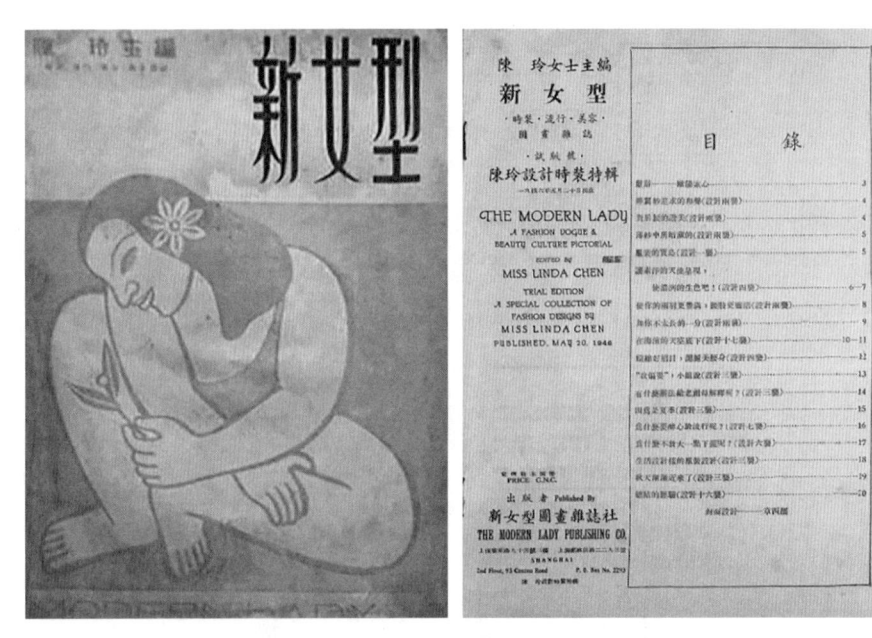

图8-8 《新女型：时装、流行、美容》

9.《西服工人》(1946)

该刊于1946年8月在上海创刊，出版至同年12月第5期，由上海市西服业职业工会编辑并发行，月刊，属于20世纪40年代工会刊物。其办刊目的是反映会员工作生活，推进社会福利事业发展。邵协华在《期望于西服

---

① 欧阳素心.献辞[J].新女型：时装、流行、美容，1946（1）：3.

工友：代发刊词》中说："我们必须保持几十年来光荣的历史，并且还要不断的创造光明的前途。"[①] 刊物内容有"评论文章""生活素描""文艺小品""会员通讯"等。

刊登的文章有《团结就是力量》《英雄不论出身低》《增进会员福利，举办福利事业》《福利委员会工作计划》《十一月工资：生活指数》《犹太商号工人工资应该怎样计算》等。图8-9为《西服工人》。

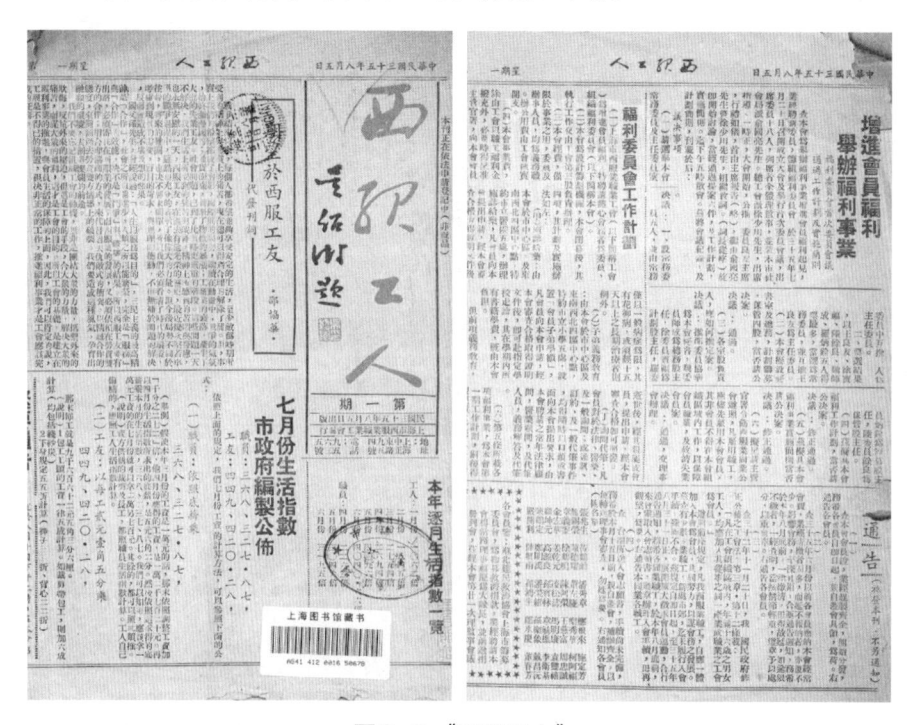

图8-9 《西服工人》

10.《编结特刊》（1946）

该刊于1946年10月在上海创刊，知名编结家黄培英编。内容为各种编结技法、毛衣和图案的款式等。每篇文章有知名人士穿着毛衣的照片，并介绍该款毛衣的编结方法，包括用具、材料、针数、技法。

刊登的文章有《平剧皇后言慧珠小姐》《名伶童芷苓小姐》《歌星皇后韩菁清小姐》等。还有编结图案的花样，如《牡丹花》《铰链花》《三角花》，以及《棒针练习图》《钩针练习图》等。图8-10为《编结特刊》。

---

① 邵协华.期望于西服工友：代发刊词[J].西服工人，1946（1）：1.

图8-10 《编结特刊》

三、中国近代代表性服饰期刊《装束美》

创刊于1926年的《装束美》，由白鹅画会装饰画研究部出版。白鹅画会成立于1923年，由陈秋草、方雪鸪、潘思同、都雪鸥发起成立，先后设立广告部、装饰画研究部和西画研究所，1928年改为白鹅绘画补习学校，是具有代表性的综合性业余美术团体。白鹅画会吸收业余美术爱好者学习绘画，有"上海最早之职工业余美术学校"之称，先后在该会学习过的学员达两三千人之多，曾编辑发行过《白鹅之影》《白鹅艺术》《白鹅画刊》等出版物[①]。图8-11为白鹅画会会标。

图8-11 白鹅画会会标

---

① 唐煜.从白鹅画会看20世纪早期业余西画教育团体的文化传播和美术教育[J].新视觉艺术，2011（2）：88-89.

《装束美》中的服装画由陈秋草和方雪鸪合作完成（图8-12）。陈秋草擅长画水彩、素描，具有很好的国画基础，但属于接受西方艺术观念的先锋人物，他那种削弱空间感的画风与西方的装饰风格类似。方雪鸪擅长粉画，同时擅长服装设计、书籍装帧设计。他的插图具有抽象的大块面和线条，充满现代节奏感（图8-13）。他的服装设计提倡中西元素相结合。他们珠联璧合，联袂为服饰出版界提供了一道精神大餐。他们还受良友图书公司委托，一起主办过《美术杂志》[①]。

图8-12 《装束美》服装画作者陈秋草和方雪鸪

图8-13 方雪鸪的粉画作品《一个〈装束美〉的读者》（1928年）

《装束美》的刊物内容以服装画为主，有20页登载服装画，一页一幅，每幅画都另页题诗一首，由20位艺术家所作。服装画展示了中国近代时髦女性的着装、配饰、发型，每幅画的女性形象又对应前一页的诗文意境。画作笔意神韵俱佳，文字唯美。其印刷装帧也十分精美，封面精印，部分内容为追求画面效果还去国外印刷，装订采用色线，包装使用玻璃纸袋。服装画采用双色套印，每幅之间以透明薄纸隔开。从内容到装帧，都显示了编者对

---

① 陈妤姝.红掌拨砚近人间——从"白鹅画会"看民国时期社会美术教育的成因及特征[J].美术，2011（5）：89-93.

美感的极致追求,也产生了广泛的社会影响①。

《装束美》以创刊时间早、内容质量上乘、装帧印刷精美、出版机构著名、社会影响广泛等因素,在中国近代服饰期刊中占据了重要一席。

四、中国近代服饰期刊特色分析

1. 各年代均有服饰期刊创刊

从20世纪20年代开始,直至20世纪40年代,各年代均有服饰期刊创刊。其中20世纪20年代创刊的有4种,30年代创刊的有3种,40年代创刊的有3种。最早的服饰专业刊物为《新妆特刊》,1926年6月由上海新妆研究社出版。20世纪20年代服饰期刊的出版者多为学术团体,而30年代的出版者多为企业。服饰期刊多为不定期刊物,有的馆藏只有一期。

2. 出版内容以服饰图片为主

中国近代服饰期刊的出版内容多为服装款式、服饰绘画、服装搭配、流行时尚等的集合,且以图片众多为其特色。这些图片中,有的是手绘的服装画,介绍各类服装款式,绘制精美;有的则是拍摄的模特身着新潮服装的照片。刊物封面也多为女性形象,如《社会晚报时装特刊》的封面人物是当时有"电影皇后"之称的影星胡蝶女士。也有专门刊登服饰某一方面内容的刊物,如《时装表演特刊》是关于时装表演内容的,《编结特刊》则专注于绒线编结内容,而《西服工人》则是服装行业的工会刊物。

3. 出版机构多为学术团体、企业和报刊社

中国近代服饰期刊的出版机构有学术团体、企业、报刊社等。学术团体有上海新妆研究社、白鹅画会装饰画研究部、上海装束美研究会等,它们出版的刊物也是20世纪20年代最早的一批服饰期刊,开了中国近代服饰期刊的先河。企业有著名的先施公司、永安公司、九华绸缎商店等,还有通过社会晚报出版的鸿翔时装公司。报刊社为社会晚报社和新女型图画杂志社。

4. 出版地多集中于上海

整理结果显示,中国近代服饰期刊的出版地均在上海。据对中国近代纺织服饰出版史料的统计,在上海出版的纺织服饰报刊和纺织服饰图书数量都

---

① 夏雨.从民国期刊《装束美》管窥"人生艺术化"的践履[J].创意设计源,2022(2):38-42.

约为全国出版总量的四成，其中服饰图书的出版数量占全国服饰图书出版总量的近七成。从中可以看出上海在中国近代纺织服饰出版史中的地位，纺织服饰报刊和图书的出版量居全国领先位置，尤其以服饰报刊为甚。这既是当时上海作为摩登之都的反映，说明近代上海服饰业的繁荣发达，也从侧面助推了上海时尚业的发展，为上海成为时尚之都起到一定的推动作用。

第九章　中国近代刊载服饰时尚信息的其他期刊的发展

一、中国近代刊载服饰时尚信息的其他期刊的发展脉络

除服饰期刊外，中国近代的服饰时尚信息更多地出版于其他相关的各种非专业服饰时尚期刊（简称相关期刊）。这些相关期刊包括综合性画报类、美术类、摄影类、电影类、妇女类、少儿类、生活类、文艺类、社科类、经济类、新闻类等类别。

中国近代刊载服饰时尚信息的相关期刊最早可以追溯到19世纪末的石印流行画报《点石斋画报》，该刊以中国线描画为主，配以解说文字，报道各种新闻时事，其中对人物服饰的精细刻画留下了19世纪末的时装信息。20世纪初有更多画刊开始刊发刻画生动的服饰图片。20世纪10—20年代，相关期刊的创刊数量和刊发服饰时尚信息的篇目数量显著增加，除了之前一些画刊继续刊发刻画生动的服饰图片外，有些期刊开始设立介绍服装的栏目，其内容注重实用性和可操作性。如1914年创刊的《女子世界》杂志设有工艺篇，载有服装裁剪、衣物料理等内容。从20世纪20年代开始，相关期刊开始刊载时尚评论性的文章，如1925年创刊的《紫罗兰》半月刊辟有"妇女与装饰"栏目，刊载有江红蕉的《云想衣裳记·旗袍》、周瘦鹃的《我不反对旗袍》等时装介绍及评论性文章。

20世纪30年代，相关期刊创刊数量和刊发服饰时尚信息的篇目数量达到高峰。这一时期，很多相关期刊都增辟了服饰时尚栏目。如以印刷精美著称的《良友》画报，几乎每期都辟有时装专栏"春夏新装""秋冬新装""海上新装"等，主要以时装画的形式推出本土（主要是上海）设计师们的作品，起到介绍新款时装、促进销售的作用。这些栏目除以时装画的形式介绍新款时装外，也有时装评论、流行预测之类的文章刊载，如《新装杂谈》《流行大袖之推测》《新装漫话》等。

20世纪40年代，由于战争等原因，相关期刊创刊数量和刊发服饰时尚信息的篇目数量相较30年代明显减少，尤其是相关期刊的创刊数量骤然减少，甚至比20年代还少。政治经济局势对期刊的出版具有显著的影响。

表9-1列出了90种中国近代刊载服饰时尚信息的其他重要期刊。

表9-1 中国近代刊载服饰时尚信息的其他重要期刊一览表

编号	刊名	创刊年份	出版地	期刊分类
1	点石斋画报	1884	上海	综合性画报
2	飞影阁大观画报	1902	上海	综合性画报
3	东方杂志	1904	上海	社科
4	时兆月报	1905	上海	社科
5	图画日报	1909	上海	综合性画报
6	舆论时事报图画	1909	上海	综合性画报
7	女学生杂志	1910	上海	妇女
8	妇女时报	1911	上海	妇女
9	真相画报	1912	上海	综合性画报
10	女子世界	1914	上海	妇女
11	眉语	1914	上海	妇女
12	中华妇女界	1915	上海	妇女
13	妇女杂志	1915	上海	妇女
14	美人世界	1917	上海	妇女
15	家庭常识	1918	上海	生活
16	世界画报	1918	上海	综合性画报
17	时报图画周刊	1920	上海	综合性画报
18	半月	1921	上海	文艺
19	家庭	1922	上海	生活
20	儿童世界	1922	上海	少儿
21	小朋友	1922	上海	少儿
22	礼拜六	1923	上海	文艺
23	图画时报	1924	上海	综合性画报
24	国闻周报	1924	上海	社科
25	紫罗兰	1925	上海	文艺
26	时代画报	1925	上海	综合性画报
27	摄影画报	1925	上海	摄影
28	上海画报	1925	上海	综合性画报
29	良友	1926	上海	综合性画报

续表

编号	刊名	创刊年份	出版地	期刊分类
30	北洋画报	1926	天津	综合性画报
31	湖社月刊	1927	北平	美术
32	上海漫画	1928	上海	美术
33	今代妇女	1928	上海	妇女
34	常识大全	1928	上海	生活
35	艺林旬刊	1928	北平	美术
36	时代	1929	上海	综合性画报
37	中华	1930	上海	综合性画报
38	天津商报画刊	1930	天津	综合性画报
39	机联会刊	1930	上海	经济
40	国立中央研究院历史语言研究所单刊	1930	北平	社科
41	时事新画	1930	上海	新闻
42	国际劳工通讯	1931	上海	社科
43	玲珑	1931	上海	妇女
44	新家庭	1931	上海	生活
45	金陵学报	1931	南京	社科
46	图画晨报	1932	上海	综合性画报
47	小世界：图画半月刊	1932	上海	综合性画报
48	申报月刊	1932	上海	社科
49	电声	1932	上海	电影
50	妇女生活	1932	上海	妇女
51	大众画报	1933	上海	综合性画报
52	妇人画报	1933	上海	妇女
53	风月画报	1933	天津	妇女
54	新天津画报	1933	天津	综合性画报
55	科学画报	1933	上海	综合性画报
56	电影画报	1933	上海	电影
57	华洋月报	1934	上海	经济
58	号外画报	1934	上海	综合性画报

续表

编号	刊名	创刊年份	出版地	期刊分类
59	青青电影	1934	上海	电影
60	方舟	1934	天津	生活
61	健康生活	1934	天津	生活
62	美术生活	1934	上海	美术
63	美术杂志	1934	上海	美术
64	特写	1936	上海	综合性画报
65	知识画报	1936	上海	综合性画报
66	青年知识画报	1937	上海	综合性画报
67	家庭	1937	上海	生活
68	现代家庭	1937	上海	生活
69	健康家庭	1937	上海	生活
70	亚洲影讯	1938	上海	电影
71	立言画刊	1938	上海	综合性画报
72	好莱坞	1938	上海	电影
73	沙漠画报	1938	北平	综合性画报
74	永安月刊	1939	上海	文艺
75	三六九画报	1939	北平	综合性画报
76	天下	1939	香港	综合性画报
77	家庭与妇女	1939	上海	妇女
78	游艺画刊	1940	天津	文艺
79	远东画报	1940	上海	综合性画报
80	吾友	1940	北平	综合性画报
81	新上海	1945	上海	新闻
82	戏世界	1945	北平	文艺
83	精华	1945	上海	文艺
84	一四七画报	1946	北平	综合性画报
85	少女	1946	上海	妇女
86	艺文画报	1946	上海	综合性画报
87	经济通讯	1946	上海	经济
88	海涛	1946	上海	新闻

续表

编号	刊名	创刊年份	出版地	期刊分类
89	写意	1947	广州	生活
90	今日画报	1948	南京	综合性画报

这些期刊的遴选方法如下：对上海图书馆晚清与民国时期期刊全文数据库进行检索。根据服饰时尚的概念范畴以及阅读近代服饰时尚信息了解当时用语习惯，设定检索词为：服装，衣服，衣裳，服饰，时装，新装，装束，衣着，着装，衣装，打扮，装扮，西装，西服，晚装，礼服，旗袍，童装，大衣，风衣，外衣，外套，罩衫，上衣，毛衣，衬衫，背心，马甲，内衣，衫，袍，裙，裤，帽，鞋，袜，围巾，头巾，披肩，领带，衣料，裁缝，缝纫，缝制，裁剪，编织，编结，绒线，毛线，刺绣。根据数据库检索规则，设定检索表达式为：TI：检索词一 OR 检索词二……AND PD：[1840 TO 1949]。收集相关篇目数量在 50 篇以上的期刊，然后对收集到的期刊再进行数据清洗，包括通过设定检索词，采用逻辑非的方式专业检索过滤清洗掉不在本书范围内的期刊，如"公报、官报、函、电、呈文、批示、公告、通告、规章、备忘录、文牍、命令、会务、行政、政府"等；再收集通过各检索词得到的相关篇目数前五位且数量较多的期刊；再通过阅读篇目信息对相关期刊进行价值判断和筛选，必要时阅读全文，同时结合其他文献资料佐证和补充。其他参考资料为《1833—1949全国中文期刊联合目录（增订本）》[1]《中国近代期刊篇目汇录》[2]，还有《民国时期上海报刊中的服饰时尚信息》[3]《时装报刊发展的历史与现状》[4]《中国时尚杂志的历史衍变》[5]《中国近代服饰报刊整理与研究》[6]等论文专著。

表9-2为这些期刊的分类情况，其中综合性画报最多，超过了总数的

---

[1] 全国图书联合目录编辑组.1833—1949全国中文期刊联合目录（增订本）[M].北京：书目文献出版社，1981.

[2] 上海图书馆.中国近代期刊篇目汇录（全六册）[M].上海：上海人民出版社，1965—1984.

[3] 卞向阳，陆立钧，徐惠华.民国时期上海报刊中的服饰时尚信息[J].福州大学学报（哲学社会科学版），2009，23（1）：85-91.

[4] 徐建红.时装报刊发展的历史与现状[D].上海：中国纺织大学，1996.

[5] 赵云泽.中国时尚杂志的历史衍变[M].福州：福建人民出版社，2010：11-120.

[6] 吴川灵，施敏俊.中国近代服饰报刊整理与研究[J].服装学报，2022（3）：235-241.

三分之一。近代刊载服饰时尚信息的期刊很多为画报、画刊,跟印刷技术的进步有关。近代上海的制版印刷技术日渐发达,1879年点石斋石印书局开始采用石印技术,使印刷的笔画更加清楚,出现了服饰刻画生动的石印流行画报《点石斋画报》。20世纪初上海开始采用雕刻铜版印刷技术,这一技术使报刊图片印刷更加精美,如《良友》作为中国现代新闻出版史上第一本大型综合性画报,采用道林纸铜版套色印刷,刊载有很多印刷精美的彩色时装图片。一般对服饰时尚感兴趣的读者多为女性,她们对时尚的关注除服饰外,还包括美容、美发、美食等,因此这些期刊中,多有妇女类、生活类、电影类、少儿类等以女性为主要读者对象的期刊,它们约占了总数的三成。

表9-2 相关期刊分类

类别	数量/种	占比/%
综合性画报	33	36.7
美术	5	5.6
摄影	1	1.1
电影	5	5.6
妇女	14	15.5
少儿	2	2.2
生活	10	11.1
文艺	7	7.8
社科	7	7.8
经济	3	3.3
新闻	3	3.3
合计	90	100

表9-3为相关期刊出版地的分布情况。近代刊载服饰时尚信息的期刊出版地集中分布在上海、北京、天津、南京、广州、香港等六个城市,其中上海出版相关期刊接近八成,是相关期刊最主要的出版地,说明近代上海是服饰时尚相关期刊的出版中心,这与近代上海是全国的时尚中心有关。1842年上海开埠以后,中外各种信息,包括新知识、新思想、新观念很快传入上海,造成上海这座城市在接受新思想、新观念方面具有巨大优势,使上海在开放度方面大大提高,成为近代中国的时尚中心。服饰是时尚的主要表现方

面，追求时尚的人们需要通过阅读报刊中刊载的内容获取最新的服饰时尚流行信息。因此，当时很多报刊增辟了服饰时尚栏目，介绍服饰流行信息。近代上海成为服饰时尚相关期刊的出版中心，也与上海当时作为中国近代新闻出版中心[①]，出版的报刊种类、数量遥遥领先于其他城市有关。另外，北京、天津、南京、广州、香港也出版有刊载服饰时尚信息的期刊。这些城市有的是民国时期的政治中心，有的是中国近代纺织工业的重镇，有的是沿海贸易的窗口。它们都是开放度较高的地区，是时尚流行信息的集散地。

表9-3 相关期刊出版地分布

出版地	数量/种	占比/%
上海	71	78.9
北京	8	8.9
天津	7	7.8
南京	2	2.2
广州	1	1.1
香港	1	1.1
合计	90	100

二、中国近代刊载服饰时尚信息的其他重要期刊

以下列出十种中国近代刊载服饰时尚信息的其他重要期刊（根据刊登服饰时尚信息数量的多少排序）。

1.《良友》（1926）

该刊于1926年2月由伍联德创办于上海，1945年10月停刊，共出版172期，是中国近代新闻出版史上第一本大型综合性画报。服饰内容以介绍中外流行款式、民族服装、名人装束、时装表演、服饰历史为特色，并有帽、袜、围巾、领带等配饰和编织、刺绣等内容。在中外服装流行款式方面，有《上海妇女衣服时装》《欧美流行夏季时装》《旗袍长短时装循环》等。在民族服装方面，有《西康贵族妇女之装束》《西陲之民族》等。在名人装束方面，有《国货时装展览会之表演者》《时装表演：胡蝶女士》《美高梅影片公

---

① 王余光，吴永贵.中国出版通史·民国卷[M].北京：中国书籍出版社，2008：21-27.

司女星梅殊文丝新装之影》等。在服饰历史方面，有《中国历代戏剧服装之变迁》《一百五十年来美国妇女服装之变迁》《数十年来美国体育服装由繁而简之变迁》等。在配饰方面，有《腿的新装》《白通帽》《领带》等。在编织、刺绣方面，有《绒线生活》《花苗女子的刺绣品》《广州市立女子职业学校缝纫科之实习刺绣》等。该刊物引领社会风尚，刊登关于文化艺术、戏剧电影、摩登时尚、旅游、科技、体育等各类文章，多角度展现了近代社会生活的方方面面。图9-1为《良友》。

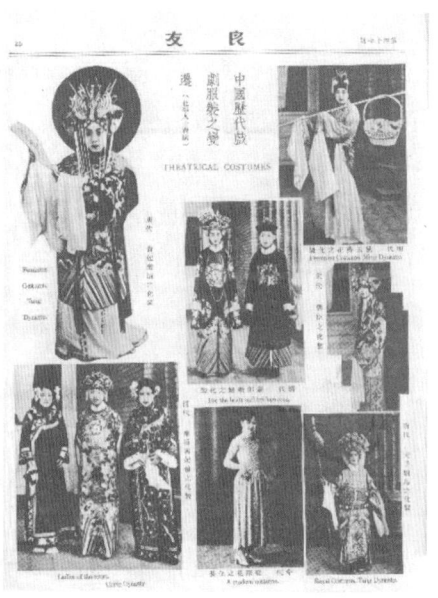

图9-1 《良友》

2.《北洋画报》(1926)

该刊于1926年7月由北洋画报社创办于天津，初为周刊，后来改为三日刊，最后变为隔日刊，1937年7月停刊，先后出版了1587期，是综合性画报，以"传播实事、提倡艺术、灌输知识"为宗旨。服饰内容以介绍中外流行款式、名人装束、时装画、时装表演、服饰历史为特色，设有"美的装束"等栏目，并有涉及服饰的电影、戏剧、儿童等专刊。在中外流行款式方面，有《上海夏日女子新装》《天津名闺最时髦之欧化装束》《西洋最时髦之女袜》等。在名人装束方面，有《梅兰芳夏日晚礼服装小影》《影星胡蝶女士新装》《影星沙丽爱拉之新装》等。在时装画方面，有《上海名画家李珊菲女士时装画》《新装束》《冬日新装》等。在时装表演方面，有《上海妇女古今服装表演》《今晚之时装表演》《记北平之时装表演》等。在服饰历史方面，有

《中国小衫沿革图说》《西妇内衣之沿革》《贾波林服装的来源》等。该刊以信息量大而在民国画报中占有重要一席，对研究华北局势，特别是这一时期的戏剧、电影具有重要的参考价值。图9-2为《北洋画报》。

图9-2 《北洋画报》

3.《妇人画报》(1933)

该刊于1933年4月由良友图书印刷有限公司创办于上海，半月刊，后改为月刊，1937年7月停刊，共出版48期，属妇女类杂志。服饰内容以介绍中外流行款式、各地和历代服饰、刺绣和帽饰为特色，设有"时装·美容·流行""西装·男装·旗袍""刺绣花样"等栏目。在中外流行款式方面，有《初夏新装》《夏季西装》《春大衣的新设计》等。在各地服饰方面，有《各地妇女之装束》《西班牙服装》《土耳其妇女装束》等。在历代服饰方面，有《中国女子服装之变迁：汉朝服装》《中国女子服装之变迁：民国初年装》《中国女子服装之变迁：现代晚装》等。在刺绣方面，有《刺绣花样：沙发的装饰》《刺绣花样：椅垫的裁制》《刺绣花样：牵牛花》等。在帽饰方面，有《世界各国最近帽型集：荷兰少女之帽》《世界各国最近帽型集：苏俄女子的帽巾》《满洲妇女之冬帽》等。该刊所载内容多样，主要围绕女性的物质生活和精神生活，具有综合性与时尚性，体现了当时的时代风貌。图9-3为《妇人画报》。

图9-3 《妇人画报》

4.《玲珑》(1931)

该刊于1931年3月由华商三和公司出版部创办于上海,1937年10月停刊,共出版298期,是著名的妇女类杂志,以"增进妇女优美生活、提倡社会高尚娱乐"为宗旨。服饰内容以介绍中外流行款式、名人装束、时装表演、服装历史、围巾鞋帽等配饰为特色,并有服饰选购、穿着、保养等知识。在中外服装流行款式方面,有《最流行之新装》《围巾与长旗袍》《巴黎新装》等。在名人装束方面,有《胡蝶新制晚装》《黎莉莉的北平装束》《好莱坞明星之新装》等。在服饰历史方面,有《女子服装之变迁》《美国影片之十八世纪装束》《圣玛利亚女校五十周年纪念会时女生表演五十年前女子之生活及服装之摄影》等。在配饰方面,有《轻飘的围巾》《时髦帽式》《一九三一年女鞋新样》等。在服饰选购、穿着与保养方面,有《男子时髦服装的常识(附表格)》《怎样穿衣服》《衣服去污法》等。该刊指导妇女婚姻、社交、家庭、时尚等方面的素养,塑造了一种新女性的形象。图9-4为《玲珑》。

5.《中华》(1930)

该刊于1930年7月由东方图书出版社创办于上海,1941年停刊,刊期为月刊或双月刊,共出版105期,属综合性画报。服饰内容以介绍中外流行款式、民族服装、历代服装为特色,有"时装表演""国货时装运动"等栏目。在中外流行款式方面,有《春季新装》《秋季新装》《冬季新装》等。在民族服装方面,有《贵州风光:花阁老苗之装束》《最近之西藏:西藏民妇之装

图 9-4 《玲珑》

束》《蒙古人的衣服和装饰》等。在历代服装方面，有《历代妇女服装展览：明末贵妇常服》《历代妇女服装展览：清乾嘉间贵妇礼服》《历代妇女服装展览：清道光时贵妇常服》等。在时装表演方面，有《时装表演：吴丽莲女士之新装旗袍》《时装表演：夏佩君女士之新装旗袍》《时装表演：胡蝶女士之元色丝绒晚礼服》等。在国货时装运动方面，有《国货时装运动：薛锦园女士素缎旗袍》《国货时装运动：许淑英女士软缎绘画长旗袍》《国货时装运动：陈香卫女士软缎晨服》等。该刊内容丰富，涉及社会生活各个方面，反映了当时民众的生活和态度。图 9-5 为《中华》。

图 9-5 《中华》

6.《摄影画报》（1925）

该刊于1925年8月由中国摄影学会创办于上海，原名《画报》，后改为《中国摄影学会画报》，又改为《摄影画报》，1937年8月停刊，共出版517期，是著名的摄影类杂志，以"纯正高尚"为宗旨。服饰内容以介绍中外流行款式、名人装束、时装表演为特色，并有西装穿法、时装摄影等知识。在中外服装流行款式方面，有《上海女子最近流行之新装》《美国妇女之新装束》《纽约最新装束》等。在名人装束方面，有《明星之新装束》《明星流行之新装》《阮玲玉之新年新装》等。在时装表演方面，有《表演时装情形》《歌舞影星的时装表演》《广州市展览会中之国货时装表演》等。在西装穿法方面，有《男子西装之服法：矮肥的服装》《男子西装之服法：常服之裤缝与皮鞋》《男子西装之服法：夜礼服之点缀》等。在时装摄影方面，有《摄影杰作：服饰》《摄影杰作：绒线人》《摄影常识：头发、服饰与背景》等。该刊主要刊登新闻、艺术、人物、时尚、风景等摄影作品和文字，在中国近代摄影界具有重要影响。图9-6为《摄影画报》。

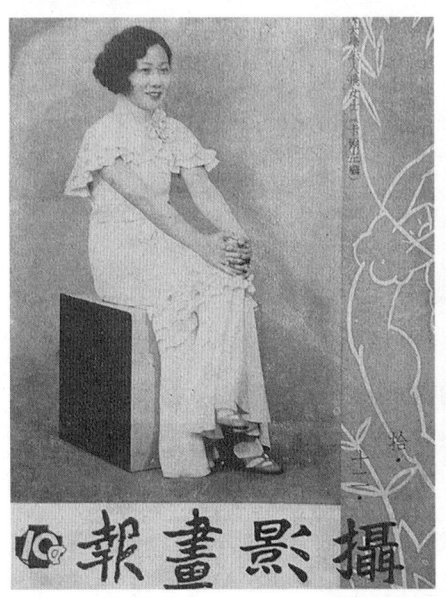

图9-6 《摄影画报》

7.《青青电影》（1934）

该刊于1934年4月由严次平编辑在上海创刊，初为月刊，刊期曾改为半月刊，1951年10月停刊，属电影类杂志，以"提倡国产影片与介绍明星生活"为宗旨。服饰内容以介绍电影明星装束为特色，并有流行款式、电影装束和与服装有关的影片信息。在电影明星装束方面,有《周璇小组初秋装束》《王丹凤新装》《袁雪芬的服装》等。在流行款式方面,有《秋之新装》《舞蹈之新装与姿态美》《华丽的西班牙式的服装》等。在电影装束方面,有《新人道片中之装束》《白杨在新片中的新嫁娘装束》《潇湘夜雨:貂斑华在戏中之装束》等。在与服装有关的影片近讯方面,有《香港永华近讯:国魂人物及装束》《喜新厌旧:时装片抬头》《国联将摄制时装片》等。该刊见证了中国近代电影的发展历程,对于研究早期中国电影有着重要的史料价值。图9-7为《青青电影》。

图9-7 《青青电影》

8.《妇女杂志》(1915)

该刊于1915年1月由商务印书馆创办于上海,1931年12月停刊,刊期为月刊,共出版17卷204期,属妇女类杂志。服饰内容以介绍世界各地服饰为特色,尤其以鞋饰居多,并有缝纫、刺绣、编织和服装改良等知识。在世界各地服饰方面,有《库伦妇女之装束》《马德妇女之装束》《苏路兰人的装扮新娘》等。在鞋饰方面,有《亚洲之鞋:中国古式的绣花男鞋》《亚洲之鞋:波斯的布底尖头鞋》《足部和鞋袜》等。在缝纫方面,有《缝纫学:女子衣服裁缝法》《缝纫省节法》《衣服裁法及材料计算法》等。在刺绣方面,有《刺绣的秘诀》《刺绣术的浅说》《机器刺绣的利弊》等。在编织方面,有《学习编织》《绒绳孩帽织法》《绒绳手套织法》等。在服装改良方面,有《女子服装的改良》《服装改造》《女子服装改良的讨论》等。该刊倡导传授妇女高尚之学，培养有尊严、有智慧的新时代女性。图9-8为《妇女杂志》。

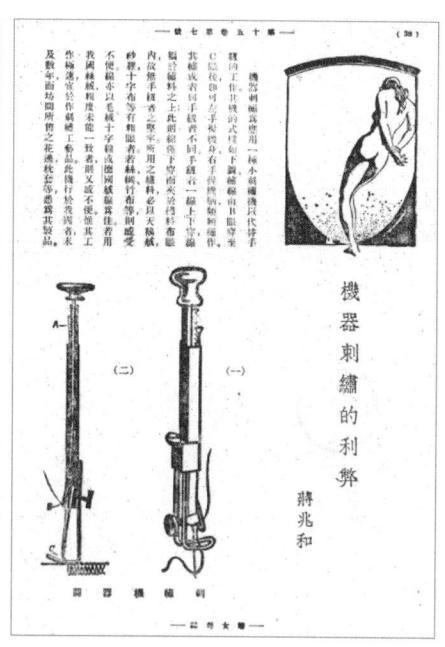

图9-8 《妇女杂志》

9.《方舟》(1934)

该刊于1934年6月由方舟月刊社创办于天津，1937年8月停刊，刊期为月刊，共出版39期，属生活类杂志，以"增进家庭幸福、研究家政实施、提倡家庭手工"为宗旨。服饰内容以介绍童装、女装、男装的毛线编织技巧为特色，并有缝纫、保养等知识。在童装毛线编织方面，有《编织栏：女孩童连裙毛衫》《编织栏：婴孩毛线裤》《编织栏：婴孩帽》等。在女装毛线编织方面，有《编织栏：新式女风衣》《编织栏：摩登长袖女外衣》《编织栏：披肩》等。在男装毛线编织方面，有《编织栏：男毛线外衣》《编织栏：西服式背心》《编织栏：男毛背心》等。在缝纫方面，有《缝纫栏：女裙衫一套》《缝纫栏：三岁女孩连裤衬衣》《缝纫栏：男孩衣服一套》等。在保养方面，有《怎样收藏毛衣》《毛线编物之洗法》《衣服各种辨别法》等。该刊传播家庭知识，为近代妇女及负有家庭责任的青年提供生活经验，具有较强的实用价值。图9-9为《方舟》。

10.《东方杂志》(1904)

该刊于1904年3月由夏瑞芳提议、商务印书馆创办于上海，1948年12月停刊，刊期为月刊、半月刊，共出版44卷，为社科类综合性刊物，是中国近代影响最大、刊龄最长的社科综合性杂志。服饰内容以介绍民族服装和世界各地服装为特色,并有羊毛衫制造过程、刺绣、时装表演等内容。在民族服装方面,有《西康风光:西康壮男装束》《海南岛黎苗民物展览:黎苗服饰》等。在世界各地服装方面,有《改良后欧洲十八世纪之服装》《法国皇宫内之装束》《埃及本地妇女之装束》等。在其他服饰内容方面,有《冬令羊毛衫制造经过》《刺绣源流述略》《国货时装表演会》等。该刊内容多辑自国内外各种报刊,被誉为"中国近现代史的资料库""杂志界的重镇""杂志的杂志"。图9-10为《东方杂志》。

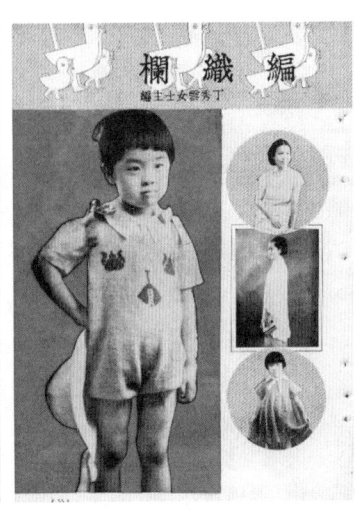

图9-9 《方舟》

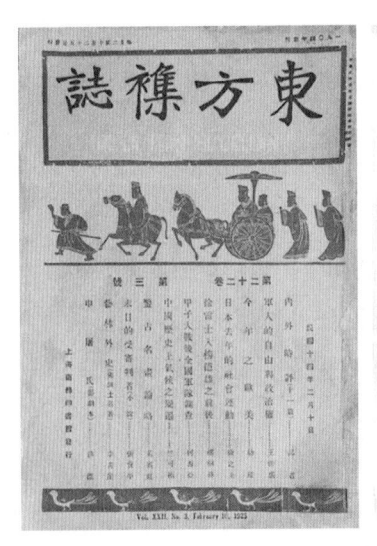

图9-10 《东方杂志》

三、中国近代代表性刊载服饰时尚信息的其他期刊《良友》

出版《良友》的良友图书印刷公司成立于1925年7月，由广东人伍联德集资创办，是民国时期极具特色的中小型民营出版公司之一，1946年停业。除出版《良友》外，其还出版《今代妇女》《妇人画报》《体育世界》《银星》《人世间》等刊物。良友图书印刷公司的出版特色鲜明，即追求时尚、注重科普、关注现实。出版形式为画报模式，即大量刊登真实照片，还有漫画等美术作品，图文并茂，印制精良，雅俗共赏[①]。图9-11为良友图书印刷公司编辑部照片。

《良友》画报是良友图书印刷公司于1926年2月15日开始出版的月刊，8开本，活体字排版，用道林纸铜版印刷。创办人伍联德担任了创刊后第1~第4期的主编（图9-12）。第5~第12期请当时编辑界颇负盛名的周瘦鹃担任主编。第三任主编为梁德所，至1933年，他把《良友》画报推到了一个具有鲜明特色的新高度。第四任主编是马国亮，至1938年，主编了第80~第138期。第五任主编为张沅恒，至1941年，主编了第139~第171期。1945年，张沅恒的弟弟张沅吉完成了最后一期172期的编辑工作[②]。

图9-11　良友图书印刷公司编辑部　　　图9-12　伍联德

在对中国近代刊载服饰时尚信息的其他期刊的服饰类文章统计中，《良友》的刊载数量居于首位，达422篇。其服饰主题内容为服装款式、名人装束、时

[①] 史潇.良友图书印刷公司研究[D].上海：上海师范大学，2023.
[②] 李幸子.《良友》画报办刊特色研究[D].保定：河北大学，2020.

装表演、服饰历史、配饰、编织、刺绣等。服装款式以欧美国家、上海地区流行款式为主,名人装束有国外和国内电影明星的衣着,时装表演有明星表演、国货时装表演等,服饰历史有中国戏剧服装变迁、美国妇女服装和美国体育服装变迁等,配饰涉及帽、袜、围巾和领带等[①]。另外,从《良友》所刊旗袍款式的变化(图9-13、图9-14),可以探究近代海派旗袍的造型变革[②]。

图9-13 《良友》中的服饰形象1

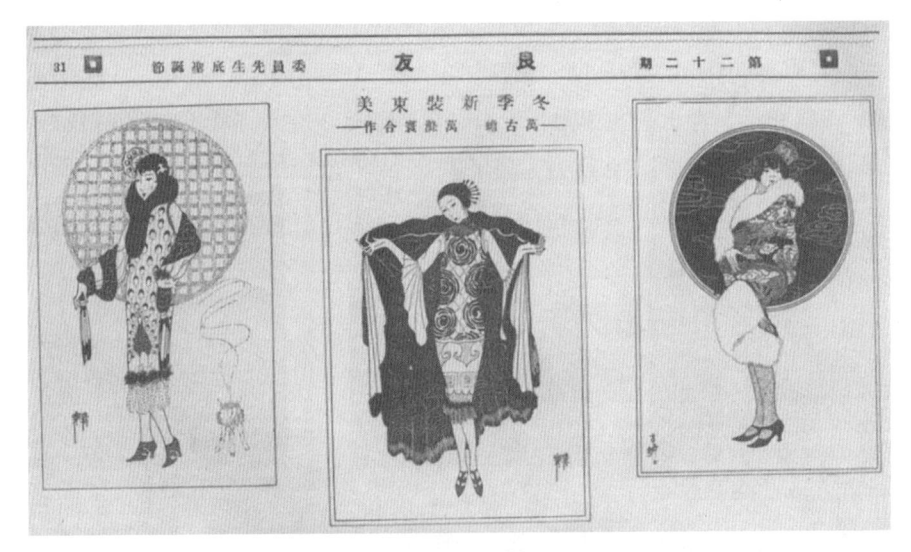

图9-14 《良友》中的服饰形象2

《良友》作为中国近代新闻出版史上第一本大型综合性画报,从多角度展现了20世纪20—30年代社会生活的各个方面,且印制技术精良,在中国近代新闻出版史和印刷史上占有重要地位,更以其刊载服饰信息量最多而成为中国近代刊载服饰时尚信息的其他期刊中的代表性刊物。

---

① 徐建红,吴川灵.中国近代刊载服饰时尚信息的重要期刊统计分析[J].丝绸,2023(9):93-103.
② 夏丹琼,邵新艳,艾于东.从《良友》看近代海派旗袍的造型变革[J].设计,2018(3):117-119.

四、中国近代刊载服饰时尚信息的其他期刊特色分析

1. 信息刊载方式已呈现出多维度的出版形式

服饰时尚信息的刊载方式多种多样，在图片方面，从最初的单色线描图，发展到摄影图片、彩色服装画；在文字方面，有服饰款式的介绍，服饰知识的讲解，服饰流行的报道，以及服饰现象的评论等；更多的是以图文并茂的形式，既形象直观，又有文字说明和解析，让人们在美的陶醉中获得知识。很多期刊封面喜欢采用身着流行服饰的名人仕女照片，以明星效应吸引读者。刊物内页的版面亦图亦文，尤其重视图片的版式，有的采用全版图片，较多的是图片占较大版面而文字的面积较小，以达到图片宣传为主、文字说明为辅的目的。使用较多的和较大的图片是服饰时尚信息刊载的重要方式，给人以唯美的感觉，突出了时尚的效果。总之，信息刊载方式已呈现出多维度的出版形式。

2. 服饰主题内容已构建起全方位的服饰结构体系

期刊登载的服饰主题内容范围广泛，且各具特色。服装流行款式是多数刊物刊登的主要内容，除此之外，有的刊物侧重介绍明星的穿着（如《青青电影》等），有的杂志较多报道服装表演（如《中华》等），有的期刊多为时装画（如《良友》等），有的刊物较多涉及服饰制作（如《女学生杂志》等），有的杂志集中介绍服装史（如《天下》等），有的期刊载有服饰选购、穿着和保养知识（如《玲珑》等），有的刊物以绒线编织内容为主（如《方舟》等），有的期刊则探讨刺绣艺术的内容（如《妇女杂志》等）。它们介绍了当时的服装款式、明星衣着、时装表演、服装画、服装制作、服装史、衣物保养、绒线编织和刺绣等内容，涵盖了服饰从设计、制作，到表演、历史等各个方面，已构建起全方位的服饰结构体系。

3. 服饰时尚理念已渗透到人们生活的各个方面

中国近代刊载服饰时尚信息重要期刊的出版时间，从1884年开始，直至20世纪40年代，历经60余年，创刊时间较早，出版时间跨度大。刊物的创刊数量，也随着时间的推移越来越多，并于20世纪30年代达到顶峰。中国近代刊载服饰时尚信息的重要期刊近100种，数量较多。这是在设定相关篇目数量标准下的统计结果，如果放宽这一标准，则入选的期刊要多得多。刊登服饰时尚信息的期刊种类也较多，有综合性画报类、美术类、摄影类、电影类、妇女类、少儿类、生活类、文艺类、社科类、经济类和新闻类等各

种类期刊，尤其以综合性画报类和妇女类杂志为甚。各类刊物面对的受众不同，而都刊有服饰时尚信息，说明服饰时尚内容较受大众关注和欢迎，各期刊也乐于刊登此类信息，服饰时尚理念已渗透到人们生活的各个方面。

4. 服饰时尚信息的传播推动了人们着装观念的转变与近代服饰的演进

近代期刊作为一种新型出版载体传入中国，极大地促进了信息的传播与交流。它以连续出版的形式及时报道消息、发表文章，对读者具有很深的影响。当时期刊刊载的服饰时尚信息倡导平等自由的时尚理念，引领大众摒弃了历史上服饰是社会阶层等级标志的观念，这种观念的转变是中国社会思想意识的巨大进步。另外，在当时西风东渐的影响下，西方的服饰形态和着装方式被引入中国。这一时期，期刊上刊载的服饰时尚信息对人们着装观念的转变与中国近代服饰的演进起到了一定的推动作用。

报纸篇

第十章　中国近代纺织服饰报纸分类与特色

一、中国近代纺织服饰报纸的种类

中国近代纺织服饰报纸，按行业属性分类，可分为纺织报纸和服饰报纸；按出版类别分类，可分为专业性报纸、副刊类报纸等，还有其他一些报纸也刊载有纺织服饰方面的内容。

1. 按行业属性分类

（1）纺织报纸。纺织报纸为报道纺织原料、纺织染技术与经营销售等内容的专业报纸，服务于纺织原料从业人员和纺织染生产技术、纺织企业经营管理、纺织品销售等纺织业从业人员。

（2）服饰报纸。服饰报纸为报道服装、编结、刺绣等内容的报纸。服务于服装设计、服装制作、服装销售、绒线编结、刺绣等服饰业从业人员。

2. 按出版类别分类

（1）专业性报纸。专业性报纸为专门报道纺织原料、纺织染、服饰等内容的报纸。如报道纺织原料内容的有《棉市周报》，报道纺织染内容的有《纺织时报》《纱布日报》等，报道服饰内容的有《衣联报》。

（2）副刊类报纸。副刊类报纸指以报纸副刊形式出版的报纸。如《纱布公报》（上海《社会新闻报》副刊）、《时装周刊》（上海《时事新报》副刊）、《衣食住行周刊》（上海《申报》副刊）等。

（3）其他报纸。一些综合性的报纸也经常会刊登纺织服饰方面的内容。如《申报》[①]等。

二、中国近代纺织服饰报纸的出版内容和数量分布

报纸的出版内容，包括纺织原料、纺织染、服装和编结等。表10-1为中国近代纺织服饰报纸内容的分布情况，包括纺织原料、纺织染、服装和编结等四个类别的报纸数量和占比。由表10-1可以看出，服装类报纸最多，

---

① 肖爱丽，杨小明.《申报》有关我国近代纺织业的史料发掘[J].理论探索，2012（2）：81-85.

为总数的一半；其次为纺织染类报纸，约为总数的三分之一；而纺织原料类报纸和编结类报纸较少，占比仅为个位数。

表10-1 纺织服饰报纸内容分布

报纸种类	数量/种	占比/%
纺织原料	1	7.1
纺织染	5	35.8
服装	7	50.0
编结	1	7.1
合计	14	100.0

三、中国近代纺织服饰报纸的出版机构分布

出版机构有行业组织和报刊社。表10-2为中国近代纺织服饰报纸出版机构的分布情况。由表10-2可见，出版机构主要为报刊社，为总数的七分之六；而行业组织的占比仅为总数的七分之一。

表10-2 纺织服饰报纸出版机构分布

出版者	数量/种	占比/%
行业组织	2	14.3
报刊社	12	85.7
合计	14	100.0

四、中国近代纺织服饰报纸的出版时间分布

表10-3为中国近代纺织服饰报纸出版时间的分布情况。20世纪20年代，诞生了第一种纺织服饰报纸。20世纪30年代与40年代的报纸创刊数量不相上下，分别为6种和7种。出版数量较多的时间段分别是20世纪30年代的前期与40年代的后期。

表10-3 纺织服饰报纸出版时间分布

创刊年份	数量/种	占比/%
1923	1	7.1
1924	0	0
1925	0	0

续表

创刊年份	数量/种	占比/%
1926	0	0
1927	0	0
1928	0	0
1929	0	0
1930	0	0
1931	0	0
1932	1	7.1
1933	0	0
1934	2	14.3
1935	1	7.1
1936	0	0
1937	0	0
1938	2	14.3
1939	0	0
1940	0	0
1941	2	14.3
1942	0	0
1943	0	0
1944	0	0
1945	0	0
1946	2	14.3
1947	1	7.1
1948	2	14.3
1949	0	0
合计	14	100.0

五、中国近代纺织服饰报纸特色分析

中国近代纺织服饰报纸在20多年的发展过程中，出现了《纺织时报》等具有影响力的报纸。这些纺织服饰报纸为当时纺织信息的传递、服饰知识的传播起到了积极作用。

从出版内容来看，纺织服饰报纸具有旗鼓相当的纺织报纸和服饰报纸。纺织报纸以纺织染为主，纺织原料为辅；服饰报纸以服装为主，编结为辅。

从出版机构来看，多为报刊社，少量为行业组织。纺织报纸的出版机构有行业组织和报刊社；服饰报纸的出版机构则全部为报刊社。报刊社是纺织服饰报纸出版的主要力量。

从出版时间来看，最早的纺织报纸诞生于20世纪20年代前期，最早的服饰报纸则创刊于20世纪30年代前期。纺织服饰报纸呈现出一种先纺织报纸、后服饰报纸，纺织报纸带动服饰报纸的趋势。

从出版地域来看，根据检索到的信息，这些纺织服饰报纸都集中出版于上海（可能在所检索的数据库和图书馆范围以外，会存在出版于其他地区的纺织服饰报纸，这需要进一步搜集、研究）。这是上海作为中国近代纺织工业中心的体现，也是上海是中国近代服饰时尚业中心的佐证。

第十一章 中国近代纺织报纸的发展

一、中国近代纺织报纸的发展脉络

1923年4月，华商纱厂联合会出版了《纺织时报》。这是中国近代第一种纺织报纸，也是行业组织出版的第一种纺织报纸。在整个20世纪20年代，仅有这一种纺织报纸创刊。诞生于20世纪30年代的纺织报纸是1938年5月由上海金城、通成、诚孚联合棉业调查所出版的《棉市周报》。进入20世纪40年代，纺织报纸数量开始增多。1941年9月，《纱布公报》作为上海《社会新闻报》的副刊出版；1947年6月，中华工商新闻社出版了《纺织新闻》；1948年5月，上海工商新闻社出版了《纺织快讯》；1948年6月，上海纱布日报社出版了《纱布日报》。上述报纸的出版地均为上海。

表11-1列出了中国近代主要纺织报纸的信息。

表11-1 中国近代主要纺织报纸一览表

报纸名称	出版时期	出版周期	出版机构	出版地	出版机构种类
纺织时报	1923.4—1937.8	三日报	华商纱厂联合会	上海	行业组织
棉市周报	1938.5—1949.4	周报	上海金城、通成、诚孚联合棉业调查所	上海	行业组织
纱布公报	1941.9—1941.11	日报	上海社会新闻报社	上海	报刊社
纺织新闻	1947.6—1948.9	日报	中华工商新闻社	上海	报刊社
纺织快讯	1948.5—1948.7	日报	上海工商新闻社	上海	报刊社
纱布日报	1948.6—1949.1	日报	上海纱布日报社	上海	报刊社

从表中可以看出，在20世纪20—40年代，均有纺织报纸诞生；报纸内容属于棉纺织工业；出版机构有华商纱厂联合会，上海金城、通成、诚孚联合棉业调查所等行业组织和中华工商新闻社，上海工商新闻社和上海纱布日报社等报刊社；报纸由专业性报纸和副刊类报纸组成。在这些报纸中，《纺

织时报》的创刊时间最早、存续时间最长，也是最具影响力的中国近代纺织报纸之一。

二、中国近代重要的纺织报纸

1.《纺织时报》（1923）

1923年4月16日在上海创刊，1937年8月12日出版至第1408期停刊，三日报。该报由华商纱厂联合会编辑出版和发行，每逢周一、周四出版。该报初为2个版面，1925年增至4个版面，1930年又增为8个版面。设有"棉货进出口统计""会务记载""国外电讯""译闻""一周纪要""纺织界时闻""编辑小谈""各厂消息""上海纱花市况""外棉周讯""国外棉市电讯"等栏目。该报主要报道有关棉产报告、棉纱市场动态和行情的消息。刊载内容主要有棉纺织业新闻、棉市行情、棉货进出口统计资料、国内纺织业会议报道、纺织厂情况介绍、国外纺织业生产与贸易情况等。《纺织时报》采用铅字排印，在"发刊启事"中可见其创刊缘由："本会前随花纱报告附印之纺织新闻，因印刷不善，读者憾焉。兹自本日起，改用铅字排印，并更名为纺织时报，每逢星期一、四定期出版一张，除国内外纺织要闻、棉市电讯，照旧编译登载外，并加增棉货进出口统计、各厂消息、会务记载等栏。创刊伊始，敬希阅者指教为幸。"[①]1930年起，该报与中国纺织学会合作，从第701期起成为中国纺织学会指定公布之报纸。"中国纺织学会通讯"栏目介绍中国纺织学会的会务消息和会员研究讨论的文字。

报纸关注国内纺织业的各个方面，《武汉染织厂之调查》《南通大生一厂近况》《申新第七纺织厂开始运转》等文介绍国内纺织工厂状况，《南通大学纺织科学友会成立宣言》《交通大学添设纺织科之我见》等文涉及纺织教育情况，《豫省棉业推广进展》《黔成立棉业试验场》等文介绍各地棉业发展，《工业标准化》《应用力织机标准管理法》等文介绍工厂经营管理，《纺机罗拉及锭子》《纱厂温湿度装置》等文介绍纺织技术问题。该报还经常针对某一话题进行连载报道，如《平力织机之经验谈》《东北棉业近况》《苏俄之棉产与纺织业》《考察日本纺织厂记》等文，对纺织工厂技术、棉花生产等国内外纺织业情况进行多篇梳理和介绍；《棉业家传记》则系列介绍棉业名人，

---

① 编者.发刊启事[N].纺织时报，1923-4-16（1）.

《商标小志》介绍各类商标品牌。该报创刊时间早，存续时间长，内容细致而全面，是中国近代第一份纺织行业报纸，也是最重要的纺织报纸之一，是研究中国近代纺织工业发展的重要出版史料。图11-1和图11-2分别为《纺织时报》的创刊号和终刊号。

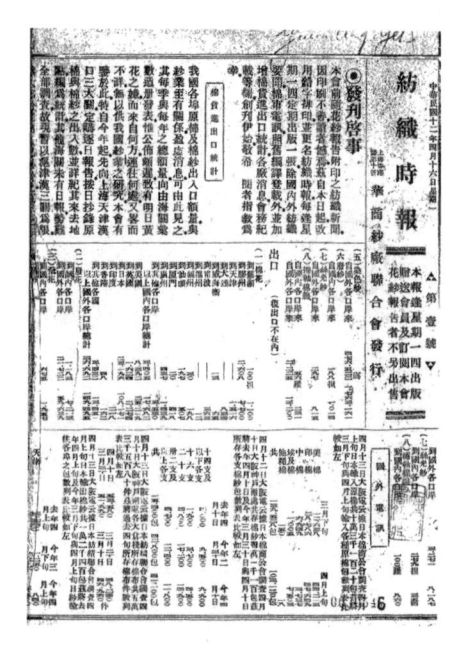

图11-1 《纺织时报》创刊号　　图11-2 《纺织时报》终刊号

2.《棉市周报》（1938）

1938年5月10日在上海创刊，1940年12月出版至135期时停刊；1941年1月15日复刊，期数另起，1941年12月出版至第47期停刊；1947年复刊，期数又另起，1949年4月23日出版至第112期停刊。上海金城、通成、诚孚联合棉业调查所出版发行，周报，属于棉业市场报纸。主要栏目有"一周市况""上海棉花市况""上海棉纱市况""上海棉布市况""国外棉市"等。该报纸报道一周内上海及各地棉业市场动态与统计数据，介绍国外棉业市场情况，发表贸易分析报告等。

"一周市况"栏目有《一周间棉市动态提要》等，刊载国内各个地区的棉业市况；"上海棉花市况"栏目有《上海主要棉花市价表》《上海各种棉花栈存数量表》等，介绍上海棉花原料近况并有分析文字；"上海棉纱市况"栏目有《上海主要棉纱市价表》《上海棉纱成交数量按销路分析表》等，介绍上海棉纱市况并进行分析；"上海棉布市况"栏目有《棉布市价统计表》

《各帮采办棉布数量表》等，介绍上海棉布销售情况并有分析文字；"国外棉市"栏目有《外国棉花市价表》《孟却斯德纱布市况》等，介绍美棉、英棉、印棉、埃及棉等国外棉业情况；还有上海交通情况介绍等。该报对棉业市况的报道，从棉纤维到棉纱，再到棉织物，囊括范围广，信息及时准确，还注重对棉业资料的分析，为研究当时上海的棉市状况提供了详细资料。图11-3和图11-4分别为《棉市周报》的创刊号和终刊号。

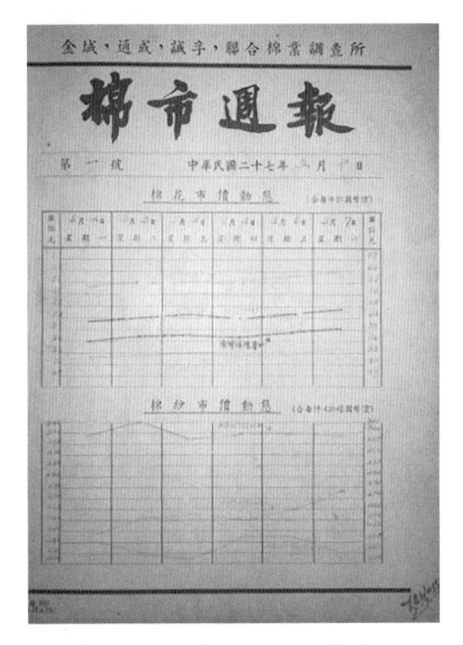

图11-3 《棉市周报》创刊号

图11-4 《棉市周报》终刊号

3.《纺织新闻》(1947)

1947年6月在上海创刊，1948年9月7日出版至第400期停刊，日报，每日下午二时出版。中华工商新闻社编辑并发行。该报主要报道国内外纺织品贸易动态和各类经济新闻，介绍金融、外币、股票行情，纺织品、粮食、日用品、进口类和出口类货物市况等。主要栏目包括"今日市况""交通版"（出口船讯、进口船讯）、"中华工商新闻社当日市况详表"等。

"今日市况"栏目载有《中纺今大量抛售纱线，联合配纱议价无变更》《香港商业入麻痹状态，仓库货如山积打破存纪录》《物价高成本重，出口物资完全停顿》《西婆罗洲树胶准自由出口》等文，报道国内外经济消息。"交通版"栏目按照区域划分报道国内各地交通运输情况，对华南、华北、内河及国际交通运输线进行了详细介绍。"中华工商新闻社当日市况详表"栏目则公布当时市场上常见或重要的商品价格、金融消息、外汇情况等方面数据,如纺织类的棉花、棉纱、棉布、呢绒哔叽、棉织物、木纱团、人造丝、绸缎、纺织材料,粮食类的食米、杂粮、粉面、食油、豆饼,日用品类的肥皂、火柴、卷烟,进口类的工业原料、西药、染料、纸张、皮革、木材、五金、液体燃料、橡胶和出口类的植物油、猪鬃、五倍子、肠衣、茶叶、生丝、花边等市况。该报报道的范围已不局限于纺织领域,而是涉及了当时整个工商业情况,因此对研究当时国内工商业发展和市场情况、交通运输情况等方面具有重要的史料价值。图11-5为《纺织新闻》第一版,图11-6为改版后的《纺织新闻》。

图11-5 《纺织新闻》第一版　　　图11-6 改版后的《纺织新闻》

4.《纺织快讯》(1948)

1948年5月31日在上海创刊,1948年7月22日停刊,日报,每日下午一时出版。上海工商新闻社编辑,发行人为郭铿。主要栏目有"今日重要市情""今日市况""各地花纱布行市""国外棉市"等。刊登当日重要市场信息,各地棉花、棉纱、棉布行情,国外棉市行情,还有公债、外币、股票行情,中国香港黄金市场当日开盘价,纺织品、粮食、五金、日用品、橡胶、木材、染料、纸张、皮革等物价市况。

"今日重要市情"栏目有《美国原料大跌,经营者多亏蚀》《陕棉五万包已由渝运沪》《纱管会今日仍抛售棉花》等文,介绍经济形势。"今日市况"

栏目用表格形式介绍了包括纺织品在内的各种物资的市场行情,其中的纺织类包括棉花、棉纱、棉布、哔叽呢绒、棉织品、生丝、人造丝、绸缎等,数据详细。"各地花纱布行市"栏目刊登了广州、汉口、天津、沈阳、重庆和台湾的棉花、棉纱、棉布价格市况。"国外棉市"栏目则报道了纽约棉市、孟买棉市等市场行情。该报对了解当时纺织业的经济动态有一定的史料价值。图11-7和图11-8分别为《纺织快讯》的创刊号和终刊号。

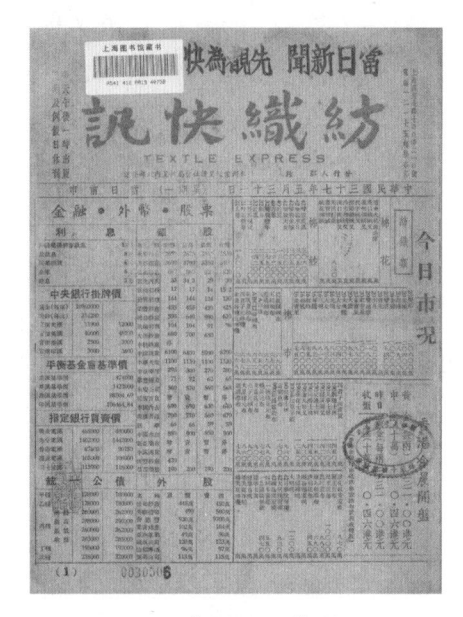

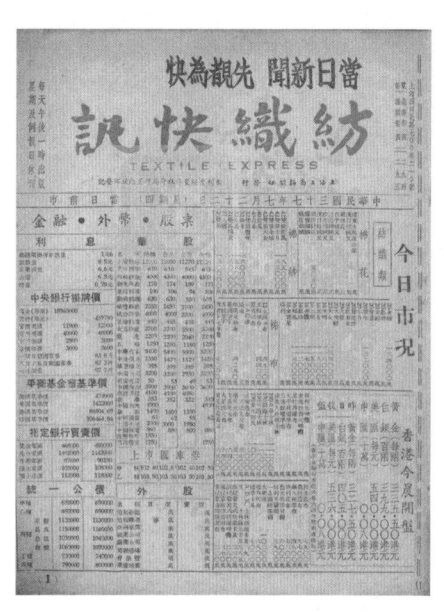

图11-7 《纺织快讯》创刊号　　图11-8 《纺织快讯》终刊号

5.《纱布日报》(1948)

1948年6月24日在上海创刊,1949年1月1日停刊,日报,每日下午二时出版。钱贯一主编,上海纱布日报社发行。该报为对开二版,每期出一张,共两页。编者在《发刊词》中说:"愿以秃笔唤起各方同志,造成斯界舆论,为纺织工业求取光明。……有专业化之报纸,必更为当业人士所期求,此又本报同人愿以自勉,并愿当业诸公,对此专业报纸能加利用。"[①]第六区机器棉纺织工业同业公会专门发布通告,称该报纸"系我同业值得参考之刊物",要求各会员纱厂订阅。

该报第一版内容主要为纺织行业新闻、交易政策和相关信息,如《废

---

① 编者.发刊词[N].纱布日报,1948-6-24(1).

止纱布管制政策，恢复棉花自由采购——第六区棉纺业公会重要建议》《全国棉纱业锭机统计》等。第二版有"行情版"和"副页"两个栏目。"行情版"栏目介绍利息、外汇、纺织股行情，棉花、棉纱、粗布、细布、漂布、蓝布、标准布、印花布、卡其、哔叽、棉织品、巾帕、木纱团、生丝、人造丝、绸缎、染料、皮革、纺织材料等市场行情，广州、汉口、天津、沈阳、重庆、台湾等各地花纱布行市。"副页"栏目则刊登一些介绍他国风俗和说理的文章。该报刊登了大量当时上海地区纺织品交易的信息以及经济政策，记录了大量当时经济和商业领域的重要数据，为后世学者提供了研究当时中国纺织工业和上海社会经济运行情况的重要资料。图11-9和图11-10分别为《纱布日报》的创刊号和终刊号。

图11-9 《纱布日报》创刊号　　　图11-10 《纱布日报》终刊号

三、中国近代代表性纺织报纸《纺织时报》

创刊于1923年的《纺织时报》，由华商纱厂联合会出版。1917年3月，荣宗敬、刘柏森、祝兰舫发起成立华商纱厂联合会，拟以此为主体与政府商讨棉花税则的协定事宜。1918年3月14日举行正式选举，与会人员有聂云台（图11-11）、荣宗敬（图11-12）、吴寄尘、刘柏森、徐静仁、陈莘田、张松筠、郑耀南、薛文泰、陈莘田、陈蓉馆、杨森千等，分别代表恒丰、申新、大生、宝通、宝丰、溥益、广勤、鼎新、鸿裕、振华、华新、禾丰、业勤等会员厂商，选出张謇为会长，聂云台为副会长，杨翰西、薛文泰、刘柏森、吴寄尘、徐静仁等五人为议员①。

图11-11 聂云台　　图11-12 荣宗敬　　图11-13 《纺织时报》的《发刊启事》

张謇在1919年创刊的《华商纱厂联合会季刊》首刊号《弁言》中说，通过创办华商纱厂联合会以及《华商纱厂联合会季刊》，"欲举世界纺织之智识，以诏中国之事纺织者"②。在几年以后，为适应形势需要，弥补《华商纱厂联合会季刊》时效性不足的问题，将随《华商纱厂联合会季刊》花纱报告附印的《纺织新闻》，更名为《纺织时报》。由此，《纺织时报》正式诞生。图11-13为《纺织时报》的《发刊启事》。

相较于《华商纱厂联合会季刊》，《纺织时报》报道的内容更全面，出版的周期更短，时效性更强。其一周两期的出版频率，可以把最新的纺织信息及时传递给读者。另外，它由最初的以新闻报道为主，逐渐转化为新闻与技术内容并重，因而影响力日增。自1930年6月2日第701期至1933年7月3日第1000期，《纺织时报》与中国纺织学会合作，成为中国纺织学会的临时通讯机构，开设"中国纺织学会通讯"栏目，在报纸的报头标明"中国纺织学会指定公布之报纸"（图11-14）。《纺织时报》的稿源主要来自纺织行业组织、学术团体及其会员的供稿、通讯员供稿、转载与转译、国内外贸易数据资料等③。

---

① 吴昊.民国华商纱厂联合会研究（1918—1937）[D].乌鲁木齐：新疆师范大学，2021.
② 张謇.弁言[J].华商纱厂联合会季刊，1919，1（1）：1.
③ 刘盼红.《纺织时报》研究[D].上海：上海师范大学，2017.

图11-14 《纺织时报》报头

《纺织时报》是中国近代第一份纺织报纸。与其他纺织报纸相比,它具有创刊时间早、报道内容全面、存续时间长、影响范围广等特点。因而,《纺织时报》是最具代表性的中国近代纺织报纸之一。

四、中国近代纺织报纸特色分析

1. 各年代均有纺织报纸出版

从出版年代看,20世纪20年代有中国近代第一份纺织报纸《纺织时报》,30年代有《棉市周报》,40年代有《纺织新闻》《纺织快讯》《纱布日报》三种报纸。从出版存续时间看,《纺织时报》自1923年创刊,出版时间长达14年之久;《棉市周报》自1938年创刊,出版时间断断续续也有11年;《纺织新闻》的出版时间有一年多;《纺织快讯》和《纱布日报》的出版时间在一年以内。从出版时间看,《纺织时报》于1937年停刊,《棉市周报》在抗战中诞生,其余三种报纸在抗战胜利后出版,1948年同时有四种纺织报纸在世。从出版周期看,《纺织时报》为三日报,《棉市周报》为周报,其余三种报纸为日报。从1923年4月到1949年4月,中国近代纺织报纸接力存续了26年,见证了近代中国纺织工业的发展过程。

2. 报纸内容多报道各类纺织新闻和行情市况

从报纸的报道内容来看,由于报纸时间上及时性的要求,这些纺织报纸多以报道各类纺织新闻为主;又因纺织工业经济贸易的需求,从纤维、纱线到织物,均有各种贸易往来,所以最新的纺织品行情市况很重要,也是报道的重点。这一特点在《棉市周报》《纺织新闻》《纺织快讯》《纱布日报》上体现得淋漓尽致。新闻和行情是报纸的两大重点。从纺织行业的新闻延伸到影响纺织工业发展的各类经济新闻,从纺织品的行情扩展到经济领域的其他行情。而《纺织时报》除上述两大特点以外,其刊登的内容涉及了更多方面。如与中国近代最大的纺织学术团体——中国纺织学会合作，发布中国纺织学会的各种消息和刊登会员的学术论文。该刊还以大量篇幅介绍国外纺织业动态，以使我国纺织业的从业者能了解世界形势，从而能从中加以借鉴和利用。

3．出版机构为行业组织和报刊社

出版纺织报纸的行业组织是华商纱厂联合会和上海金城、通成、诚孚联合棉业调查所。出版《纺织时报》的华商纱厂联合会成立于1917年，是近代中国最早成立的全国性纺织行业团体之一。其宗旨为"集全国华商纱厂为一大团体，谋棉业之发展，促纺织之进步，凡关于纺织应兴应革事宜及联络公益事，一律以全体公意行之。"华商纱厂联合会主要开展了联合限价限产、参加反帝爱国运动、维护华厂利益、试验推广优良品种、重视纺织教育、广泛开展棉业调查、编辑出版报刊等方面的活动[①]。除出版《纺织时报》外，该会还出版了《华商纱厂联合会季刊》《棉产调查报告》等纺织期刊和一系列纺织图书。上海金城、通成、诚孚联合棉业调查所是由金城银行、通成公司、诚孚公司联合组建的棉业调查机构。报刊社有中华工商新闻社、上海工商新闻社、上海纱布日报社。值得一提的是，《纱布日报》的主编钱贯一先生曾参与《华商纱厂联合会季刊》和《纺织时报》的编辑业务，还以私人名义创办了《纺织周刊》，为中国近代纺织出版事业做出了诸多贡献。

4．出版地均在上海

统计结果显示，中国近代纺织报纸的出版地均在上海，从中可以看出上海在中国近代纺织出版史中的地位。这与其在当时纺织工业中的地位是相匹配的。据统计，上海在1949年全国纺织工业总产值中占36.5%，棉纱、呢绒、绒线的产量分别占全国的41.2%、78.3%和90.1%，均居各省市首位，是全国最大的纺织工业基地[①]。近代纺织报纸很大程度上反映了近代纺织工业的状况，与纺织工业如影随形。上海近代纺织工业的兴盛导致了纺织报纸的繁荣。

[①]《中国近代纺织史》编辑委员会.中国近代纺织史[M].北京：中国纺织出版社，1997.

第十二章　中国近代服饰报纸的发展

一、中国近代服饰报纸的发展脉络

中国近代服饰报纸出现于20世纪30年代。1932年1月,《时装周刊》作为《时事新报》副刊出版,这是中国近代可考的第一种服饰报纸。1934年1月,《服装特刊》作为《时报》副刊出版。1934年6月,《衣食特刊》作为《大美晚报》副刊出版。1935年2月,《服饰》作为《时报》副刊出版。1938年10月,《衣食住行周刊》作为《申报》副刊出版。进入20世纪40年代,有三种服饰报纸创刊。1941年3月,《衣食住行》作为《银钱报》副刊出版。1946年8月,上海衣联社学术部出版了《衣联报》。1946年10月,《绒线周刊》作为《和平日报》副刊出版,这也是具有编结特色的报纸。上述报纸的出版社均在上海。

表12-1列出了中国近代主要服饰报纸的信息。由表中可以看出,在20世纪30—40年代,均有服饰报纸诞生;报纸内容属于服装和编结;出版机构有时事新报社、时报社、大美晚报社、申报社、银钱报社、上海衣联社和和平日报社等报刊社;大都为副刊类报纸。20世纪30年代是服饰报纸大发展的时期。

表12-1　中国近代主要服饰报纸一览表

报纸名称	创刊时间	出版机构	出版地	出版机构种类
时装周刊	1932年1月	时事新报社	上海	报刊社
服装特刊	1934年1月	时报社		
衣食特刊	1934年6月	大美晚报社		
服饰	1935年2月	时报社		
衣食住行周刊	1938年10月	申报社		
衣食住行	1941年3月	银钱报社		
衣联报	1946年8月	上海衣联社学术部		
绒线周刊	1946年10月	和平日报社		

二、中国近代重要的服饰报纸

1.《时装周刊》(1932)

该报为上海《时事新报》副刊,创刊于1932年1月,停刊于1932年7月。颂和、逸文合编。该副刊为周刊,介绍服装知识、款式和感悟等。刊登形式有图有文,并有各类服饰广告。文章有《新装学讲义》《我之时装观》《时装慨言》《服装改良论》《妇女新装竹枝词》等,图片有《南京路华新公司设计制作的摩登礼服》《南京路嘉禾商店设计制作的结婚礼服款式图》等。图12-1为《时装周刊》。

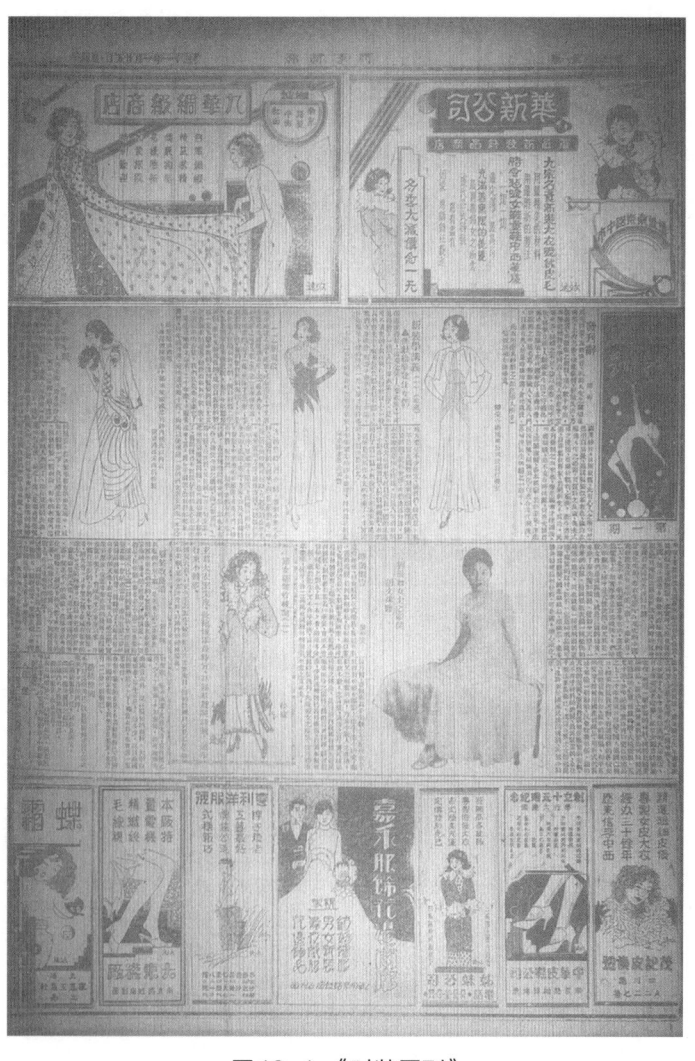

图12-1 《时装周刊》

2.《服装特刊》(1934)

该报为上海《时报》副刊,创刊于1934年1月,停刊于1934年9月。该副刊每逢星期二出版一期,介绍服装知识和流行趋势。刊登形式有文字有图片,文章有《服装的时间性和空间性》《剪裁史上新发明:新娘新装又转变了》《谈谈女学生装》《新装料着的展览会》等,图片有《西班牙妇女跳舞装》《短袖新装》《水手装》等。图12-2为《服装特刊》。

图12-2 《服装特刊》

3.《衣食特刊》(1934)

该报为上海《大美晚报》副刊，创刊于1934年6月，停刊于1936年1月。该副刊每逢星期二出版一期，介绍服饰和饮食方面的知识。服饰内容涉及服装和鞋帽等，图文搭配。文章有《新运中的标准服装》《新运中的第一袭标准装》等，图片有《这几双是年轻人着的鞋子》《这里有两顶草帽》《与新运规定长裙短袄适得其反的游泳衣》《最合时代性的蝴蝶式漏空镶花白色鞋》《徐玲女士》等。图12-3为《衣食特刊》。

图12-3 《衣食特刊》

4.《服饰》(1935)

该报为上海《时报》副刊,创刊于1935年2月,停刊于1935年9月。该副刊每逢星期三出版,刊登服饰方面的内容。版面图文并茂,文章有《春天的衣服问题》《服装小话》《女人的裤子》等,图片有《英国式女子游泳衣》《女童子军服装》等。图12-4为《服饰》。

图12-4 《服饰》

5.《衣食住行周刊》(1938)

该报为上海《申报》副刊,周刊,创刊于1938年10月,1941年9月改为《家庭》，1942年11月停刊。该副刊每逢星期四出版，刊登涉及衣食住行方面的内容，其中有关服装的文章占了较大的篇幅。如《谈摩登与妇女装饰》《截长成短的"短旗袍"》《怎样选择衣料》《谈谈衬衫》《毛绒事业在上海》《提倡国货绸衣》《杂谈皮货》《怎样收藏皮货》《国人首创绒线厂之简史》《介绍几位绒线编织名家》《周璇小姐的长大衣》《英雄牌绒线厂参观记》《气象蓬勃之国货绒线业》《对于新衣美服的观念》《泛论毛织品之优点》等，还经常发布《秋之新装》的款式图。图12-5为《衣食住行周刊》。

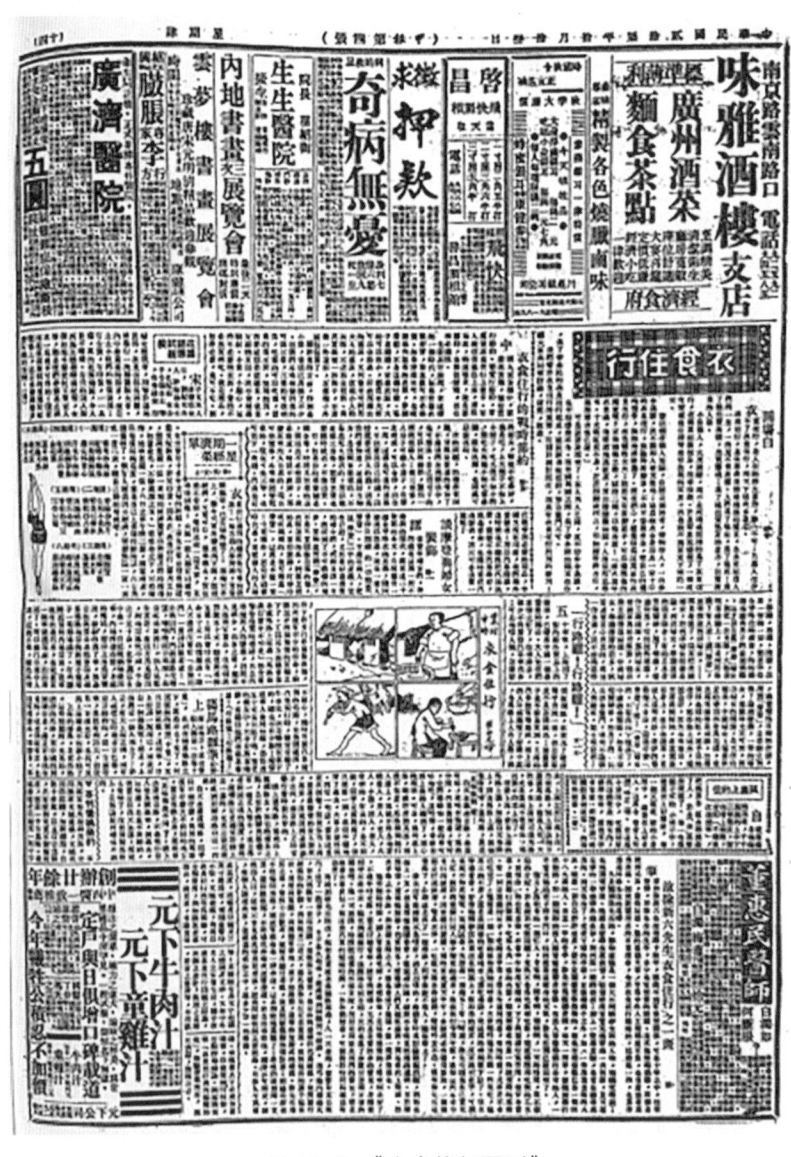

图12-5 《衣食住行周刊》

6.《绒线周刊》(1946)

该报为上海《和平日报》副刊,编结名家黄培英女士担任主编,创刊于1946年10月。该副刊每逢周日出版,主要介绍一些人物所穿毛衣的编织方法,还有介绍绒线编结花样的文章,以及各大绒线商店的广告。如编结花样有三角花、锚链花、珍珠花、菱条花、蜂巢花、滑梯花等,刊登广告的绒线商店有恒源祥绒线号、上海绒线公司、大华绒线商店、仁昌绒线号、裕泰丰绒线号等。图12-6为《绒线周刊》。

图12-6 《绒线周刊》

三、中国近代代表性服饰报纸《衣食住行周刊》

《衣食住行周刊》为上海《申报》副刊。《申报》于1872年4月30日在上海创刊，1949年5月27日停刊，是中国近代出版时间最久、社会影响巨大的报纸之一。《申报》历时77年，经历晚清、北洋政府、国民政府三个时代，在中国近代新闻出版史占有重要地位，被称为中国近代社会的"百科全书"[1]。上海沦陷后，《申报》于1937年12月14日停刊，又于1938年10月10日，借美商之名在上海租界复刊。三天后，《衣食住行周刊》正式创刊，由周瘦鹃担任主编（图12-7）[2]。

周瘦鹃是中国近代著名的作家、文学翻译家、编辑家，担任《申报》《新闻报》、中华书局等的编辑和撰稿人，主编过《礼拜六》《紫罗兰》《半月》《乐观》等杂志，主编《申报》副刊达十余年之久。抗日战争期间，他出版了呼吁抗日救亡的《亡国奴日记》《卖国奴日记》，将高尔基作品等国外进步文学翻译介绍进中国[3]。

在《衣食住行周刊》创刊号的《开场白》中（图12-8），周瘦鹃写道："在国与国之间，为了争全国的独立生存，为了争全民的衣食住行起见，那

图12-7　周瘦鹃　　　　图12-8　《衣食住行周刊》创刊号的《开场白》

---

[1] 太清华, 陈刚. 中国近代社会的"百科全书"——说《申报》[J]. 新闻传播, 2014（13）: 50.
[2] 祝淳翔. 上海"孤岛"时期的一份公共菜单[EB/OL].（2023-10-07）[2023-12-17].
[3] 范伯群, 周全. 周瘦鹃年谱[J]. 新文学史料, 2011（1）: 167-199.

就非勇往直前，努力奋斗不可。我们鉴于衣食住行的重要，有关于国计民生，因此有衣食住行周刊的发刊；愿大家共同来讨论，研究，改进。"《衣食住行周刊》关于服饰的内容涉及服装款式、服装裁剪、名人穿着、衣料选择、绒线编结、裘皮服装、服装面料、服饰品装饰、各地衣着风俗和厂家介绍等，文章形式短小精悍。每期均附有照片或线描图，生动活泼。图12-9为《衣食住行周刊》刊登的服装款式。

图12-9 《衣食住行周刊》刊登的服装款式

《衣食住行周刊》以较长的存续时间、著名的出版机构、广泛的社会影响等因素，在中国近代服饰报纸中具有重要的地位。

四、中国近代服饰报纸特色分析

1. 服饰报纸盛行于20世纪30年代

服饰报纸始于20世纪30年代，也盛行于30年代。根据整理所得，从创刊时间来看，30年代有5种，全面抗战时期只有1种，抗战胜利后为2种，可见报纸创刊的时间以30年代居多。最早的服饰报纸是1932年1月出版的《时装周刊》，为《时事新报》副刊。20世纪30年代前期是中国近代报刊大发展的时期，也是西风东渐、时髦新潮不断出现的年代，两者结合便有了服饰报纸的诞生和成长。

2. 出版内容多为服饰流行趋势、服饰科普的短文和图片

中国近代服饰报纸的出版内容多为介绍体现服饰流行趋势的服装款式的文字和照片，还有服饰科普内容等。限于报纸的篇幅和风格，一般均为短文。以《申报》副刊《衣食住行周刊》为例，在1938年10月13日的首刊号

上，有《开场白》《谈摩登与妇女装饰》《花团锦簇试新装》《衣食住行的战时节约》等短文，并配有《农村中的衣食住行》四幅漫画。大部分服饰报纸综合报道各类服饰信息，而《绒线周刊》则专门刊登绒线编结内容。

3. 多为副刊类报纸

中国近代服饰报纸多为综合性报纸的副刊。如《申报》《时报》《大美晚报》《时事新报》《和平日报》等综合性报纸，都出版有与服饰相关的副刊。而且《时报》在不同的时期，有着不同的服饰副刊。非综合性报纸仅有《银钱报》一家，非副刊类报纸也只有《衣联报》一家。服饰报纸多为定期出版，大都为周刊，即每星期出版一次。副刊类报纸依附于大报，这样发行量大，影响也广。因此成为服饰报纸的一种潮流。

4. 出版地集中于上海

与服饰期刊一样，整理结果显示，中国近代服饰报纸的出版地均在上海。这是由上海在中国近代时尚流行趋势中的地位决定的。上海作为中西文明交流的"桥头堡"，常开风气之先，时尚之风由此而向其他地区扩散。所以，由上海出版有关服饰内容的报纸顺理成章。另外，上海是中国近代出版业最发达的城市之一，报纸众多。全国日发行量五万份以上的报纸全部集中在上海[①]。上海整个报业的繁荣也带动了服饰报纸的发展。

---

① 姚琦. 中国近代报刊业的发展与百年社会变迁[J]. 社会科学辑刊，2001（6）：122-127.

图书篇

第十三章　中国近代纺织服饰图书分类与特色

中国近代纺织服饰图书，按中图法分类，有工业技术、服装编结、工业经济、农业科学、农业经济、贸易经济和科教文化等图书；按编著形式分类，有著作类图书和翻译类图书。

一、中国近代纺织服饰图书的种类

1．按中图法分类

（1）工业技术类。归属于纺织、染整工业技术（中图分类号TS1）和化学工业（中图分类号TQ）中内容与纺织工业相关的图书。

（2）服装编结类。归属于服装、刺绣、编结（中图分类号TS9）等内容与服饰相关的图书。

（3）工业经济类。归属于工业经济（中图分类号F4）中内容与纺织工业相关的图书。

（4）农业科学类。归属于农业科学（中图分类号S）中的纤维农作物、动物纤维、蚕桑等内容与纺织原料棉、毛、丝、麻相关的图书。

（5）农业经济类。归属于农业经济（中图分类号F3）中内容与纺织农业经济相关的图书。

（6）贸易经济类。归属于贸易经济（中图分类号F7）中内容与纺织服饰贸易相关的图书。

（7）科教文化类。归属于文化、教育、历史、艺术（中图分类号G、J）中内容与纺织服饰相关的图书。

2．按编著形式分类

（1）著作类图书。纺织服饰著作类图书为作者采用编、编著或著的形式撰写的纺织服饰方面的图书。如《理论实用纺绩学》《制丝教科书》《纺织工业大要》《纺织技师手册》等。

（2）翻译类图书。纺织服饰翻译类图书为作者根据外文图书翻译成中文出版的图书。如《纺织机器图说》《西国漂染棉布论》《棉纺机械算法》《织布工场之合理化与成本计算》等。

二、中国近代纺织服饰图书的出版内容和数量分布

表13-1为中国近代纺织服饰图书内容和数量的分布情况。由表可见，农业科学类和工业经济类占据前两位，两者之和接近总数的一半；其后为农业经济类和工业技术类，两者之和超过总数的三分之一；而贸易经济类、服装编结类和科教文化类较少，各占比仅为个位数。

表13-1　纺织服饰图书内容和数量分布

图书种类	数量/种	占比/%
农业科学	421	26.8
工业经济	349	22.2
农业经济	292	18.6
工业技术	271	17.3
贸易经济	105	6.7
服装编结	75	4.8
科教文化	56	3.6
合计	1569	100.0

三、中国近代纺织服饰图书的作者分布

表13-2为中国近代纺织服饰图书作者的分布情况。由表可见，个人作为作者的图书最多，超过了总数的一半；官方机构作为作者的图书次之，接近总数的五分之一；再次是企业作为作者的图书，超过了总数的八分之一；学校、学术团体、科研机构和行业组织作为作者的图书较少，各占比为个位数。

表13-2　纺织服饰图书作者分布

作者	数量/种	占比/%
个人	830	52.9
官方机构	296	18.9
企业	209	13.3
学校、学术团体、科研机构	120	7.6
行业组织	94	6.0
其他	20	1.3
合计	1569	100.0

四、中国近代纺织服饰图书的出版机构分布

表13-3为中国近代纺织服饰图书出版机构的分布情况。由表可见，出版数量超过100种的为著名的商务印书馆，遥遥领先；出版数量超过50种的是中国纺织建设股份有限公司，中国近代最大的纺织企业之一；出版数量超过40种的为中华书局，也是出版数量较多的著名书局；出版数量超过30种的是华商纱厂联合会，中国近代著名的纺织行业组织。

表13-3 纺织服饰图书出版机构分布

出版机构	各机构的出版数量/种
商务印书馆	146
中国纺织建设股份有限公司	59
中华书局	42
华商纱厂联合会	34
新学会社	25
全国经济委员会棉业统制委员会	22
实业部（工商部）上海商品检验局，国民经济研究所	20
中国经济统计研究所	17
上海农学会（务农会），正中书局，上海鸿章纺织染厂有限公司	14
中国纺织染工程研究所	13
金陵大学农林科（农学院），中国合众蚕桑改良会	12
南通学院（大学），良友编结社	10
上海华商纱布交易所股份有限公司，世界书局，培英编结公司	8
江南制造局，国立北平大学工学院，国立中央大学农学院，中华棉业统计会，整理棉业筹备处，全国纺织业联合会，第六区机器棉纺织工业同业公会，纤维工业出版社，诚孚公司，国芳编结社	7
国立东南大学农科，农工商部，实业部汉口商品检验局，中国纤维工业研究所，黎明书局，染织纺周刊社	6
中国纺织染工业补习学校，农业林部棉产改进咨询委员会，中国科学图书仪器公司，儿童书局	5
全国经济委员会，科学书局，通州大生纱厂，民丰纱厂，美亚织绸厂，商业储蓄银行	4

续表

出版机构	各机构的出版数量/种
国立浙江大学农学院，中华职业教育社，北洋官报局，实业部天津商品检验局，中国经济研究会，上海市商会，江浙皖丝厂茧业总公所，纺织世界社，中国棉业出版社，新亚书店，大东书局，中国棉业贸易公司，恒丰纺织新局，华东人造丝厂	3
浙江蚕学馆，上海市立工业专科学校，私立上海纺织工业专科学校，国立编译馆，中国纺织学会，中国科学社，广学会，科学会，中国工程学会，中华化学工业会，中国染化工程学会，中国工商学会，中国原棉研究学会，中国棉业经济研究会，毛业研究会，上海文沛纺织化学工程所，染化研究所，（上海）新法编织研究会，上海家事研究社，江南问题研究会，中华全国工界协进会，江南总农会，上海总商会商品陈列所，纱业公所，上海市棉织厂业同业公会，上海市毛纺织厂业同业公会，上海市机器染业同业公会，上海市毛绒纺织整染工业同业公会，土布工业同业公会，上海市棉花商业同业公会，上海市棉布商业同业公会，上海纱厂工会，上海市丝光漂染业职业工会，生活书店，开明书店，翰墨林书局，广益书局，新华书局，新中国书局，文通书局，上海鸿宝书局，北新书局，大同书局，文明书局，有正书局，学海书局，新民书局，南星书店，大中华书局，小朋友书局，大众书局，学者书局，中国农业书局，华美出版社，元顺印务局，利民印刷所，立信会计图书用品社，五洲书报社，时新书室，纺织周刊社，纺织丛书编辑社，大公报代办部，上海商报社，神州电讯社，江南劝业机器工艺总局，中国纺织机器制造股份有限公司，永安纺织股份有限公司，先施公司，申新纺织第九厂，华丰纺织股份有限公司，德大纱厂，厚生纱厂，光中染织厂，辛丰织印绸厂，保丰纺织漂染整理厂，上海三星棉铁厂股份有限公司，上海隆茂纺织有限公司，（上海）纺织印染厂有限公司，信行社科学洗染部，联合征信所等	2

五、中国近代纺织服饰图书的出版时间分布

表13-4为中国近代纺织服饰图书出版时间的分布情况。由表可见，自1891年始，每年都有纺织服饰相关图书出版；从1920年起，年出版量开始超过20种；20世纪30年代，相关图书的出版量剧增，1936年更是达到了创纪录的100多种。30年代后期和40年代前期出版量锐减，至40年代后期又有回升并再次跌落。

表13-4 纺织服饰图书出版时间分布

出版年份	数量/种	占比/%
1891	4	0.3
1892	3	0.2
1893	3	0.2
1894	6	0.4
1895	7	0.4
1896	6	0.4
1897	13	0.8
1898	14	0.9
1899	7	0.4
1900	9	0.6
1901	7	0.4
1902	13	0.8
1903	7	0.4
1904	10	0.6
1905	7	0.4
1906	9	0.6
1907	12	0.8
1908	17	1.1
1909	9	0.6
1910	15	1.0
1911	14	0.9
1912	10	0.6
1913	2	0.1
1914	2	0.1
1915	8	0.5
1916	4	0.3
1917	8	0.5
1918	9	0.6
1919	10	0.6
1920	26	1.7

续表

出版年份	数量/种	占比/%
1921	16	1.0
1922	23	1.5
1923	15	1.0
1924	21	1.3
1925	20	1.3
1926	18	1.1
1927	13	0.8
1928	17	1.1
1929	35	2.2
1930	53	3.4
1931	46	2.9
1932	51	3.3
1933	80	5.1
1934	69	4.4
1935	94	6.0
1936	127	8.1
1937	65	4.2
1938	43	2.7
1939	62	4.0
1940	47	3.0
1941	25	1.6
1942	19	1.2
1943	31	2.0
1944	26	1.7
1945	24	1.5
1946	31	2.0
1947	91	5.8
1948	93	5.9
1949	43	2.7
合计	1569	100.0

六、中国近代纺织服饰图书的出版地分布

表 13-5 为中国近代纺织服饰图书出版地的分布情况。由表可见，上海的出版量超过总数的四成，达到 600 多种，稳居首位；其次为江苏和四川，均达到 100 多种；出版量多于 50 种的地区有天津、浙江和北京；出版量超过 40 种的地区有广东、山东和湖南。

表 13-5　纺织服饰图书出版地分布

出版地	数量/种	占比/%
上海	669	42.6
江苏	169	10.8
四川	102	6.5
天津	61	3.9
浙江	59	3.8
北京	58	3.7
广东	49	3.1
山东	46	2.9
湖南	45	2.9
湖北	29	1.8
河南	25	1.6
河北	23	1.5
安徽	18	1.1
陕西	18	1.1
云南	17	1.1
江西	15	1.0
其他地区	44	2.8
未知	122	7.8
合计	1569	100.0

七、中国近代纺织服饰图书特色分析

综观中国近代纺织服饰图书的出版状况，具有以下几个特点。

1．个人作者是图书编撰的主要力量，图书内容涵盖纺织原料、纺纱织造、印染整理、服装的全过程

在中国近代纺织服饰出版物的作者队伍中，个人作者出版的比例最高，超过了总数的一半。因此，他们是图书编撰的主要力量。在一些机构出版的书籍中，也大多以个人名义署名。在这些个人作者中，不乏中国近代史上的著名人物，更多的是纺织领域的著名学者。图书的内容涵盖了从纺织原料、纺纱织造、印染整理到服装的整个过程。

如傅兰雅是清末科技著作翻译机构上海江南制造局翻译馆的首要口译者，他翻译的《纺织机器图说》和《西国漂染棉布论》是中国近代最早的纺织工业技术图书。张謇创办了中国最早的纺织技术学校南通纺织染传习所，整理了由沈寿口述的《雪宧绣谱》。中国历史上第一份农业学术刊物《农学报》的创办者罗振玉润色了《美国种棉述要》。中国科学社、中华农学会的发起人之一过探先编撰了《种棉法》《爱字棉驯化育种报告》。商务印书馆总经理王云五担任了多种涉及纺织的丛书主编。近代民族实业家穆藕初编撰了《植棉改良浅说》《中国花纱布业指南》《救济棉业计划》。蚕丝教育家郑辟疆编撰了《养蚕教科书》《制丝教科书》。中国纺织学会理事长朱仙舫编撰的《理论实用纺绩学》是中国近代第一部由国人编著的纺织科技书籍。还有张方佐、诸楚卿、雷炳林、朱新予、杜燕孙、傅道伸、蒋乃镛等纺织技术专家、教育家都撰写过纺织图书。

2．企业侧重于操作标准和工厂报告介绍

企业出版的图书内容大多为适合工厂生产的操作标准和手册，还有一些是企业介绍和报告。这些企业中不乏知名公司，有的成立很早，有的规模很大。

如恒丰纺织新局是近代中国民营资本机器棉纺织业中创办最早的工厂之一，出版的图书有《纺织技师手册》。中国纺织建设公司是民国后期规模最大的纺织企业之一，出版的图书数量众多，计有《工务辑要》《纺建要览》《准备部机械运转工作标准》《准备机械装置及保全标准》《清棉机械装置及保全标准》《梳棉机械运转工作标准》《梳棉机械装置及保全标准》《清棉部机械运转工作标准》《并条粗纺机械装置及保全标准》《精纺部机械运转工作标准》《精纺机装置及保全标准》《棉纺机械调查记分标准》《织布部机械运转工作标准附整理部机械保全运转工作标准》《织布机装置及保全标准》《印染工厂工作法——机械篇》《棉布印花浆通例》等，还有下属各厂的介绍。

上海鸿章纺织染厂有限公司每年都有《上海鸿章纺织染厂有限公司报告书》，累计有14种。

3. 行业组织在调查统计、行业概览方面独树一帜

行业组织基于其属性，在相关行业信息的收集和数据整理等方面具有得天独厚的优势，所以出版的图书内容多为相关行业的调查统计及面貌概况等。

如成立于1917年的华商纱厂联合会是近代中国最早的全国性纺织行业团体之一，进行棉业调查、编辑出版图书报刊等活动，在近代中国经济社会具有重要的地位。出版的图书有《中国纱厂一览表》《华商纱厂联合会报告书》等。成立于1945年的全国纺织业联合会是全国性纺织行业团体，各地所设地方性纺织业同业公会均为会员单位。出版的图书有《三十六年棉纺织业大事记》《三十六年份第二次棉产估计》等。成立于1918年的中国合众蚕桑改良会每年都出版《中国合众蚕桑改良会报告》，苏浙皖京沪区机器棉纺织工业同业公会出版有《上海市民营棉纺织工业概况》，联合征信所出版有《上海丝织业概览》等。

4. 官方机构专注于纺织原料的检验和行业报告

官方机构出版的图书内容主要为棉花和生丝的检验，还有毛织工业和人造丝工业等相关行业和地区的报告。

如1929年成立的上海商品检验局隶属于工商部（后改为实业部），是中国第一个应用科学方法对进出口商品进行检验的官方商检机构，出版有《中国棉花品质之研究》《最近棉花分级概况》《棉花搀水的弊害》《实业部上海商品检验局生丝检验处检验细则》《拟订棉花品质品级检验方案》《试订棉花品级标准关于类别级别之说明》《实业部上海商品检验局特种报告第一号》等。成立于1931年的全国经济委员会出版有《毛织工业报告书》《人造丝工业报告书》《为棉花分级劝告棉商文》。工商部上海工商辅导处调查资料编辑委员会出版有《上海市纺织印染工业》等。

5. 学校、学术团体、科研机构对纺织科学知识的普及与传播起到积极作用

学校、学术团体、科研机构在教育和科研方面为纺织科学知识的普及和传播等起到了积极作用。

如1897年杭州知府林启创办的杭州蚕学馆，开创了我国近代丝绸纺织教育的先河。它于1898年通过（上海）农学会出版了《蚕学丛书初集六

卷》。中国近代最早的纺织技术高等学校——南通纺织染传习所由张謇创办，1937年以南通学院纺织科染化工程系的署名通过上海的染织纺周刊社出版了《漂染印整工厂日用手册》，1947年又出版了《私立南通学院概况》。1930年在上海成立的中国纺织学会是中国近代最大的纺织学术团体之一，出版有《中国纺织学会丛书》。中国纺织染工程研究所是由黄希阁等人在创办中国纺织染工业补习学校的基础上发起成立的，出版有《漂染印花整理学》。中国棉业经济研究会于1937年出版了《棉花贸易学》等。

第十四章　中国近代纺织图书的发展

一、中国近代纺织图书的发展脉络

中国近代纺织图书，是在中国近代纺织服饰图书中除去服装、刺绣、编结类的图书部分。不管是从涵盖纺织业的范围，还是从出版数量来看，纺织图书是整个纺织服饰图书的主体。

1891年，傅兰雅所译的《纺织机器图说》和《西国漂染棉布论》的出版，标志着中国近代纺织图书的发端。在19世纪，有60余种纺织图书出版。其中丝业图书居多，有40余种，包括卫杰所撰的《蚕桑浅说》、陈启沅所撰的《广东蚕桑谱》、傅兰雅等译的《意大利蚕书》、杭州蚕学馆所译的《蚕学丛刊初集》、武昌农务学堂所编的《武昌农务学堂养蚕报告》等；棉业图书10余种，有郑观应[①]的《美国种植棉花法》、夏敬观的《振兴中国棉业说》、直隶臬署原译和罗振玉润色的《美国种棉述要》等；纺织染图书较少，只有数种，除傅兰雅翻译的图书以外，多为纺织企业的章程。

20世纪前二十年，丝业图书依然最多，但棉业图书和纺织染图书开始增多。棉业图书有近30种出版，包括陈秉濂译所译的《棉业考》、罗振玉所辑的《种棉五种》、农工商部官纂的《棉业图说》、穆藕初所著的《植棉改良浅说》等。纺织染图书也有近30种出版，有孙琳的《纺织图说》、张长和彭应球编辑的《工艺染织新编》、恒丰纺织新局所编的《纺织技师手册》等。

20世纪20—30年代前期，以朱仙舫编著中国近代第一本国人编撰的纺织技术图书《理论实用纺绩学（前编）》为代表，纺织图书的发展进入了成

[①] 郑观应，本名官应，字正翔，号陶斋，别号杞忧生，广东省广州府香山县人，是中国近代最早具有完整维新思想体系的理论家、启蒙思想家之一。1858年到上海学商，先后在英商宝顺洋行、太古轮船公司任买办。历任上海电报局总办、轮船招商局帮办、总办。郑观应的著作有《盛世危言》《易言》等，《盛世危言》一书首次要求清廷"立宪法""开议会"，实行立宪政治，主张习商战、兴学校，对政治、经济、军事、外交、文化等方面的改革提出了切实可行的方案，被认为是以富强救国为核心的变法大典。

长期。这一时期,棉业图书数量最多,有200多种;以棉纺织为主的纺织染图书也有200多种,得到了长足的发展;丝业图书为100多种。棉业图书和纺织染图书的数量均超过了丝业图书的数量。

1937—1949年,由于抗日战争的全面爆发,纺织图书呈现出曲折发展的态势。抗日战争期间,图书出版总体形势低迷,但因出版机构在"孤岛"的坚持、内迁的播撒和大后方的发展,维持了一定数量的出版。如商务印书馆,在内迁的过程中,分别在长沙、重庆等地继续出版。抗日战争胜利后,纺织图书迎来了爆发式增长。尤其是新组建的中国纺织建设公司,出版了一大批纺织图书。这一时期,纺织染类图书占据了主要地位,有300余种。这与纺织工业的发展密切相关。

二、中国近代重要的纺织图书

1. 工业技术类重要纺织图书

工业技术类纺织图书指纺织、染整工业技术(中图分类号TS1)和化学工业(中图分类号TQ)中与纺织工业内容有关的图书。

(1)《纺织机器图说》(1891),作者:傅兰雅译,出版者:江南制造局翻译馆。

该书首先概述了我国兴办局厂、购办机器纺织的紧迫性和必要性。作者在文中写道:"以中国产棉之盛本足供通国之需,而洋纱洋布反取给于外洋,以至纺织之利渐为西人所夺,若不及早收拾,必有江河日下之势。"列举了印度初办机器厂的收获,说明了尽管机器纺织投资大,只要经过数年精心经营,必将获得各方面的收益。随后,分别介绍了轧花机器,打花去土、弹花成片、梳棉成带、引棉成条、初成松纱、中引长纱、纺紧棉纱等纺纱机器,络经、理经、浆缕、织缕、折布等织布机器的配置使用和经济核算等。附译字林西报论上海纺织局大概情形和丹科先生讲论纺织工艺情形。全书配有七幅不同类型的纺织机器照片。图14-1为《纺织机器图说》。

(2)《西国漂染棉布论》(1891),作者:傅兰雅译,出版者:江南制造局翻译馆。

该书由四部分内容组成,分别概述了布的漂白步骤和方法以及英国最大漂白厂的17种工序,布的染色步骤、方法以及染料,印花布的发展简史、印花机器的工作原理、棉布印花的五大类方法和所用染料,说明中国兴办印染厂的重要性以及厂房的设置等内容。图14-2为《西国漂染棉布论》。

图 14-1 《纺织机器图说》

图 14-2 《西国漂染棉布论》

（3）《制丝教科书》（1915），作者：郑辟疆编，出版者：商务印书馆。

该书为大学院审定蚕业学校用书，1915年12月初版，1933年2月再版，共116页，32开。

全书共分十四章，分别为总论、原料、杀蛹干茧及贮茧、机械、用水、缫丝、转缫及改缫、整丝、屑物之整理、丝之销售、蚕丝检查、制丝业之经营、缫丝厂之管理、蚕丝之性质。全书绘有37幅制丝机械装置、工具、操作示意插图。本书专供中等蚕业学校或讲习所及中等农业学校蚕业专科教授之用。图14-3为《制丝教科书》。

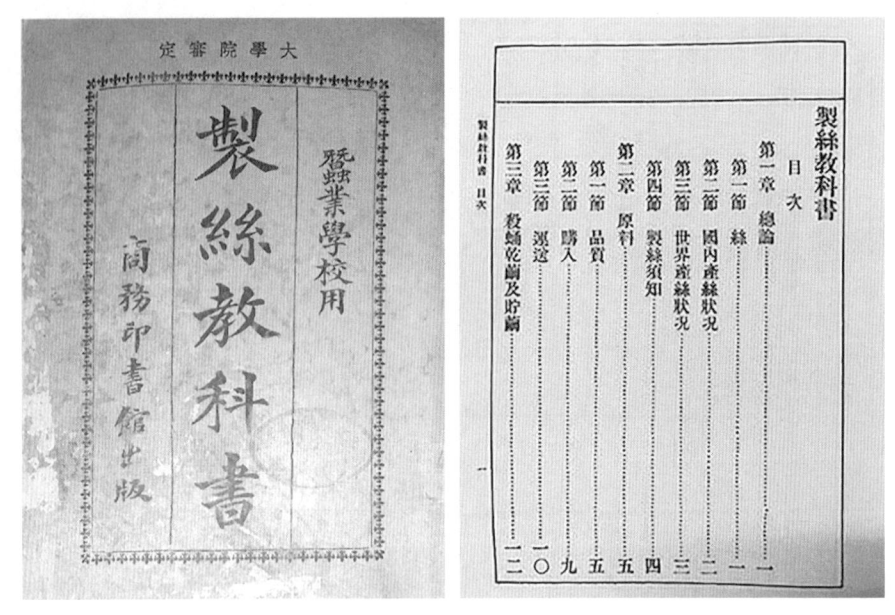

图14-3 《制丝教科书》

（4）《呢布厂》（1916），作者：（英）柯克著，陆咏笙译，出版者：英国牛津图书公司。

该书为译著，书名原文为 A Visit to a Woollen Mill，牛津大学实业丛书之一。全书共分十一章，第一章为绪言，其余各章分别为羊毛、杂料、染色与合色法、扯毛机、粗梳毛机与细梳毛机、梳毛机的工作、纺纱、上机、织工以及织就后的修整法，叙述了工厂的设备、操作规程、原料识别等方面的内容。图14-4为《呢布厂》。

（5）《纺织工业大要》（1918），作者：陈文编，出版者：科学会编译部。

该书由商务印书馆印刷及发行，为纺织工业基本知识读物，职业教育丛书之一，分织物原料、纱之制造、纱之种类和机织等四部分。1918年10月初版，1919年9月再版。该书弁言写道："人生要事，惟食与衣，吾国地大物博，食固不虞其不足，而衣则舍洋纱洋布，将无以蔽体。若大中国，饰身之具乃仰给于外人，可耻孰甚。使国无自产之棉，购棉之价与购纱购布之价等犹属情有可原，兹乃不然，国中自产中上等之棉，以廉价售与外人转以重价觍然向人乞纱乞布，是非至野蛮之国，至野蛮之人，决不至此，而我同胞乃实当之，言念及此，能毋痛心。比者改定关税，外纱外布，将为之一挫，大兴纺织工业，急起直追，此其时矣。愿与国人共勉之。"图14-5为《纺织工业大要》。

图14-4 《呢布厂》

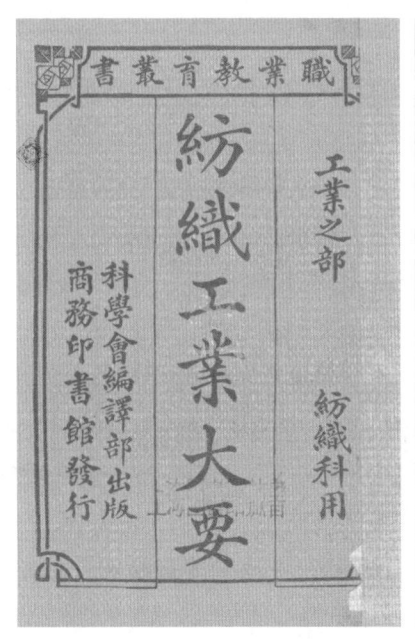

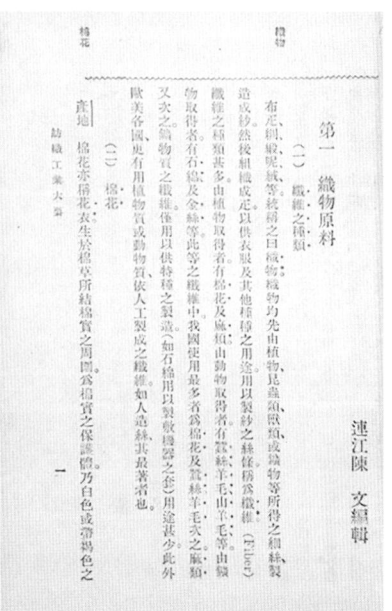

图14-5 《纺织工业大要》

（6）《纺织技师手册》（1919），作者：恒丰纺织新局编，出版者：编者刊。

该书由恒丰纱厂员工编写，较为详细地辑录了纺织厂动力机械及纺织工程技术等方面的资料。全书共分首编、正文三编和附编，在首编中有江苏实业厅长张轶欧和恒丰纺织厂总理聂其杰各自所作的序两篇，以及恒丰纺织厂摄影、纺织工程顺序图、中国纺织厂一览表、中国纺织厂纱锭织机数目比较表等。正文第一编由恒丰纱厂考工处主任马淮编写，内容包括汽罐、汽机、瓦斯机关传动地轴皮带、电动机、发电机、电动机之计算、汽机轮和电灯等。第二编由恒丰纱厂考工处主任、日本纺织科学士朱升芹编写，内容包括织物原料、纺绩、机织提要，以及机械动力速度产额关系表和棉纱的强力等各种参数表。第三编由恒丰厂修理机器部主任李庶培和考工处刘启绪编写，内容为中国和法国、英国、日本的度量衡和互相比较、运算须知和湿度表等。附编由恒丰厂多位经理和员工撰写，内容包括工厂的卫生、急救、服务约则，以及棉业计划、中国纺织厂一览表、世界锭数机数一览表等。图14-6为《纺织技师手册》。

图14-6 《纺织技师手册》

（7）《理论实用纺绩学（前编）》（1920），作者：朱仙舫著，出版者：华商纱厂联合会。

《理论实用纺绩学（前编）》是中国近代第一部由国人编著的纺织科技书籍，作者自称该书"纺织诸事包罗万有，学理事实融为一炉，诚吾国纺织界中唯一之伟著也"。前编共分十二章，分别介绍了木棉、棉之物理学的性质、棉之化学的性质、纺织工程顺序及其大意、轧花机、松花机、和花、自调给棉机、除尘匣、开棉机、弹花机（清花机、打棉机）及钢丝机（梳棉机）。图14-7为《理论实用纺绩学（前编）》。

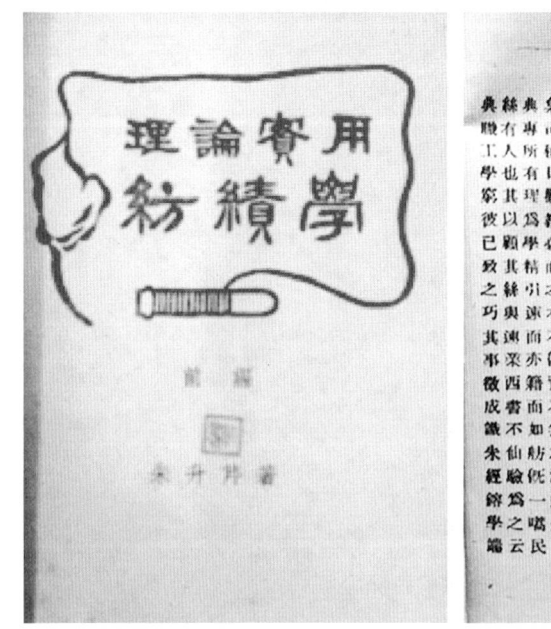

图14-7 《理论实用纺绩学（前编）》

（8）《染色学》（1922），作者：张迭生著，出版者：华商纱厂联合会。

该书为华商纱厂联合会出版的第八种书籍。书前有聂云台、张轶欧序及例言。全书共有十八章，分别概述了染色学的基本概念，制丝光法，棉、羊毛和丝绸的漂白法，直接颜料，硫化颜料，盐基颜料，粉红与玫瑰颜料，酸性颜料，媒染颜料，酸性媒染颜料等颜料染棉，羊毛，丝绸的方法，还介绍了阿尼林原色、瓮染颜料、冰染颜料、意利登红、皮革的染色方法、染色机器的内容。第十八章附录了各种颜料名称及制造厂名一览表、中英颜色名词索引、比重比较表、度量衡比较表、调和各种药水计算法、漂白粉剂精力表等。最后还附录有书中各图一览表。图14-8为《染色学》。

（9）《实用机织法》（1922），作者：黄浩然编，出版者：上海学海书局。

该书共有九章，第一章为机织法概论，包括机织法的用途、意义和器具等，第二至第九章讲述织物的组织、织物原料、织物设计及织法注意事项、变化组织、多托臂机、重织组织、有毛组织（天鹅绒）及纱罗组织的内容。最后附录了织物解剖内容。图14-9为《实用机织法》。

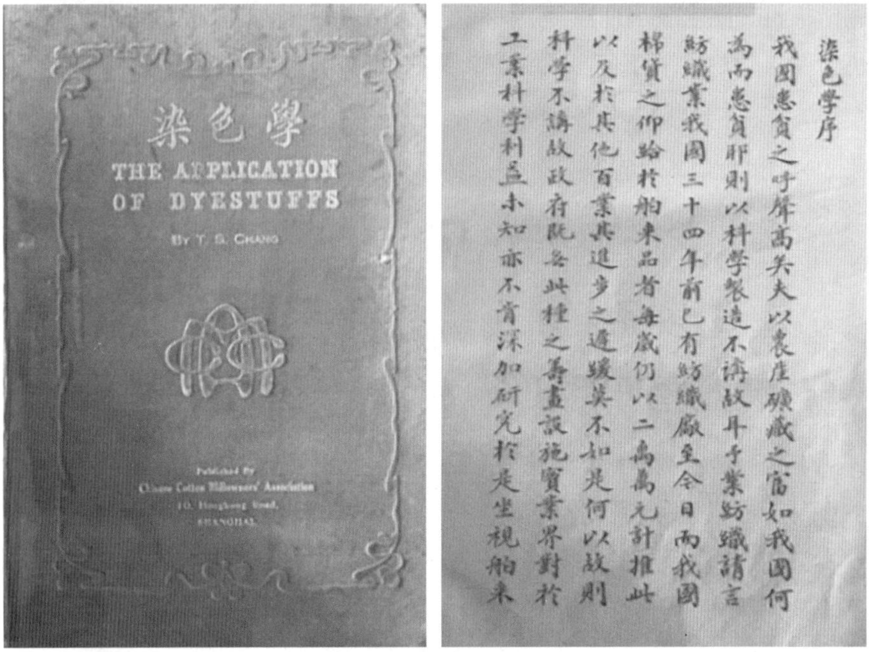

图14-8 《染色学》

图14-9 《实用机织法》

（10）《理论实用纺绩学（中编）》（1929），作者：朱仙舫著，出版者：华商纱厂联合会。

中编共有两章内容，分别为第十三章并条机和第十四章粗纺机，两章分别详细介绍了并条机和粗纺机的种类及使用方法。图14-10为《理论实用纺绩学（中编）》。

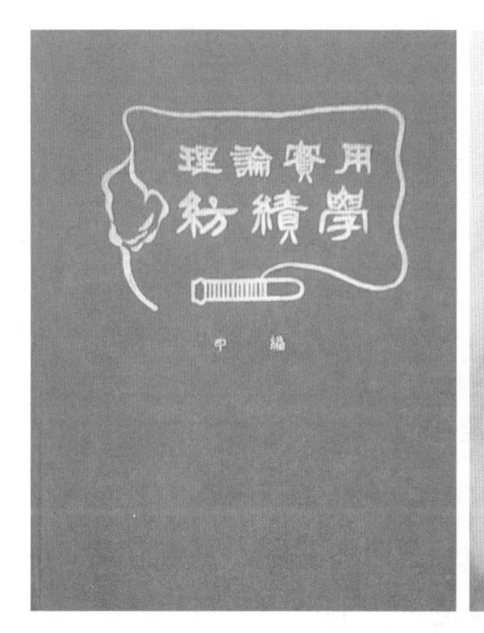

图14-10 《理论实用纺绩学（中编）》

（11）《理论实用纺绩学（后编）》（1930），作者：朱仙舫著，出版者：华商纱厂联合会。

后编为第十五至第二十一章，分别详细介绍了精纺机、并纱机、纺线机、煤气及电气烧光机、摇纱机、小包及大包机和试验机器。前、中、后编三册共配有475幅插图，87张附表。图14-11为《理论实用纺绩学（后编）》。

（12）《染色术》（1930），作者：孟心如著，出版者：商务印书馆。

该书为商务印书馆万有文库之一，又编入工学小丛书、新中学文库。全书共分染色术历史、染色学说、媒染、受染色之纤维、纤维染色前之预备处理、染色机械、染色用水、染色分类法、盐基性染料之染色术、酸性染料之染色术、直接染料之染色术、媒染染料之染色术、瓮染染料之染色术、硫化染料之染色术、显色染料之染色术、矿物染料之染色术和混合织物之染色术十七章，并配有放大倍数的纤维图、张力机、染线、染布、搅拌、蒸浴与烘干机等16幅图片。图14-12为《染色术》。

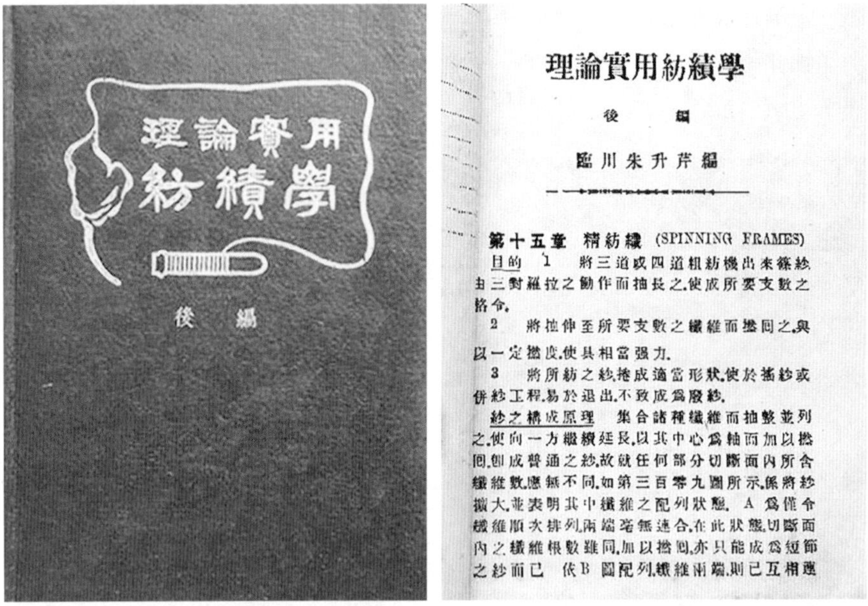

图14-11 《理论实用纺绩学（后编）》

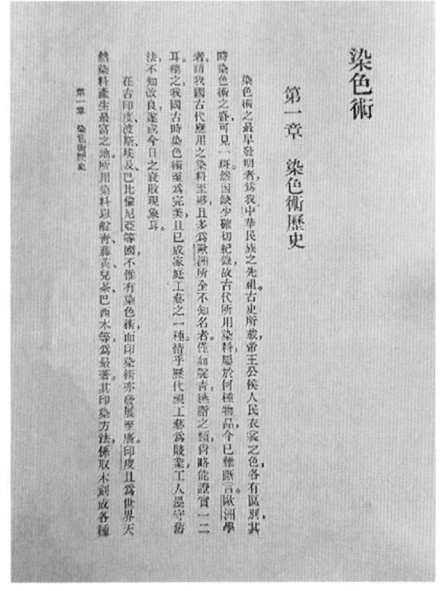

图14-12 《染色术》

（13）《改良纺织工务方略》（1932），作者：朱升芹（仙舫）著，出版者：华商纱厂联合会。

该书为中国纺织学会丛刊之一，叙述了纺织技术和管理改良等内容。全书共分十六章，主要概述了改良前和改良时需要注意的事项、工人管理概要，介绍了清棉部、梳棉机、并条机、粗纺机、精纺机、摇纱机等，叙述了成包部、并筒机、整经机、浆纱机、织布机工作的注意事项和整理部的注意事项，最后叙述了改良后需要注意的事项。图14-13为《改良纺织工务方略》。

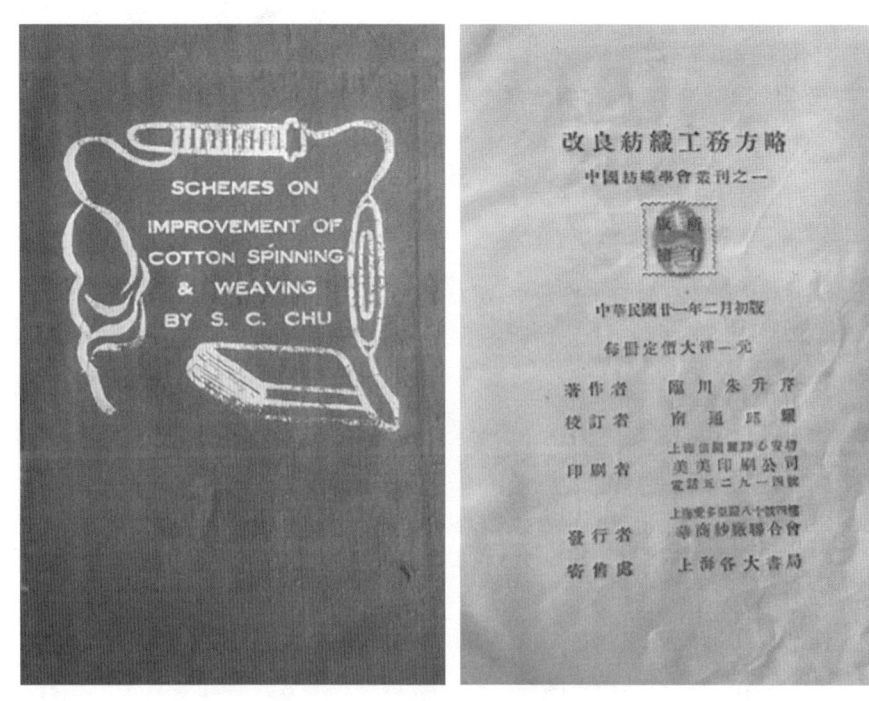

图14-13 《改良纺织工务方略》

（14）《纺织合理化工作法》（1932），作者：朱升芹著，出版者：华商纱厂联合会。

该书为中国纺织学会丛刊之一，共分两编。第一编详细叙述了清棉部的工作法，分为清棉部之管理、开棉机、弹花机工作法、加油工作法、装机工作法五章内容；第二编详细叙述了梳棉机的工作法，分为梳棉机管理法、运转工作法、保全法、安装法四章内容。图14-14为《纺织合理化工作法》。

（15）《理论实用力织机学（上、下册）》（1933），作者：蒋乃镛编，出版者：南通大学纺织科学友会。

该书于1933年8月初版，于右任为该书题写书名。1937年2月再版时上册增补后改名为《基本总论力织机构学》，下册改名为《分类专论力织机构学》。

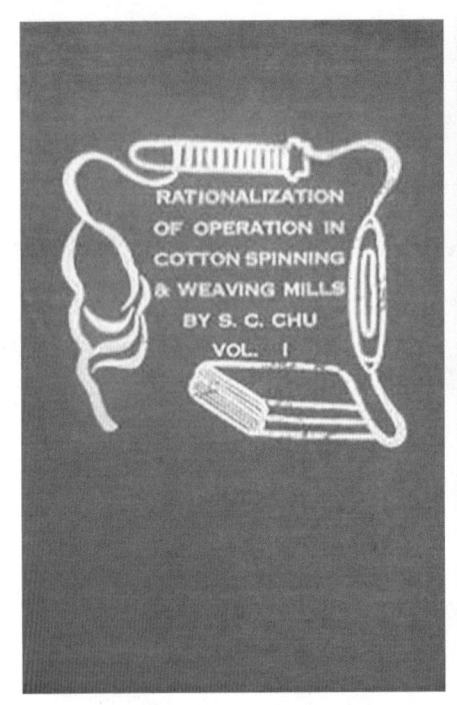

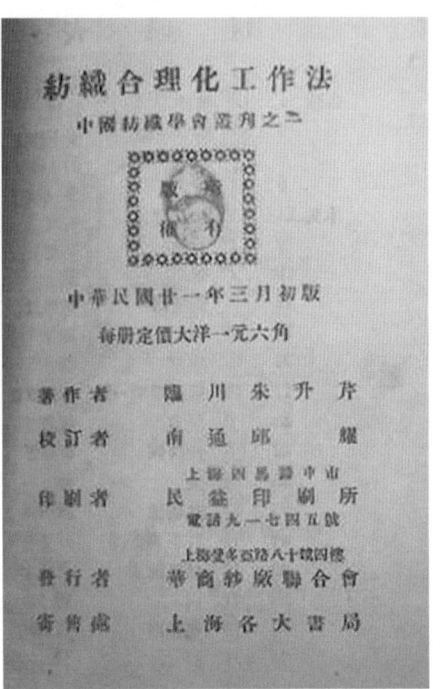

图14-14 《纺织合理化工作法》

上册共有三篇。第一篇为平斜纹力织机之动作构造及装置，分十三章，分别详细叙述了平斜纹力织机的起源和种类、开口动作、投梭动作、打纬动作、放经动作、卷布动作、断纬动作、经纱保护装置、伸布装置、分经杆、制动及传动、梭子以及平纹织机与斜纹织机的关系的内容。第二篇分二十一章，详细讲述了织机发生各种弊端的原因及维修方法，如梭子回跳、织机自停、杼子飞出、纬管破裂、布面不匀、纬纱起结等各种机器故障和排除方法。第三篇分十一章，详细讲述了平斜纹力织机的各部计算法，如开口大小、投梭、打纬的力量时间速度、卷布动作、织机速度出数及机数的计算等。书后附有长度表、重量表、著名织机牌号表以及平斜纹力织机中西名词索引表。

下册共有五篇。第一篇主要讲述了多臂力织机的构造及动作、要诀及平装法、弊病及修理方法等。第二篇主要讲述了珠罗纱织物的种类，单提式多臂机织上、下绞综珠罗纱，绷绞经运动，轨片运动及跳跃运动，双提式多臂机珠罗纱，珠罗纱力织机的平装特点等内容。第三篇主要讲述了升降梭箱的构造动作及装置、防止纬纱错织的装置及动作、验梭盘及避免断损的装置、升降梭箱力织机校准注意事项、升降杼箱毛织机单用皮结的弊病及修理方法、升降梭箱棉织机两用皮结的弊病及修理等内容。第四篇分六章讲述了回转梭箱关联各部的构造及动作、回转梭箱力织机花板的打法等内容。第五篇主要讲述自动力织机概论、断经自停装置的构造及动作、平装法、简单和复杂换管织机的换管、各部的平装、英美换梭式织机的换梭、日本换杼式织机的换杼、换梭式自动织机的平装、自动放经、自动放经机构的平装、自动卷布等内容，并附录了棉纱、经纱、纬纱、织物缩度、布机出数的计算公式，以及下册全部内容的中西译名对照表等。王子宿在所作的序中写道："蒋君是作，以理论为体，以实验为用，实为近代浅明之织机学之刊物，且已包括织学之种种原理，机构之基本解说，尽善尽美，已在斯矣"。图14-15为《理论实用力织机学（上、下册）》。

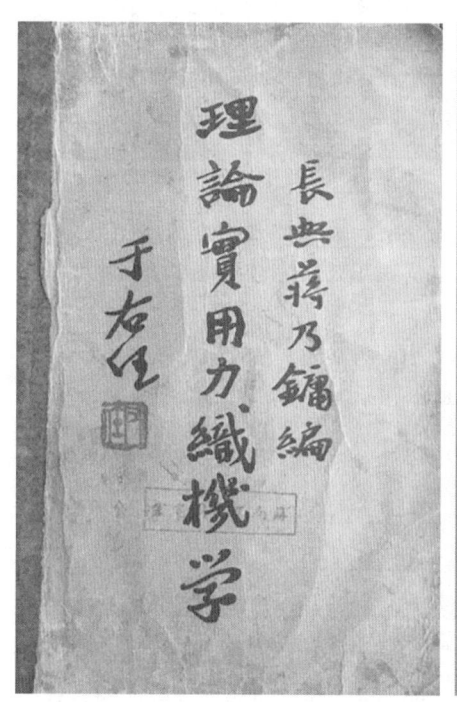

图14-15 《理论实用力织机学（上、下册）》

（16）《纺织（上、下册）》（1933），作者：朱升芹著，出版者：商务印书馆。

该书上册于1933年12月初版，编入万有文库第一集一千种，1934年2月作为工学小丛书出版了上、下册，1947年1月出版至第五版。书前有作者自序和例言。全书分六编。第一编为概论，介绍棉花产额消费与世界纺织大势；第二编为棉，叙述棉的分类、栽培、收获、性质等；第三编为棉纺，记叙棉纺工程以及各类棉纺机器；第四编为棉织，主要介绍棉织过程；第五编为棉布之整理，论述整理的种类、所用药品机械等；第六编为纺织实验，介绍相关实验法。附有中国纱厂一览表、纺织机械所需马力表、布厂准备各机速度及配置表、动力单位比较表等各种参数表。图14-16为《纺织（上、下册）》。

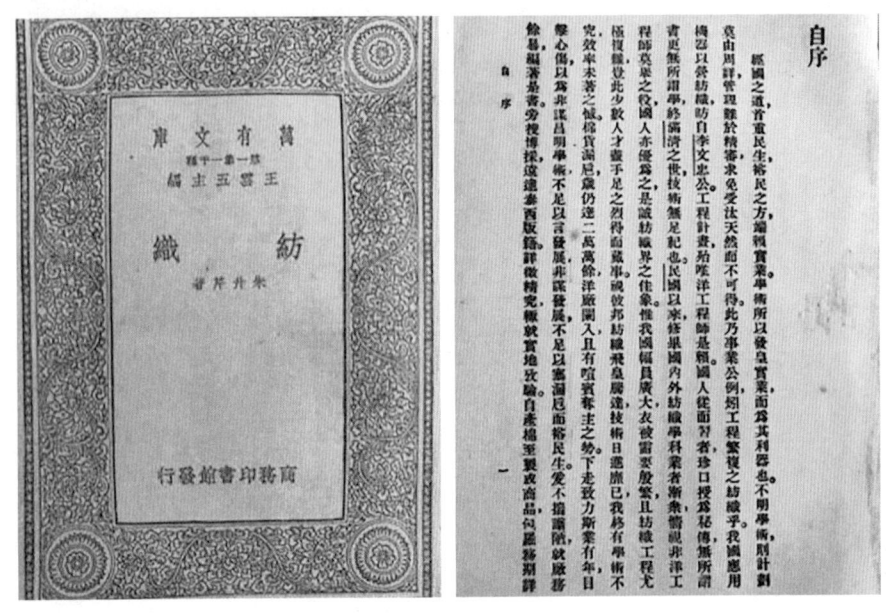

图14-16 《纺织（上、下册）》

（17）《染织品整理学》（1936），作者：诸楚卿著，出版者：染织纺周刊社。

该书共有三十一章，分别为绪论、染织整理品与整理工程的分类、整理的目的、棉织品的整理、棉布整理与染色工程的顺序、染色工程与所用的机器、干式整理、整理用浆料及药品、整理用浆剂的分类、硬性黏着剂、黏性剂、防腐剂、柔软剂、着色剂、防水剂、防火剂、湿润剂、浸透剂及新洗剂、制浆器具与制浆、上浆、干燥、喷水、伸幅（拉阔）、轧光、艳光及印纹、打布、揉布、压光、成品、商品整理工程的分类、标准整理法所施工程。图14-17为《染织品整理学》。

（18）《国产植物染料染色法》（1938），作者：杜燕孙编著，出版者：商务印书馆（长沙）。

该书为商务印书馆工学小丛书之一，于1938年10月初版、1939年2月再版、1948年2月第三版。全书分绪言、靛蓝、苏枋、茜草、红花、栀子、槐花、姜黄、薯莨与紫草、五倍子及其他单宁质植物染料、杂类植物染料、结论共十二章。图14-18为《国产植物染料染色法》。

图14-17 《染织品整理学》

图14-18 《国产植物染料染色法》

（19）《纺纱学》（1938），作者：成希文编著，出版者：商务印书馆（长沙）。

该书为职业教科书委员会审查通过的教科书，于1938年6月初版，1938年10月再版，1943年12月渝1版（分二册装订），1946年7月沪4版，1946年12月沪5版，1948年沪6版。书前有汪孚礼序及作者自序两篇及例言和参考书籍杂志一览表。全书共有十六章，在概论中简要介绍了世界各国纺织业概况、世界各国和我国的棉产概况等，其余十五章分别讲述了松花、和花、开棉、弹花、梳棉、并条、精梳、粗纺、精纺、络纱、纺线、烧纱、摇纱、成色、试验纺纱学知识，并附有棉纺织厂经营标准。图14-19为《纺纱学》。

图14-19 《纺纱学》

（20）《现代棉纺织图说》（1940），作者：何达编，出版者：中国科学图书仪器公司。

该书为中国科学社科学画报丛书之一，全书由引言、正文四章和附录组成，配有大量原料及机器设备图片，并加以说明，图文并茂，易于学习。第一章叙述了棉花的历史、分类、产地、产量、播种和收获、用途、品质、化学成分特性等。第二章简要介绍了80年前的纺织机器。第三章着重介绍了现代棉纺织的各种机器设备，分为纺纱部和织布部两部分，包括纺纱部的松包机、开棉机、除尘机、凝棉机、给棉机、清棉机、梳棉机、并条机、条卷机、精梳棉机、粗纺机、精纺机等以及织布部的卷筒机、整经机、上浆机、力织机等各类机器。第四章介绍了人造棉花和人造羊毛。附录有棉纱支数表。图14-20为《现代棉纺织图说》。

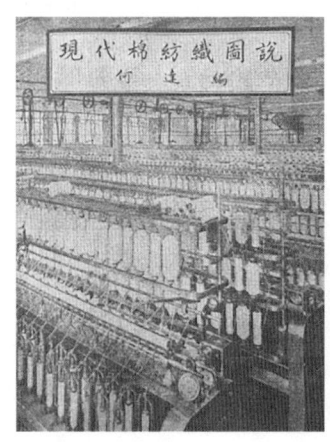

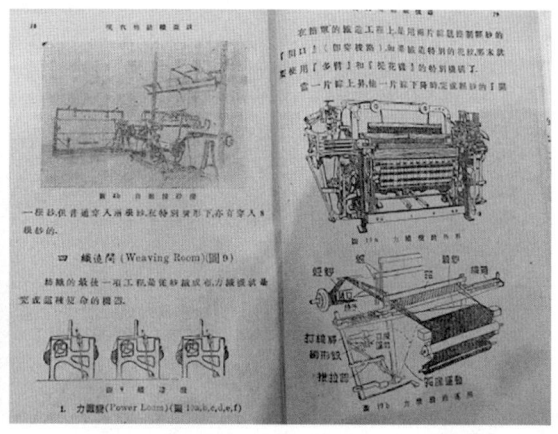

图14-20 《现代棉纺织图说》

（21）《机织工程学》（1941），作者：黄希阁著，出版者：中国纺织染工程研究所。

该书为纤维工业丛书之一，于1941年4月初版，1945年8月再版。全书共分为机械准备工程、动力机械工程、机械及准备工程计算、机械工程杂录四大部分。其中第一部分共有六章，分别为概论、络经工程、整经工程、上浆工程、穿综工程、纬纱管搭工程；第二部分共有九章，分别为概论、开口运动、纬入运动、打纬运动、卷取运动、送经运动、梭箱运动、各种辅助装置、动力传达运转上所需要的动力制织能力；第三部分主要论述了不同机械工程计算的各种求法和准备工程计算的各种求法；第四部分主要论述了机械工程中的各种注意事项和经常会出现的故障及其原因。图14-21为《机织工程学》。

（22）《英华纺织染辞典（初稿）》（1943），作者：蒋乃镛编著，出版者：中国纺织学会（重庆）。

该书初稿于1943年1月由中国纺织学会在重庆初版，共228页，32开本。附作者重要建议及重要著作名称一览。1947年11月由世界书局增订再版，为中国纺织学会丛书之一，共168页，18开本。1950年6月由上海作者书社出版增订第三版。序中说："一般教学，过去多沿用西书，术语既多，苦无定译，殊为普及之障碍，则统一译名而著为辞典，以便教学，尤为当务之急。蒋乃镛同志有见于此，以数年之勤，写成定本，其嘉惠学者，盖非浅鲜，而以技术之普及，渐臻于衣服工业之复兴，此书当亦多所贡献。"
图14-22为《英华纺织染辞典（初稿）》。

图14-21 《机织工程学》

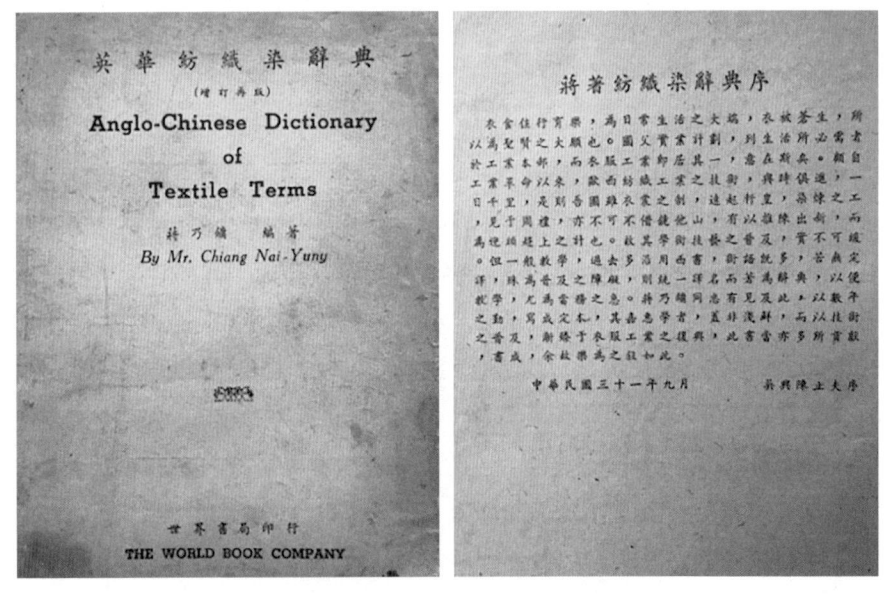

图14-22 《英华纺织染辞典（初稿）》

（23）《纺织染工程手册（上、下册）》（1944），作者：蒋乃镛编著，出版者：大东书局。

该书于1944年5月初版，1948年6月由中国文化事业社出版增补第2版。书前有序言和作者自序，全书共有五篇。第一篇为纺，介绍了纺织原料及其特性、纺纱种类及其顺序、粗纺及细纺工程的要点、纱厂计算的公式、纺纱牵伸的标准、纺纱机的产额等。第二篇为织，介绍了织布准备工程、织纹设计与织物分析和织造工程中的各种情况分析。第三篇为纺织工厂之组训管理计算及经营，介绍了织厂的组织与培训、纺织厂的管理、各种原材料和设备运行等的计算、纺织染厂的经营标准等。第四篇为染，讲述了练漂、染印工程和织物整理。第五篇为原动，主要讲述了蒸汽锅及电动机等设备运行的要点。书后附有英、美、日、苏等度量衡制五种。图14-23为《纺织染工程手册（上、下册）》。

图14-23 《纺织染工程手册（上、下册）》

（24）《棉纺织工场之设计与管理》（1945），作者：张方佐著，出版者：作者书社。

该书于1945年1月初版，1947年8月再版，1948年10月第三版。全书包含设计、设备、管理三个部分，集技术与管理为一体，对抗日战争胜利后纺织企业恢复生产和统一管理具有重要的指导作用，是中国纺织生产管理史上的重要论著。书后附有日本纺织业成本计算准则、各种换算表、美机改进概况及关于大牵伸概述、各式纺织厂平面示例等。图14-24为《棉纺织工场之设计与管理》。

图14-24 《棉纺织工场之设计与管理》

（25）《纤维工业辞典》（1945），作者：黄希阁、姜长英编著，出版者：中国纺织染工程研究所。

该书为纤维工业丛书之一，于1945年8月初版，1947年4月再版。该书收录了纤维工业的词语并加以解释。作者在序中写道："纤维工业专门名词，我国纺织界向无明确规定，一般习惯，多以象形译音为主，不但各纺织染厂所用者不同，各种纺织染参考书籍所载者亦复相异，以致错综迷离，无所适从……本所有鉴于统一名词之急需，于三十三年起着手编订纤维工业辞典。"书中以中英文名词并列，按英文字序排列，用中文解释。图14-25为《纤维工业辞典》。

图14-25 《纤维工业辞典》

（26）《棉练漂学（上、中、下册）》（1947），作者：杜燕孙编著，出版者：纤维工业出版社。

该书于1947年7月至1948年5月分册出版，1948年12月合订再版。全书共有四十二章。上册共二十章，第一章概述了练漂的作用、意义、方式等，第二章至第二十章主要叙述了原棉、纤维素及其衍生物、棉织之特性、练漂用水、净水工程、煮练通论、石灰和烧碱及其练棉法、杂练棉剂、助练剂、漂白通论、漂粉及其漂棉法、次氯酸钠及其漂棉法、亚氯酸钠及其漂棉法、过氧化物及其漂棉法、臭氧及其漂棉法、杂漂白剂、练漂后处理剂、pH值及其在练漂工程之管理。中册从第二十一至第三十五章，主要讲述了棉练漂工程大意、棉布练漂方式、原布及其检验与准备、棉布缝接工程、棉布烧毛工程、棉布退浆工程、棉布煮练工程、棉布绳状洗漂工程、棉布平幅洗漂工程、棉布连续练漂工程、棉布轧水工程、棉布干燥工程、棉布丝光工程、棉布的练漂程序，以及棉布练漂工厂的配备与管理。下册第三十六至第四十一章讲述了棉针织物练漂工程、棉纱线练漂工程、棉纱线丝光工程、棉织练漂工程、棉纱棉织脱水及干燥工程、练漂的疵弊，最后第四十二章讲述了练漂成品的检验。图14-26为《棉练漂学（上、中、下册）》。

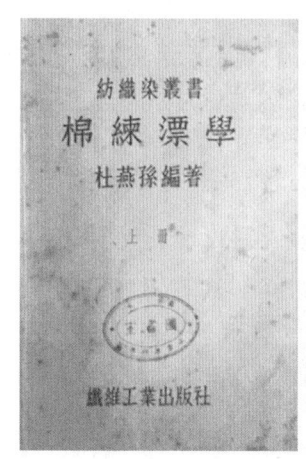

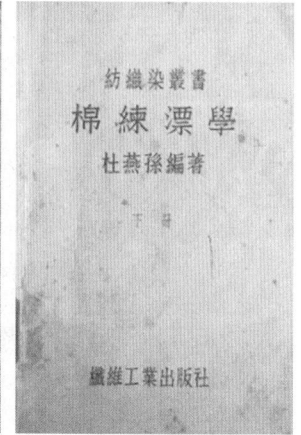

图14-26 《棉练漂学（上、中、下册）》

（27）《棉纺工程（上、下册）》（1947），作者：吕德宽编著，出版者：纤维工业出版社。

上册于1947年3月初版，下册于1947年5月初版。上册共有四篇，第一篇对棉纺工程进行了概述；第二篇对原棉进行了讲述，包括棉植物、轧棉工程、棉纤维、原棉的供应等内容；第三篇主要讲述了清棉部的各项工程，包括松包、混棉、开棉、清棉、单程式清棉、不洁空气的排除、废棉的处理、棉卷等内容；第四篇主要介绍了梳棉工程，内容包括梳棉原理、回转针板式梳棉机、针布、梳棉机传动和计算、棉条等。下册共十篇，书前有秦德芳序和作者自序。秦德芳在序中介绍该书"简而赅、详而明、条分缕晰、解说精细，极合采作教材及工余进修之用"。下册第五至第十篇，分别叙述了并条工程、粗纺工程、细纺工程、摇纱和成包工程、棉纺机器运转工作要点等棉纺织工程技术。第十篇附录有棉纺厂经营标准和实习指南等内容。图14-27为《棉纺工程（上、下册）》。

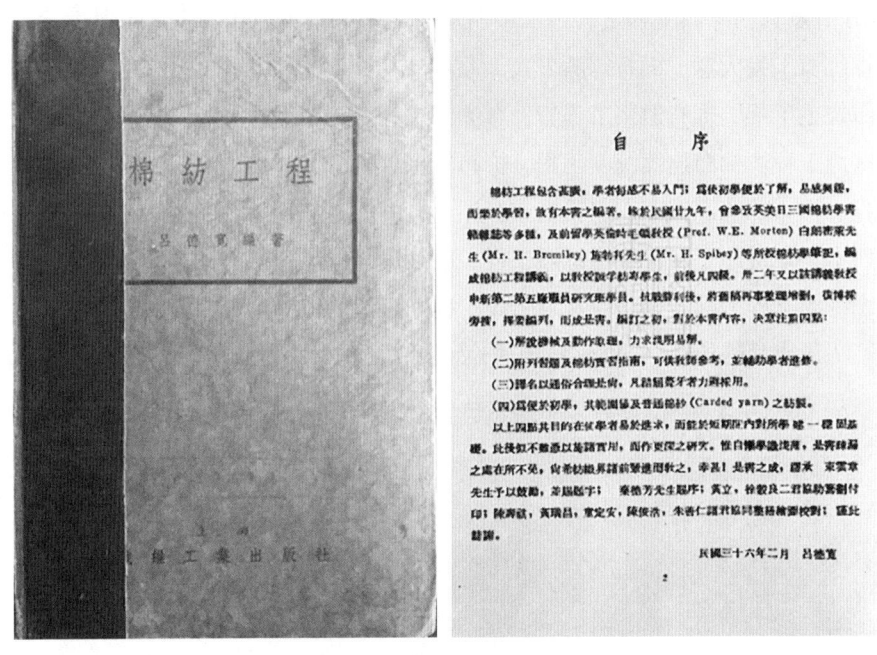

图14-27 《棉纺工程（上、下册）》

（28）《人造纤维》（1948），作者：丁宪祐、王世椿编，出版者：纤维工业出版社。

书前有束云章序和作者自序，全书共有二十三章。第一章为绪论，第二、第三章叙述了人造纤维的分类、含纤维素人造纤维，第四至第九章分别叙述了黏液、铜氨、皂化醋酸、硫酸、硝酸及其他人造丝，第十至第十五章叙述了蛋白质人造纤维、乳酪纤维、其他动物性蛋白质人造纤维、大豆纤维、其他植物性蛋白质人造纤维及其他天然重合体人造纤维，第十六至第二十一章叙述了各种合成纤维，最后两章介绍了无机人造纤维及人造纤维的鉴定。图14-28为《人造纤维》。

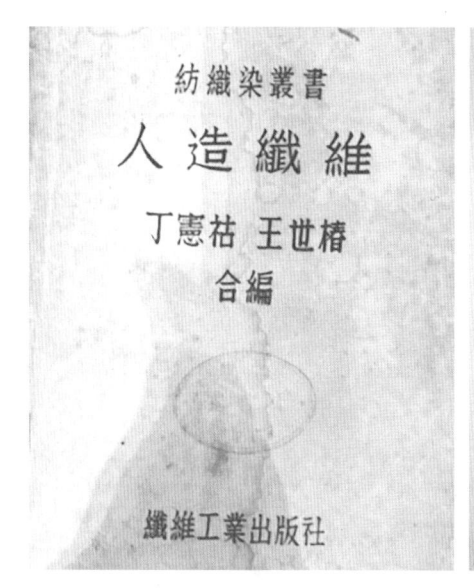

图14-28 《人造纤维》

(29)《弹簧大牵伸与双喇叭》(1948),作者:雷炳林等著,出版者:上海大利铁厂。

书前有郭棣活所作的序,书内收有雷炳林所撰《细纺机发明弹簧大牵伸之目的与特点》和《发明双喇叭说明节略》、吴光焘所撰《雷氏大牵伸之效用》和《使用雷炳林氏发明粗纺机双孔喇叭及精纺大牵伸之研究》、欧阳威廉所撰《论雷氏式大牵伸》、何永江所撰《从牵伸波上看雷氏双喇叭粗纺机》、陆致和所撰《装用雷炳林式双孔喇叭实况》等文章,介绍新发明的纺织机械。图14-29为《弹簧大牵伸与双喇叭》。

(30)《混棉学》(1949),作者:中国纺织建设股份有限公司原棉研究班全体著,出版者:中国纺织建设股份有限公司。

该书为中国纺织建设股份有限公司纺织染丛书第一辑,公司前董事长陈启元在卷首序言中写道,该丛书的出版,"从此纺织界之技术,如在黑夜旅程中忽得明灯燃,当必有非常之改进以造福于国人也",说明了该丛书在当时的重要性。该书正文前有公司董事长刘维炽、前董事长陈启元、总经理顾毓琇、前总经理束云章、副总经理李升伯、吴味经、顾葆常及工务处长张方佐所作的序。全书共分九章,第一章总论,介绍了混棉与我国的棉纺织工业以及混棉的技术概念;第二至第九章,分别详述了棉作、原棉之产销、棉纤维、试验仪器、原棉分级、原棉检验法、混棉法以及原棉仓栈管理等内容。图14-30为《混棉学》。

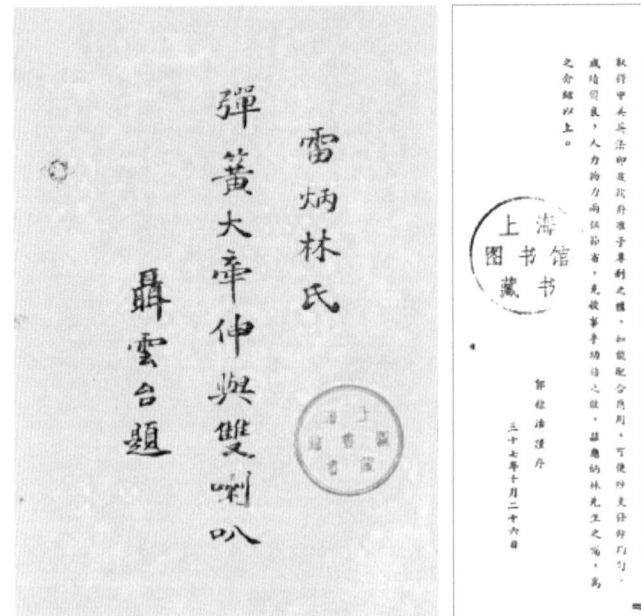

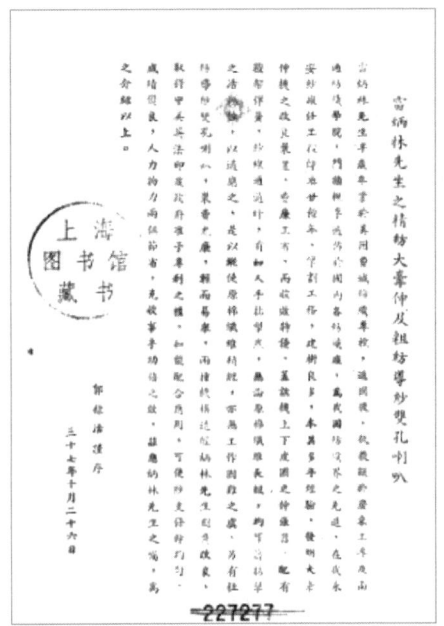

图14-29 《弹簧大牵伸与双喇叭》

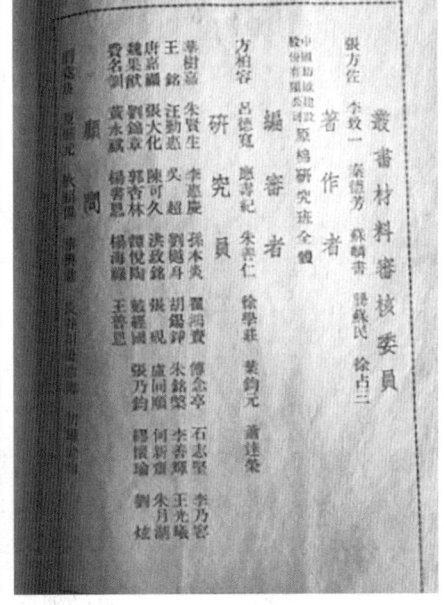

图14-30 《混棉学》

2. 工业经济类重要纺织图书

工业经济类纺织图书指工业经济（中图分类号F4）中有关纺织工业内容的图书。

（1）《中国花纱布业指南》（1917），作者：（美）克赖克著，穆湘玥译，出版者：上海厚生纱厂。

《中国花纱布业指南》原书名为《日本之纱业》，共354页。全书分为十五章，分别为日本进口棉花之盛况、日本棉业发达史、棉纱出数与消数、日本进口纱、日本出口纱、股线与废花之贸易、棉布之出数及出口、进口布匹、线结物、棉布贸易之撮要、日本纺织律、纺织业之工人及工资、厂律、纱厂资本及利益等。图14-31为《中国花纱布业指南》。

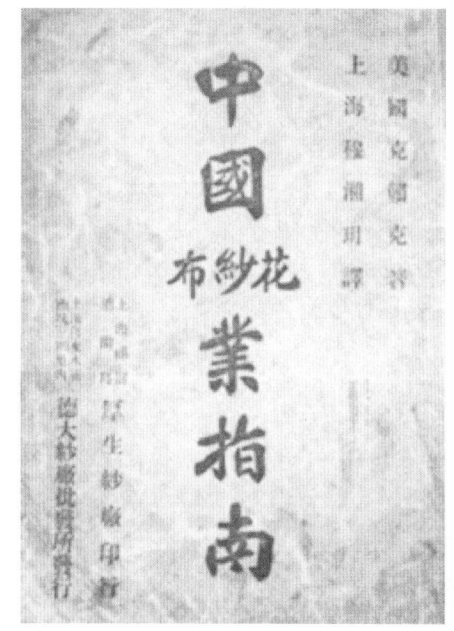

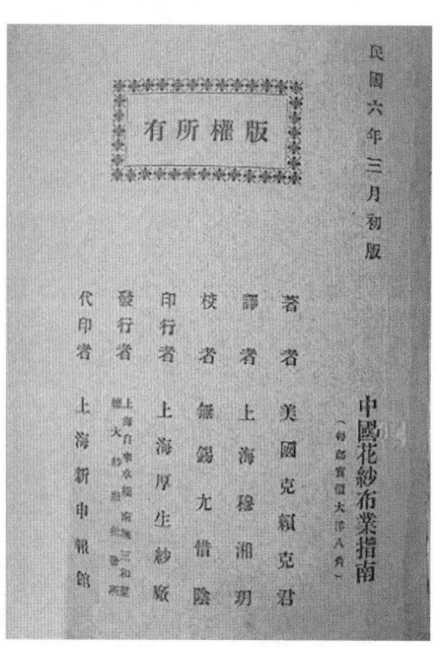

图14-31 《中国花纱布业指南》

（2）《江苏省纺织业状况》（1920），作者：江苏实业厅第三科编，出版者：商务印书馆。

该书卷首有张轶欧的序及编者凡例。全书分三编，首编以图表形式介绍了江苏省各纺织厂资本、纱锭数量的比较以及建筑、商标、工作顺序等，内编介绍了江苏纺织厂概况、工厂组织及设备、华商纱厂之自卫计划等，外编介绍了江苏棉业概况和上海纱业概况。书末附有大生纱厂纺工说明书、约则、章程等。图14-32为《江苏省纺织业状况》。

（3）《纱厂大全》（1922），作者：童溪石编译，出版者：纺织丛书编辑社。

该书由张謇题写书名，书前有张謇、马崇德、吴麟书所作的序。全书共分四编，第一、第二编分别叙述了棉纱的计算和引伸的计算方法，第三编详细介绍了棉花、棉纺工程的目的，以及和花机、饲花机、松花机、清花机、钢丝机、引伸之罗拉、并条机、粗纱机、细纱机、双线机等运作管理知识，第四编则包含了纱厂改良建议、纱厂机械管理方法、装机要点、纱厂建筑及设备和我国纱厂列表等内容。图14-33为《纱厂大全》。

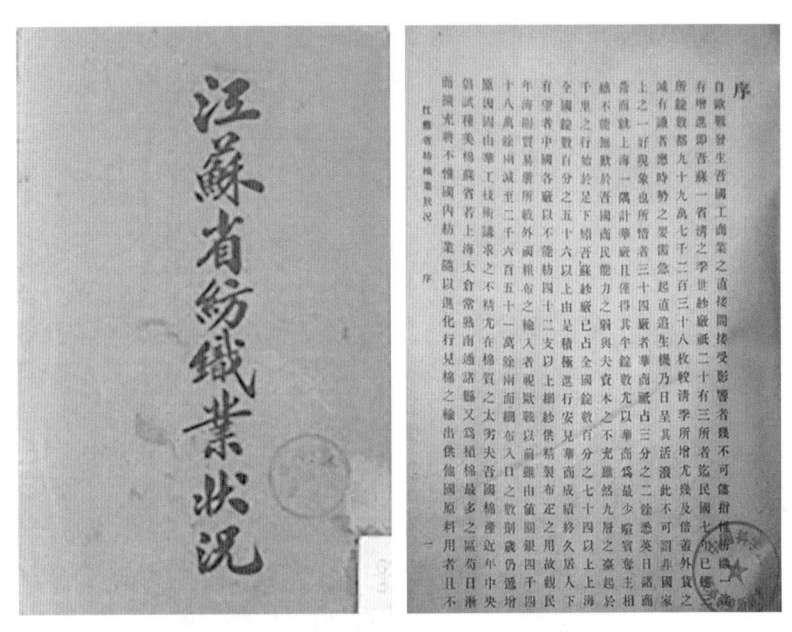

图14-32 《江苏省纺织业状况》

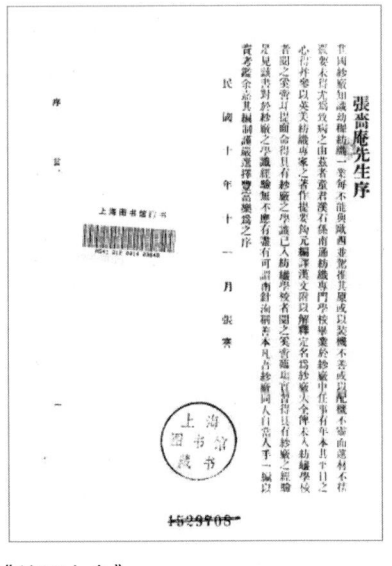

图14-33 《纱厂大全》

（4）《中国之纺织业及其出品》（1928），作者：（日）井村薰雄著，周培兰译，出版者：商务印书馆。

该书于1928年8月初版，1933年7月再版。全书为文言体，共有五章，分别论述了中国的棉纱、棉布、棉花的供求情况，中国纺织业的现状与设施，中国纺织业的将来与关税等内容，附有折表。该书是较早对中国纺织业现状进行调查研究的书籍。图14-34为《中国之纺织业及其出品》。

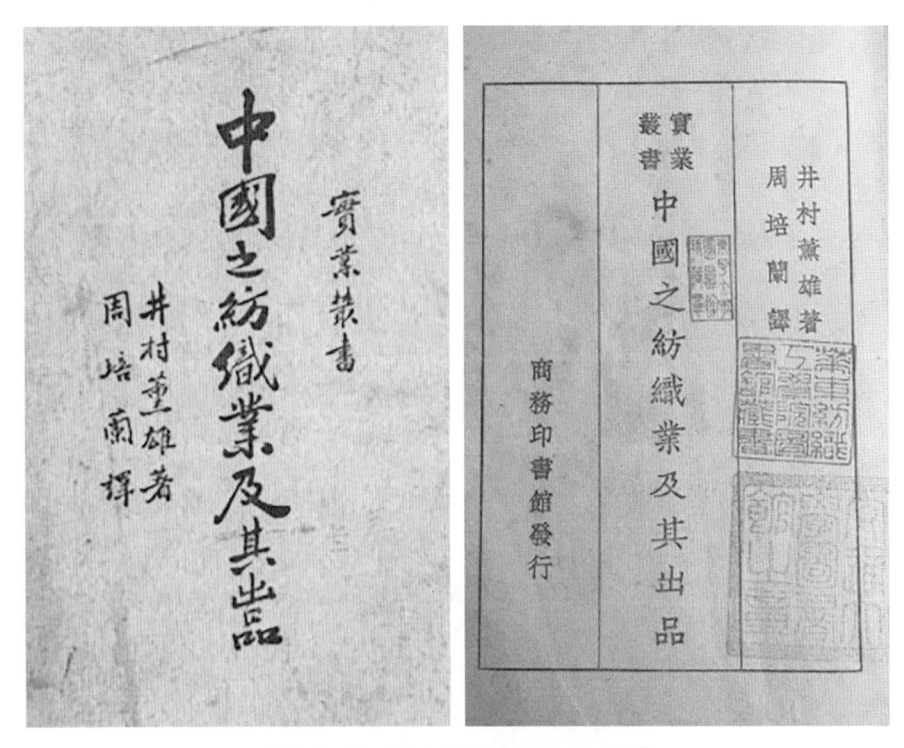

图14-34 《中国之纺织业及其出品》

（5）《天津织布工业》（1931），作者：方显廷著，出版者：南开大学经济学院。

该书共97页，16开本。全书共分五部分，分别叙述了织布业的历史及其区域分布、织布工业的组织、布的制造及其销售方式等，以及对织布工人及学徒进行了分析，并对天津织布工业的概况、衰落的原因进行分析、提出改良的建议。图14-35为《天津织布工业》。

（6）《日本之棉纺织工业》（1933），作者：王子建著，出版者：社会调查所。

该书共分八章，分别从历史回顾、棉业组织、原棉、劳工状况、工人能率及成本、生产及消费、海外市场等方面概述了日本六十年来棉纺织工业的发展概况。作者自述日本的棉纺织工业发展历程可供中国同业参考借鉴。书后附有纺织业概况一览、最近纺织公司概况一览、全国纱锭的地域分布、纺织公司资本内容等统计表。图14-36为《日本之棉纺织工业》。

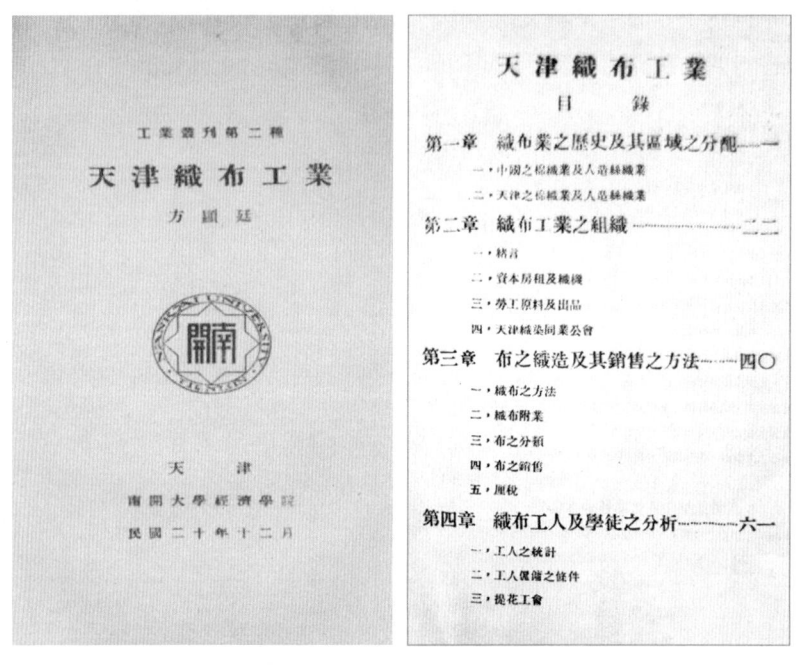

图14-35 《天津织布工业》

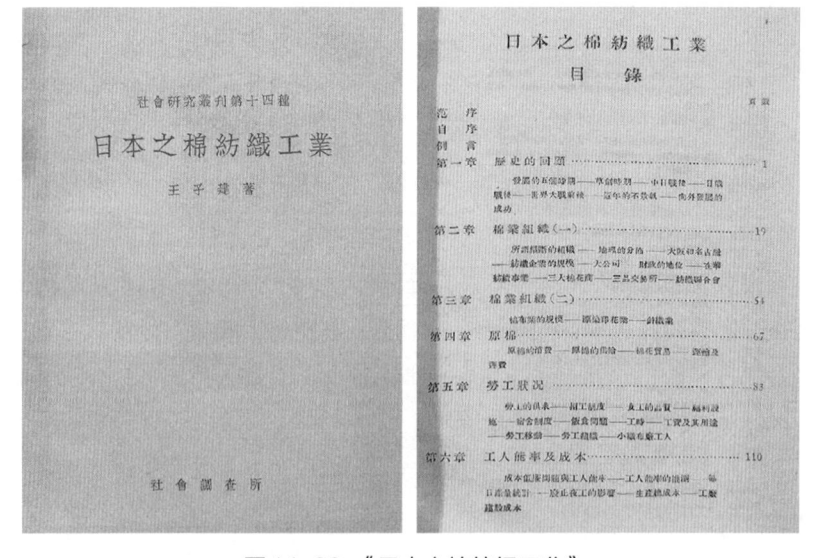

图14-36 《日本之棉纺织工业》

(7)《中国之棉纺织业》(1934),作者:方显廷著,出版者:国立编译馆。

全书包括正文、参考书、附录等部分。正文共分八章,分别概述了中国棉纺织业之历史及其区域之分布、中国棉花之生产及贸易、中国棉纺织品之制造与销售、中国棉纺织业之劳工、中国棉纺织业之组织、中国之手工棉织业、中国棉纺织品之进出口贸易,并回顾了中国棉纺织业现状,同时也分析了中国棉纺织业的前景。附有统计图表21种、有关文契7种、参考书目录、修正中国纱厂一览表(1930)。该书对中国的棉纺织业从历史到现状进行了全面系统研究并做了前瞻性的分析,既是一份内容翔实的调查报告,也是对棉纺织品的生产和经营运销进行全面分析的学术著作。图14-37为《中国之棉纺织业》。

图14-37 《中国之棉纺织业》

(8)《中国纺织品产销志》(1935),作者:叶量著,出版者:生活书店。

书前有作者的卷首语,全书共有二十二章。除第一章概述、第二十二章结论外,其余各章分别叙述了棉纱、麻纱、毛纱、丝纱、线绳类、编织品、针织品、棉布、夏布、呢绒、绸缎、特种布,以及带、管、袋、毡货、胎料、家庭日用品、衣着服御品、工艺需用品各类纺织品的产销状况。附录有服装臆说、中国纺织工厂要览。图14-38为《中国纺织品产销志》。

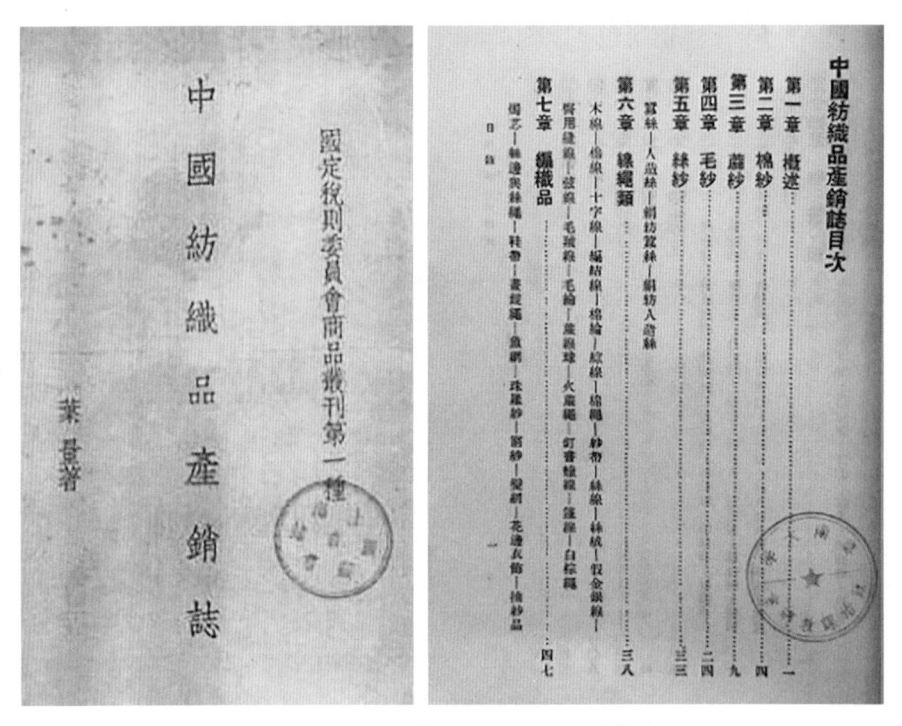

图14-38 《中国纺织品产销志》

（9）《中国棉业问题》（1936），作者：金国宝著，出版者：商务印书馆。

该书为商务印书馆万有文库之一，于1936年3月初版，1936年12月再版。卷首有穆湘玥及作者序，正文共九章，在第一章绪论导言中作者写道："讨论棉业问题，可分原料与制造二方面，言原料则产额之多少，品质之优劣与分级之方法为最重要之问题。言制造则资本之大小与成本之高下为最重要之问题。"该书对棉花产量进行了估算，概述了棉纺织业的沿革及现状，详细叙述了棉花的检验、分级、纱厂的资本、人工和生产成本效率、纱花市价变动、棉业税捐、劳工状况等，并进行归纳总结。图14-39为《中国棉业问题》。

（10）《四川省之夏布》（1936），作者：重庆中国银行编辑，出版者：中国银行总管理处经济研究室。

该书共六章，分别为总论、麻产、制造、制造业、商业、结论，介绍了四川省夏布从原料产地到生产制造、销售渠道与费用、出口与出口商等事项，著名夏布产地、种类、制造方法、贸易、产量等情况。书中附有隆昌、荣昌、内江、江津、中江各区的各种夏布列表及产量概况表，并有夏布实样。图14-40为《四川省之夏布》。

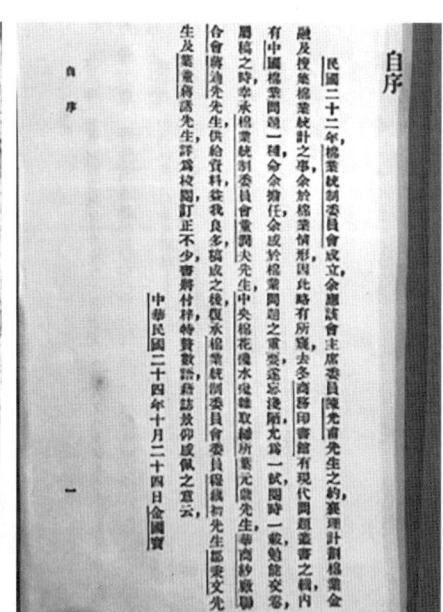

图14-39 《中国棉业问题》

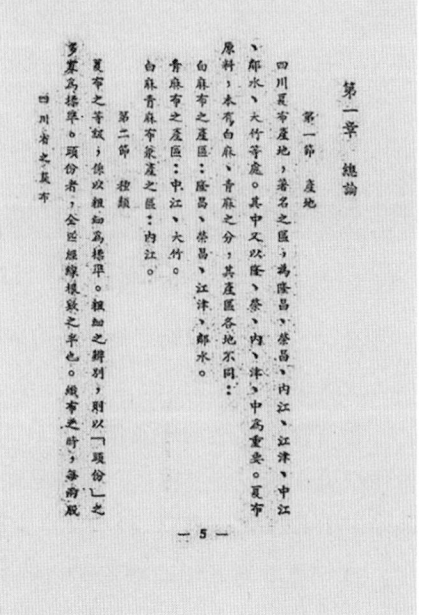

图14-40 《四川省之夏布》

（11）《纱厂成本计算法》（1938），作者：何达著，出版者：中国纺织染工业补习学校。

该书于1938年3月初版，1944年11月增订再版，1946年10月增订第3版。

书前有序论，全书共分十三章，分别概述了纱厂成本计算的理论与方法，包括工资、电力费、折旧费、原棉成本、寄宿舍费、利息、燃料费、职员薪金、保险费、捐税、机械修理费及物料费、房屋修理费及其他各项费用。附换算表和棉纱加热收缩的研究。图14-41为《纱厂成本计算法》。

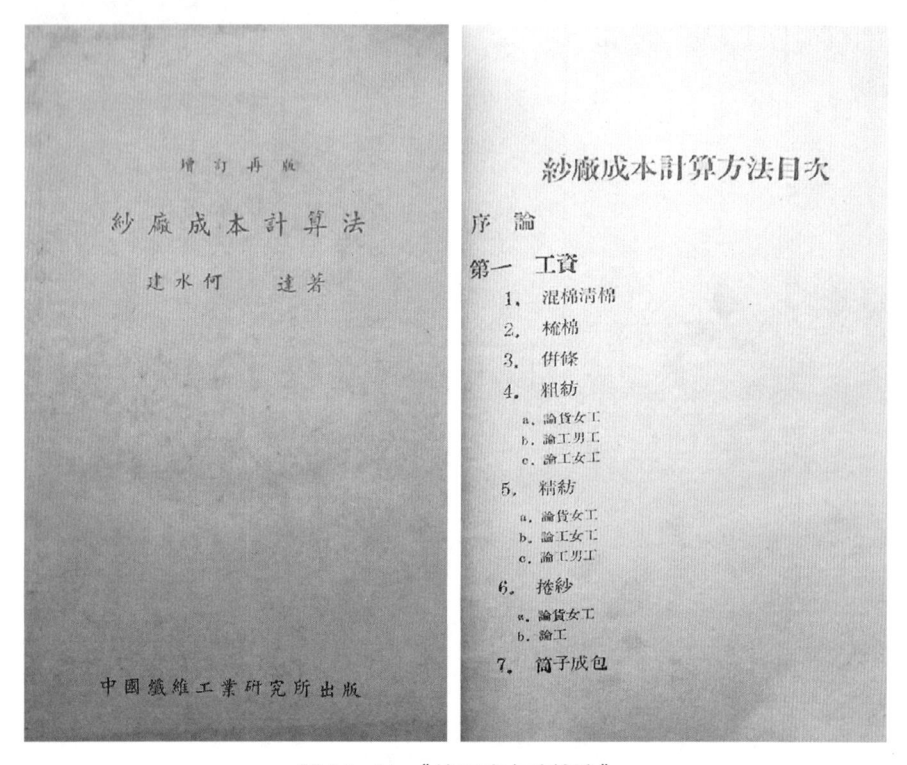

图14-41 《纱厂成本计算法》

（12）《中国纺织染业概论》（1944），作者：蒋乃镛著，出版者：中华书局（重庆）。

卷首有张文潜的序及作者自序，全书共有四章，概述我国棉、毛、麻、丝纺织染业的发展过程、产销情况和发展趋势。书末附有孙中山实业计划中的纺织染业计划。图14-42为《中国纺织染业概论》。

（13）《上海丝织业概览》（1947），作者：联合征信所调查组编，出版者：联合征信所。

介绍上海丝织业产销概况，并分五类分别介绍了拥有织机一百台以上至十台以下的上海市电机丝织工业同业公会会员的厂商情况、商标等。附录有上海丝织产销联营股份公司及联营公司组织规程，第四区丝织工业同业公会理事名录、章程、业规等。图14-43为《上海丝织业概览》。

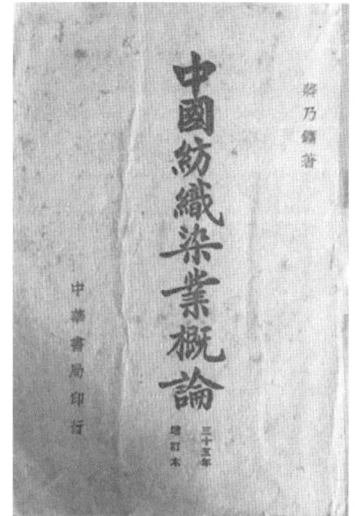

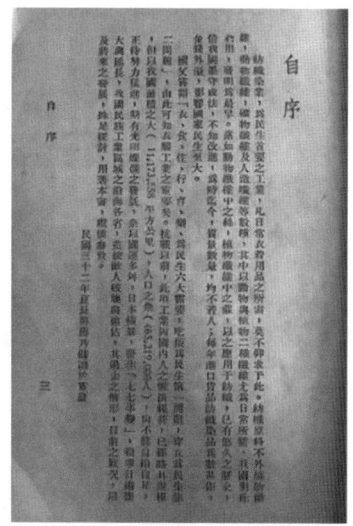

图14-42 《中国纺织染业概论》

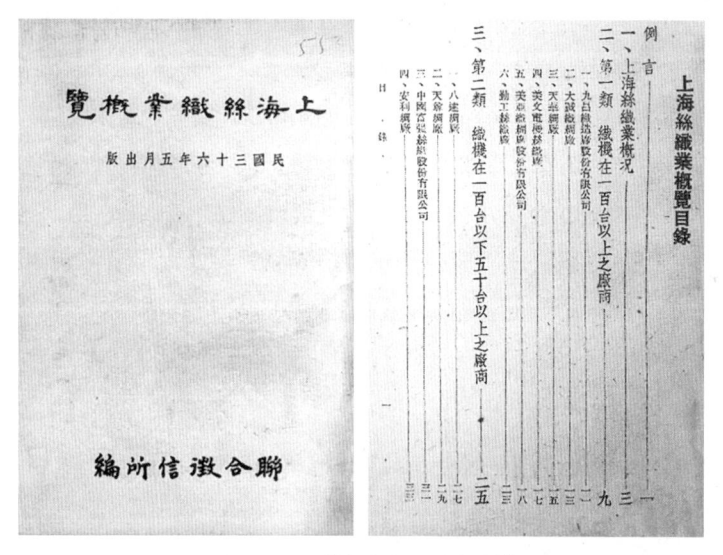

图14-43 《上海丝织业概览》

（14）《上海市纺织印染工业》（1948），作者：工商部上海工商辅导处调查资料编辑委员会编，出版者：编者刊。

该书又名《上海纺织漂染印染工业》。书中介绍了办理调查统计上海纺织漂染印染整理各厂的经过情况，物资规格的拟定，棉纺织、毛巾被毯及手帕、帆布、手工棉织、针织、内衣、驼绒、毛纺、缫丝、绢丝、丝织等纺织各行业的简要介绍，各行业的调查表和分类统计表，锅炉设备和电动机统计表等内容。图14-44为《上海市纺织印染工业》。

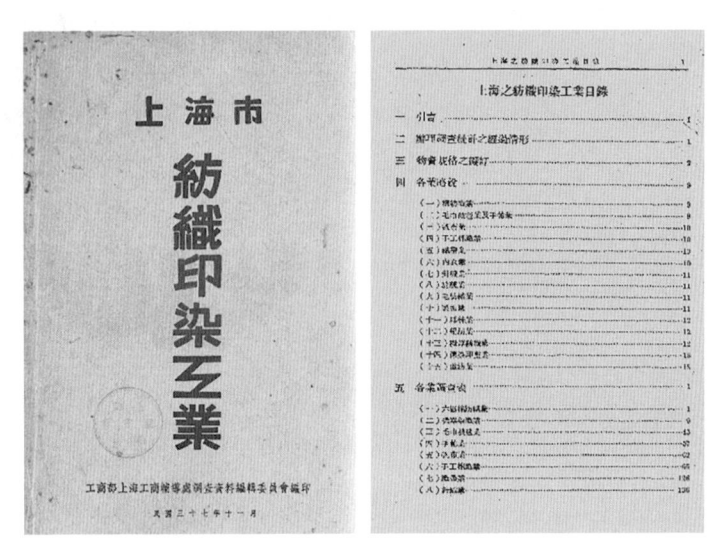

图 14-44 《上海市纺织印染工业》

（15）《工务辑要》（1949），作者：中国纺织建设公司工务处编，出版者：中国纺织建设公司。

该书卷首有顾毓琇等人所作的序及编者前言，工务处组织概述和公司所属在上海、青岛、天津、东北各厂的分布图。全文共分棉纺织、毛麻纺织、针织、印染四部分，介绍了公司所属在上海、青岛、天津、东北各厂的概况、设备情况、工程设计、标准及规格、成品种类及商标名称、研究试验、训练及进修和各类生产统计等内容。图14-45为《工务辑要》。

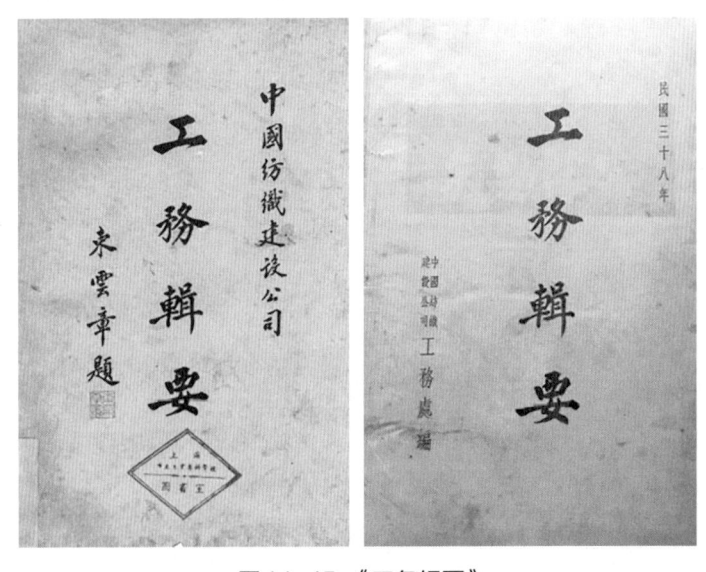

图 14-45 《工务辑要》

3. 农业科学类重要纺织图书

农业科学类纺织图书指农业科学（中图分类号S）中的纤维农作物、动物纤维、蚕桑等与纺织原料棉、毛、丝、麻内容相关的图书。

（1）《蚕桑浅说》（1892），作者：卫杰撰，出版者：编者刊。

该书内容较为简略，全书包含蚕始、浴子、拂蚁、饲叶、上蔟、摘茧、留子、缲丝、蚕器、蚕室、热蚕、山蚕、栽桑树、种桑葚、接鲁桑、压条、桑利与茧比较、桑益、蚕桑无地不宜、蚕桑总说等适合河北等地栽桑养蚕经验技术方面的内容。图14-46为《蚕桑浅说》。

图14-46 《蚕桑浅说》

（2）《蚕桑备要》（1895），作者：刘青藜补辑，出版者：陕西蚕桑局刻本。

全书共有四篇，分别为第一篇栽桑说，第二篇先事预备，第三篇养蚕总要，第四篇养蚕程式。书后附有养蚕二法：三原桑园蚕妇养蚕简易法和医蚕病方并杂录治病防病法。全书是在吸收了《豳风广义》的精华及前人蚕书的内容，并结合自己的实际经验的基础上辑成，该书总结蚕桑技术全面，语言通俗。图14-47为《蚕桑备要》。

（3）《蚕桑谱》（1897），作者：陈启沅撰，出版者：广东奇和堂药局刻本。

《蚕桑谱》（又名《广东蚕桑谱》）是广东第一本关于蚕桑生产方面的农

书,是我国近代著名民族企业家陈启沅根据当时我国缫丝业的发展状况,总结出的种桑养蚕和缫丝的方法。《蚕桑谱》有光绪丙戌年版、光绪丁酉年版和光绪二十九年版。在广东省奇和堂药局刻本丁酉年版中,连序共二十一篇。其中正文共两卷十三篇。全文结构如下:凡例、自序、潘衍桐序、吴尃序、厘务总局咨文、陈锦篯文、广东劝业道陈宪台批示、崇绮题诗。在《自序》中陈启沅忆父感怀,讲述了他创办我国第一家机器缫丝厂的缘由和经过,并认为"丝之法既善,而养蚕之法然犹未精,故特悉心考究",而编写《蚕桑谱》一书,"幸望植桑养蚕之家,人人皆通此法"。

全书共两卷。卷一有蚕桑总论、练种法、放蛾泡水要法和养蚕赞育篇,在蚕桑总论中论述了植桑养蚕之利,在养蚕赞育篇中详述了养蚕十法。卷二有论缫丝法、头造宜忌篇、第二造宜忌篇、第三造宜忌篇、第四造宜忌篇、第五造宜忌篇、第六造宜忌篇、寒造宜忌篇、种桑宜忌篇。在蚕桑各造宜忌篇中详述缫丝过程六造中每一造的宜忌。在种桑宜忌篇中,细述了一年内植桑的要求和方法。书中还绘有机汽单车图和机汽大偈图。图14-48为《蚕桑谱》。

图14-47 《蚕桑备要》　　图14-48 《蚕桑谱》

(4)《神农最要》(1897),作者:陈开沚撰,出版者:四川潼川文明堂刻本。

在该书例言中作者写道:"是编发明栽桑不占农之地,灌桑不分农之养,以丝售钱可补粮佃诸费,俱有神农而不妨农之意,故名之曰神农最要。"阐明了写书的宗旨。作者"采辑诸书,荟萃成编",广引前人之说,在总结前人之法的前提下,通过自己实践得出适合本地的栽桑、饲蚕和缫丝的各种方法经验。全书共有序二篇,正文三卷,首先叙述了栽桑饲蚕的道理,强调农业与蚕桑综合发展"以收全利",随后详细总结了栽桑、饲蚕、缫丝等各项

方法、经验技术。图14-49为《裨农最要》。

图14-49 《裨农最要》

（5）《蚕桑萃编》（1898），作者：卫杰撰，出版者：编者刊。

《桑蚕萃编》共十五卷，篇幅之大为我国古蚕书之首。其中第一卷为历代君王诏劝农桑的谕旨，第二卷为桑政，第三卷为蚕政，第四卷为缫政，第五卷为纺政，第六卷为染政，第七卷为织政，第八卷为棉政，第九卷为线谱目录，第十卷为花谱目录，第十一卷为图谱（桑器图类、蚕器图类、纺织器图类），第十二卷为图谱（桑器图咏、蚕器图咏、纺织器图咏），第十三卷为图谱（豳风图咏类、四时图咏类），第十四卷为外纪（泰西蚕事类），第十五卷为外纪（东洋蚕子类）。《蚕桑萃编》叙述了从栽桑到制成丝绸成品的整个过程，包括栽桑、养蚕、缫丝、拉丝绵、纺丝线、织绸、练染、成品的花纹样式，较全面地记载了从采桑、养蚕到缫丝织染各阶段的工艺技术和生产工具，内容详尽，语言通俗易懂。在三卷图谱中绘有当时使用的生产器具，并附有文字说明，反映了当时我国蚕桑和手工缫丝织绸技术水平。第十四卷介绍了英国和法国的蚕桑技术和生产情况，第十五卷介绍了日本的蚕务情况。同时，该书还记述了桑蚕业的历史，收录了许多丝绸吉祥纹样的名称。图14-50为《蚕桑萃编》。

（6）《棉业图说》（1910），作者:（清）农工商部官撰，出版者：编者刊。

全书共分八册，第一册为棉业新法图说，第二册为中国棉业成法考略，第三册为中国棉业现情考略，第四册为中国棉业集证，第五册为美国棉业考略，第六册为德国棉业考略，第七册为日本棉业考略，第八册为意大利、秘鲁国棉业考略。图14-51为《棉业图说》。

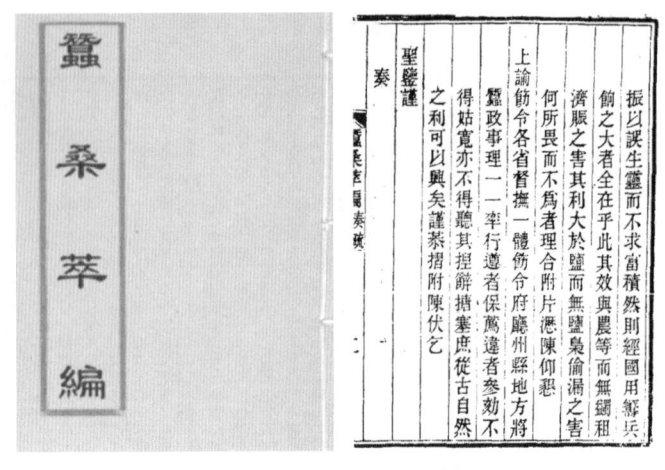

图14-50 《蚕桑萃编》

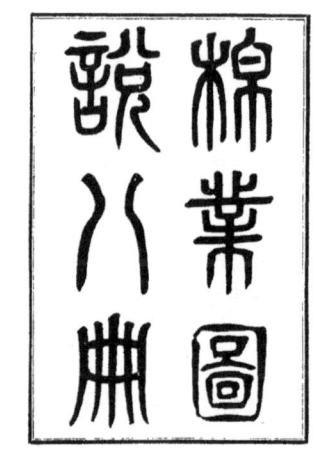

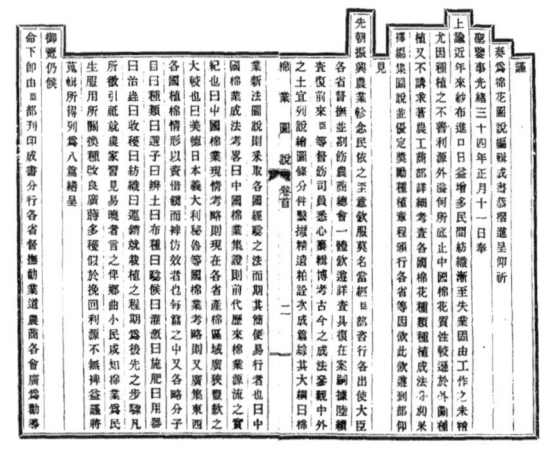

图14-51 《棉业图说》

(7)《植棉改良浅说》(1915),作者:穆藕初著,出版者:上海德大纱厂批发所。

该书于1915年1月初版,共90页,23开;1917年1月中华书局新记工务处再版,附上海穆氏植棉试验场第一次报告;1917年8月第三版;1919年3月第四版,附上海穆氏植棉试验场二次报告。

该书分别对我国棉种、气候、土质进行分析,对治田、播种、选种、选肥施肥、御旱的方法等方面进行论述,附有上海穆氏植棉试验场第一、第二次报告。

作者在概论中说:"中国土地肥美,天气温暖之区,皆宜栽植棉花。南部诸省如云南、贵州、广东、广西、福建,气候暖热,移植棉花,定能非常发达，惜乎尚少提倡。中部诸省，如江苏、浙江、安徽、湖南、湖北、陕西、四川，所承之天气，虽比南部诸省热度略减，然天气温和，夏令雨量及太阳所发之光力热力，发荣棉产，绰乎有余。然中部维两江两湖产棉较盛，陕西次之，以上诸省境内，尚有多大宜棉之地，未曾推广。此外如四川安徽两省，于棉市之中，颇觉寂寞。北部各省，亦未尝不可栽棉。查美国最近出版之农业报告，谓全世界产棉之额，美国占百分之六十七，而中国仅占百分之五，且同一棉花，以吾化产与美产较则品质远逊，华棉仅能纺二十四支以下之纱，美棉能纺极细之纱。每年样布样纱之进口，恒在一万万以上，循此以往，而不思补救，即此一项，已足使我陷于破产之地位。爰作植棉改良浅说，以资有志振兴中国农产诸君子之借镜，努力推行，正在吾辈，阅者幸勿以浅近而忽之。"图14-52为《植棉改良浅说》。

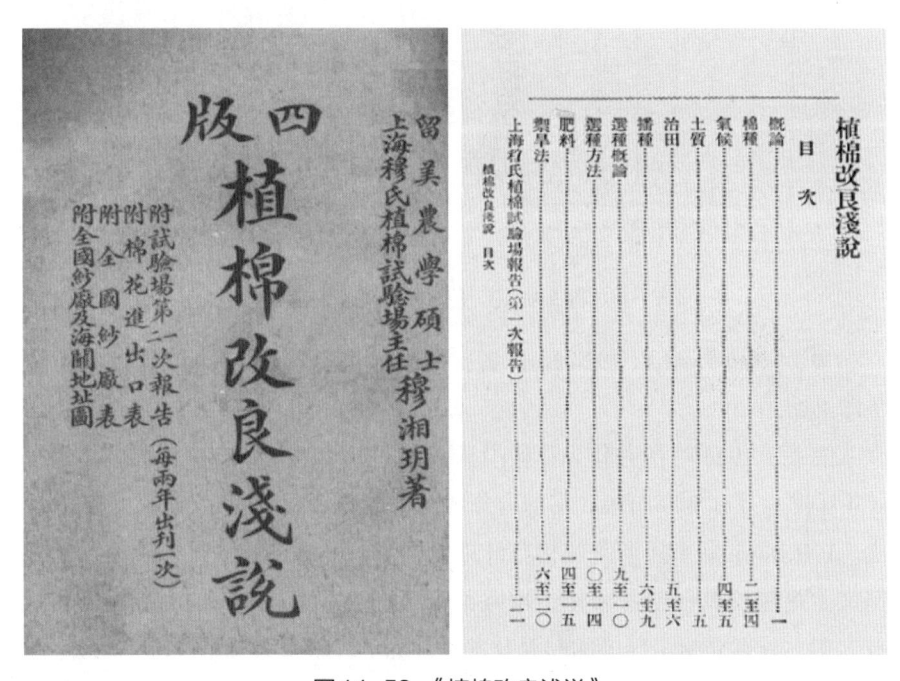

图14-52 《植棉改良浅说》

（8）《棉》（1923），作者：过探先著，出版者：商务印书馆。

该书为商务印书馆百科小丛书之一，于1923年1月初版，1923年10月再版，1926年8月第三版。全书共分七章，第一章介绍了棉花对于人生、实业、国民经济和国力的重要性，第二章叙述了美国、印度、埃及及我国等地的棉产概况，第三章叙述了棉花的分类、性状和品种，第四、第五章分别详细叙述了棉花的栽培方法和选种方法，包括气候、土质、播种、施肥、收获、轧花、选种方法等,第六、第七章讲述了棉花病虫害的防治及我国之棉产问题等。图14-53为《棉》。

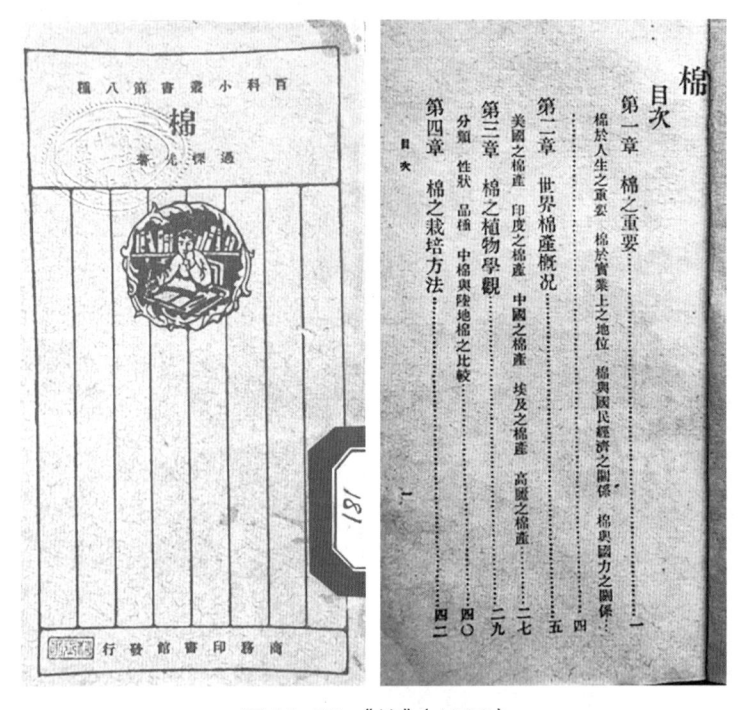

图14-53 《棉》(1923)

(9)《棉花纤维》(1924),作者:吴季诚著,王云五主编,出版者:商务印书馆。

该书于1924年10月作为百科小丛书之一初版,1926年11月再版。1930年4月收入万有文库出版。书前有作者弁言,作者在弁言中说:"就美国包曼(F.H.Bowman)氏所著《棉花纤维之构造》一书,择取重要部分,译成国文。更摘拾其他专家著作,增益其中,别为章节,辑成此编。"全书共有七章,分别介绍了纤维的起源及发育、标准纤维及其构造、纤维的分类、纤维的理学性、不同时间地域所产纤维的变异、纤维的化学成分等内容。图14-54为《棉花纤维》。

(10)《中等棉作学》(1925),作者:冯泽芳编,孙恩麟校,出版者:中华书局。

该书于1925年8月初版,1926年1月再版。在该书编辑大意中提到,"本书供新学制农业学校或中学及师范学校农业教科之用","本书所述,概按照我国棉业现状之需要,加以研究及指导,以期切于实施"。由此可见,此书为一本按国内实际情况编著的教科书。该书介绍了国内外棉花的概况，对棉花的性状、种类、选种、棉花种植的气候土壤、施肥、时节、播种、管理，以及对收获销售和所需生产费用、棉花的病虫害分为十一个章节进行了详细的论述。图14-55为《中等棉作学》。

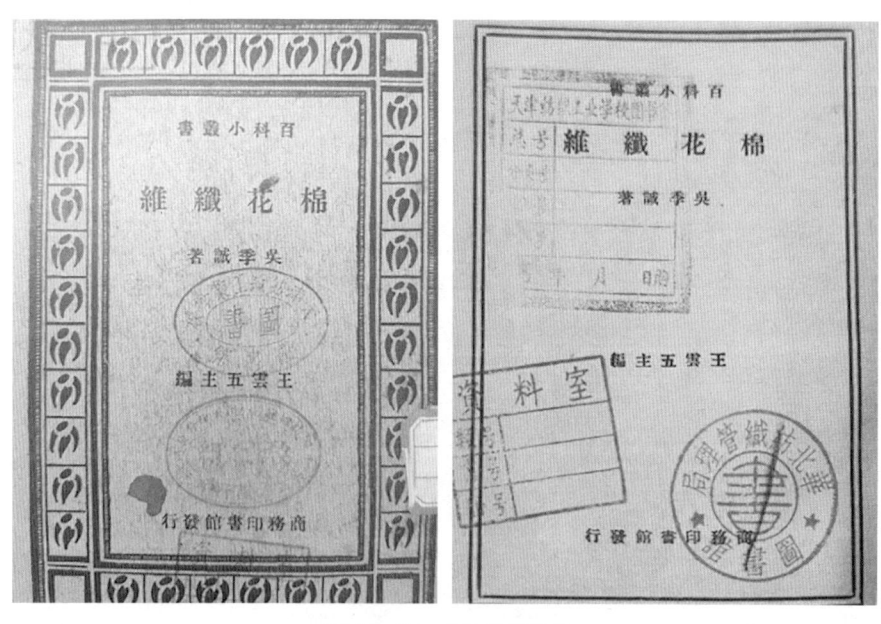

图14-54 《棉花纤维》

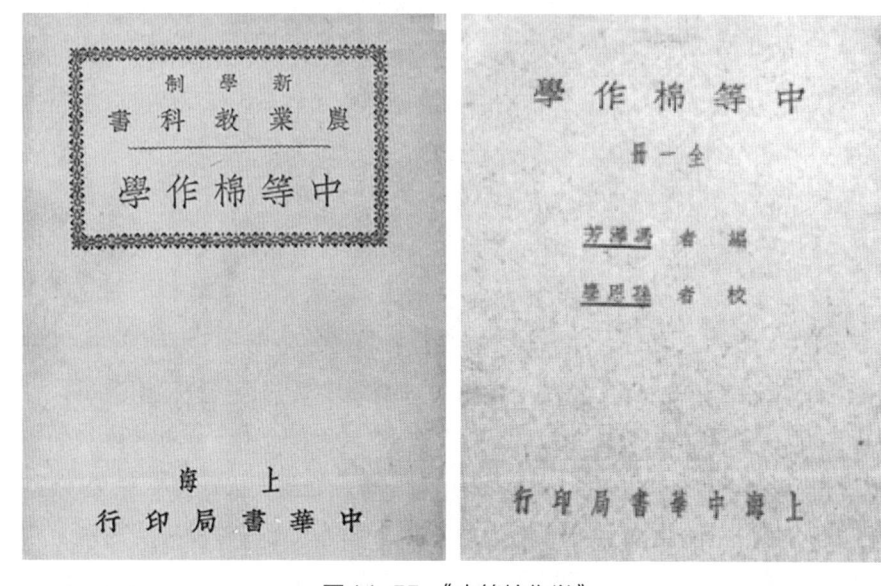

图14-55 《中等棉作学》

（11）《种棉法》（1929），作者：过探先著，出版者：商务印书馆。

该书为商务印书馆万有文库之一，共分七个章节，分别介绍了棉花的重要性、世界棉产概况、棉花的性状和品质、棉的栽培方法、选种方法、病虫害防治及我国之棉产问题。图14-56为《种棉法》。

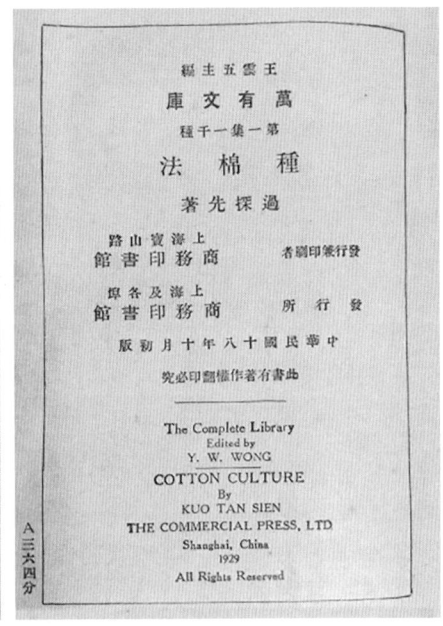

图14-56 《种棉法》

（12）《棉作学》（1937），作者：冯奎义编，出版者：黎明书局。

该书为黎明农业丛书之一，书前有作者自序。全文共有九章，分别叙述了中国和世界的棉业概况、棉的分类、形态、纤维棉作的生理、改良、棉的栽培法、棉的品级和棉的病虫害等。图14-57为《棉作学》。

（13）《棉作学（上、下册）》（1940），作者：郝钦铭著，出版者：商务印书馆（长沙）。

该书为大学丛书之一，于1940年7月初版，1946年10月再版，1948年6月沪三版。作者在金陵大学农学院主讲棉作及主持棉作研究工作多年，将自己的棉作学讲义底稿加以整理，并经多次修改著成此书。全书共有二十三章，分别论述了棉作的历史、棉株的形态、棉的分类、棉作的生理及环境、棉作化学、中国棉作的生产、棉作的土宜及肥料、棉作育种法、棉作研究室的设备及应用法、棉作的副产、棉花的贸易及纺织等内容。全书附图108幅，附表171张。图14-58为郝钦铭著《棉作学（上、下册）》。

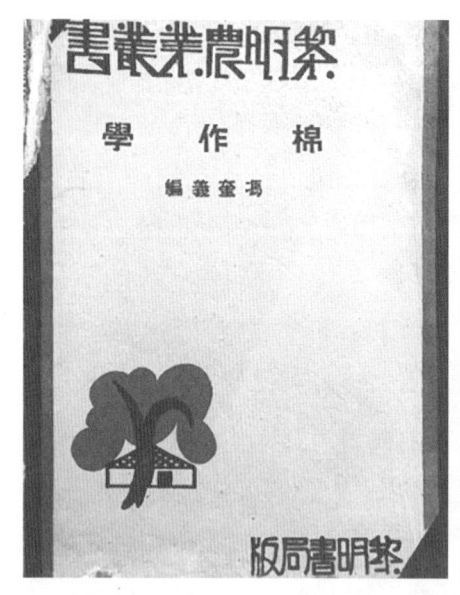

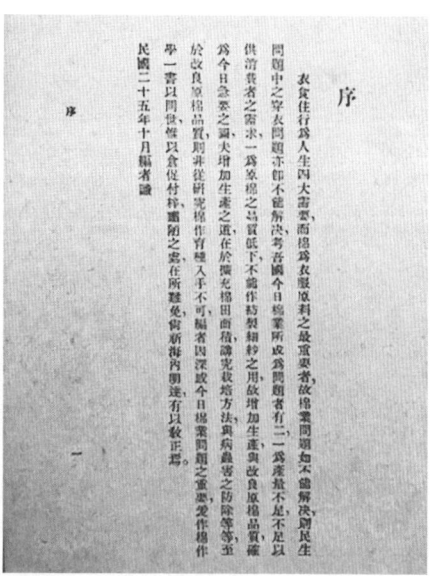

图14-57 《棉作学》

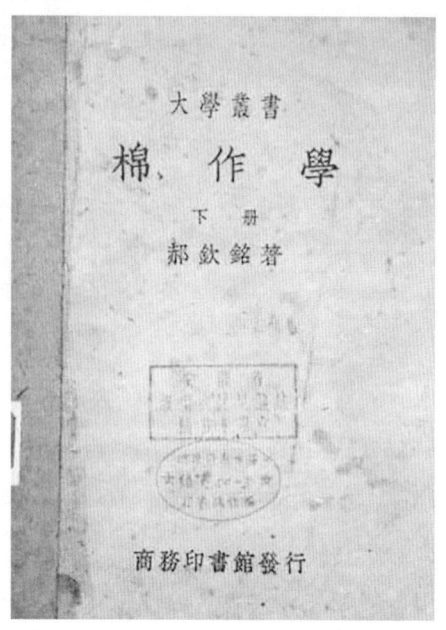

图14-58 《棉作学（上、下册）》

（14）《棉作学（上、下册）》（1948），作者：孙逢吉编著，出版者：国立编译馆。

该书为教育部审定大学用书，共分上、下册，上册于1948年3月初版，下册于1948年7月初版。书前有冯泽芳序和作者自序。在自序中，作者说：

"此书乃余籍历年教课之便，参阅国内外专家之研究报告结果，分章整理，经六次增删之产物。"全书共分十七章，分别详细叙述了世界之棉业、棉的形态、生理、纤维、分类与品种、遗传性与相关性、育种、气候与土壤、棉作化学与施肥、栽培、中国棉作病害、害虫、轧花打包及运销、棉花检验、棉花分级、棉之副产及棉籽油、各种原棉之用途与纺纱品质，附17页中西地名对照表。图14-59为孙逢吉编著《棉作学（上、下册）》。

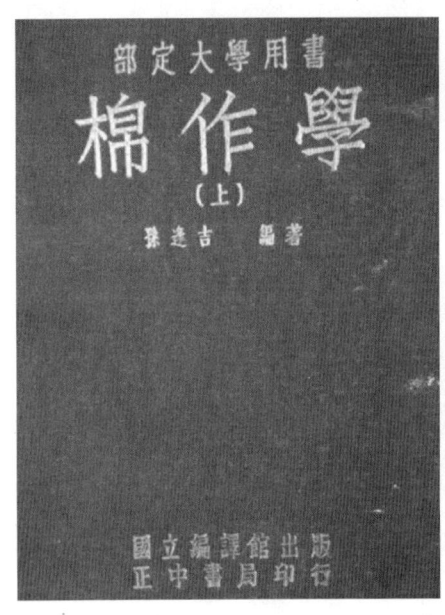

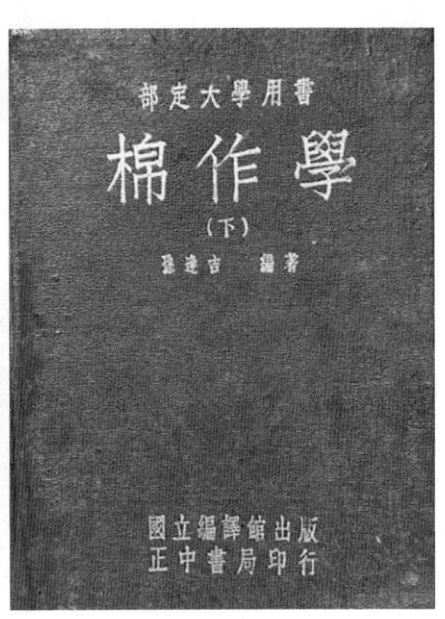

图14-59 《棉作学（上、下册）》

4．农业经济类重要纺织图书

农业经济类纺织图书指农业经济（中图分类号F3）中有关纺织农业经济部分的图书。

（1）《最近中国棉业调查录》（1920），作者：整理棉业筹备处编，出版者：编者刊。

该书概述了我国产棉各省1918年、1919年两年的棉产情况。图14-60为《最近中国棉业调查录》。

（2）《中国蚕业概况》（1924），作者：万国鼎编，出版者：商务印书馆。

该书为农业学校用书，分为十二个部分，分别介绍了中国蚕业的概况、我国各省蚕桑之大势、栽桑、养蚕、制种、茧业、制丝、野蚕、对外贸易、蚕业教育、蚕业改良机关及团体以及我国蚕业的将来。图14-61为《中国蚕业概况》。

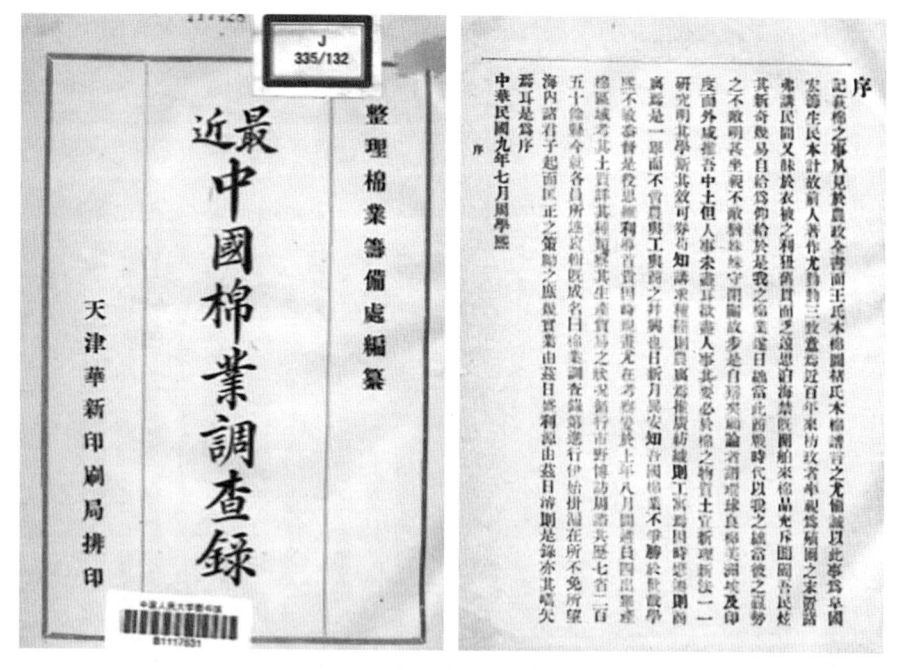

图14-60 《最近中国棉业调查录》

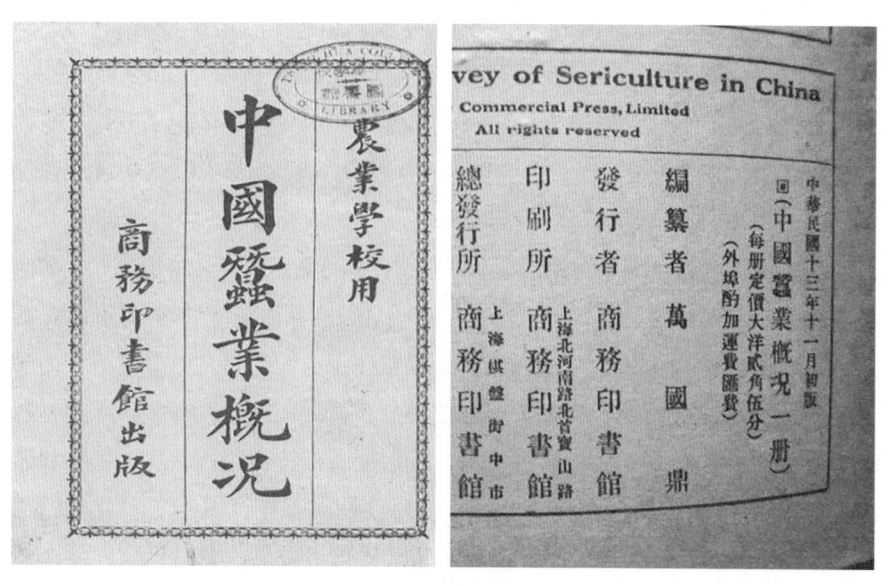

图14-61 《中国蚕业概况》

（3）《南中国丝业调查报告书》（1925），作者：（美）布士维著，黄泽普译，出版者：岭南农科大学。

全书共有十二章，分别概述了我国广东、广西两地蚕丝的地理分布和在世界蚕丝业中的地位，我国中南地区的种桑、育蚕、制丝、生丝贩卖等情况，并探讨了广东蚕业的发展与蚕业的改良等内容。图14-62为《南中国丝业调查报告书》。

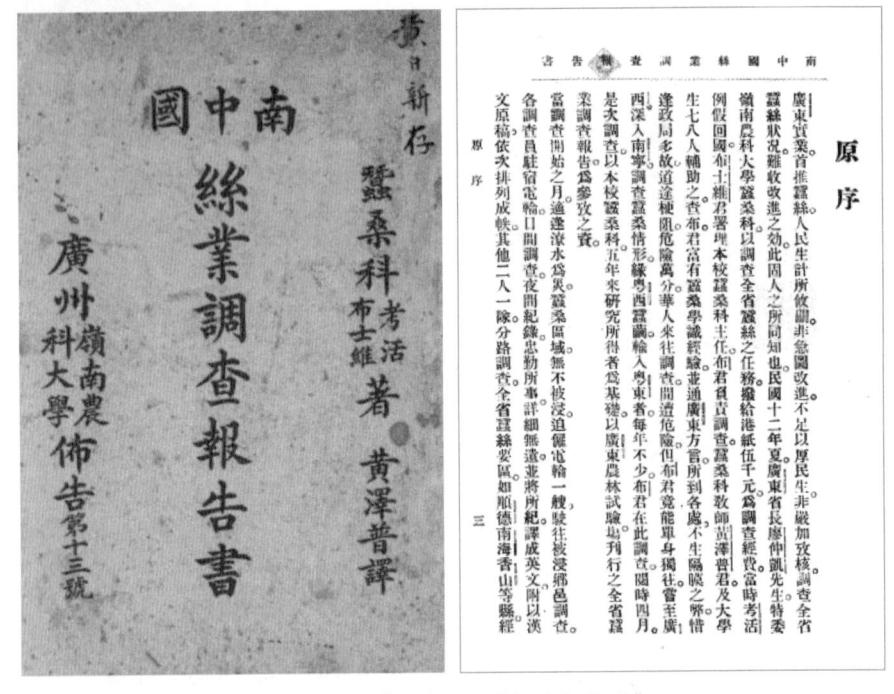

图14-62 《南中国丝业调查报告书》

（4）《中国蚕业史》（1931），作者：尹良莹著，出版者：国立中央大学蚕桑学会。

该书为国立中央大学蚕桑学会丛书之一，卷首有于右任和朱家骅先生的题字和谢家声、葛敬中、夏振铎、李安、孙本忠、顾蓥先生所作序文和作者自序。全书正文分为上、中、下三编。上编综述蚕业的起源、历史沿革、传播和历代蚕业的发展情况；中编叙述蚕业的分布情况，包括养蚕业、茧业、制丝业、栽桑业及野蚕；下编则依据蚕业发展要素推论蚕丝业的发展趋势和前途等。这是一部在我国蚕业史上具有重要地位的著作，填补了蚕业史的空白。谢家声在序中说："关于蚕业之专门著述犹不多见，尹君良莹，能本其所学，著成中国蚕业史上中下三编，追溯往古，推论将来，引据正确，论述精当，足供蚕业界参考研究之资。"葛敬中在序中说，该书"不特搜罗宏富，亦且论议透辟，令人不胜抚今思昔之慨！兹篇之作，用意深矣"。夏振铎在序中说，该著作"将蚕业之变迁经过，详举靡遗，记载翔实，节目井然"。图14-63为《中国蚕业史》。

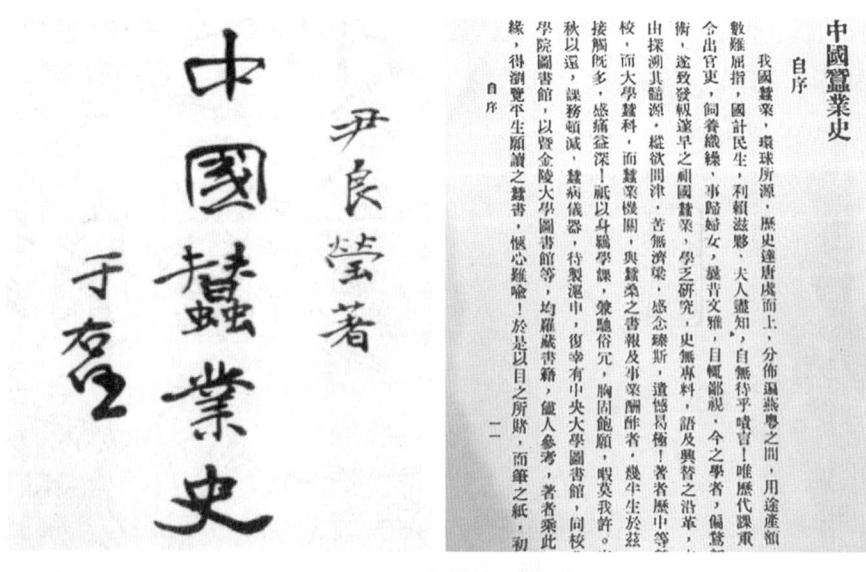

图14-63 《中国蚕业史》

（5）《中国蚕丝业与社会化经营》（1937），作者：沈文纬著，出版者：生活书店。

该书分上、下编。上编介绍了我国蚕丝业历史及我国东南、南方和产茧地区的蚕丝业现状，日本式缫丝机械的输入与我国缫丝业情况，生丝贸易与我国的经济地位等。下编叙述了从社会经济的立场观察我国蚕丝业，蚕丝业与社会自然环境的关系，蚕丝业经营的变迁及蚕丝业的社会化经营等。生活·读书·新知三联书店出版社有限公司于2012年6月重新出版了该书。图14-64为《中国蚕丝业与社会化经营》。

（6）《中国蚕丝问题（上、下册）》（1937），作者：缪毓辉著，出版者：商务印书馆。

该书为商务印书馆万有文库之一，书前有绪论。全书共有五编，分别介绍了中国浙江、江苏、广东、四川、山东、安徽及其他各省蚕业的现状，各地土种和改良蚕种等蚕

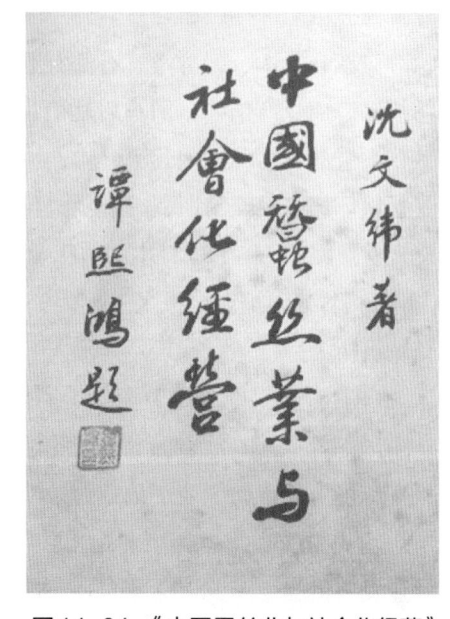

图14-64 《中国蚕丝业与社会化经营》

种的制造情况，收茧及烘茧，缫丝及检验情况，生丝出口和市价种类等生丝贸易。附有蚕丝业法规、各机关组织条例及蚕种、生丝进口检验施行细则。图14-65为《中国蚕丝问题（上、下册）》。

图14-65 《中国蚕丝问题（上、下册）》

（7）《日本朝鲜棉业近况》（1937），作者：吴昧经编，出版者：中国棉业贸易公司。

作者赴日本、朝鲜考察有关农业行政、技术、农村合作、棉花贸易、棉纺技术、棉业产销等，回沪后就棉花贸易、棉业产销等内容编著此书。全书共分六个部分，分别叙述了日本的棉业、朝鲜的棉业、华棉、美印埃棉输日交易情形、三品交易所概况以及日厂采用华棉的问题。书末附有东三省棉业之现状。图14-66为《日本朝鲜棉业近况》。

（8）《中国棉业之发展》（1943），作者：严中平著，出版者：商务印书馆（重庆）。

该书为国立中央研究院社会科学研究所丛刊第19种。全文共有九章，从中国的棉业遗产、棉货市场的开辟、棉工业革命的发动、国际商品市场、投资市场上的棉纺织业、棉业萧条与棉纺织发展的新动向、棉工业革命中手纺织业的蜕变和新植棉事业之生长等方面，叙述了我国自1289—1937年的棉业发展概况。图14-67为《中国棉业之发展》。

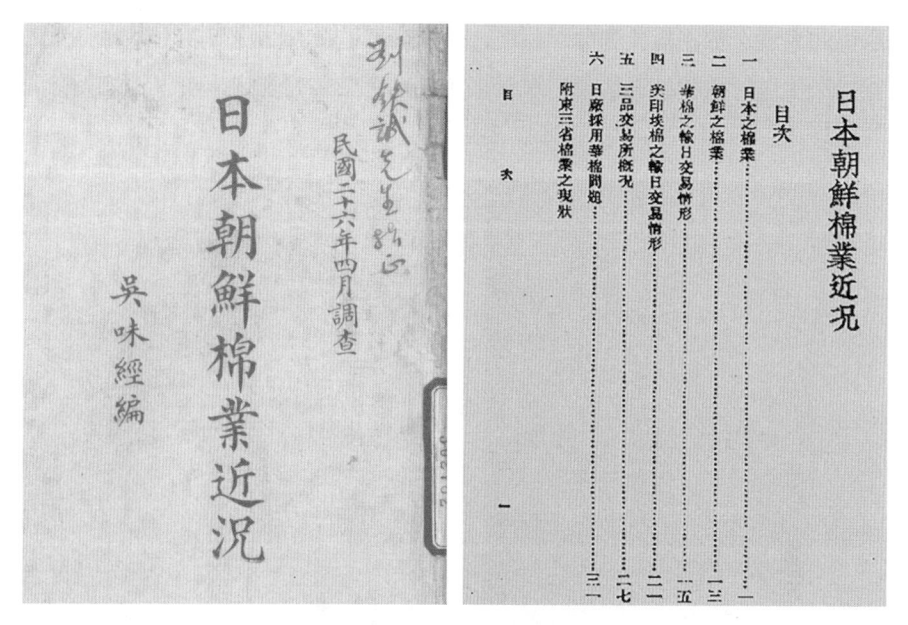

图14-66 《日本朝鲜棉业近况》

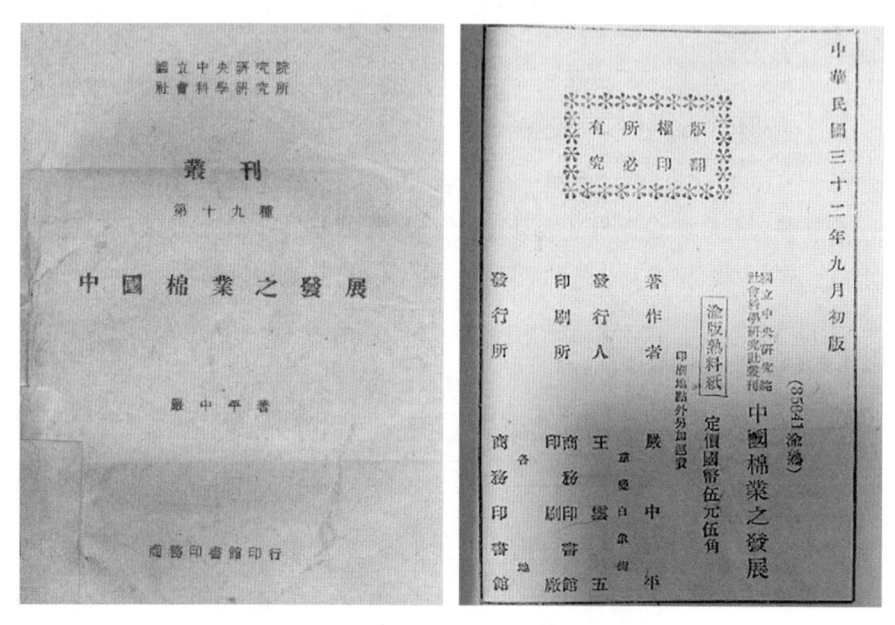

图14-67 《中国棉业之发展》

（9）《中国棉产改进史》（1945），作者：胡竟良著，出版者：商务印书馆（重庆）。

该书于1945年11月初版，1946年7月沪1版，1947年11月上海再版。全书共有七章，主要叙述了我国改良棉产的措施、棉作试验研究的成绩、棉业推广取得的成就、棉花检验和分级标准，以及棉产的统计情况等，书后附有河南省棉产改进所棉种改进区规、取缔棉花搀水搀杂暂行规定、实施细则等有关管理规定。图14-68为《中国棉产改进史》。

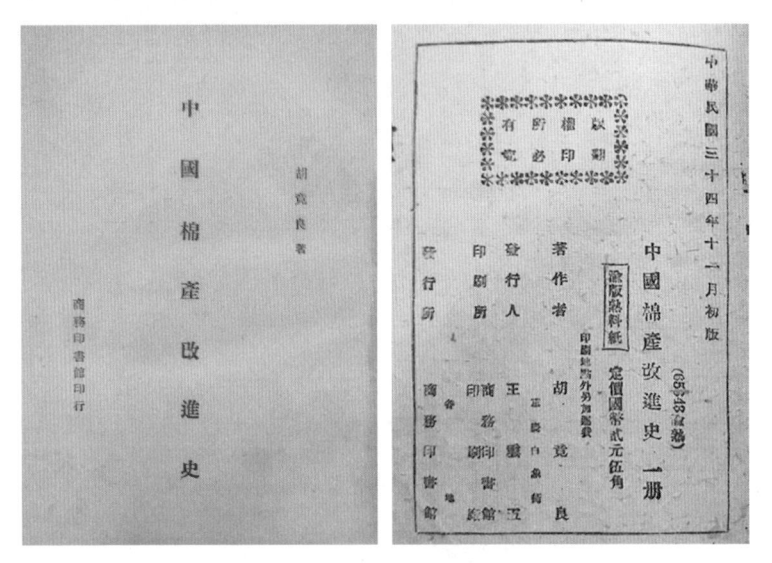

图14-68 《中国棉产改进史》

（10）《四川蚕业改进史》（1947），作者：尹良莹著，出版者：商务印书馆。

该书是尹良莹根据自己亲身实践写成的。叙述了四川蚕业改进的过程、困难，改进的项目以及改进的效果等。图14-69为《四川蚕业改进史》。

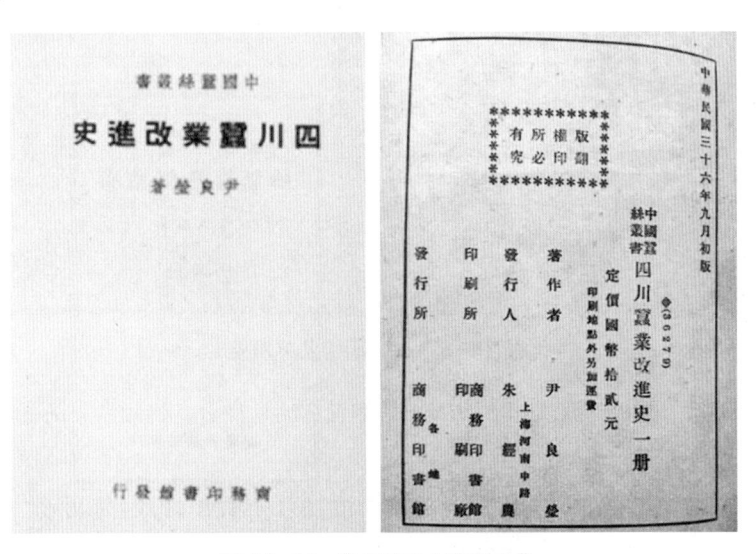

图14-69 《四川蚕业改进史》

5. 贸易经济类重要纺织图书

贸易经济类纺织图书指贸易经济（中图分类号 F7）中有关纺织品贸易部分的图书。

（1）《中国丝业》（1929），作者：曾同春著，出版者：商务印书馆。

该书为商务印书馆万有文库之一，于 1929 年 10 月初版，1930 年 4 月于北京再版，共 218 页。1933 年 11 月收入商学小丛书再度出版。全书有绪论和正文三编。第一编为中国丝之生产，介绍了中国丝经济的地理、种桑及养蚕、国内的蚕茧交易、制丝及绞丝、生丝生产总额的估计和丝职业；第二编为丝之交易，叙述国外丝的贸易概况、蚕茧、生丝和丝织品的贸易；第三编为丝业之改良，分为概论、华人丝业改良和中外合作改良的情况。附有我国南部丝的产量，法国、意大利、日本的产丝统计。图 14-70 为《中国丝业》。

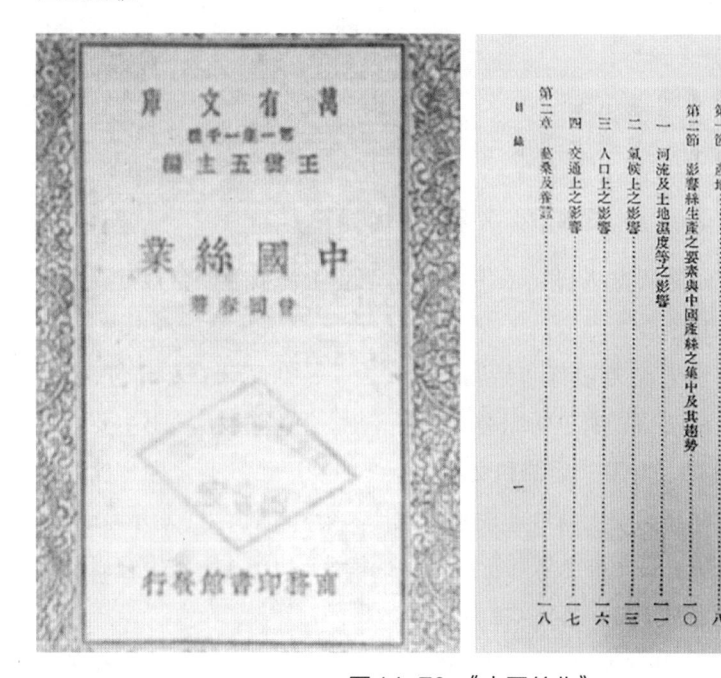

图 14-70 《中国丝业》

（2）《棉花检验政策》（1929），作者：叶元鼎等编述，出版者：工商部上海商品检验局。

该书为工商部上海商品检验局丛刊第一期，共分八章，分别叙述了棉贩的普通作伪情形及其影响棉花之弊害，设立棉花检验处的重要性，上海商品检验局棉花检验处检验步骤，棉花水气的检验，棉花搀伪的检验，棉花品级的检验，棉花品质的检验，并阐述了中国设立棉花标准的必要性。书后附有工商部上海商品检验局棉花检验处检验细则和主要表格，书中附有全体职工照片和各检验工作环节的照片若干。图14-71为《棉花检验政策》。

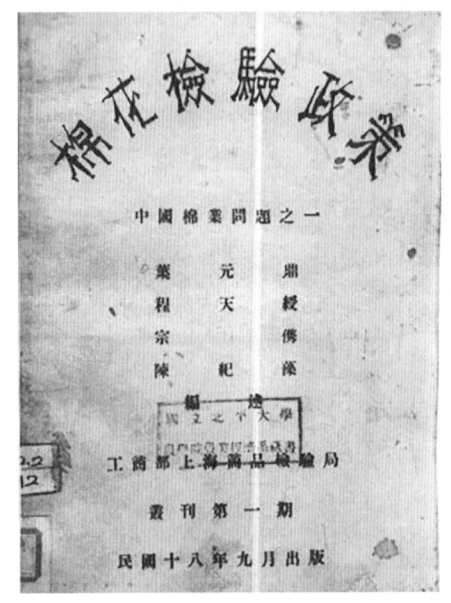

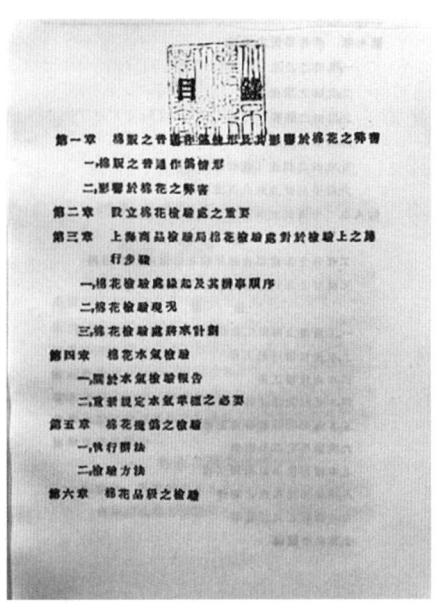

图14-71 《棉花检验政策》

（3）《纱》（商品调查丛刊3）（1931），作者：上海商业储蓄银行调查部编辑，出版者：编者刊。

该书为上海商业储蓄银行商品调查丛刊之一，商品调查丛刊包含米、棉、茶、烟等各种商品，属于纺织类的还有《棉》和《布》。该书主要介绍了上海棉纱的种类、供需、运销和交易，上海的纱厂、纱业金融、棉纱价格、纱业团体，并介绍了上海纱业改善的方针。附有上海纱厂、外埠纱厂、上海纱号一览表和上海纱布交易所经纪人、上海纱业执中人一览表，以及华商纱布交易所棉纱等级表。图14-72为《纱》。

（4）《棉布业》（1934），作者：上海市商会商务科编，出版者：编者刊。

该书为上海市商会商业统计丛书之一。书中收录了1932年度上海棉布业营业区域、集资性质、会员与非会员等统计表，陈松源撰写的《棉布业之过去与将来》和柯干臣撰写的《二十一年度上海棉布业概述》，以及上海市棉布业同业一览表、二十二年份新成立之棉布商号表等，附录有上海市棉布业同业公会章程、上海市棉布业同业公会业规草案。图14-73为《棉布业》。

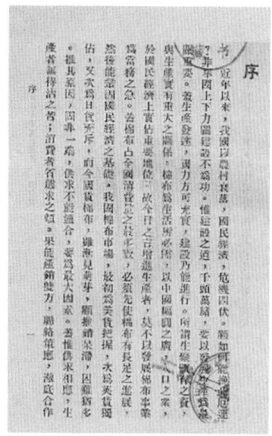

图 14-72 《纱》　　　　　图 14-73 《棉布业》

（5）《上海棉布》（1936），作者：徐蔚南著，出版者：中华书局。

该书为上海市博物馆丛书之一，1936年11月初版，1937年6月再版，共22页。全书共分五个部分，分别叙述了上海棉布的起源、类别、销路和生产量、纺织工具和上海棉布的职工情况。图14-74为《上海棉布》。

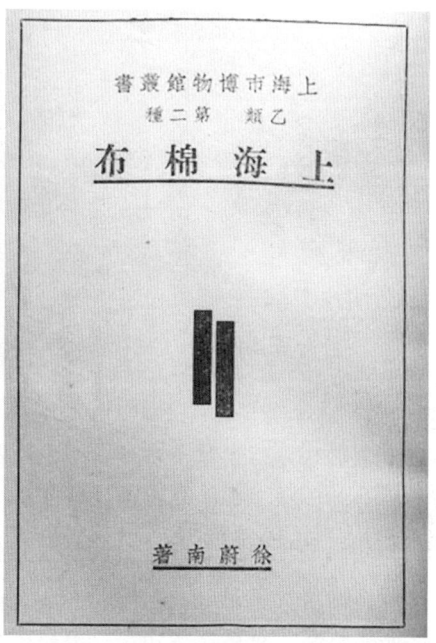

图 14-74 《上海棉布》

（6）《棉花贸易学》（1937），作者：中国棉业经济研究会主编，出版者：编者刊。

该书为中国棉业经济研究会棉业经济丛书第一种。全书共分十一章，分别介绍了棉花贸易的意义、世界棉花市场、棉农售棉的初步市场、利物浦的棉花市场、现货市场、期货市场、棉业金融、市场消息报告及统计、我国政府对棉花产销的统制、贸易中的检验与分级及棉花贸易之原理。图14-75为《棉花贸易学》。

（7）《麻》（1937），作者：实业部国际贸易局编，出版者：商务印书馆。

该书为实业部国际贸易局商品研究丛书之一。全书介绍了我国产麻的种类和产地、品质和用途、栽培和剥制、苎麻熏制法、麻的漂白与鉴别法，麻类的集散状况、交易手续、运输及费用、价格的构成、最近市况等交易情况，麻类的出口、检验、报关手续、税收等方面的知识，麻业金融，麻业改进问题以及世界麻类之生产情况等。图14-76为《麻》。

图14-75 《棉花贸易学》　　　　图14-76 《麻》

（8）《生丝检验论》（1948），作者：王天予编著，出版者：正中书局。

全书共分二十章，第一章绪论简要介绍了生丝检验的概念和分类，第二章起分别论述了生丝的物理化学性质、生丝检验的沿革、品质检验与分级检验、检验的项目及顺序，并详述了肉眼、切断、纤度、强力及伸度、抱合、匀度、净度、清洁和九公尺等检验的方法，以及生丝的分级和净量、重量、除胶等检验，最后还介绍了丝厂的检验与计算、检验法与制丝法的关系等内容。图14-77为《生丝检验论》。

图14-77 《生丝检验论》

6．科教文化类重要纺织图书

科教文化类纺织图书指文化、教育、历史、艺术（中图分类号G、J）中有关纺织行业的图书。

（1）《南通私立纺织专门学校学则》（1925），作者：南通私立纺织专门学校编，出版者：编者刊。

该书共分十四章115条，分别对学级、学额、修业年限，学年、学期、授课期、例假，学科课程表，入学、退学事项，奖励、惩罚，修学、旅行，体育，考试、修业、毕业，实习，纳费，服制，毕业服务，备售书籍、托购书籍，职教员任务分则等方面做出了详细的规定。图14-78为《南通私立纺织专门学校学则》。

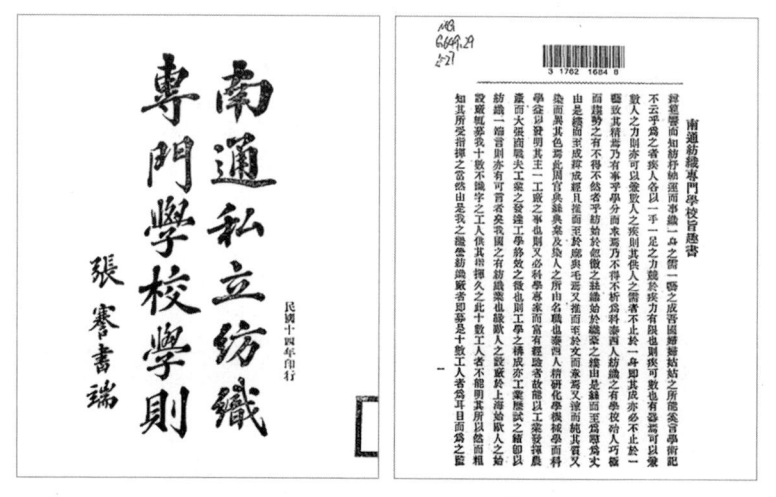

图14-78 《南通私立纺织专门学校学则》

（2）《棉》（1933），作者：徐应昶著，出版者：商务印书馆。

该书为上海商务印书馆王云五、徐应昶主编的小学生文库丛书第一集植物类之一。全书用浅显的语言讲述了棉的用途、棉的种类、棉花的处理、我国产棉的地方、怎样种棉和预防棉病等内容，配有插图。图14-79为《棉》。

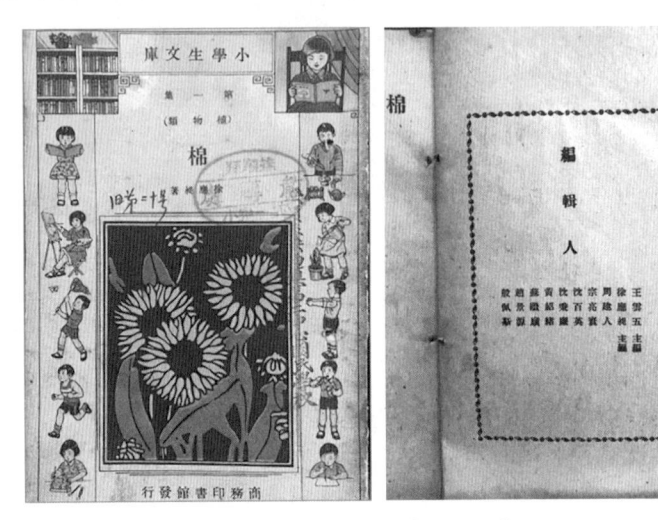

图14-79 《棉》（1933）

（3）《纺织》（1933），作者：宗亮晨著，出版者：商务印书馆。

该书为上海商务印书馆王云五、徐应昶主编的小学生文库丛书第一集工程类图书之一，为小学生科普读物。全书简要介绍了人类最初的衣服、纺织原料的发现、织物原料的种类、各种纱的纺织方法和布是怎样织成的等内容。图14-80为《纺织》。

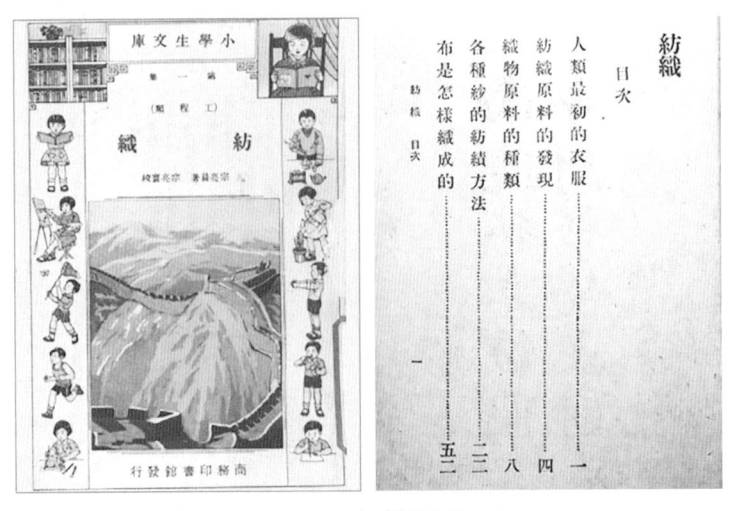

图14-80 《纺织》

（4）《中国合众蚕桑改良会镇江女子蚕业学校概况》（1933），作者：中国合众蚕桑改良会镇江女子蚕业学校编，出版者：中国合众蚕桑改良会。

该书介绍了学校的发展历史、学则、组织系统、组织大纲、各项规程、百年储金条例等概况，文中有校训、校徽、校歌和校园平面图，全体教职员、学生合影，第一、二、三届毕业生留影，服务一览表及逐年实习场所一览表，还列出了学生年龄、籍贯、家庭职业比较表，以及前任及现任职员名录表等内容。图14-81为《中国合众蚕桑改良会镇江女子蚕业学校概况》。

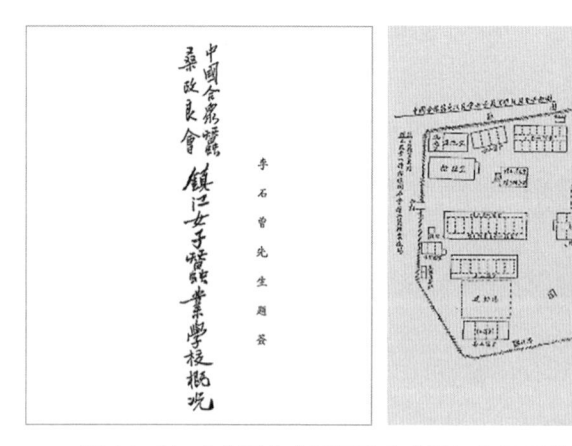

图14-81 《中国合众蚕桑改良会镇江女子蚕业学校概况》

（5）《蚕和丝》（1934），作者：徐应昶编，出版者：商务印书馆。

该书为上海商务印书馆王云五、徐应昶主编的小学生文库丛书第一集动物类之一。全书简要介绍了养蚕的历史、蚕的一生、缫丝和染丝、丝的用途以及我国的养蚕事业等常识性内容。图14-82为《蚕和丝》。

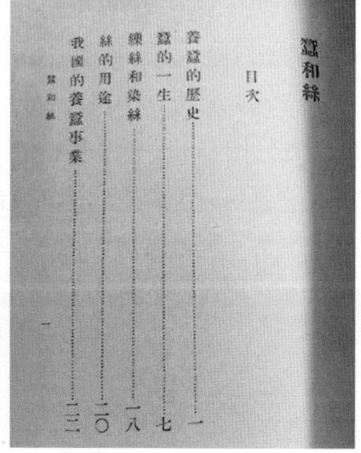

图14-82 《蚕和丝》

（6）《中国丝绸西传史》（1944），作者：姚宝猷著，出版者：商务印书馆（重庆）。

全书共分七章，分别对古代丝的产地及其用途、古代东西交通的路线及丝绢的西传过程、纪元前后欧洲人对于丝国及蚕丝的观感、丝绸文字记录的演变、桑蚕种子的西传和西方丝业的发展、古代贩运丝绸的民族等进行分析并阐述自己的结论。图14-83为《中国丝绢西传史》。

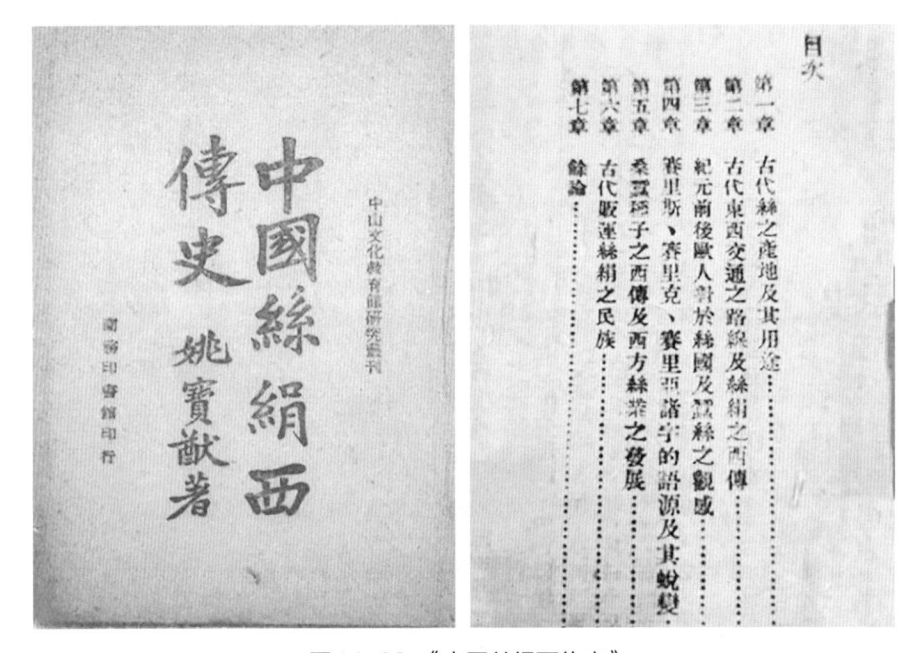

图14-83 《中国丝绢西传史》

三、中国近代代表性纺织图书《纺织机器图说》

《纺织机器图说》由江南制造局翻译馆出版。江南制造局翻译馆设立于1868年，是洋务运动时期中国最大的科技著作翻译机构之一，翻译西方书籍多达200多部。图14-84为江南制造局翻译馆的照片。该馆出版的译著，数量之多、质量之高、影响之大，罕有其匹，代表了当时绝大多数中国人所能了解西方科技知识的最高水平。它在西学东渐的中国近代化过程中起着重要作用，在中国近代科技史和中外文化交流史上有着重要的地位[①]。

---

① 王扬宗.江南制造局翻译馆史略[J].中国科技史料，1988（3）：65-74.

图14-84 江南制造局翻译馆

江南制造局是中国近代为学习西方先进技术而创办的大型军工企业，由李鸿章、曾国藩于1865年在上海创办。1868年，为引进西方制造技术，徐寿（图14-85）与华蘅芳（图14-86）提议设立翻译馆，采用西译中述的方法，即西人口译，华士笔述，翻译西方科学书籍。参与的中国笔述翻译者有徐寿、华蘅芳、徐建寅、赵元益、李善兰、汪振声等，外国口译翻译者有傅兰雅、金楷理、林乐知、伟力亚烈、玛高温、舒高弟等[1]。

《纺织机器图说》出版于1891年，译者为傅兰雅。傅兰雅在江南制造局翻译馆译书达100余种，是翻译数量最多的外国翻译者之一，被称为近代西学东渐的巨擘，对向中国引进、传播、普及近代科学做出了杰出的贡献[2]。他在该书卷首写道："天生万物最有益于人者，棉花其一也。花柔似絮，可纺为纱；棉软如丝，可织为布。其种本出外番，宋末传入中国。"从中国产棉的源流开始，再讲到各式纺织机器。全书图文并茂，有多幅纺织机器图片。现有多种刻本存世，各个刻本的版式、字体略有不同（图14-87、图14-88）。

《纺织机器图说》是中国近代最早出版的机器纺织技术书籍。自此以后，

---

[1] 张美平.江南制造局翻译馆的译书活动及其影响[J].中国科技翻译，2009（4）：48-51.
[2] 余望.论傅兰雅在近代中国的科技传播实践[J].中国科技期刊研究，2008（2）：311-315.

各种纺织技术图书不断出现。它的问世，开启了中国近代纺织服饰出版的先河，所以是名副其实的代表性纺织图书。

图 14-85　徐寿

图 14-86　华蘅芳

图 14-87　光绪丁酉年刻本

图 14-88　光绪辛丑年刻本

四、中国近代纺织图书特色分析

1. 图书类别主要由丝业图书、棉业图书和纺织染图书组成

观察中国近代纺织图书，主要为丝业图书、棉业图书和纺织染图书。丝业图书以纺织原料之一蚕丝为对象，论述栽桑育蚕、蚕丝生产、蚕丝改良、蚕丝销售等内容。如《蚕桑浅说》《制丝教科书》《改良蚕种方法论》《广东丝业贸易概况》等。棉业图书以纺织原料之一棉花为对象，论述棉花种植、棉花加工、棉花改良、棉花销售等内容。如《种棉法》《棉花纤维学》《植棉改良浅说》《棉花贸易学》等。纺织染图书内容以纺纱、织造、印染等纺织染生产流程为对象，论述纺织染生产技术、纺织企业经营管理、纺织品销售等内容。如《纺纱学》《实用机织法》《实用染色学》《纺织工厂管理学》《中国纺织品产销志》等。除了上述几类图书，还有少量的毛业、麻业等图书，如《羊毛业论》《中国羊毛品质之研究》《澳洲羊毛》《苎麻栽培法》《江西省改善麻业概况》《关于推广苎麻事业之意见》等。这些图书共同组成了纺织图书大家族。

2. 出版重点从丝业图书向棉业图书转换，再向纺织染图书发展

在中国近代纺织图书出版的前期，19世纪末以及20世纪前20年，出版的丝业图书最多，棉业图书次之，纺织染图书最少。这与当时蚕丝业的兴盛有关。20世纪20—30年代前期，棉业图书成为数量最多的纺织图书，纺织染图书次之，丝业图书最少，棉业图书呈现后来居上之势。此段时期，随着机器纺织工业的引进和发展，机器纺织业尤其是机器棉纺织业逐渐成为纺织业的主流，其纺织原料棉花就格外引起重视。1937年至1949年中华人民共和国成立前夕，纺织染图书成为数量最多的纺织图书。此段时间，机器纺织业已经日益普及，需要关注的问题是纺织染工艺的掌握和改进，以及生产效率的提高，所以讲述纺织染技术和纺织厂生产管理等内容的纺织染图书受到了欢迎。中国近代纺织图书出版的过程，是各类图书此消彼长的过程，即随着时间的推移，纺织图书的出版呈现出从丝业图书向棉业图书转换，再向纺织染图书发展的态势。

3. 纺织染图书内容以工业技术与经济管理并重

中国近代纺织染图书众多，内容涉及纺纱、织造、印染的生产技术，纺织企业管理，市场调查，生产标准、纺织品的销售，纺织知识科普、纺织史等，但总体来说，以工业技术与经济管理两大类为主。在工业技术方面，有

论述纺纱技术的，如《棉纺学》《毛纺学》《棉纺机械算法》等；有阐述织造技术的，如《机织工程学》《理论实用力织机学》《电气针织图说》等；有论述印染整理的，如《漂染概论》《染色学》《染织品整理学》等；有讲述全流程纺织生产工艺的，如《理论实用纺绩学》《精梳毛绒纺绩学》《纺织染工程手册》等。在经济管理方面，有论述纺织厂经营管理的，如《棉纺织工作管理法》《棉纺织工场之设计与管理》《纺织工厂管理学》等；有各地市场调查的，如《北京地毯业调查记》《江苏省纺织业状况》《四川省之夏布》等；有阐述生产标准的，如《纱布厂经营标准》《棉纺织厂经营标准》《梳棉机械运转工作标准》等；有行业概述的，如《中国之棉纺织业》《毛织工业报告书》《人造丝工业报告书》等。这两大类图书支撑了纺织染图书的大半壁江山。

4．边区纺织图书成为一抹亮色

在中国近代纺织图书检索和整理过程中，发现尚有一些是由边区出版的纺织图书，这也成为众多近代纺织图书中的一抹亮色。其内容涉及普及科学知识、发展纺织生产和调查总结纺织业状况等。如在普及纺织科学知识方面，1944年，边区政府建设厅出版了高自立所著的《怎样种棉花》；1945年，晋绥边区行政公署建设处出版了《怎样精纺精织》；1946年，太行行署编印了《种蓝—打靛—染布》。在发展纺织生产方面，1946年，晋绥边区生产委员会出版了《对今后发展纺织的意见》《种棉问题（晋绥边区生产会议材料）》；1947年，太行第二届群英大会编辑委员会出版了《纺织运动与纺织英雄》。在调查总结纺织业状况方面，1946年，位于延安的中国妇女社出版了罗琼所著的《陕甘宁边区民间纺织业》；1947年，太行财经办公室出版了《太行区纺织运动调查材料》；1949年，晋绥边区民主妇女联合会出版了《晋绥解放区妇女纺织发展概况》。这些边区纺织图书，从侧面反映了边区政府和人民发展经济、促进生产的情况，也是努力提高边区人民文化教育水平和物质生活水平的佐证。

第十五章　中国近代服饰图书的发展

一、中国近代服饰图书的发展脉络

近代服饰图书作为近代纺织服饰图书的一个组成部分，对于服饰文化知识的普及、中华传统刺绣的推广、服饰制作工艺的改进、服饰穿着搭配的指导等方面起着重要作用。

根据检索整理结果，中国近代服饰图书可分为服装科普类、服装设计类、服装制作类、服装经济类、刺绣类和编结类图书。服装科普类图书指介绍服装类型、服装穿着、服装洗涤和服装历史等基础知识的一系列图书；服装设计类图书指论述服装款式设计、色彩设计和材料设计等的一系列图书；服装制作类图书指论述服装结构、服装裁剪、服装工艺等的一系列图书；服装经济类图书指介绍服装行业状况、服装经济数据等的一系列图书；刺绣类图书指论述刺绣技法、刺绣图案等与刺绣相关的一系列图书；编结类图书指介绍毛线编结方法、编结花样等与编结相关的一系列图书。它们一起组成了近代服饰图书的全部，从各个侧面展示了色彩斑斓的服饰图书的面貌。

根据史料检索整理，我国近代服饰图书的出版始于1912年。辛亥革命推翻了清王朝的统治，结束了封建君主专制制度，带来了社会经济、思想和风俗的巨大变化。服饰领域也发生了深刻的变革，引入了西式服装，官员服装摒弃了清朝的顶戴花翎，开启了中西服饰并存的时代。1912年出版的《中华民国服制图》，以政府决议的形式规定了男女礼服的样式。自此以后，各类服饰图书开始陆续出版。此时正处于社会的变革转折期，服饰形制具有明显的变化，所以介绍服装款式的服装设计类图书最多，也是最早出版的。1914年，汪农麟编纂的《缝纫教科书》是中国近代第一种服装制作类教科书，为教育部审定女子中学校及师范学校用。1916年，邹德谨、蒋正陆编译的《衣服论》是第一种服装科普类图书，为通俗教育丛书之一。1917年，张叔平编的《编物图说》是第一种编结类图书，为手工丛书之一。1918年，张华琪、李许频韵编的《女子刺绣教科书》是第一种刺绣类教科书，也为女子中学校及师范学校用。以上四种图书均由商务印书馆出版。

较有名的还有1919年出版的《雪宦绣谱》，由沈寿口述，张謇整理，翰墨林书局出版。

进入20世纪20年代，中国近代服饰图书进入一个新的发展阶段。在此时期，出现了一些更具专业性的服饰图书。1926年，朱凤竹编的《古今中外人体服装画谱》为首次出版的时装画图书。1933年，顾天云著的《西服裁剪指南》是第一部西服专著。1934年，鲍国芳编著了《毛绒线手工编结法（初集）》；1935年，冯秋萍编著了《秋萍毛线刺绣编结法（第1部）》。此两书把毛线编结技艺呈现在了世人面前。1936年，出版了孙贵定、刘季伯翻译的《服装心理学》和向培良著的《舞台服装》，把服饰图书带到了更专业的领域。

1937年起，抗日战争全面爆发。服饰图书的出版量骤减，并持续在低位徘徊，直至1946年才再次上升，并于1948年再次回落。这一时期，服饰图书的出版经历了曲折的发展过程。该时期首次出现了介绍服装行业状况、服装经济数据的服装经济类图书，如赵永余调查撰写的《四川重庆市之服装业》，荣尔仁的《战后实施衣被工业建设方针》等。该时期也是编结类图书大发展的时期，继编结名家鲍国芳、冯秋萍继续推出编结类图书之时，又出现了另一编结名家黄培英的图书。究其原因，应是当时处于战争时期，物资匮乏，因而这种可以织了又拆、拆了又织的毛线编结技艺大受欢迎，人们可以利用原有的毛线编结出新的花样和款式，既经济实惠又能赶上潮流。

表15-1列出了中国近代重要服饰图书一览表。

表15-1 中国近代重要服饰图书一览表

编号	书名	出版年份	作者	出版者	出版地
1	中华民国服制图	1912	大总统公布参议院议决	中华国货维持会	上海
2	改装必读	1912	吴稚晖著	文明书局	上海
3	缝纫教科书（教育部审定女子中学校及师范学校用）	1914	汪农麟编纂	商务印书馆	上海
4	衣服论（通俗教育丛书）	1916	邹德谨、蒋正陆编译	商务印书馆	上海
5	舟车服饰（清稗类钞第四十六册）	1917	徐珂编纂	商务印书馆	上海

续表

编号	书名	出版年份	作者	出版者	出版地
6	编物图说（手工丛书）	1917	张叔平编	商务印书馆	上海
7	衣食住（第一册 衣）（新智识丛书之八）	1918	沈德鸿编纂	商务印书馆	上海
8	女子刺绣教科书	1918	张华瑊、李许频韵编	商务印书馆	上海
9	雪宦绣谱	1919	沈寿口述，张謇整理	翰墨林书局	上海
10	编物图案集成	1920	曾毓瑞著	商务印书馆	上海
11	古今中外人体服装画谱	1926	朱凤竹编	形象艺术社	上海
12	简明缝纫教本（上、下册）	1926	仇良辅著	世界书局	上海
13	美华十字挑绣图案（第一集）	1927	兆贤，季华制图	美华手工挑绣公司	上海
14	存素堂丝绣录	1928	朱启钤编著	存素堂	贵州
15	衣·食·住·行（少年自然科学丛书）	1930	郑贞文、于树樟编纂	商务印书馆	上海
16	刺绣图案集（第1册）	1930	何明斋、都彬如编	商务印书馆	上海
17	丝绣笔记	1930	朱启钤辑	无冰阁	贵州
18	我们穿的（民众科学问答丛书）	1931	江苏省立教育学院	江苏省立教育学院	无锡
19	人类的生活——衣（小学校生活课补充读物）	1932	朱尧铭编	新中国书局	上海
20	衣服与健康	1933	薛德焴著	新亚书店	上海
21	衣（中年级自然读物）	1933	卢祝平编	新中国书局	上海
22	西服裁剪指南	1933	顾天云著	上海南京路宏泰西服号	上海
23	刺绣花圃	1933	郭瑞兰编	北洋国立女子师范学院	天津

续表

编号	书名	出版年份	作者	出版者	出版地
24	毛线织物图解（豫庐丛书）	1934	孙均编	著者书店	北京
25	毛绒线手工编结法（初集）	1934	鲍国芳编著	国芳编结社	上海
26	衣（幼童文库）	1934	李自珍编	商务印书馆	上海
27	衣食住行工艺概要（第一册 衣）（初中学生文库）	1935	薛明剑编	中华书局	上海
28	我们的衣服（小学中年级劳作副课本）	1935	丁曾元编	中华书局	上海
29	衣的演进（小学社会副课本）	1935	姜龙章编	中华书局	上海
30	衣的科学化	1935	张敬伯编著，冯明权检阅	信行社科学洗染部	上海
31	现代刺绣范本（第一集）	1935	中国艺术手工社制图	中国艺术手工社	上海
32	编物大全（职业学校教科书）	1935	缪凤华编著	商务印书馆	上海
33	秋萍毛线刺绣编结法（第1部）	1935	冯秋萍编著	良友编结社	上海
34	刺绣样本	1935	宋春轩编	诚文信书局	安东
35	服装心理学	1936	[德]弗卢格尔（J.C.Flugel）著，孙贵定等译	商务印书馆	上海
36	四季的衣服：自然类（小朋友文库）	1936	吴翰云、赵蓝天编	中华书局	上海
37	重要衣服工业概况（小学高年级劳作副课本）	1936	吕佩华编	中华书局	上海
38	舞台服装（戏剧小丛书）	1936	向培良著	商务印书馆	上海

续表

编号	书名	出版年份	作者	出版者	出版地
39	裁缝大要（初中学生文库）	1936	何文元编	中华书局	上海
40	裁缝课本（职业学校教科书）	1936	何明齐、徐瑞秋编纂	商务印书馆	上海
41	我们的衣（小学生分年补充读本）	1936	王鸿文编著	商务印书馆	上海
42	顾绣考（上海市博物馆丛书）	1936	徐蔚南著	中华书局	上海
43	中国绣之原理及针法	1936	马则民编	商务印书馆	上海
44	最新毛绒线手工编结法	1936	强恕编著	家事研究社	上海
45	衣服的洗涤法	1937	姚家栋、许剑盦编著	正中书局	南京
46	缝纫方法（儿童劳作小丛书）	1937	姚家栋，许剑盦编	正中书局	南京
47	国芳刺绣范本	1937	鲍国芳编	生生美术公司	上海
48	简易的绒线编织和刺绣	1937	姚家栋，许剑盦编著	正中书局	南京
49	刺绣教本（上、中、下册）	1938—1941	田云青编绘	新亚书店	上海
50	刺绣术（职业学校教科书）（改订第一版）	1938	张华璂编纂	商务印书馆	湖南
51	培英毛线编结法（合集）	1938	黄培英编著	培英编结公司	上海
52	纸绳刺绣及造化法（中学劳作丛书）	1938	何明斋编	商务印书馆	湖南
53	四川重庆市之服装业	1939	赵永余调查	中国经济统计研究所	重庆
54	我们的衣服（自然教材）（小学高年级及初中适用）	1939	陈鹤琴主编，陈品琼编辑	民众书店	上海

续表

编号	书名	出版年份	作者	出版者	出版地
55	现代流行刺绣图解	1939	陈敏编	新亚书店	上海
56	男女洋服裁缝法	1940	蒋乃镛编	商务印书馆	湖南
57	西式衣服裁制法	1940	蒋乃镛编	商务印书馆	湖南
58	战后实施衣被工业建设方针	1944	荣尔仁编	不详	重庆
59	衣冠服饰（日常事务掌故丛书）	1946	杨荫深编著	世界书局	上海
60	衣服故事（儿童知识文库）	1946	倪锡英编	大众书局	上海
61	衣服卫生法（儿童卫生教育丛书）	1947	王晋斋编著	中华书局	上海
62	衣：人生四大要素之一	1947	陈文沛著	文沛纺织化学工程所	上海
63	我们的衣服（三年级常识课）	1947	孙慕坚编著	商务印书馆	上海
64	防护服装	1947	社会部工矿检查处	社会部工矿检查处	南京
65	裁剪大全	1947	卜珍著	岭东科学裁剪学院	广东
66	被服之保管与补给	1947	联合勤务干部训练班	联合勤务干部训练班	南京
67	洋裁全书	1948	稻江洋裁补习学校	稻江洋裁补习学校	台湾
68	编结和刺绣（中华文库初中第一集）	1948	潘澹明编	中华书局	上海
69	裁剪缝绣学入门	1949	王圭璋著	景华函授学院	上海
70	大家来编结	1949	黄培英编	毛绒纺织厂	上海

二、中国近代重要的服饰图书

1. 服装设计类重要服饰图书

服装设计类图书涉及服装款式设计、色彩设计、材料设计、设计心理等一系列图书。以下介绍重要的服装设计类图书。

（1）《中华民国服制图》（1912），作者：中华民国参议院，出版者：中华国货维持会。

该书为中华民国参议院议决服制，大总统按照约法第三十二条以命令的形式于1912年十月初三公布。全文共有三章，分别是男子礼服、女子礼服和附则。该书为12页，附图，由位于上海的中华国货维持会刊赠。图15-1为《中华民国服制图》。

图15-1 《中华民国服制图》

（2）《舟车服饰》（1917），作者：徐珂编纂，出版者：商务印书馆。

该书为《清稗类钞》第四十六册，分为舟车类和服饰类两部分。服饰部分共128页，详细描述了皇帝、皇太后、皇子、亲王、贵妃、民爵及各文武品官等宫廷服饰，浙江人、陕西人、甘肃人、川西人等各地方各民族的服饰，各种男装、女装、礼服、襟袍、马褂、裘皮衣、披肩、领衣、裙、裤等服饰和鞋、帽，以及徽章、花翎、耳环、香珠等装饰品。图15-2为《舟车服饰》。

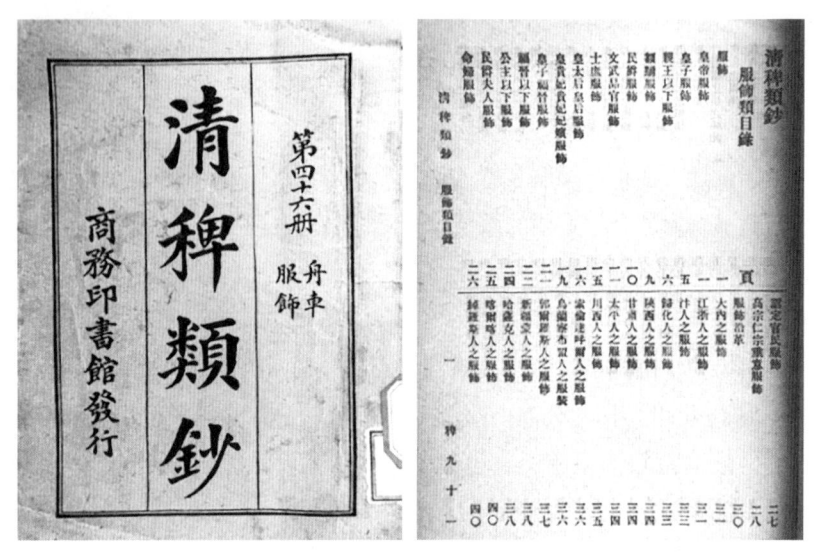

图15-2 《舟车服饰》

（3）《服装心理学》（1936），作者：（德）弗卢格尔（J.C.Flugel）著，孙贵定、刘季伯译，出版者：商务印书馆。

该书卷首有作者序及译者例言以及插图，全书共有十五章，分别叙述了穿服装根本的动机、目的和式样方面的装饰、羞涩、保护作用、个性的差异、两性的差异、服装的形态、时髦的势力和兴替、服装的演进、服装的伦理和服装的前途等内容。书中有21幅插图。图15-3为《服装心理学》。

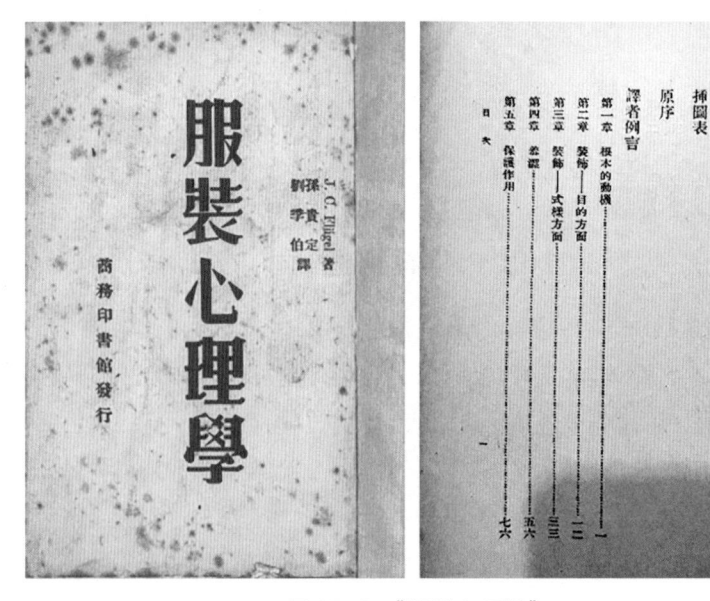

图15-3 《服装心理学》

（4）《舞台服装》(1936)，作者：向培良著，出版者：商务印书馆。

该书为戏剧小丛书之一。在该书例言中作者写道："本丛书立意在于供给戏剧各部门知识，分类取材以切合实用为主。"全书共分十章，分别讲述了服装的意义、起源、结构和变迁、服装与舞台角色的关系、服装式样与色彩、材料和染色、衣裳以外的服饰、服装与舞台装置的关系，以及服装的管理等内容。图15-4为《舞台服装》。

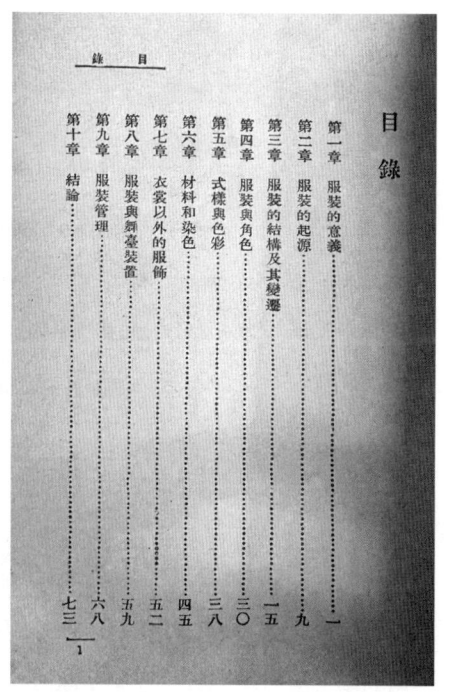

图15-4 《舞台服装》

2. 服装制作类重要服饰图书

服装制作类图书涉及服装结构、服装裁剪、服装工艺等一系列图书。以下介绍重要的服装制作类图书。

（1）《缝纫教科书》(1914)，作者：汪农麟编纂，出版者：商务印书馆。

该书为教育部审定女子中学校及师范学校用书，分上编与下编两部分。上编有二十四章，分别介绍了初步技术、长衫、短衫、单衣、马褂短袄、对襟小袖马褂、女袄、男背心、女背心以及裤、裙等各部位的名称、裁缝方法等内容。下编有四十章，详细介绍了各式礼服、操衣裤、西式背心、礼帽等各式帽子、西式枕头、童衫裤、各式鞋子、工作围裙、书包及各式袋子等裁缝要点方法等。附有华产衣料门面表。图15-5为《缝纫教科书》。

图15-5 《缝纫教科书》

（2）《西服裁剪指南》（1933），作者：顾天云著，出版者：上海南京路宏泰西服号。

该书是中国服装历史上第一部西服专著，是一部开创性和具有里程碑意义的著作。全书共有十一章，分别介绍了长袄、礼服、大衣、短袄、袖、披肩、背心、裤的裁剪缝纫制作以及如何修正等内容，还介绍了欧美服装的制作以及西服初级英语会话。图15-6为《西服裁剪指南》。

（3）《裁缝课本》（1936），作者：何明齐、徐瑞秋编纂，出版者：商务印书馆。

该书主要供女子中学裁缝科教课之用，由浅入深叙述了各种裁缝方法。全书共分二十章，介绍了裁缝所需的用具和材料，书包、钱袋、枕套、帽子、鞋子、裤子、儿童衣服、本国女式衣服、西式女衣、男学生装等的裁缝方法，最后还讲述了衣服的织补、衣料的鉴别和洗涤等知识。图15-7为《裁缝课本》。

（4）《男女洋服裁缝法》（1940），作者：蒋乃镛编，出版者：商务印书馆（长沙）。

该书由作者参考了各种西洋裁衣书籍写成。全书共分六章，第一章概述了为什么要学做洋服、洋服裁缝应有的准备，第二章介绍了裁缝所需的用具及使用方法，第三至第五章分别详述了春夏秋冬四季穿着的洋服裁缝法，第六章为附录，介绍了毛织物的整理和去除污渍的方法等知识。书末附有参考之洋裁书籍。图15-8《男女洋服裁缝法》。

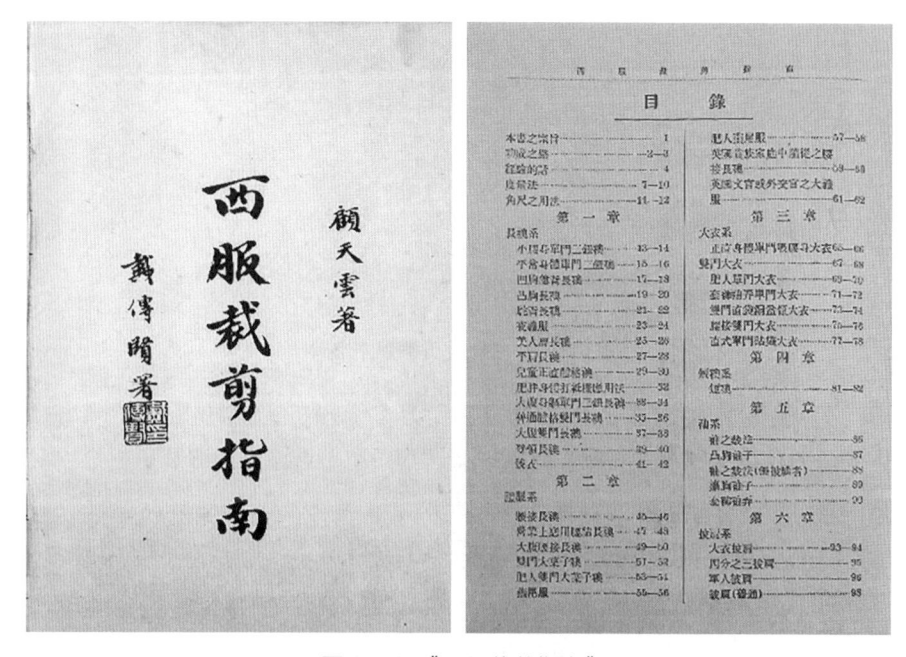

图15-6 《西服裁剪指南》

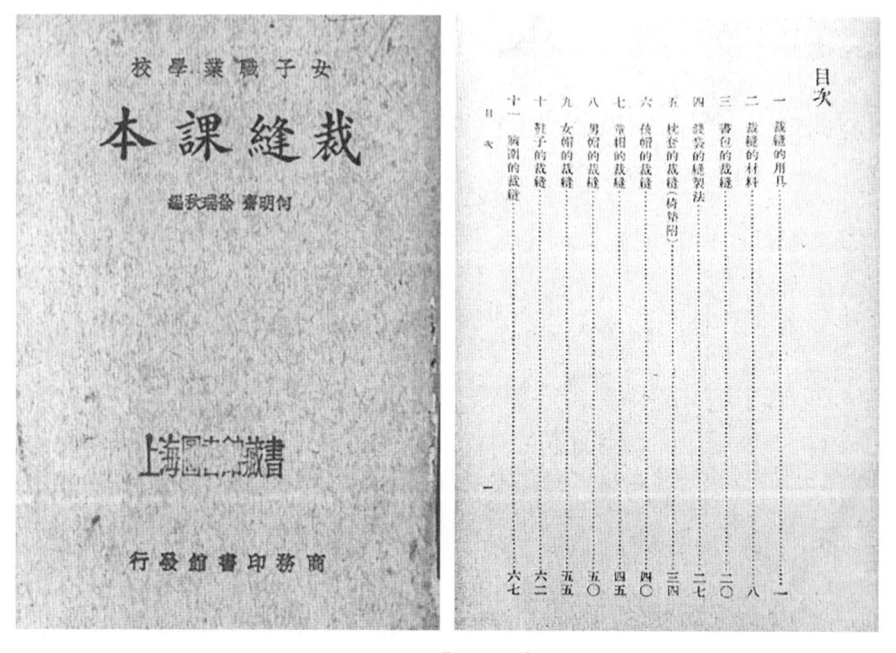

图15-7 《裁缝课本》

图15-8 《男女洋服裁缝法》

3. 服装科普类重要服饰图书

服装科普类图书涉及服装类型、服装穿着、服装洗涤和服装历史等一系列图书。以下介绍重要的服装科普类图书。

（1）《衣服论》（1916），作者：邹德谨、蒋正陆编译，出版者：商务印书馆。

该书为通俗教育丛书之一，共十五章，分别叙述了衣服之功用、衣服之材料、衣服之保温作用、衣服之通气、潮湿衣服、衣服之吸收温热、衣服之染色、衣服之吸收气体、衣服之污秽、衣服与病毒、衣服与毒物、衣服之洗涤、衣服之形状及其着法、衣服之附属品以及被褥。图15-9为《衣服论》。

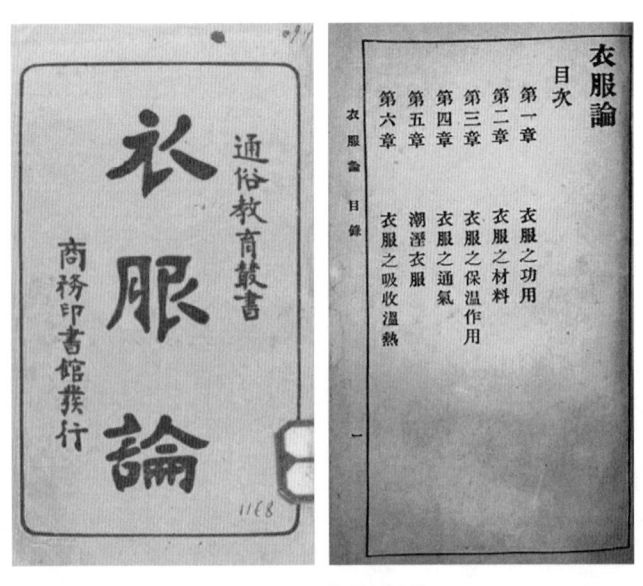

图15-9 《衣服论》

（2）《衣食住（第一册　衣）》（1918），作者：沈德鸿编纂，出版者：商务印书馆。

该书为新智识丛书之八，共分四十四章，分别叙述了服装的进化，棉、麻、丝、毛等纺织原料，染色染料，袜子、花边、鞋子等制造，动物皮毛，帽子制造，羽绒制品，珍饰品和钻石珠宝，纽扣和缝衣机以及美国的制衣工厂介绍等内容。图15-10为《衣食住（第一册　衣）》。

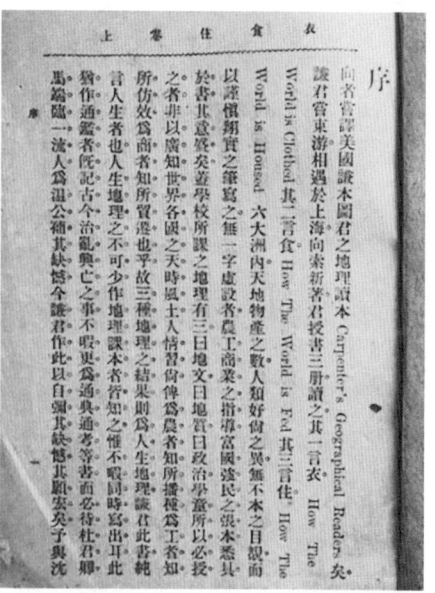

图15-10 《衣食住（第一册　衣）》

（3）《衣·食·住·行》（1930），作者：郑贞文、于树樟编纂，出版者：商务印书馆。

该书为少年自然科学丛书第十二编，共分人类的生活、衣、食、住、行五部分，其中第二部分衣介绍了为什么要穿衣、衣服的类别、原料、洗涤、去污和保存的方法等内容。图15-11为《衣·食·住·行》。

（4）《衣食住行工艺概要（第一册　衣）》（1935），作者：薛明剑编，出版者：中华书局。

该书共有二十五章，前四章概述了纺织制衣古代工艺起源、现代工艺趋势、全国工艺概况、江苏工艺的现状，第五至第八章叙述了纺织工场建筑设备、各项工资制度、管理员及工潮、汽锅与原动机，第九至第二十五章分别讲述了蚕种制造、蚕茧制丝、缫丝和丝线制造、丝织绸缎、丝织花缎等方法，以及籽棉轧花、制造脱脂棉、棉花纺纱、织布、织袜、织毛巾等的方法。图15-12为《衣食住行工艺概要（第一册　衣）》。

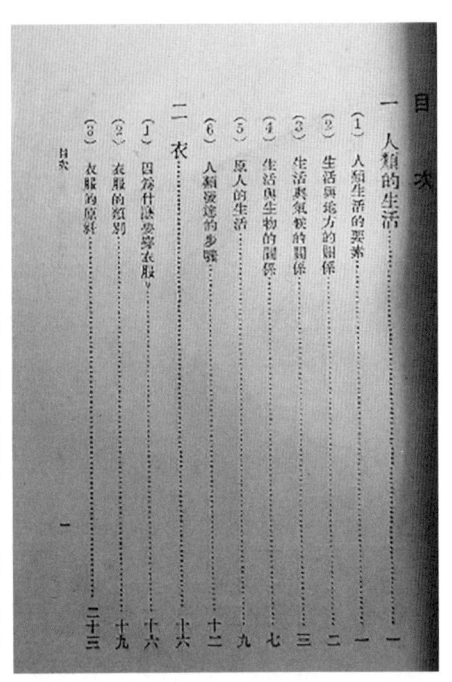

图15-11 《衣、食、住、行》

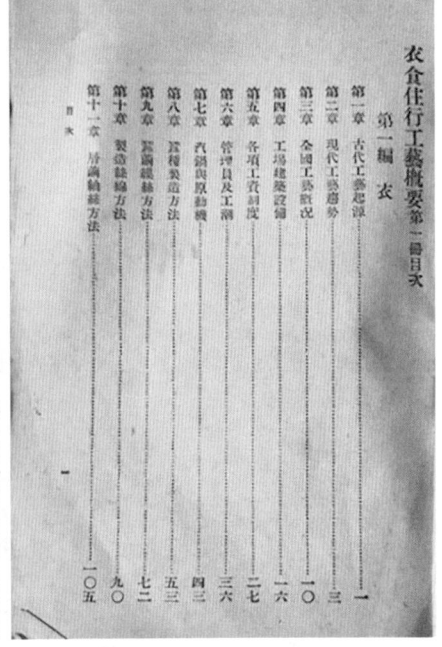

图15-12 《衣食住行工艺概要（第一册　衣）》

（5）《衣冠服饰》（1946），作者：杨荫深编著，出版者：世界书局。

该书作为日常事务掌故丛书之七，作者在序中写道："衣冠服饰，古今不同……今即就此习见习闻之衣服名称，分别考其由来，述其沿革。"作者在书中分别介绍了袍、裘、衫、袄、马褂、裆子、裙、袴、帽、袜、鞋、靴、巾、带、被、褥等我国传统服饰以及首饰、脂粉、夹袋等装饰品。书后附录有历代服制辑略。图15-13为《衣冠服饰》。

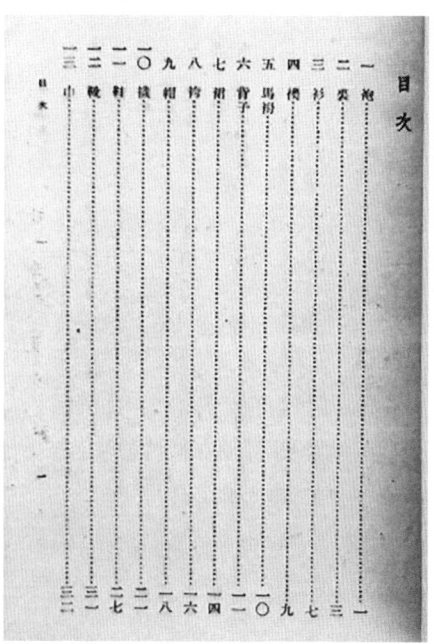

图15-13 《衣冠服饰》

4. 服装经济类重要服饰图书

服装经济类图书涉及服装行业状况、服装经济数据、服装物资管理等一系列图书。以下介绍重要的服装经济类图书。

《被服之保管与补给》（1947），作者：联合勤务干部训练班编，出版者：编者刊。

该书第一章为概说，介绍了被服经理之意义、被服经理之机构和被服之分类；第二章为被服之保管，介绍了仓库之设置、保管之实施、损害之预防、被害之排除、损失之呈报、露天堆积应注意事项和被服品之包装；第三章为被服之补给，介绍了给与定量、使用年限、给与贷与之区分、初次给与及继续补充、冬夏服之使用及换季、补给实施、损耗报销、损失赔偿、废品处分和账籍及报表。第四章为有关法规。图15-14为《被服之保管与补给》。

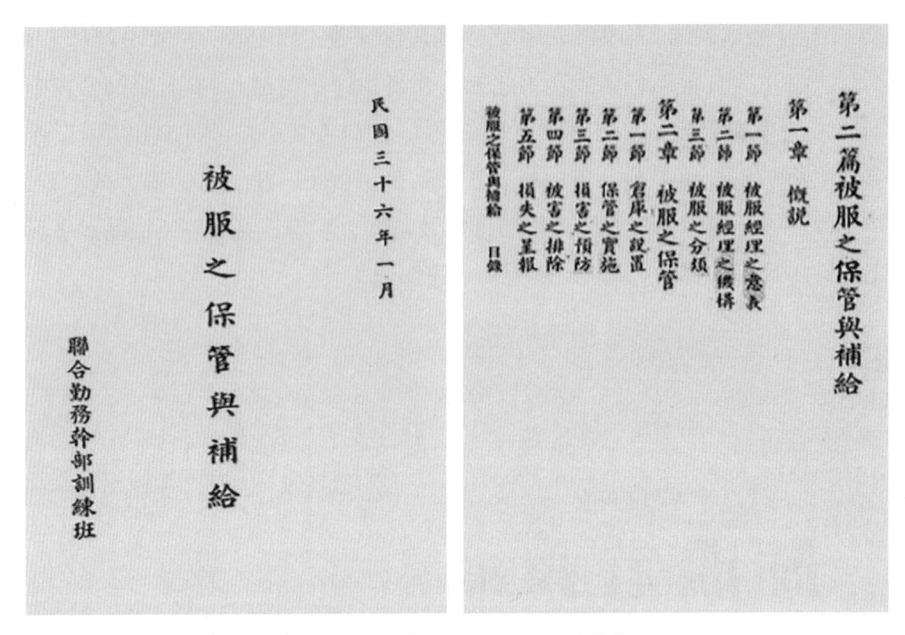

图15-14 《被服之保管与补给》

5. 刺绣类重要服饰图书

刺绣类图书涉及刺绣技法、刺绣图案等与刺绣相关的一系列图书。以下介绍重要的刺绣类图书。

(1)《女子刺绣教科书》(1918),作者:张华瑊、李许频韵编,出版者:商务印书馆。

该书为女子中学校及师范学校通用教科书,共分四章,分别为概论(分类、器具、上稿、线别、色别、针别)、法式(用线法、配色法、针法、选稿和造稿)、旧绣法之分类和新绣法之分类,附有初做刺绣教授略法。图15-15为《女子刺绣教科书》。

(2)《雪宧绣谱》(1919),作者:沈寿口述,张謇整理,出版者:翰墨林书局。

该书是中国历史上重要的刺绣技法论著之一。全书分为绣备——绣之具、绣引——绣之事、针法、绣要、绣品、绣德、绣节、透通八卷内容,详细记录了沈寿总结的18种技法,即齐针、抢针、单套针、双套针、扎针、铺针、刻鳞针、肉入针、打子针、羼针、接针、绕针、刺针、拙针、施针、旋针、散整针、虚实针,并对刺绣的构图设计布局、色彩的搭配、光影的变化、精气神的表达、刺绣环境和刺绣者心境等都作了叙述。图15-16为《雪宧绣谱》。

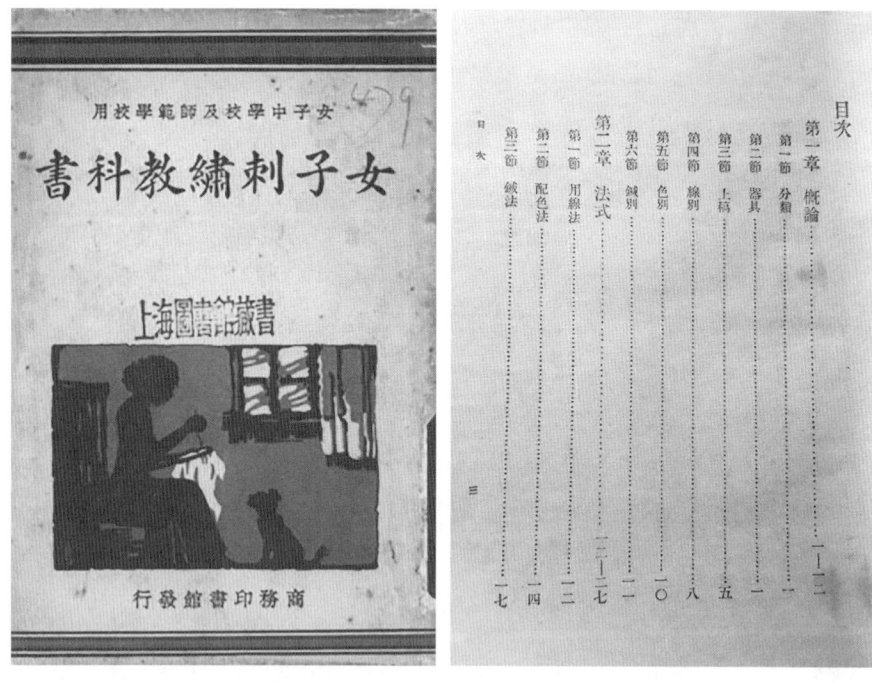

图15-15 《女子刺绣教科书》

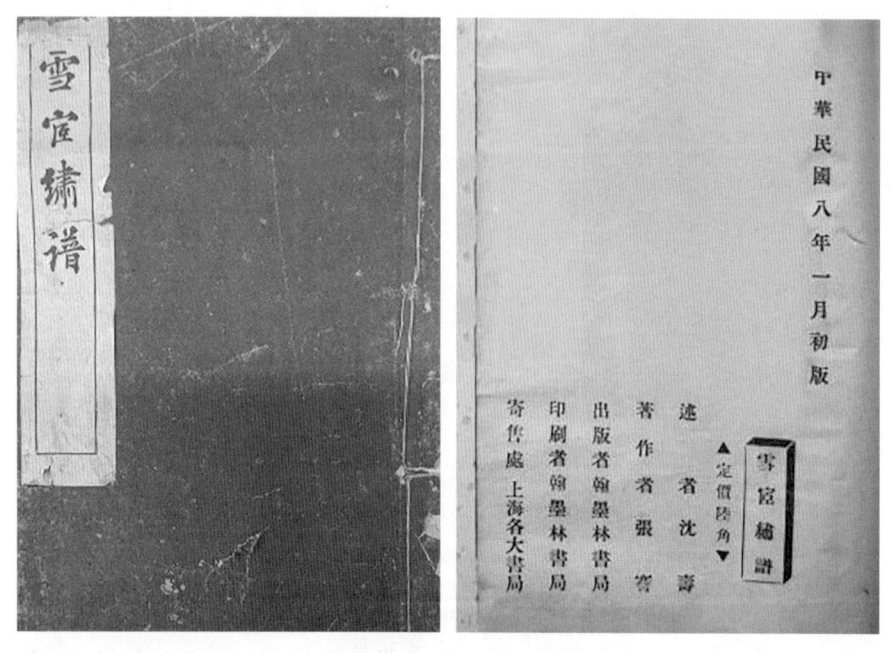

图15-16 《雪宧绣谱》

（3）《存素堂丝绣录》（1928），作者：朱启钤编著，出版者：存素堂。

该书是一本研究古代刺绣、缂丝珍品的著作，朱启钤以家藏刻丝、刺绣为目所编，分二类二卷。每卷以时代先后为序，详记质地、色彩、尺寸、印章及题识等，资料翔实，是我国丝绣类著作的代表作之一。存素堂是贵州朱启钤家的堂号，因其著录所藏丝绣一书名为《存素堂丝绣录》，故后人称朱启钤先生所收藏的这批丝绣为"存素堂丝绣"。图15-17为《存素堂丝绣录》。

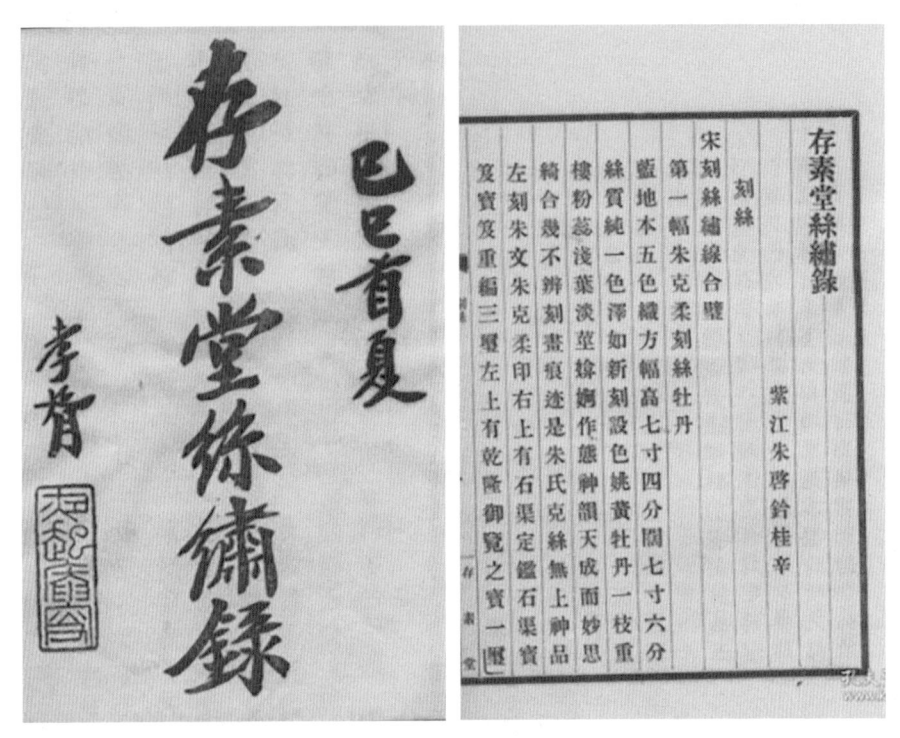

图15-17 《存素堂丝绣录》

（4）《丝绣笔记》（1930），作者：朱启钤辑，出版者：无冰阁。

该书叙述了历代锦绫、刻丝、刺绣、织成等中国传统高级丝织品的起源、产地、技术、价格、代表作品和官匠制度。全书分"记闻""辨物"上下两卷。上卷分锦绫、刻丝、刺绣三部分，下卷分锦绫、织成、刻丝及刺绣四部分。上卷辑有织作技法、各地纺织产品、丝帛时价、用料数量、官方购买细丝文献、历代丝绣工匠制度、机构、染色及历代有关丝绣禁令等内容。下卷辑有各种名锦、刻丝织物以及古代流传下来的刺绣作品等。该书为中国较早介绍丝绸及制品的书籍。图15-18为《丝绣笔记》。

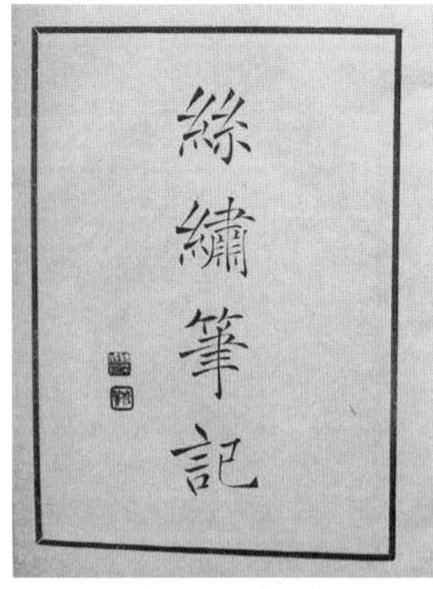

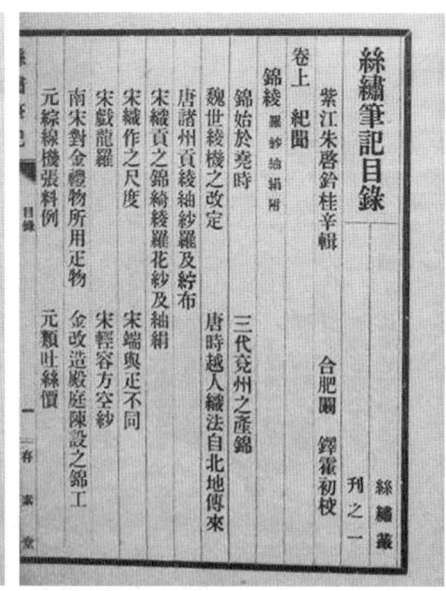

图15-18 《丝绣笔记》

（5）《顾绣考》（1936），作者：徐蔚南著，出版者：中华书局。

该书于1936年11月出版，1937年4月再版。该书是上海市博物馆丛书之一。全书共分四部分，分别叙述了顾绣的起源、顾绣的传播、顾绣的技能和现存顾绣名作。图15-19为《顾绣考》。

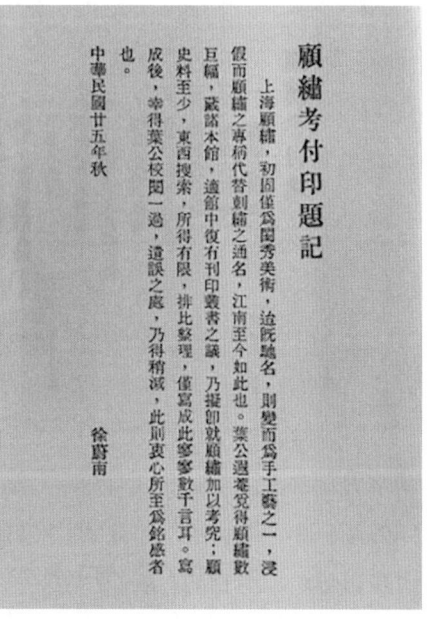

图15-19 《顾绣考》

6. 编结类重要服饰图书

编结类图书涉及毛线编结方法、编结花样等与编结相关的一系列图书。以下介绍重要的编结类图书。

（1）《编物图说》（1917），作者：张叔平编，出版者：商务印书馆。

该书为手工丛书之一，是我国近代早期介绍编织物的图书。全书共分两编，在第一编中介绍了编物的意义、原料及用途、所用器械的式别和运用、纽结法、数色合纽法、绚线及垂须扎法、假定纽结式别等。第二编中介绍了各种零件图形、边类图说、表链图说、线袋图说、镜框图说、花篮图说、童帽图说以及袖管编法图说等。图15-20为《编物图说》。

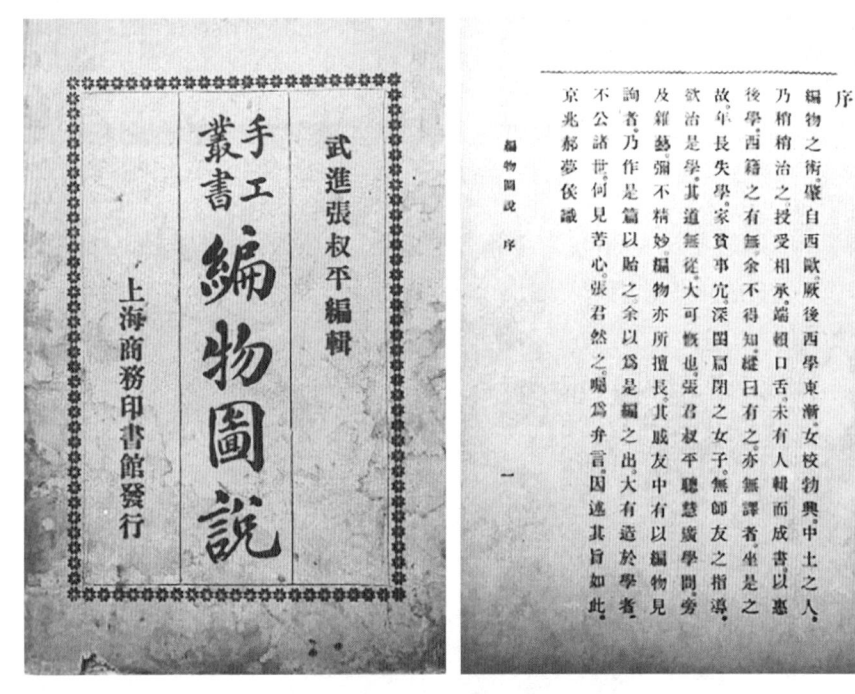

图15-20 《编物图说》

（2）《毛绒线手工编结法（初集）》（1934），作者：鲍国芳编著，出版者：国芳编结社。

《毛绒线手工编结法》在1934—1941年先后出版了七集。初集内容包括初学者最基本的八种手法和针法，如作活圈法、持绒线及编针法、开针法、闭针法、缝针编物法、加针法、减针法等，二十种素式和花式编结法，并配有摄影图片。图15-21为《毛绒线手工编结法（初集）》。

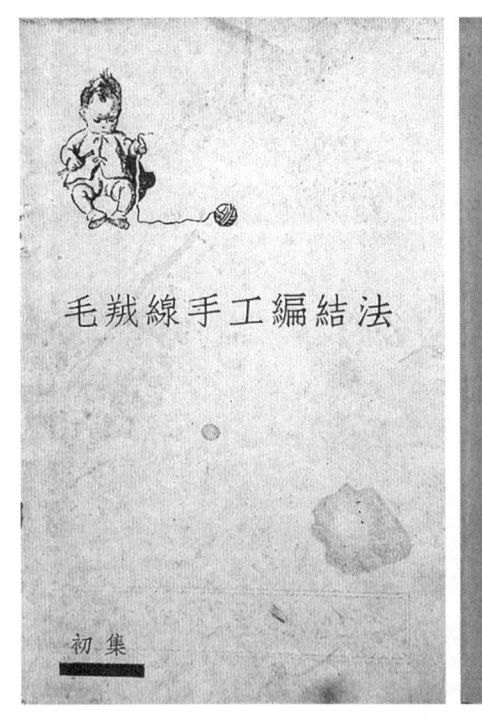

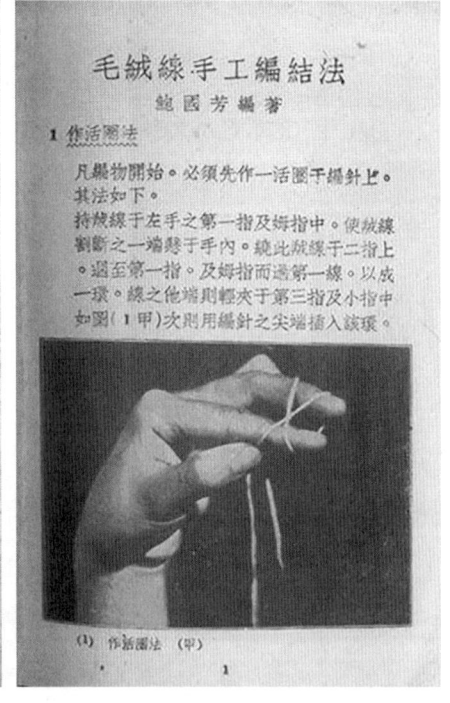

图15-21 《毛绒线手工编结法（初集）》

（3）《秋萍毛线刺绣编结法（第一部）》（1935），作者：冯秋萍编著，出版者：良友编结社。

该书于1935年12月出版，具体内容有毛线钩针编结说明，毛线刺绣图样及说明，毛线棒针编结及说明，毛线刺绣开针法，棒针起头法，秋萍花、小孩帽、梅花及花边、小皮球披肩、隔花披肩、小猫图样、小鸡图样、蝴蝶图样、珍珠形、绞丝形、九孔花、秋叶花、绣球花、雨花式短外套大衣等的编结步骤和实物照片。图15-22为《秋萍毛线刺绣编结法（第一部）》。

（4）《培英毛线编结法（合集）》（1938），作者：黄培英编著，出版者：培英编结公司。

该书于1938年6月出版，介绍了各种毛线编结的花样，详细叙述花样的编结过程。编结步骤用文字和线描图说明，最终成品展示为实物照片或真人穿戴的照片，还有各种绒线广告。书中附有疑问纸，可将编结中有疑惑的问题写下寄至作者处，请作者解答。图15-23为《培英毛线编结法（合集）》。

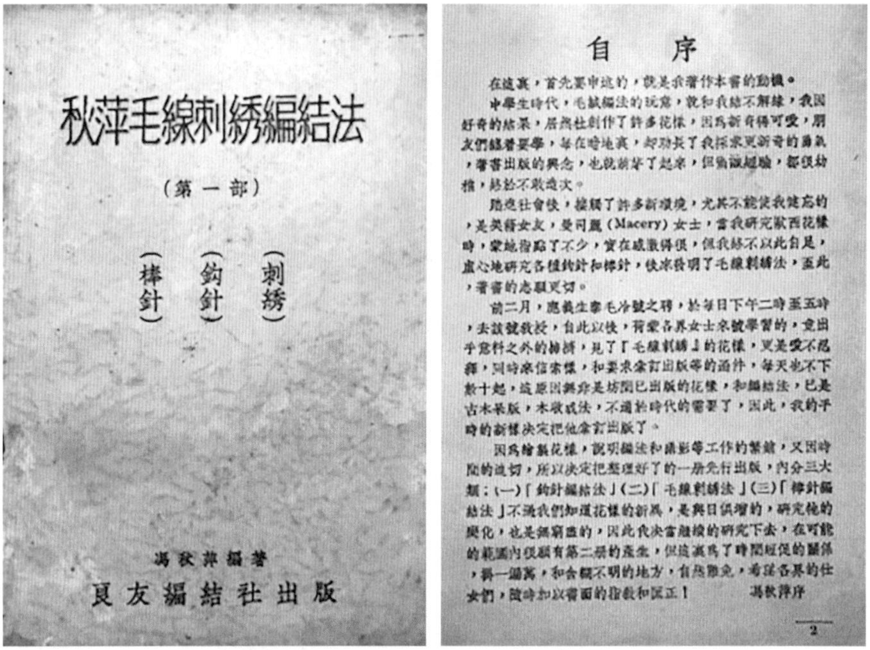

图 15-22 《秋萍毛线刺绣编结法（第一部）》

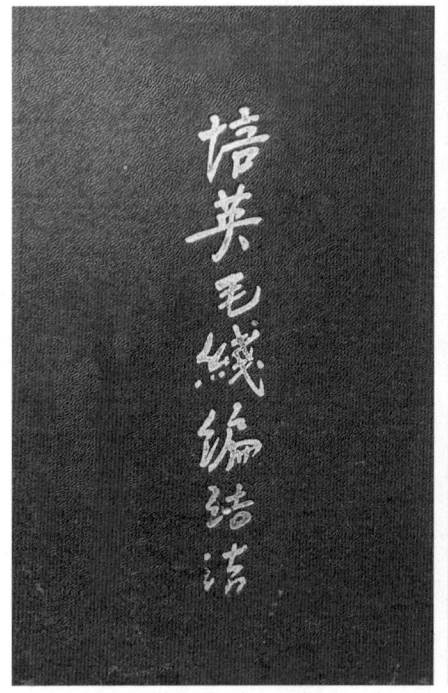

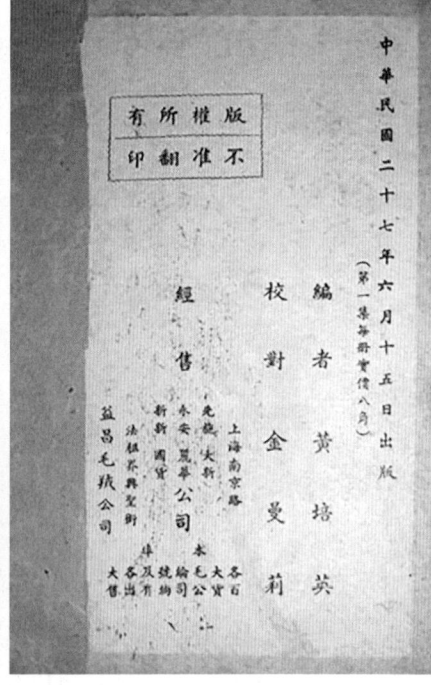

图 15-23 《培英毛线编结法（合集）》

三、中国近代代表性服饰图书《雪宦绣谱》

《雪宦绣谱》由时任南通女工传习所所长、刺绣艺术家沈寿口述，实业家张謇整理。南通女工传习所（图15-24）由张謇创办，隶属于南通女子师范学校。女工传习所设刺绣、图画、编物、手织、裁缝、育蚕六科。在所设置的各科中，刺绣科是主要专业。根据传授技艺的难易程度，设置了多种学制。有一年制的速成科（预备科），两年制的普通班（乙班），四年制的中级班（甲班、美术班），五年制的高级班（本科班、研究班）[①]。

图15-24　南通女工传习所

1874年，沈寿出生于江苏吴县，原名沈云芝，号雪宦（图15-25）。早年与丈夫余觉在江苏创办同立绣校，1907年，任清农工商部绣工科总教习。同年，赴日考察美术学校教学情况。1909年，担任"南洋劝业会"审查刺绣展品的官员。1911年，在天津创办自立女工传习所。1914年，受聘担任南通女工传习所所长兼教习，培养人才300多人。沈寿创立了"仿真绣"艺术，发扬光大了中国传统刺绣艺术。她的刺绣作品在国际赛事上多次获得大奖，被誉为世界艺术

图15-25　沈寿

---

① 张静秋.南通的女工传习所之创办及沿革[J].档案与建设，2007（3）：32-35.

家、中国刺绣艺术一代宗师①。

《雪宧绣谱》作为刺绣技术理论性的教材，对刺绣器具、刺绣针法、刺绣配色、"求光"与"肖神"、"绣通"与"妙用"、"绣德"与"绣节"等方面，均做了理论总结。该书于1919年由翰墨林书局出版后，影响广泛。1937年，张謇请人将其翻译成英文，取名 PRINCIPLES AND STITCHINGS OF CHINESE EMBROIDERY（《中国刺绣术》），由商务印书馆出版。山东画报社于2004年出版了王逸君译注的《雪宧绣谱图说》，重庆出版社于2010年出版了耿纪朋译注的《雪宧绣谱》，显示了该书强大的生命力②。图15-26为《雪宧绣谱》的后续版本。

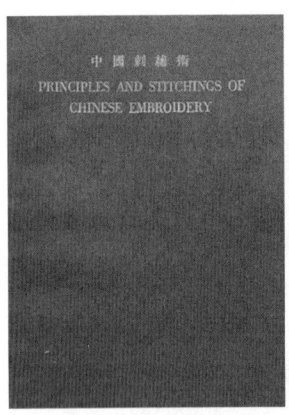

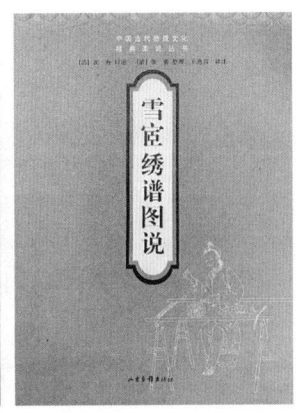

图15-26 《雪宧绣谱》的后续版本

《雪宧绣谱》既是对中国传统刺绣技艺的传承，又有作者的艺术创新，这对中国刺绣尤其是苏绣艺术的发展起到了继往开来的作用，因而具有巨大的影响力。

四、中国近代服饰图书特色分析

1. 类别多为科普图书和教科书

观察中国近代服饰图书，以科普图书和教科书居多。在科普图书方面，有邹德谨、蒋正陆编译的作为"通俗教育丛书"之一的《衣服论》，有沈德鸿编撰的作为"新智识丛书"之一的《衣食住（第一册 衣）》，有郑贞文、

---

① 唐利群.一代宗师沈寿对中国刺绣艺术的影响[J].青年文学家，2015（12）：142-143.
② 高金玲."沈绣"技术的教材化与学科化[D].苏州：苏州大学，2020.

于树樟编撰的作为"少年自然科学丛书"之一的《衣·食·住·行》，有江苏省立教育学院编的作为"民众科学问答丛书"之一的《我们穿的》，有吴翰云、赵蓝天编的作为"小朋友文库"之一的《四季的衣服：自然类》，有杨荫深编的作为"日常事务掌故丛书"之一的《衣冠服饰》，有倪锡英编的作为"儿童知识文库"之一的《衣服故事》，有陶百川主编的作为"新儿童基本文库"之一的《原始人的衣服》，有王晋斋编著的作为"儿童卫生教育丛书"之一的《衣服卫生法》等。在教科书方面，有丁曾元编的作为"小学中年级劳作副课本"的《我们的衣服》，有姜龙章编的作为"小学社会副课本"的《衣的演进》，有吕佩华编的作为"小学高年级劳作副课本"的《重要衣服工业概况》，有陈鹤琴主编的作为"适用于小学高年级及初中自然教材"的《我们的衣服》，有孙慕坚编著的作为"三年级常识科教材"的《我们的衣服》等。这些科普图书和教科书对学生服饰知识的普及起到了积极作用。

2. 内容以服装为主，刺绣和编结为辅

从我国近代服饰图书的数量来看，服装类图书的数量多于刺绣类和编结类图书数量之和。因此，服饰图书的内容是以服装为主、刺绣和编结为辅作为特征的。服装类图书的内容涉及服装的制式、服装的功用、服装用材料、服装的染色、服装的洗涤、服装的穿着、服装的保存、服装与健康、时装画、服装裁剪、服装缝纫加工、服装的演进、服装心理学、服装工业概况、服装故事、特殊功能服装（如舞台服装和防护服装）等。其包罗范围之广，几与当今无异。刺绣类图书内容包括刺绣历史、刺绣技法、刺绣图谱、刺绣范本、刺绣作品等。编结类图书内容有毛线编结技法、编结图案等，涌现出了鲍国芳、冯秋萍、黄培英等编结大家作者。由于毛线可结可拆、随性塑造，且美观保暖、经济实惠，故深受女性喜爱。这些服装、刺绣和编结类图书一起组成了丰富多彩的服饰图书。

3. 多由著名书局出版

中国近代服饰图书的出版者类型众多，有书局和协会，公司和学校，还有研究所和学术团体等，但最多的是书局。出版服饰图书的书局有商务印书馆、中华书局、文明书局、翰墨林书局、世界书局、新中国书局、新亚书店、著者书店、正中书局、民众书店、大众书局、大东书局、诚文信书局、西川书局等。其中尤以商务印书馆和中华书局这两个著名书局为多。商务印书馆出版了近20种，内容囊括服装、刺绣和编结。中华书局出版了近10种。

成立于1897年2月的商务印书馆，是我国近代历史最悠久的出版机构之一，也是规模最大的民营出版机构；成立于1912年1月的中华书局是我国近代规模第二大的民营出版机构。它们是我国近代出版史上两颗耀眼的明星。中国近代服饰图书由这些著名书局出版，既保证了图书的质量，也提升了图书的知名度。

4. 出版地以上海、北京、南京、重庆等地为主

中国近代服饰图书的出版地区主要集中在一些大城市，尤其是上海、北京、南京、重庆等地。上海是中国近代纺织工业的中心，又号称"东方巴黎"，常得风气之先，也是全国的出版中心，因此服饰图书的出版数量较多。北京具有深厚的历史底蕴，是清政府和北洋政府的所在地，是当时的政治中心和出版重镇；南京是六朝古都，在中国近代是国民政府的所在地；重庆是抗战期间的陪都，是战时的政治中心。上述地区因其为各个时期的政治中心，所以相应的服饰图书的出版数量也较多。其他有些地区有少量的服饰图书出版，有些则没有。图书出版数量的多少与当地的政治经济状况紧密相关，也与时局的变化相联系。

专题篇

第十六章 中国近代纺织服饰出版史料的地域分布

本章在检索整理的基础上，分析了各地区出版的各个种类的中国近代纺织服饰出版史料的数量、中国近代有影响的纺织服饰出版史料的出版地域，探讨了这些出版史料地域分布的特点，并根据统计结果从出版史料的角度佐证了上海是中国近代纺织工业和时尚业的中心。

一、出版史料数量的地域分布

1. 中国近代纺织服饰图书出版数量

根据统计检索，中国近代纺织服饰图书有1569种。其中上海为669种，占全国出版总数的42.6%；江苏为169种，占总数的10.8%；四川为92种，占总数的5.9%；天津为61种，占总数的3.9%；北京为58种，占总数的3.7%；浙江为57种，占总数的3.6%[1]（图16-1）。由图可见，上海纺织服饰图书的出版数量占全国出版总量的四成多，位居第一；位居第二的江苏有占出版总量一成多的数量；第三至第六位依次为四川、天津、北京和浙江，它们也占了出版总量的近二成。这些地区的出版量约占了全国总量的七成。

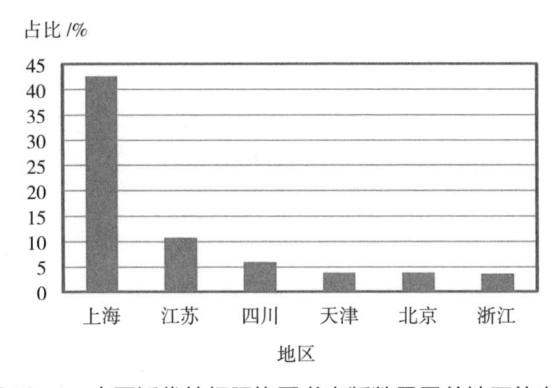

图16-1 中国近代纺织服饰图书出版数量居前地区的占比

---

[1] 施敏俊，吴川灵. 中国近代纺织图书统计与分析[J]. 丝绸, 2020, 35 (9): 96-101.

2. 中国近代纺织服饰报刊出版数量

根据统计结果，中国近代纺织服饰报刊数量为308种。在中国近代纺织服饰报刊出版数量居前的地区中，上海有123种，占全国出版总数的39.9%；江苏有48种，占总数的15.6%；浙江有26种，占总数的8.4%；北京、天津、四川各有15种，各占总数的4.9%（图16-2）。由图可见，上海的出版数量约占全国出版总量的四成；其次依次为江苏、浙江、北京、天津和四川，它们也将近占了出版总量的四成。这些地区的出版量占了全国总量的近八成。

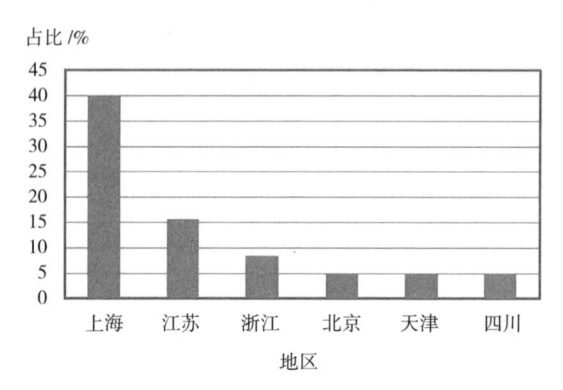

图16-2　中国近代纺织服饰报刊出版数量居前地区的占比

3. 中国近代行业组织出版的纺织服饰报刊数量

中国近代纺织服饰报刊的出版者有行业组织、企业、学术团体、学校、报刊社和官方机构。全国近代行业组织出版的纺织服饰报刊总量为38种，其中上海有26种，占全国出版总数的68.5%；江苏有5种，占总数的13.2%；天津有2种，占总数的5.3%；浙江、山东、广西、香港、海外各有1种，各占总数的2.6%（图16-3）。由图可见，上海的出版数量将近全国出版总量的七成，其次江苏和天津的数量接近总数的二成。

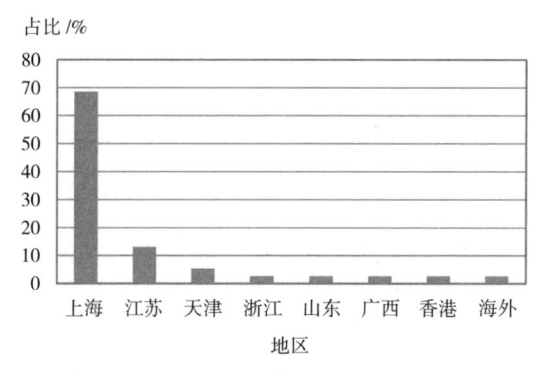

图16-3　中国近代行业组织出版的纺织服饰报刊数量居前地区的占比

4. 中国近代企业出版的纺织服饰报刊数量

中国近代企业出版的纺织服饰报刊总量为73种。其中上海有43种，占全国出版总数的58.9%；天津有8种，占总数的11.0%；山东有6种，占总数的8.2%；江苏和北京各有5种，各占总数的6.8%；湖南、山西各有2种，各占总数的2.7%（图16-4）。由图可见，上海的出版数量将近全国出版总量的六成；其次依次为天津、山东、江苏、北京，它们占了总数的三成多。

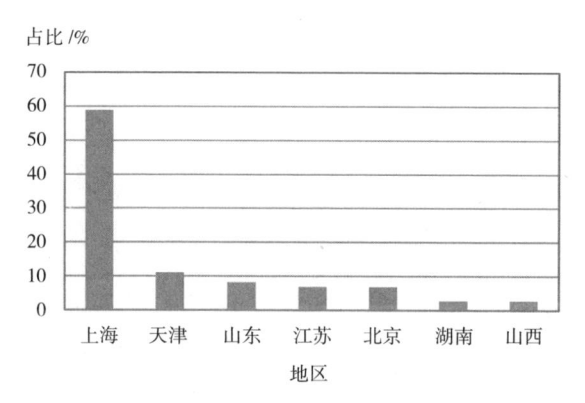

图16-4　中国近代企业出版的纺织服饰报刊数量居前地区的占比

5. 中国近代学术团体出版的纺织服饰报刊数量

中国近代学术团体出版的纺织服饰报刊总量为25种。其中上海有12种，占全国出版总数的48.0%；山东有3种，占总数的12.0%；北京和海外各有2种，各占总数的8.0%；浙江、江苏、天津、四川、湖北和贵州各有1种，各占总数的4.0%（图16-5）。由图可见，上海的出版数量占全国出版总量的近五成；其次山东、北京和海外的出版量占了总数的近三成。

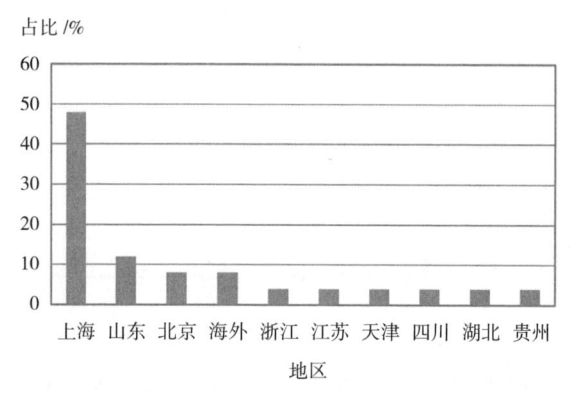

图16-5　中国近代学术团体出版的纺织服饰报刊数量居前地区的占比

6. 中国近代学校出版的纺织服饰报刊数量

中国近代学校出版的纺织服饰报刊总量为67种。其中江苏有22种，占全国出版总数的32.8%；浙江有13种，占总数的19.4%；上海有12种，占总数的17.9%；四川有4种，占总数的6.0%；北京、天津和广东各有3种，各占总数的4.5%（图16-6）。由图可见，江苏的出版数量为全国出版总量的三成多，位列第一；浙江的出版量也将近总数的二成，位列第二；接着上海、四川、北京、天津和广东的出版量接近了总数的四成。

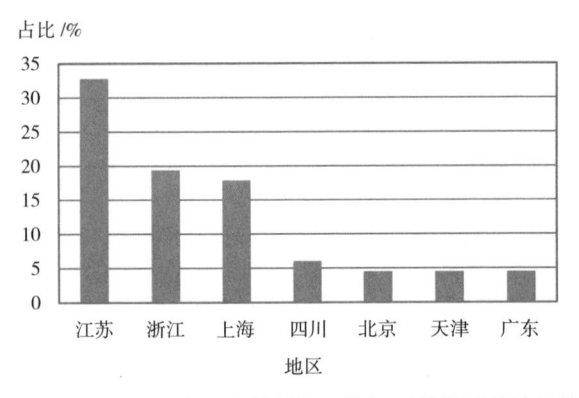

图16-6　中国近代学校出版的纺织服饰报刊数量居前地区的占比

7. 中国近代报刊社出版的纺织服饰报刊数量

中国近代报刊社出版的纺织服饰报刊总量为30种。其中上海有22种，占全国出版总数的73.5%；四川有3种，占总数的10.0%；江苏、浙江、广东、山东和海外各有1种，各占总数的3.3%（图16-7）。由图可见，上海的出版数量占全国出版总量的七成多，位列第一；其次四川的出版量也占总数的一成。

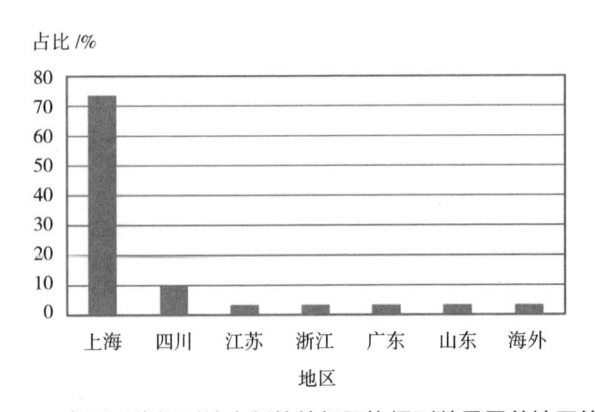

图16-7　中国近代报刊社出版的纺织服饰报刊数量居前地区的占比

8. 中国近代官方机构出版的纺织服饰报刊数量

中国近代官方机构出版的纺织服饰报刊总量为75种。其中江苏有14种，占全国出版总数的18.7%；浙江和广东各有10种，各占总数的13.3%；上海有8种，占总数的10.7%；四川有7种，占总数的9.3%；陕西有6种，占总数的8.0%（图16-8）。由图可见，江苏的出版量接近总数的二成，位列第一；浙江和广东的数量也各接近总数的七分之一，名列前茅。上述前六个地区的出版数量占了总数的七成多。

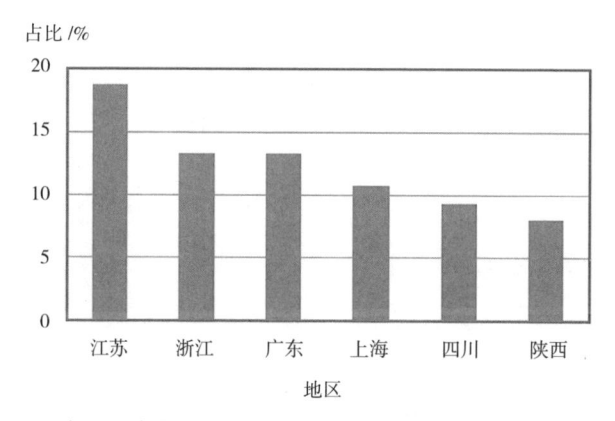

图16-8 中国近代官方机构出版的纺织服饰报刊数量居前地区的占比

9. 中国近代服饰报刊出版数量

在中国近代服饰报刊出版方面，根据检索得到近20种服饰报刊，内容范围涉及服装、时装表演和编结等。这些服饰报刊，有的是由学术团体出版的，有的是由报刊社出版的，有的是由企业出版的，也有的是由行业组织出版的。这些报刊的出版地全部在上海，因而上海在中国近代服饰报刊出版数量上占绝对优势。

10. 中国近代纺织报纸出版数量

在中国近代纺织报纸出版方面，根据检索得到6种纺织报纸，计有《纺织时报》《棉市周报》《纱布公报》《纺织新闻》《纱布日报》和《纺织快讯》。这些报纸的出版地也全部在上海，因而上海在中国近代纺织报纸出版数量上也占绝对优势。

二、有影响出版史料的地域分布

在众多的纺织服饰出版史料中，有一些是具有重要影响和标志性意义的，以下根据出版年代的先后分别述之。

1．中国近代第一种纺织工业图书

上海江南制造局翻译馆于1891年在上海出版了《纺织机器图说》，这是中国近代第一种机器纺织工业中文图书，由此拉开了中国近代纺织出版的序幕。该书介绍了轧花机器、纺纱机器、织布机器的配置使用和经济核算等，由英国传教士傅兰雅翻译。

2．中国近代第一种蚕业期刊及学校出版的纺织期刊

武昌农务学堂于1904年在武汉出版了《蚕学月报》，这是中国近代第一种蚕业期刊，也是第一种学校出版的纺织期刊，刊物由赵叔彝主编。

3．中国近代第一种学术团体出版的纺织期刊

浙江农工研究会于1906年在杭州出版了《柞蚕杂志》，这是中国近代第一种学术团体出版的纺织期刊。浙江农工研究会由浙江巡抚增韫设立，杭辛斋为会长。该刊专题介绍柞树种植和柞蚕饲养知识，有柞树介绍、柞蚕介绍和柞蚕知识问答等内容。

4．中国近代第一种行业组织出版的纺织期刊

中国蚕丝业会于1909年在东京出版了《中国蚕丝业会报》，这是中国近代第一种行业组织出版的纺织期刊。该刊内容主要论述中外蚕业形势，介绍有关蚕业各项科学知识和实验成绩报告等。首期还刊有杭州知府林启及其创办的浙江蚕学馆的照片等。

5．中国近代第一种服饰图书

中华国货维持会于1912年在上海出版了《中华民国服制图》，这是中国近代第一种服饰图书。该书为中华民国参议院议决服制，大总统按照约法第三十二条以命令的形式于1912年十月初三公布。全文共有三章，分别是男子礼服、女子礼服和附则。

6．中国近代第一种纺织工业期刊

华商纱厂联合会于1919年在上海出版了《华商纱厂联合会季刊》，这是中国近代第一种纺织工业期刊。刊物主要登载与纱厂有关的纺织方面的研究文章和消息。自1931年第9卷起改为半年刊，刊名也改为《华商纱厂联合会半年刊》。

7．中国近代第一种棉业期刊

华商纱厂联合会于1920年在上海出版了《棉产调查报告》，这是中国近代第一种棉业期刊。刊物是依据华商纱厂联合会派赴各省棉产调查员的报告编制而成，后来更名为《中国棉产统计》。

8．中国近代第一种由国人编著的纺织科技图书

华商纱厂联合会于1920年在上海出版了由朱仙舫编著的《理论实用纺绩学（前编）》，这是中国近代第一种由国人编著的纺织科技图书。图书介绍了棉花的性质、纺织工程顺序、轧花机、开棉机、梳棉机等内容。

9．中国近代第一张纺织报纸

华商纱厂联合会于1923年在上海出版了《纺织时报》，这是中国近代第一张纺织报纸。刊载内容主要有棉纺业要闻、棉市行情、棉花进出口统计资料、国内外电讯等，同时还报道国内纺织业会议，国外纺织业生产与贸易概况等。

10．中国近代第一种企业出版的纺织期刊

恒丰纺织新局于1924年在上海出版了《恒丰周刊》，这是中国近代第一种企业出版的纺织期刊。刊物主要论述改良棉纺织技术，制定各部门工作法，管理纱厂，训练工人，改进生产工艺等。

11．中国近代第一种服饰期刊

上海新妆研究社于1926年在上海出版了《新妆特刊》，这是中国近代第一种服饰期刊。刊物介绍不同季节妇女服装穿着面貌，包括时装设计原理、加工方法、成品样式等方面内容，有一系列照片和组图。

12．中国近代第一张服饰报纸副刊

《时事新报》于1932年在上海出版了副刊《时装周刊》，这是中国近代第一张服饰报纸副刊。由颂和、逸文合编。

13．中国近代第一种印染期刊

上海印染股份有限公司于1932年在上海出版了《拂晓月刊》，这是中国近代第一种印染期刊。刊物提倡国货，研究印染工艺，介绍织物印花历史，刊登有关色彩鉴赏力和染色用水等方面的文章。

三、出版史料地域分布的特点

1．以沿海经济发达地区为主

中国近代纺织服饰出版史料的统计数据显示，它们的出版地大多在沿海经济发达地区，如上海、江苏、浙江、天津、山东、广东等。具体到城市，有上海、无锡、杭州、宁波、天津、青岛、广州等。这些城市地处沿海，交通便利，与其他城市和海外的联系比较紧密，带来的效应是经济比较发达，以纺织品为重要标的的贸易往来比较频繁，纺织服饰业比较兴盛，相应的出版物就比较多。

2. 以各时期的政治中心居多

统计数据还显示,北京、江苏、四川等中国近代各时期政治中心的出版物居多。具体到城市,是北京、南京和重庆。北京是清王朝和北洋政府的所在地,是当时的政治中心,人文底蕴深厚。南京是国民政府在抗战前和抗战后的所在地,民国时期主要的政治中心。重庆是抗战时的陪都,当时大批机构迁于此地,是抗战时的政治中心。这些不同时期的政治中心,集聚了大批资源,出版业也相应的比较发达。

3. 从以丝业为主的地区向以棉纺织业为主的地区发展

早期中国近代纺织服饰出版史料主要集中在以丝业为主的地区,如浙江、广东等。史料内容也主要集中在蚕桑等纺织原料方面。随着机器纺织工业的兴起,史料的出版地区逐渐向以棉纺织业为主的地区发展,如上海、江苏、天津、山东等。史料内容也从棉花等纺织原料向棉纺织技术和管理方面发展。丝业和棉业撑起了我国近代纺织工业的大半壁江山。

四、上海是中国近代纺织工业和时尚业中心的出版史料佐证

由上述中国近代纺织服饰出版史料的整理来看,上海在诸多方面是占据全国领先地位的,具有多个数量"居首位"的领域,并有多个"第一种"的出版物。表现在数量上,在图书方面,上海在中国近代纺织服饰图书出版数量上居首位;在报刊方面,上海在中国近代纺织服饰报刊出版数量上、在中国近代行业组织出版的纺织服饰报刊数量上、在中国近代企业出版的纺织服饰报刊数量上、在中国近代学术团体出版的纺织服饰报刊数量上、在中国近代报刊社出版的纺织服饰报刊数量上均居首位。另外,上海在中国近代纺织报纸和服饰报刊出版数量上占据绝对优势。表现在质量上,在上海出版的纺织服饰出版物,有中国近代第一种纺织工业图书,中国近代第一种服饰图书,中国近代第一种纺织工业期刊,中国近代第一种棉业期刊,中国近代第一种由国人编著的纺织科技图书,中国近代第一张纺织报纸,中国近代第一种企业出版的纺织期刊,中国近代第一种服饰期刊,中国近代第一张服饰报纸副刊,中国近代第一种印染期刊。

由以上众多"居首位"和"第一种"情况来分析。第一,上海在中国近代纺织服饰图书和纺织服饰报刊的数量上均为第一,且有明显优势,说明上海在中国近代纺织业的总体地位是突出的;第二,行业组织和企业的报刊出版量居首位,出版有中国近代第一种纺织工业图书和期刊、第一种由国人

编著的纺织科技图书、第一张纺织报纸、第一种企业出版的纺织期刊、第一种棉业期刊、第一种印染期刊，说明上海在中国近代纺织工业，尤其是棉纺织工业中的地位是领先的；第三，学术团体的报刊出版量居首位，说明中国近代纺织的学术中心在上海；第四，上海在中国近代服饰报刊出版数量上占据绝对优势，出版有中国近代第一种服饰图书、第一种服饰期刊、第一张服饰报纸副刊，说明上海是中国近代时尚业（服饰在其中占据重要部分）的集聚地。

综上所述，根据近代纺织服饰出版史料的整理，可以佐证上海曾经是中国近代纺织工业和时尚业的中心。当然，在中国近代纺织服饰出版史料中，上海不居首位的方面也是有的。从出版内容来说，是纺织原料之一的蚕丝；从出版机构来说，是学校和官方机构。中国早期的蚕业学校分布在浙江、湖北、江苏等地，官方机构分布在江苏、浙江、广东等地。

第十七章　中国近代纺织服饰出版机构

在中国近代纺织服饰出版业中，出版机构起着重要的作用。本章对出版机构的种类及其出版物和一些著名机构的纺织服饰出版活动进行探究。

一、出版机构种类及其出版物

1．学术团体

学术团体包括全国性学术组织、地方性学术组织和社会独立学术组织等。

我国近代学术团体出版的纺织服饰报刊有近30种。这些刊物分布于纺织原料类、印染类、服装类和综合性类杂志中。其中纺织原料类近10种，主要由与蚕丝、棉花、毛革等原料相关的学术组织创办；印染、服装和综合性类近20种，由与纺织相关的全国性学术组织、地方性学术组织和社会独立学术组织出版。从刊物的出版地来看，上海、北京、浙江、江苏、天津、四川、山东、湖北、贵州和海外等地均有杂志出版。从刊物的创办时间来看，从清末开始，一直延续至20世纪40年代末。这些学术团体有中国纺织学会、中国染化工程学会、中国原棉研究学会、中华农学会、浙江农工研究会、染织研究会、毛革改良会、北平纺织染研究会、青岛工商学会、中国纺织学会上海分会、中国纺织学会天津分会、中国纺织学会青岛分会、白鹅画会、上海装束美研究会等。图17-1为中国染化工程学会的《中国染化工程学会成立纪念刊》。

纺织服饰图书也有许多是由学术团体出版的。如上海农学会（务农会），出版了十多种相关图书。其他学术团体有中国科学社、中国纺织学会、中国工程学会、中华化学工业会、中国染化工程学会、中国工商学会、中国原棉研究学会、中国棉业经济研究会、毛业研究会、（上海）新法编织研究会、中国经济研究会、江南问题研究会等。图17-2为中华化学工业会的《最新人造丝毛工业》。

2．学校

学校指包含大学、专科学校、专门学校、职业学校等的各类学校。

学校出版的我国近代纺织服饰报刊有近70余种，分布于纺织原料、纺纱织造、印染和综合性刊物类别中。其中纺织原料类30余种，主要由与蚕

图17-1 《中国染化工程学会成立纪念刊》　　图17-2 《最新人造丝毛工业》

丝、棉花等纺织原料有关的学校创办；综合性类与纺纱织造、印染类30余种，由纺织院校或工业学校纺织染系科出版。学校刊物的出版地分布于上海、江苏、浙江、北京、广东、湖北、安徽、四川、天津和陕西等地。刊物的创办时间从20世纪初延续至40年代末。这些刊物多为16开本，采用铅字印刷；也有少部分刊物限于条件，采用油印方式。这些学校有武昌农务学堂、广东蚕业学堂、南通纺织专门学校、浙江蚕业学校、江苏省立第一农业学校、江苏省立第二农业学校、江苏省立第三农业学校、浙江公立工业专门学校、金陵大学农林科、广东省立第一甲种工业学校、江苏省立女子蚕业学校、国立浙江大学农学院蚕桑系、安徽省立女子中等职业学校、镇江女子蚕业学校、国立北平大学工学院、苏州工业专科学校、私立上海纺织工业专科学校、国立中央技艺专科学校、国立西南中山高级工业职业学校、西北工学院、上海市立工业专科学校、上海文绮染织专科学校等。图17-3为国立北平大学工学院的《工学季刊》。

纺织服饰图书也有一些是由学校出版的。如南通学院（南通大学）、金陵大学农林科，各出版了十多种相关图书。其他学校有浙江蚕学馆、国立北平大学工学院、国立中央大学农学院、国立东南大学农科、国立浙江大学农学院、中国纺织染工业补习学校、上海市立工业专科学校、私立上海纺织工业专科学校等。图17-4为南通大学纺织科的《实用纺织机械学》。

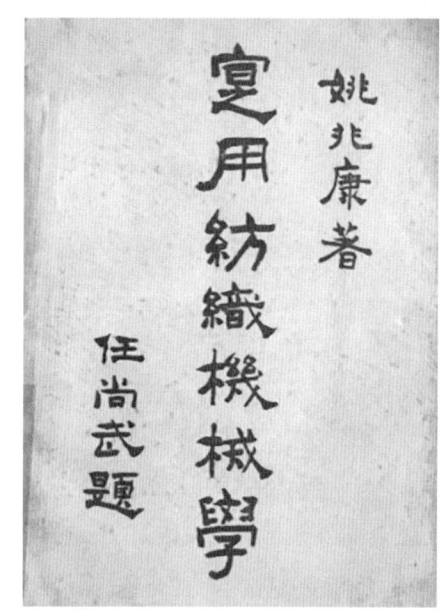

图17-3 《工学季刊》　　　　图17-4 《实用纺织机械学》

3. 研究机构

研究机构为各类公立和私立的研究所、研究社等。

研究机构出版的我国近代纺织服饰报刊仅数种，分布于纺织原料、服装和综合性刊物类别中，由各类研究所或研究社出版。研究机构刊物的出版地分布于上海、贵州和河北等地。刊物的创办时间从20世纪20年代延续至40年代。这些机构有中国纺织染工程研究所、中国蚕桑研究所、公益工商研究所、上海新妆研究社、河北裕大纺织染学术研究社等。图17-5为公益工商研究所的《公益工商通讯》。

纺织服饰图书有一些是由各类研究机构出版的。如国民经济研究所、中国经济统计研究所、中国纺织染工程研究所，各出版了十多种相关图书。其他研究机构有中国纤维工业研究所、上海文沛纺织化学工程所、染化研究所、上海家事研究社等。图17-6为中国纺织染工程研究所的《纺织原料与试验》。

4. 行业组织

行业组织包含了全国性的行业组织和地方性的行业组织。

我国近代行业组织出版的纺织服饰报刊有近40种。这些刊物分布于纺织原料、纺纱织造、印染、服装和综合性等类别中。其中纺织原料类近20种，由与蚕丝、棉花等纺织原料相关的行业组织创办；纺纱织造类、印染

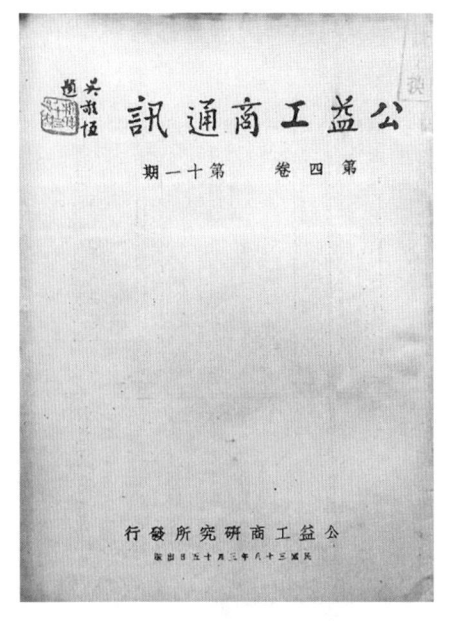

图17-5 《公益工商通讯》　　　　图17-6 《纺织原料与试验》

类、服装类和综合性类共20余种，由与纺纱、织造、印染、服装相关的行业组织出版。行业组织刊物的出版地分布于上海、江苏、天津、山东、浙江、广西、香港和海外等地。刊物的创办时间也从20世纪初延续至40年代末。这些行业组织有全国纺织业联合会、中国蚕丝业会、全国棉场联合会、华商纱厂联合会、中华棉产改进会、中华棉业统计会、苏浙皖京沪区棉纺织工业同业公会、上海市商会、上海机器染织业同业公会、上海华商棉业公会、天津棉业公会、通如海棉业公会、上海棉织厂业同业公会、上海市棉布商业同业公会、香港染料同业商会、上海市西服业职业工会、上海市丝光漂染业职工会、无锡县缫丝业产业工会、无锡县棉纺织业产业工会、上海绸布业求知互助社、金城、通成、诚孚联合棉业调查所等。图17-7为香港染料同业商会的《香港染料同业商会年刊》。

纺织服饰图书有一些是由行业组织出版的。如华商纱厂联合会，出版的图书多达30多种；中国合众蚕桑改良会，也出版了10多种相关图书。其他行业组织有全国纺织业联合会、中华棉业统计会、中华全国工界协进会、第六区机器棉纺织工业同业公会、江浙皖丝厂茧业总公所、江南总农会、上海市商会、纱业公所、上海市棉织厂业同业公会、上海市毛纺织厂业同业公会、上海市机器染织业同业公会、上海市毛绒纺织整染工业同业公会、土布工业同业公会、上海市棉花商业同业公会、上海市棉布商业同业公会、上海市丝光漂染业职工会等。图17-8为华商纱厂联合会的《棉纺织工作管理法》。

图17-7 《香港染料同业商会年刊》　　图17-8 《棉纺织工作管理法》

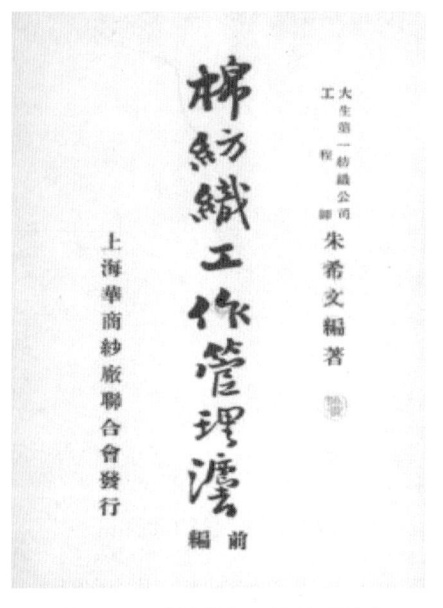

5．企业

企业既有历史悠久的百年老厂，也有综合性的集团公司。

我国近代企业出版的纺织服饰报刊有70余种。这些刊物分布于纺织原料、纺纱织造、印染、服装和综合性等类别中。其中纺纱织造类40余种，由棉纺织厂、毛纺织厂、织印绸厂等创办；纺织原料类、印染类、服装类、综合性类共30余种，由与蚕丝、棉花等相关的纺织原料公司、印染厂、服装公司以及综合性纺织染大型企业主办。企业刊物的出版地分布于上海、天津、江苏、山东、北京、湖南、湖北、山西、辽宁等。刊物的创办时间也从20世纪20年代延续至40年代末。这些企业有恒丰纺织新局、申新纺织公司、上海印染股份有限公司、中国纺织建设公司、中国蚕丝公司、中国棉建公司、先施公司、永安公司、九华绸缎商店、天津东亚毛呢纺织股份有限公司、苏州苏纶纺织厂、常州大成纺织染厂、湖南第一纺织厂、济南仁丰纺织染股份有限公司、青岛华新纱厂、无锡新毅一厂、美亚织绸厂、辛丰织印绸厂、新光标准内衣染织整理厂、永新汉记内衣雨衣染织制造厂、上海裕民毛绒线厂、友生染织厂、荣丰纺织厂、利泰纺织公司、华北花纱公司北京分公司等。图17-9为中国纺织建设公司青岛分公司的《青纺》。

纺织服饰图书也有一些是由企业出版的。如中国纺织建设公司，出版的图书多达50余种；上海鸿章纺织染厂有限公司也有10多种。其他企业有江南劝业机器工艺总局、中国纺织机器制造股份有限公司、中国棉业贸易公司、恒丰纺织新局、华东人造丝厂、永安纺织股份有限公司、先施公司、诚孚公司、通州大生纱厂、民丰纱厂、美亚织绸厂、申新纺织第九厂、华丰纺织股份有限公司、德大纱厂、厚生纱厂、光中染织厂、辛丰织印绸厂、保丰纺织漂染整理厂、上海三星棉铁厂股份有限公司、上海隆茂纺织有限公司、上海纺织印染厂有限公司等。图17-10为诚孚公司的《棉纺织试验法》。

图17-9 《青纺》　　　　图17-10 《棉纺织试验法》

6. 报刊社

报刊社包含报社和期刊社。

我国近代报刊社出版的纺织服饰报刊有近30种。这些报物分布于纺织原料、纺纱织造、服装和综合性等类别中。其中纺织原料类有近10种，由与蚕丝、棉花等纺织原料相关的报刊社创办；纺纱织造类、服装类、综合性类共20余种，由与纺纱、织造、服装相关的报刊社出版。报刊社的刊物出版地分布于上海、四川、江苏、浙江、广东、山东和海外等。刊物的创办时间也从20世纪初延续至40年代末。这些报刊社有申报社、社会晚报社、时报社、时事新报社、大美晚报社、社会新闻报社、纱布日报社、和平日报社、银钱报社、中华工商新闻社、上海工商新闻社、农桑学杂志社、四川蚕丛报社、绸商旬报社、新女型图画杂志社、中华纺织染杂志社、中国纺织世界社、蚕丝月报社、中国蚕丝杂志社、棉业月报社等。图17-11为棉业月报社的《棉业月报》。

纺织服饰图书也有一些是由报刊社出版的。出版6种以上图书的有良友编结社、培英编结公司、国芳编结社、染织纺周刊社。其他报刊社有北洋官报局、纺织世界社、纺织周刊社、大公报代办部，上海商报社，神州电讯社等。图17-12为上海商报社的《染织论丛》。

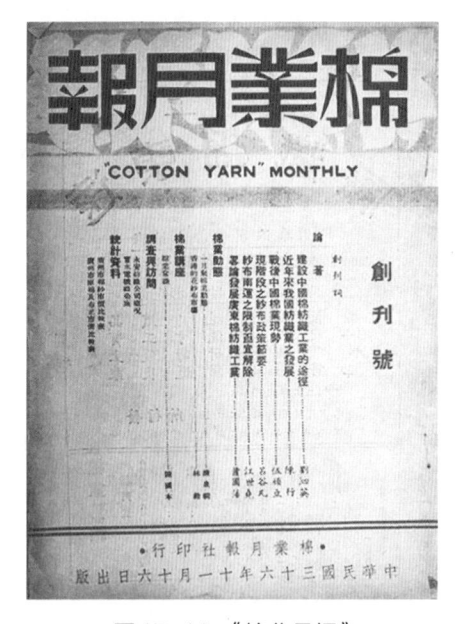

图17-11 《棉业月报》　　　　　图17-12 《染织论丛》

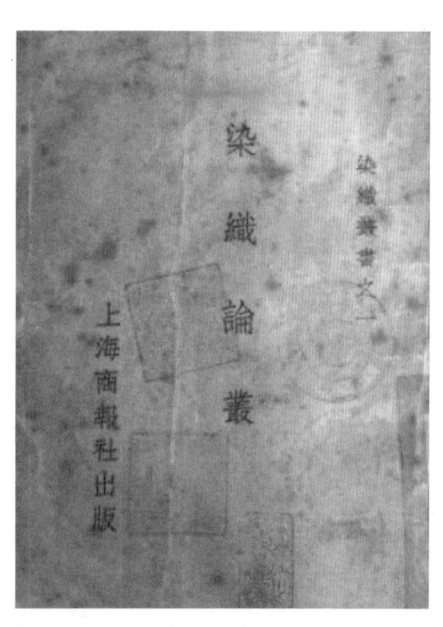

7. 书局

书局包含以书局、出版社、印书馆、书店、编译馆等为称谓的图书出版机构。

书局是纺织服饰图书出版的主要力量。以上海一地为例，书局出版的相关图书达280多种，约占总出版量的一半。其中商务印书馆一枝独秀，出版了100多种；中华书局紧随其后，出版了40余种；出版相关图书20种以上的是新学会社。其他书局有大东书局、世界书局、开明书店、科学书局、纤维工业出版社、中国棉业出版社、正中书局、黎明书局、儿童书局、新亚书店、国立编译馆、生活书店、翰墨林书局、广益书局、新华书局、新中国书局、文通书局、上海鸿宝书局、北新书局、大同书局、文明书局、有正书局、学海书局、新民书局、南星书店、大中华书局、小朋友书局、大众书局、学者书局、中国农业书局、华美出版社、元顺印务局、利民印刷所、立信会计图书用品社、五洲书报社、时新书室等。图17-13为商务印书馆的《力织机使用法》。

书局主要出版纺织服饰图书，较少出版纺织服饰报刊。图17-14为纤维工业出版社出版的期刊《纤维工业》。

图17-13 《力织机使用法》　　　　图17-14 《纤维工业》

8. 官方机构

官方机构指清政府或民国政府及其下属的机构。

我国近代官方机构出版的纺织服饰报刊有70余种。这些刊物绝大部分属于纺织原料类，由与蚕丝、棉花等纺织原料相关的生丝检查所、蚕丝改良委员会、蚕丝改良场、棉业试验场、棉业统制委员会、棉产改进处、棉花掺水掺杂取缔所、商品检验局等机构主办。官方机构的刊物出版地分布于上海、江苏、浙江、广东、天津、山东、北京、湖南、湖北、河北、陕西、河南、云南、四川、江西等。刊物的创办时间也从20世纪初延续至40年代末。这些官方机构有全国经济委员会棉业统制委员会、全国经济委员会蚕丝改良委员会、中央棉产改进所、中国棉业经济委员会、实业部国产检验委员会棉花检验监理处、中央棉花搀水搀杂取缔所、农林部棉产改进咨询委员会、农林部棉产改进处、中央农业实验所、经济部农本局研究室、财政部花纱布管制局、实业部天津商品检验局、实业部广州商品检验局、实业部汉口商品检验局、广东建设厅蚕丝改良局、广东建设厅生丝检查所、浙江省蚕种制造技术改进会、浙江省建设厅管理改良蚕桑事业委员会、陕西棉产改进所、湖北省棉产改进处、河南省棉产改进所、河北省棉产改进会、云南省棉业处、四川省农业改进所、江苏省立蚕桑模范场、江苏省立棉作物试验场、浙江省立棉种试验场、山东省立第二棉业试验场、河北棉业试验场、湖南棉业试验场、湖北棉业改良委员会试验场、四川省蚕丝改良场、四川省棉作试验场等。图17-15为广东建设厅生丝检查所的《广东生丝出口及生丝检验统计》。

纺织服饰图书也有一些是由官方机构出版的。出版图书20种以上的有全国经济委员会棉业统制委员会、实业部（工商部）上海商品检验局。其他官方机构有江南制造局翻译馆、（清）农工商部、全国经济委员会、整理棉业筹备处、农林部棉产改进咨询委员会、实业部汉口商品检验局、实业部天津商品检验局等。图17-16为全国经济委员会棉业统制委员会的《棉纺织厂经营标准》。

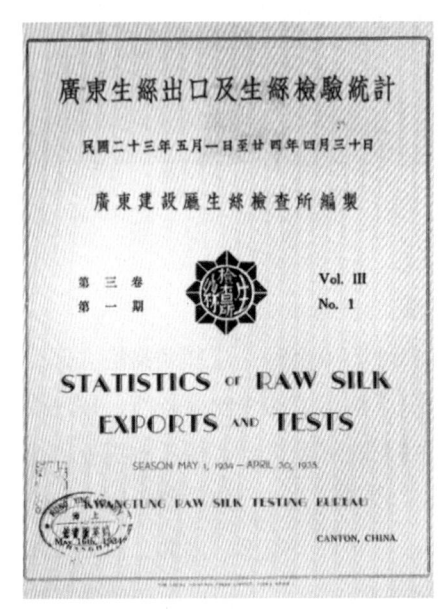

图17-15 《广东生丝出口及生丝检验统计》

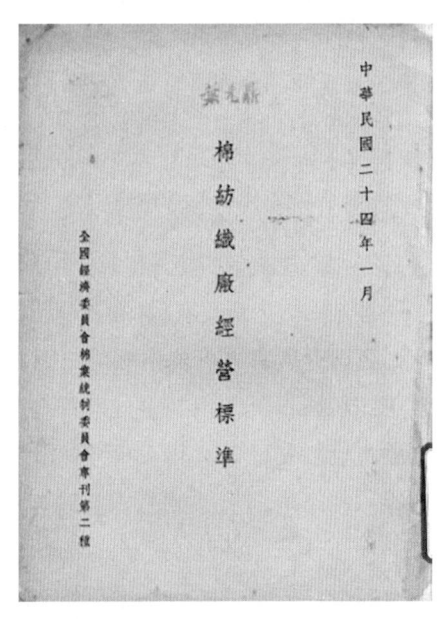

图17-16 《棉纺织厂经营标准》

二、著名机构的纺织服饰出版活动

1. 浙江蚕学馆的纺织服饰出版活动

1897年8月,杭州知府林启在杭州西子湖畔创办蚕学馆,揭开了我国近代纺织教育的序幕。1908年6月,浙江巡抚增韫因蚕学馆办学成效显著,奏请清政府将学校更名为"浙江中等蚕桑学堂"。同年8月,学校升格为"浙江高等蚕桑学堂"。1912年,学校更名为"浙江中等蚕桑学校";1913年,先后更名为"浙江公立甲种蚕桑学校""浙江省立甲种蚕业学校";1926年,更名为"浙江省立蚕桑科职业学校";1928年后,先后更名为"浙江省立高级蚕桑科中学""浙江省立高级蚕桑科职业学校""浙江省立高级蚕丝科职业学校";1936年,更名为"浙江省立杭州蚕丝职业学校"。图17-17为浙江蚕业学校。

图17-17 浙江蚕业学校

作为中国近代第一所纺织学校,浙江蚕学馆早在19世纪末就已有纺织出版活动。1898年,蚕学馆翻译了《蚕学丛刊初集》,由务农会出版;同年,蚕学馆编撰了《杭州蚕学馆章程》一卷。进入20世纪,有多种期刊出版。1918年,浙江蚕业学校校友会出版了《浙江蚕业学校校友会杂志》,其目录如图17-18所示;1926年,浙江省立蚕业学校校友会出版了《蚕校月刊》;1928年,浙江省立蚕桑科职业学校校友会出版了《浙江省立蚕桑科职业学校卅周年纪念特刊》;1936年,浙江省立蚕丝学校出版了《浙江省立蚕丝学校校刊》。在中国近代纺织学校中,浙江蚕学馆不但在办学历史上居于首位,在纺织出版方面也是先行一步。

2. 南通学院的纺织服饰出版活动

1912年，张謇创办"南通纺织染传习所"。同年秋，传习所扩大规模，改称"南通纺织学校"。纺织学校分本科、预科两班，本科招收旧制中学毕业生、学制3年，预科招收高小毕业生、学制5年，张謇任校长。1913年，张謇等人捐建校舍于大生纱厂东南侧，定名为"南通纺织专门学校"。1926年，张謇之子张孝若继任校长。1927年，改组学校为"南通纺织大学"。1928年8月，与私立南通农科大学、私立南通医科大学合并组成私立南通大学，成为"私立南通大学纺织科"。1930年11月，私立南通大学改名为私立南通学院，继而成为"私立南通学院纺织科"。

作为中国近代第一所工业技术纺织学校，南通学院在近代纺织教育机构中具有重要地位，其培养的学生遍及全国各地，发挥着重要作用。南通学院的纺织出版活动十分丰富，共出版了十多种纺织期刊和十多种纺织图书。在纺织期刊方面：1914年，南通纺织专门学校出版了《学友杂志》（图17-19）；1931年，南通学院纺织科学友会出版了《纺织之友》，南通学院纺织科出版了《纺织学友》；1933年，南通学院纺织科学生自治会出版了《杼声》；

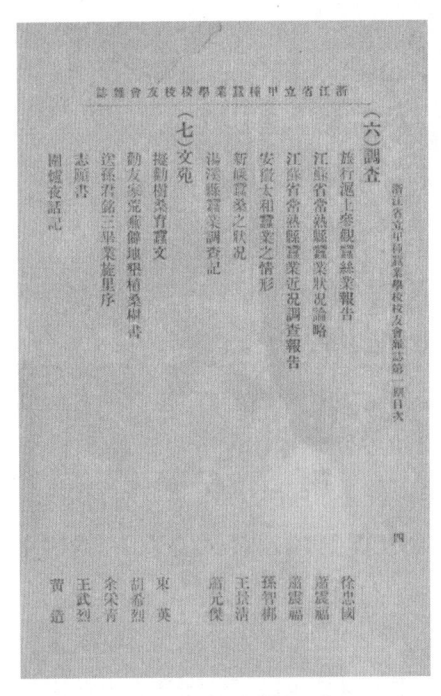

图17-18　浙江蚕业学校的《浙江蚕业学校校友会杂志》目录

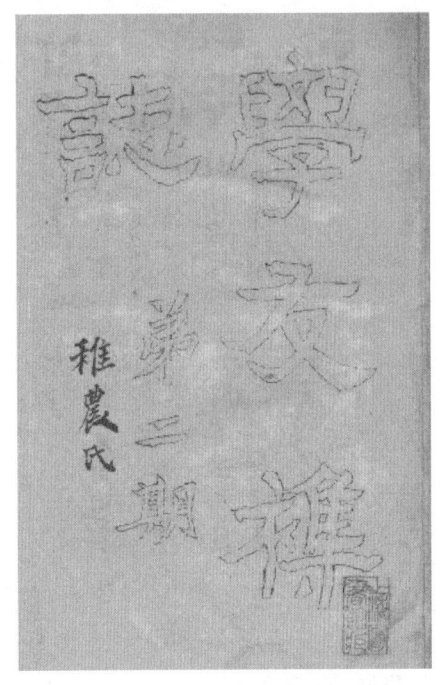

图17-19　南通纺织专门学校的《学友杂志》

1939年，南通学院纺织科染化工程系同学会染化研究会出版了《染化月刊》；1941年，南通学院纺工出版委员会出版了《纺工》；1947年，南通学院纺织进修社出版了《纺修》；等等。在纺织图书方面：1925年，南通纺织专门学校编撰了《南通私立纺织专门学校学则》；1933年，南通学院纺织科学友会出版了蒋乃镛编撰的《理论实用力织机学》、邓禹声编著的《纺织工厂管理学》；1934年，南通学院纺织学友会上海分会出版了傅道伸所著的《实用机织学》；1935年，南通学院纺织科学友会出版了姚兆康所著的《实用纺织机械学》；1937年，南通学院纺织科染化工程系编撰了《漂染印整工厂日用手册》，由染织纺周刊社出版；等等。南通学院纺织科师生的著述颇丰，他们还在校外其他出版机构以个人名义出版了一大批著作。图17-20为南通纺织专门学校照片。

图17-20　南通纺织专门学校

3. 中国纺织学会的纺织服饰出版活动

1930年4月20日，朱仙舫、朱公权、张迭生等人在上海成立中国纺织学会，朱仙舫任主席委员。这是中国近代纺织界最大的学术性团体之一，在全国各地还有分会（图17-21）。学会出版有《纺织年刊》等杂志，支持《纺织周刊》的发行并最终接管主办。此外，中国纺织学会还积极投身纺织教育事业，在上海开办纺织夜校，为上海纺织业培养了一大批人才。学会在制定纺织技术标准，审定纺织机械名词，鉴定纺织技师资格等方面做了大量工作。中华人民共和国成立后更名为中国纺织工程学会。

图17-21 中国纺织学会

中国纺织学会的纺织出版活动遍及上海、重庆、天津和青岛等地。1931年，中国纺织学会在上海出版《纺织年刊》，以后基本每年一期；1931年在上海创刊的《纺织周刊》，先由钱贯一个人创办，后由中国纺织学会接办；1934年，在上海出版了《中国纺织学会第四届年会论文集》；1943年，在重庆出版了《中国纺织学会会刊》，并出版了蒋乃镛编著的《英华纺织染辞典（初稿）》；1945年，中国纺织学会上海分会出版了《纺织胜利特刊》（图17-22）；1947年，中国纺织学会天津分会出版了《中国纺织学会天津分会

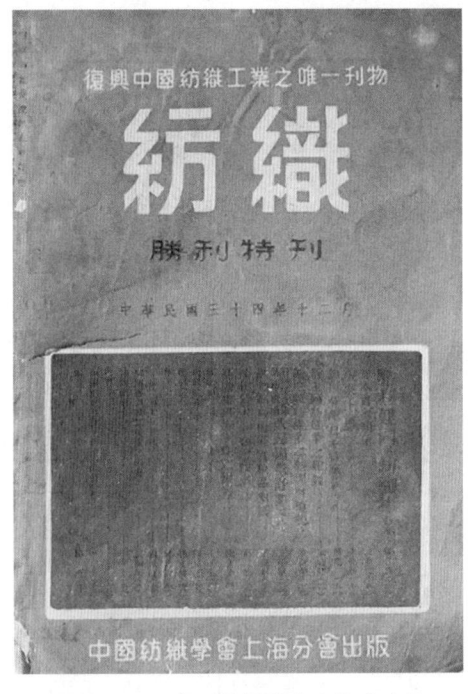

图17-22 中国纺织学会上海分会的《纺织胜利特刊》

第一届年会会刊》,中国纺织学会青岛分会出版了《中国纺织学会年刊》,蒋乃镛增订再版的《英华纺织染辞典》以中国纺织学会丛书的名义由世界书局出版;1948年,中国纺织学会青岛分会出版了《纺织季刊》,以及杨樾林编著的《浆纱学》。中国纺织学会的出版物以其学术性享誉业内。

4. 华商纱厂联合会的纺织服饰出版活动

华商纱厂联合会于1917年在上海成立,1918年3月选出的董事会以张謇为会长、聂云台为副会长。其宗旨为"集全国华商纱厂为一大团体,谋棉业之发展,促纺织之进步,凡关于纺织应兴应革事宜及联络公益事,一律以全体公意行之"。华商纱厂联合会开展的主要活动有联合限价限产、维护华厂利益、参加反帝爱国运动、重视纺织教育、试验推广优良品种、广泛开展棉业调查、编辑出版报刊等。华商纱厂联合会每年赴各地调查棉花生产情况,并编撰《棉产调查报告》。1942年12月解散。华商纱厂联合会是中国近代最早成立的全国性纺织工业行业组织之一,在中国近代经济社会具有重要的地位。图17-23为华商纱厂联合会成员的申新第一纺织厂。

图17-23　华商纱厂联合会成员的申新第一纺织厂

华商纱厂联合会的连续性出版物有1919年创刊的《华商纱厂联合会季刊》、1920年创刊的《棉产调查报告》,1923年创刊的《纺织时报》《中国棉产统计》。出版的图书有:1920年朱升芹编著的《理论实用纺绩学(前编)》,1922年张迭生所著的《染色学》,1924年张迭生所著的《漂棉学》(图17-24)和《染色试验法》,1929年朱升芹编著的《理论实用纺绩学(中编)》,1930年朱升芹编著的《理论实用纺绩学(后编)》,1931年陈绍云所编的《纱厂实用手册》,1932年朱升芹编著的《改良纺织工务方略》《纺织合理化工作法》和申新公司职员养成所编译的《大牵伸》,1933年蒋乃镛编著的《基本总论力织机构学》和朱希文所著的《棉纺织工作管理法》,1936年何达所译的《大牵伸理论与实际》等。并于1925年、1932年、1934年调查编撰了《中国纱厂一览表》。华商纱厂联合会的出版物侧重于棉产和棉纺织技术,创造了多项"第一",如《华商纱厂联合会季刊》是中国近代第一种纺织工业期刊,

《棉产调查报告》是中国近代第一种棉业期刊，《理论实用纺绩学（前编）》是中国近代第一种由国人编著的纺织科技图书，《纺织时报》是中国近代第一张纺织报纸，为中国近代早期棉纺织工业做出了积极贡献。

5. 中国纺织建设公司的纺织服饰出版活动

抗日战争胜利后，国民政府接收了全部日本在华的纺织工厂。经济部将接收的日本纺织工厂组成中国纺织建设公司，并于1945年12月4日成立。翁文灏任董事长，束云章任总经理。1946年1月2日总公司在上海开业，接着在青岛、天津、沈阳等地设立分公司。公司共有棉、毛、麻、绢丝纺织、印染、针织等58个工厂。一跃成为当时中国最大的纺织企业。1948年9月，中国纺织建设公司改组成为中国纺织建设股份有限公司。

图17-24　华商纱厂联合会的《漂棉学》

中国纺织建设公司出版的纺织出版物有80余种，内容涉及纺织技术、工作标准、企业概况、统计年报、专辑特刊等。出版的重要期刊有《纺织建设月刊》《纺建》《青纺》《棉花产销》等。涉及纺织技术的有中国纺织建设公司原棉研究班所编的《混棉学》、中国纺织建设公司专门技术研究班（图17-25）的《棉纺织工程研究论文专辑》《棉纺织工程结业论文专辑》、中国纺织建设公司工务处所编的《工务辑要》等；有关工作标准的有《中国纺织建设公司棉纺织厂经营标准》《中国纺织建设公司毛纺织厂经营标准》《准备部机械运转工作标准》《准备机械装置及保全标准》《清棉部机械运转工作

图17-25　中国纺织建设公司专门技术研究班结业典礼

标准》《清棉机械装置及保全标准》（图17-26）、《梳棉机械运转工作标准》《梳棉机械装置及保全标准》《并条粗纺机械装置及保全标准》《精纺部机械运转工作标准》《精纺机装置及保全标准》《织布部机械运转工作标准附整理部机械保全运转工作标准》《织布机装置及保全标准》《印染工厂工作法——机械篇》等；介绍企业概况的有《纺建要览》《中国纺织建设公司法令章则汇编》《年余来之中国纺织建设公司》《天津中纺一周年》《青纺三年》以及《中国纺织建设公司上海第一纺织厂概况》等各个工厂的概况；涉及统计年报的有《青纺统计

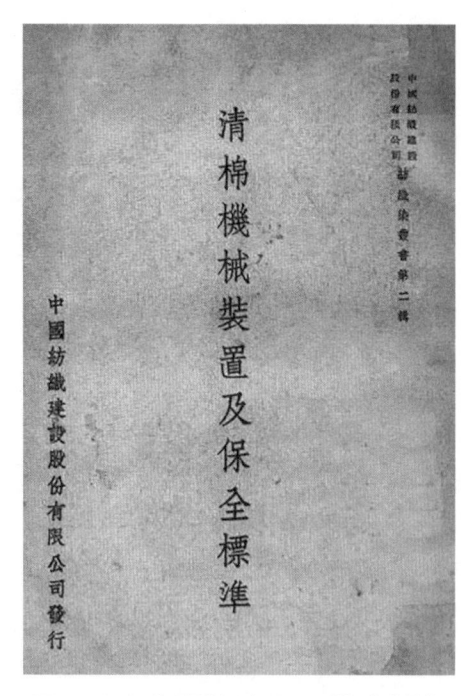

图17-26 中国纺织建设公司的《清棉机械装置及保全标准》

年报》《津纺统计年报》等；有关专辑特刊的有《中国纺织建设公司高级业务人员调训班结业纪念刊》《青纺技进班第一届结业纪念刊》《中国纺织建设公司技术人员训练班纪念刊》《中国纺织建设公司上海第六纺织厂汇刊》《中国纺织建设公司东北分公司第一周年纪念刊》等。中国纺织建设公司的出版物为中国近代后期纺织工业提供一系列规范的技术操作模式。

6. 商务印书馆的纺织服饰出版活动

商务印书馆是中国最早创立的私营出版机构之一，由夏瑞芳、高凤池、鲍成恩、鲍成昌等人集资于1897年2月在上海创立。1902年，创建编译所，开始编纂学校用书和翻译出版外国著作，还出版各类辞书、工具书和期刊，并逐步出版学术著作和影印善本古籍。1926年，分馆遍于北京、天津、奉天、长沙、香港等地。至1932年，已具备编辑、翻译、印刷、发行、研究和制造六部。抗日战争期间，部分机器运到长沙、香港、赣县等处，总管理处迁至重庆。1946年，总管理处迁回上海。到1948年，共出版各类图书15000余种。商务印书馆是中国出版业中历史最悠久的出版机构之一，也是近代出版教科书最多的出版机构之一，推动了中国近代文化教育事业的发展（图17-27）。

图17-27 商务印书馆

商务印书馆在纺织服饰图书的出版方面建树颇丰，共出版了近150种相关图书。其内容包含丝业、棉业、纺织染和服饰。在丝业图书方面，有王元所辑的《野蚕录》、郑辟疆所编的《蚕体生理教科书》《蚕体解剖教科书》《养蚕法教科书》《制丝教科书》、张绍武所编的《生丝原料学》、姚宝猷所著的《中国丝绢西传史》、尹良莹所著的《四川蚕丝改进史》等30余种。在棉业图书方面，有过探先所著的《种棉法》、吴季诚所著的《棉花纤维学》、陆协邦所编的《植棉学》、马广文编著的《棉作学》、金国宝所著的《中国棉业问题》、严中平所著的《中国棉业之发展》、胡竟良所著的《中国棉产改进史》等20余种。在纺织染图书方面，有朱升芹所著的《纺织》、方显廷所著的《中国之棉纺织业》、江苏实业厅第三科所编的《江苏省纺织业状况》、王子建编著的《七省华商纱厂调查报告》、钱彬编译的《棉纺学》、成希文所编的《纺纱学》、张炳炘所著的《机织法》、蒋乃镛所著的《实用织物组合学》《织纹组合学》、周南藩编著的《织物整理学》《织物分解》、张泽垚所译的《人造丝制造法》、谭勤余所编的《漂染概论》（图17-28）、李文编著有《浸染学》《印染

图17-28 商务印书馆的《漂染概论》

学》、杜燕孙所著的《国产植物染料染色法》、吴知所著的《乡村织布工业的一个研究》等50余种。在服饰图书方面，有汪农麟编纂的《缝纫教科书》、邹德谨与蒋正陆编译的《衣服论》、张叔平所编的《编物图说》、张华瑱与李许频韵所编的《女子刺绣教科书》、孙贵定等所译的《服装心理学》、向培良所著的《舞台服装》、马则民所编的《中国绣之原理及针法》、蒋乃镛所编的《男女洋服裁缝法》《西式衣服裁制法》等20余种。商务印书馆的纺织服饰出版活动对该领域图书的出版和推广起着巨大的作用，极大地推动了纺织服饰基础知识和技术的传播。

三、出版机构分析

中国近代纺织服饰报刊和图书的出版者，有学校、学术团体、行业组织、企业、杂志社、书局和官方机构等。它们出版物的内容有各自鲜明的特色，对近代纺织服饰出版业的发展起到了各自的作用。

1. 以南通学院为代表的学校的出版物记录了我国近代纺织教育的成长轨迹

由实业家、教育家张謇于1912年创办的中国近代最早的纺织技术高等学校之一——南通纺织染传习所（后改为南通学院纺织科），在中国近代纺织教育中占有极其重要的地位，毕业的学生遍及全国各地纺织行业。南通学院出版有《纺织之友》《纺织学友》《杼声》《染化月刊》《纺工》《纺修》等多种刊物，可见学校实力之强劲。还有许多学校出版了纺织期刊，如苏州工业专科学校的《纺织染季刊》，上海纺织工业专科学校的《纺声》，国立中央技艺专科学校的《纺织染通讯》，上海文绮染织专科学校的《纤声》，浙江高级工业职业学校的《染织月刊》，国立北平大学工学院的《纺织染》，西北工学院的《纺织通讯》，国立西南中山高级工业职业学校的《中纺季刊》，浙江蚕业学校的《浙江蚕业学校校友会杂志》，江苏省立第二农业学校的《农蚕汇刊》，江苏省立女子蚕业学校的《女蚕》，国立浙江大学农学院的《蚕声》，镇江女子蚕业学校的《镇蚕》，安徽省立女子中等职业学校的《蚕友》等。这些学校也出版了许多纺织图书。这些学校的纺织出版物，其作者、编者多是学校的教师和学生，具有鲜明的学校印记。他们在介绍纺织技术、探讨学术问题的同时，背靠母校，会经常报道学校情况、校友动态。作为学校创办的出版物，其内容更加关注纺织教育。学校师生在这些出版物上发表学术观点，展示教学和研究成果，为学校的人才培养添砖加瓦。这些出版物记录了我国近代纺织教育的成长轨迹。

2. 以中国纺织学会为代表的学术团体的出版物促进了我国近代纺织科技的进步

纵观学术团体出版的纺织报刊，发现它们刊登的内容范围广泛，相比于其他行业的纺织报刊，因作为出版者的学术团体的学术地位，故其刊登的内容范围较广，水平较高，影响也较大。其中最有代表性的学术团体为中国纺织学会。1930年4月成立于上海的中国纺织学会，是我国近代最有影响的全国性纺织学术团体之一，在全国多地都设有分会。它还积极投身于教育事业，所办夜校为上海纺织业培养了大批人才。学会还在制定纺织技术标准，鉴定纺织技师资格，审定纺织机械名词等方面做了大量工作。中华人民共和国成立后更名为中国纺织工程学会。它出版有《纺织周刊》《纺织年刊》《中国纺织学会会刊》《纺织胜利特刊》《纺织季刊》等刊物。还有一些学术团体出版有涉及纺织的期刊，如浙江农工研究会的《柞蚕杂志》，中华农学会的《蚕丝专刊》，北平染织纺研究会的《北平染织纺研究会季刊》，中国纺织染工程研究所的《纺织染工程》，中国蚕桑研究所的《中国蚕桑研究所汇报》，公益工商研究所的《公益工商通讯》等。还有中国纺织染工程研究所、中国纤维工业研究所、中国经济研究会、中华职业教育社、中国科学社、上海文沛纺织化学工程所、中国工商学会、科学会、中国工程学会、中华化学工业会、中国棉业经济研究会、染化研究所、毛业研究会、江南问题研究会、新法编织研究会、上海家事研究社等学术团体都出版有纺织图书。这些学术团体出版的纺织出版物学术性强，它们探讨纺织生产过程中原料、纺纱、织造、染整和服装等各个方面的理论和技术问题，改进纺织工艺，改良纺织机械，介绍国内外纺织行业科技状况，探讨纺织教育和企业管理，回顾纺织业历史，展望纺织业未来，有关学术研究的文章均占了较大比重，这些积极促进了我国近代纺织科技的进步。

3. 以华商纱厂联合会为代表的行业组织的出版物推进了我国近代纺织各行业的发展

出版纺织报刊和图书的行业组织数量众多，其中最有代表性的行业组织之一为华商纱厂联合会。成立于1917年的华商纱厂联合会是近代中国最早的全国性纺织行业团体之一。华商纱厂联合会主要开展了试验推广优良品种、开展棉业调查、联合限价限产、维护华厂利益、参加反帝爱国运动、重视纺织教育、编辑出版报刊等方面的活动，在近代中国经济社会具有重要的地位。它出版有《华商纱厂联合会季刊》《棉产调查报告》《纺织时报》等纺织报刊。还有一些行业组织出版有纺织期刊，如中国蚕丝业会的《中国蚕丝业会报》，上海华商棉业公会的《上海华商棉业公会周刊》，天津棉业公会的《棉业汇刊》，上海机器染织业同业公会的《染织纺周刊》，上海市棉布商业同业公会的《棉布月报》，苏浙皖京沪区棉纺织工业同业公会的《棉纺会讯》等。出版纺织图书的行业组织有华商纱厂联合会、中国合众蚕桑改良会、第六区机器棉纺织工业同业公会、全国纺织业联合会、江浙皖丝厂茧业总公所、上海市商会、纱业公所、上海市机器染织业同业公会、上海特别市棉织厂业同业公会、上海特别市毛纺织厂业同业公会、土布工业同业公会、上海市毛绒纺织整染工业同业公会、上海市棉布商业同业公会、上海市棉花商业同业公会等。这些行业组织出版的纺织出版物记载了我国纺织工业发展的点点滴滴，为我国近代纺织工业的成长、纺织技术的进步做出了积极贡献。它们多刊载行业组织的报告、通告，本行业的要闻、法令，市场的统计资料、行情，各厂的消息、动态等，推进了我国近代纺织包括棉纺织工业、棉业、染织业、棉布商业等各行业的发展。

4. 以恒丰纺织新局和中国纺织建设公司为代表的企业的出版物改善了我国近代纺织企业的生产和管理

在中国近代出版有纺织出版物的企业中，最有代表性的当属恒丰纺织新局和中国纺织建设公司。恒丰纺织新局的前身是华新纺织新局，创办于1888年。1909年聂云台收购后，改组为私营恒丰纺织新局。它是近代中国民营资本机器棉纺织业中创办最早的工厂之一，还创办有职工纺织学校、职员养成所。其出版的刊物有《恒丰周刊》《恒丰汇刊》，还有附设纺织学校的纪念刊等。中国纺织建设公司是1945年12月在接收日本在华纺织厂的基础上成立的，总部在上海，在青岛、天津、沈阳等地设有分公司，是民国后期规模最大的纺织企业。总公司出版有《纺织建设月刊》《纺建》等刊物，还有连续出版的棉纺织厂和毛纺织厂的经营标准，专门技术研究班的论文集等；其下属的青岛分公司、天津分公司、东北分公司、上海第六纺织厂、上海第九纺织厂、第十九纺织厂等均有相关刊物出版。还有一些企业出版有纺织期刊，如申新纺织公司的《人钟月刊》《朝气》，上海印染股份有限公司的《拂晓月刊》，苏州苏纶纺织厂的《苏纶半月刊》，常州大成纺织染公司的《励进月刊》，无锡新毅一厂的《锡毅》，上海荣丰纺织厂的《雄风》，中国蚕丝公司的《中蚕通讯》，利泰纺织公司的《吼声》等。出版纺织图书的企业有恒丰纺织新局、中国纺织建设公司、上海鸿章纺织染厂有限公司、诚孚公司、民丰纱厂、华东人造丝厂、美亚织绸厂、申新纺织公司、德大纱厂、上海厚生纱厂、华丰纺织公司、永安纺织公司、先施公司、光中染织厂、上海毛绒纺织厂等。这些企业出版的出版物聚焦于沟通信息、促进生产、改良工作、管理企业、交流技术、改进生产工艺、制订部门工作规则、培训工人，另有厂务会议记录、工务问答等，体现了企业特色，改善了我国近代纺织企业的生产和管理，也见证了民族企业的发展。

5. 以全国经济委员会和上海商品检验局为代表的官方机构的出版物推动了我国近代棉业和丝业的改进

中国近代涉及纺织的官方机构多为棉产统制委员会、棉产改进所、蚕丝改良委员会、蚕丝改良局和商品检验局等，集中在纺织原料这一领域，主要管理棉产改进、蚕丝改良和商品检验等。全国经济委员会棉业统制委员会成立于1932年，其职责是对全国棉业纺织业行指导监督及施行统制奖惩之权，对棉业纺织业的发展进行研究，出版有《全国经济委员会棉业统制委员会专刊》《棉业月刊》《棉农导报》。全国经济委员会蚕丝改良委员会成立于1934年，其职责是改良原料降低成本，改良制造增进品质，以及改良贸易方法等，出版有《蚕丝统计月刊》《中国蚕丝》《蚕丝改良委员会丛刊》。出版纺织刊物的全国性官方机构还有中央棉产改进所、中央棉花搀水搀杂取缔所、中国棉业经济委员会、实业部国产检验委员会棉花检验监理处、中央农业实验所、经济部农本局研究室、财政部花纱布管制局、农林部棉产改进处等，尚有许多省级的官方机构也有相关刊物。在纺织图书出版中，实业部（工商部）上海商品检验局的出版量有20余种，其余官方机构出版者有全国经济委员会、农林部棉产改进咨询委员会、财政部驻沪调查货价局等。这些官方出版物集中聚焦于纺织原料的棉花和蚕丝领域，推动了我国近代棉业和丝业的改进。

6. 以社会晚报社和申报社为代表的报刊社的出版物增强了我国近代大众的时尚意识

报刊社出版的纺织报刊具有报纸（包括报纸副刊）多，服饰内容多的显著特点。其中最有代表性的报刊社为社会晚报社和申报社。它们分别出版有《时装特刊》和《衣食住行周刊》。《时装特刊》为《社会晚报》副刊，创刊于1934年，刊登上海著名服装公司的服装样式，当时一些明星及其所穿之服装，介绍时装发展的趋势，配有大量图片。《衣食住行周刊》为上海《申报》副刊，创刊于1938年10月，1941年9月改为《家庭》，1942年11月停刊。还有一些报刊社出版有纺织报刊，如《时报》副刊《服装特刊》《服饰》，《时事新报》副刊《时装周刊》，《大美晚报》副刊《衣食特刊》，《银钱报》副刊《衣食住行》，上海衣联社的《衣联报》，《和平日报》副刊《绒线周刊》，新女型图画杂志社的《新女型：时装、流行、美容》等。这些报刊对当时人们的衣着打扮起着宣传普及作用，对民国时期的服饰流行也具有引导推广作用，增强了我国近代大众的时尚意识。

7．以商务印书馆为代表的书局是我国近代纺织服饰图书出版的主力军

在中国近代纺织服饰图书的出版中，书局出版的比例最高。以上海地区为例，纺织服饰图书总出版量为600余种，书局的出版数量将近300种，占了总出版量近一半。特别是商务印书馆一家，在全国范围内出版有146种之多。其他出版量较多的书局依次为中华书局、世界书局、正中书局、黎明书局、儿童书局、科学书局、新亚书店、生活书店、文通书局、大东书局、新中国书局，另外还有开明书店、文明书局、新华书局、北新书局、学者书局、大众书局、鸿宝书局、宏章书局、大同书局、翰墨林书局、有正书局、学海书局、广益书局、新民书局、南星书店、纤维工业出版社、元顺印务局、中国农业书局、民众书店等。上海是近代全国出版机构云集的地方，商务印书馆、中华书局、世界书局、大东书局、开明书店等著名出版机构，其总部均设在上海。上海是当时全国的出版中心，尤以商务印书馆为代表。一些纺织服饰图书还成系列地出现在著名出版社的图书品牌中，如商务印书馆的"万有文库"有10种，"工学小丛书"有11种，"职业学校教科书"有11种；中华书局的"中华百科丛书"有3种，"中华文库"有3种。全国范围内出版过纺织服饰图书的书局还有处于湖南、重庆和香港的商务印书馆，处于云南和重庆的中华书局，处于南京和重庆的正中书局，处于重庆的大东书局，北京的著者书店，江苏南京的中国棉业出版社、龙章印刷厂，江苏南通的翰墨林印书局，天津的华新印刷局、新懋印刷局，浙江的衢城正新书局，云南的崇文印书馆、大中印刷厂，江西的新赣南出版社，安庆的同文印书馆，成都的西川书局，烟台的仁德印书馆，安东的诚文信书局等。这些书局是我国近代纺织服饰图书出版的主力军。

第十八章　中国近代纺织服饰出版人物

在中国近代纺织服饰出版业中，涌现出很多著名的出版人物。他们对中国近代纺织服饰出版业做出了重要贡献。本章对出版人物的分类以及一些著名出版人物的纺织服饰出版活动进行介绍和分析。

一、出版人物分类及其出版物

1. 编者

编者指在报刊或图书出版机构中任职的报刊主编、丛书主编、编辑者和编译者。如任职于清末最大的科技著作翻译机构之一——上海江南制造局翻译馆的傅兰雅、帮助沈寿整理《雪宦绣谱》的张謇、商务印书馆《万有文库》等丛书的主编王云五、《纺织周刊》刊物的主编钱贯一、《纤维工业》杂志的创办者杜燕孙、《纺织染工程》杂志的主编黄希阁等。表18-1为纺织服饰出版物重要的编者及其代表作。

表18-1　纺织服饰出版物重要的编者及其代表作

编者	代表作
傅兰雅	纺织机器图说，西国漂染棉布论，意大利蚕书
张謇	雪宦绣谱
钱贯一	华商纱厂联合会季刊，纺织时报，纺织周刊，纱布日报
王云五	百科小丛书，万有文库，大学丛书，新中学文库，小学生文库
诸楚卿	染织纺周刊，纺织染月刊
杜燕孙	纤维工业
葛敬中	中国蚕丝
黄希阁	纺织染工程
陈秋草	装束美
方雪鸪	装束美
蒋兆和	美的装束
芮鸿初	妇女新装特刊
蔡钧徒	社会晚报时装特刊

续表

编者	代表作
陈玲	新女型：时装、流行、美容
周瘦鹃	衣食住行周刊，紫罗兰，半月
黄培英	绒线周刊
伍联德	良友

2.作者

作者指报刊文章或图书的撰写者，他们分布于与纺织相关的各个领域。如创办我国第一家民族资本经营的机器缫丝厂——继昌隆缫丝厂的陈启沅、轮船招商局总办郑观应、创建德大纱厂的穆藕初、创办农学社的罗振玉、中华农学会的发起人之一的过探先、中国纺织学会理事长朱仙舫、江苏省立女子蚕业学校校长郑辟疆、南通纺织专门学校教授雷炳林等。表18-2为纺织服饰出版物重要的作者及其代表作。

表18-2 纺织服饰出版物重要的作者及其代表作

作者	代表作
陈启沅	蚕桑谱
郑观应	美国种植棉花法
陈开沚	裨农撮要，蚕桑浅说，劝桑说
穆藕初	植棉改良浅说，中国花纱布业指南，救济棉业计划
罗振玉	美国种棉述要
过探先	种棉法，爱字棉驯化育种报告
朱仙舫	理论实用纺绩学，改良纺织工务方略，纺织合理化工作法，纺织
郑辟疆	养蚕教科书，制丝教科书
张方佐	工务辑要，纺织染丛书
诸楚卿	染织品整理学，染织机械概论，染织概论
雷炳林	弹簧大牵伸与双喇叭
朱新予	夏秋蚕人工孵卵法
杜燕孙	棉练漂学，国产植物染料染色法
傅道伸	实用机织学
吴味经	日本朝鲜棉业近况

续表

作者	代表作
蒋乃镛	理论实用力织机学，英华纺织染辞典，纺织染工程手册
朱启钤	存素堂丝绣录，丝绣笔记
沈寿	雪宦绣谱
刘国钧	土纱救国计划书，扩充纱锭计划纲要
陆绍云	纺织日用手册，化学纤维纺织法
成希文	纺纱学
李升伯	十年来之棉纺织工业
胡竟良	中国棉产改进史
方显廷	中国之棉纺织业
严中平	中国棉业之发展
张汉文	精梳毛绒纺绩学，精纺工程，毛纺学
鲍国芳	毛绒线手工编结法
冯秋萍	秋萍毛线刺绣编结法
黄培英	培英丝毛线编结法

二、著名人物的纺织服饰出版活动

1．傅兰雅的纺织服饰出版活动

傅兰雅出生于英国南部肯特郡海德镇，由英国圣公会派到中国，是近代在中国办报刊编图书的英国传教士、学者（图18-1）。1868年任清末最大的科技著作翻译机构之一——上海江南制造局翻译馆的首要口译者。译著达113种，其中95种已刊，18种未刊。这些译著所介绍的近代科技知识，有的是首次系统介绍，有的是为已经译介过的学科提供了较好的新的译本，绝大多数在当时中国是前所未闻的。1876年创办格致书院，创刊科学杂志《格致汇编》。任中文报纸《上海新报》主编。傅兰雅在翻译馆工作了28年，为近代中国传播西学做出了重要贡献。

图18-1　傅兰雅

傅兰雅的纺织服饰出版活动为翻译了《纺织机器图说》《西国漂染棉布论》和《意大利蚕书》等。1891年，上海江南制造局翻译馆出版了由傅兰雅翻译的中文版图书《纺织机器图说》《西国漂染棉布论》。《纺织机器图说》介绍了轧花机器，打花去土、弹花成片、梳棉成带、引棉成条、初成松纱、中引长纱、纺紧棉纱等纺纱机器，络经、理经、浆缕、织缕、折布等织布机器的配置使用和经济核算等，配有各式纺织机器图片。《西国漂染棉布论》概述了布的漂白步骤和方法及英国最大漂白厂的十七种工序，布的染色步骤、方法以及染料，印花布的发展简史，印花机器的工作原理，棉布印花的五大类方法和所用染料等。1898年，傅兰雅与其长子傅绍兰翻译了由意大利丹吐鲁所撰的《意大利蚕书》，图18-2为《意大利蚕书》封面，该书图文并茂，实践操作记录详细，数据丰富，从种桑、采桑，到喂蚕、结茧、收茧等，具有一整套方法，是一本非常实用的养蚕手册[①]。傅兰雅对中国近代纺织服饰出版业的贡献，在于他首次以机器纺织工业技术图书为标志，开创了中国近代纺织服饰出版的先河。

2. 张謇的纺织服饰出版活动

张謇，中国近代实业家、教育家、政治家（图18-3）。1894年，张謇考中状元，授翰林院修撰。1895年，奉张之洞之命创办大生纱厂。1912年，

图18-2 《意大利蚕书》封面　　　　图18-3 张謇

---

① 齐赫男.《意大利蚕书》研究[D].合肥：中国科学技术大学，2011.

南京政府成立时任实业总长；同年，改任北洋政府农商总长兼全国水利总长。张謇主张"实业救国"，是我国棉纺织领域的早期开拓者，一生创办了多家企业和多所学校，为中国近代民族工业的兴起、教育事业的发展做出了宝贵贡献。

1895年，为在通州兴办纱厂，张謇等编撰了《通海纱丝厂章程》。1919年，翰墨林书局出版了《雪宧绣谱》。这是由沈寿口述、张謇整理的服饰刺绣类图书，图18-4为《雪宧绣谱》内页。张謇一生对中国近代民族工业和教育的贡献颇多，在纺织教育领域的贡献是创办了南通纺织染传习所，即后来的南通学院纺织科，使之成为中国近代第一所也是影响最大的纺织技术高等学校。

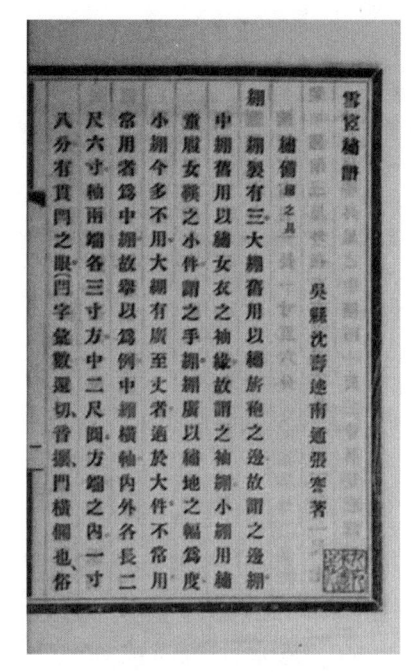

图18-4 《雪宧绣谱》内页

3. 朱仙舫的纺织服饰出版活动

朱仙舫原名升芹，江西省临川县（现抚州市临川区）人，我国著名的纺织工程学家和纺织工业管理专家（图18-5）。1907年，留学日本东京高等工业学校（现为东京工业大学），攻读纺织专业。学成归国后，进上海恒丰纺织新局任技师、工程师、厂长等职。他与同行发起组织中国纺织学会，担任理事长，并连任14届中国纺织学会负责人。他还创办沪东、沪西业余纺织学校，为提高我国纺织教育水平，培养纺织技术人才做出了贡献。

1920年，朱仙舫编著的《理论实用纺绩学（前编）》由华商纱厂联合会出版，这是中国近代第一部由国人编著的纺织科技书籍，后又相继编著了《理论实用纺绩学（中编）》和《理论实用纺绩学（后编）》。1932年，朱仙舫编著的《改良纺织工务方略》（图18-6）及《纺织合理化工作法》亦由华商纱厂联合会出版。1933年，所著的《纺织》由商务印书馆作为万有文库之一出版。1934年，所著的《纺织（上、下册）》也由商务印书馆作为工学小丛书之一出版。1947年，《纺织（上、下册）》被商务印书馆编入新中学文库出版。朱仙舫对中国近代纺织科学、纺织管理和纺织科普的发展起到了重要的作用。

图18-5　朱仙舫　　图18-6　《改良纺织工务方略》目录

4. 钱贯一的纺织服饰出版活动

钱贯一，浙江绍兴人（图18-7）。早年在中华书局编辑部工作。1917年华商纱厂联合会成立，钱贯一进入该会，参与了该会创办的《华商纱厂联合会季刊》和《纺织时报》的编辑工作。1930年中国纺织学会创立，钱贯一是发起人之一。1931年，钱贯一以私人名义创办《纺织周刊》，后该刊由中国纺织学会接办。1948年，钱贯一任《纱布日报》主编。他主张发展棉花种植，注重纺织教育，尊重科技人才，扶植民族工业。

钱贯一的纺织服饰出版活动主要是参与纺织报刊的编辑工作。1917年，参与《华商纱厂联合会季刊》的编辑工作，该刊是中国近代第一种纺织工业期刊。1923年，参与《纺织时报》的编辑工作，该报是中国近代第一张纺织报纸。1931年，以私人名义创办《纺织周刊》，该刊成为中国近代极有影响的纺织期刊，图18-8为《纺织周刊》内页。1947年，所著的《棉纱联合配销问题》由全国纺织业联合会出版。1948年，《纱布日报》在上海创刊，由上海纱布日报社发行，钱贯一任主编，该报是中国近代又一种纺织报纸，为后世学者提供了研究当时纺织工业和社会经济状况的史料。钱贯一一生钟爱纺织出版事业，参与了多种著名期刊和报纸的编辑工作，是著名的纺织出版编辑家，为中国近代纺织服饰出版事业做出了重要贡献。

图18-7 钱贯一　　　　　　图18-8 《纺织周刊》内页

5. 王云五的纺织服饰出版活动

王云五，名鸿桢，字日祥，号岫庐，广东香山人，出版家、商务印书馆总经理（图18-9）。17岁入英国人开办的上海同文馆任教生。19岁任中国公学英文教员。21岁兼任上海留学预备学堂教务长。24岁任南京临时大总统府秘书。后曾在教育部专门教育司任职。1921年进入商务印书馆任编译所所长。在商务印书馆长达25年的时间里，出版了"百科小丛书""万有文库""大学丛书""中国文化史丛书"等大型丛书，以及大量中外名著、古典文献和教科书、辞典等，为我国近代文化教育事业做出了积极贡献。

由王云五主编的丛书包含了一批纺织服饰图书。"百科小丛书"中有《棉》《棉花纤维》《中国羊毛之品质》（图18-10）等；"万有文库"中有《中国丝业》《种棉法》《养蚕法》《染色术》《颜料及涂料》《种苎麻法》《棉花纤维》《纺织》《中国棉业问题》《中国蚕丝问题（上、下册）》《颜料及涂料（简编版）》等；"大学丛书"有《棉纱并线学》《棉作学》《织纹组合学》等；"新中学文库"有《纺织（上、下册）》《染色术》《颜料及涂料》等。在王云五、徐应昶主编的"小学生文库"中，包含有《棉》《羊和羊毛》《麻》《蚕和丝》《纺织》等。王云五、李圣五主编的"东方文库续编"中有《丝业与棉业》等。这些纺织服饰图书编入商务印书馆的大型丛书中，对纺织服饰知识的传播到了极大的推动作用。

图 18-9　王云五 　　　　图 18-10　《中国羊毛之品质》封面

6. 鲍国芳、冯秋萍、黄培英的纺织服饰出版活动

鲍国芳、冯秋萍、黄培英均为20世纪30年代风靡上海的编结大师（图18-11），按所出版图书的时间，首先是鲍国芳，其次是冯秋萍，最后是黄培英。1934年，鲍国芳编著的《毛绒线手工编结法（初集）》由国芳编结社率先出版，开了海派毛线编结系列图书的先河，因而，鲍国芳是名副其实的海派编结先驱和开拓者。冯秋萍，从20世纪30年代始开办编结学校、出版编结专著。1935年开始出版毛线编结系列图书。她创作了2000多种绒线

图 18-11　鲍国芳、冯秋萍、黄培英（从左至右）

编织花样，设计了大量的经典编织工艺品。黄培英，中国近代职业教育的创始人黄炎培先生的堂妹。她自幼爱好绒线编结，有着精湛的绒线编结技艺，后应聘于上海丽华公司、荣华公司和安乐绒线厂，教授绒线编结技法。1938年开始出版毛线编结图书。

  鲍国芳的主要纺织服饰出版活动：1934年，国芳编结社出版了鲍国芳编著的《毛绒线手工编结法（初集）》；1935年，出版了《毛绒线手工编结法（二集）》；1936年，出版了《毛绒线手工编结法（三集）》《毛绒线手工编结法（四集）》；1937年，生生美术公司出版了鲍国芳所编的《国芳刺绣范本》；1939年，出版了《毛绒线手工编结法（五集）》；1940年，出版了《毛绒线手工编结法（六集）》；1941年，出版了《毛绒线手工编结法（七集）》。冯秋萍的主要纺织服饰出版活动：1935年，良友编结社出版了冯秋萍编著的《秋萍毛线刺绣编结法（第1部）》；1937年，出版了《秋萍毛线刺绣编结法（第2部）》；1938年，出版了《秋萍毛线刺绣编结法（第3部）》《秋萍毛线刺绣编结法（第4部）》；1939年，出版了《秋萍毛线刺绣编结法（5—8合订本）》；1941年，出版了《秋萍毛线刺绣编结法（9—12合订本）》；1946年，良友绒线公司出版了《秋萍毛线刺绣编结法（13—16合订本）》，至1948年，出版至《秋萍绒线刺绣编结法（第二十册）》。黄培英的主要纺织服饰出版活动：1938年，培英编结公司出版了黄培英的《培英丝毛线编结法（合集）》；1946年，担任《和平日报》副刊《绒线周刊》的主编，所编的《编结特刊》创刊；1946—1949年，出版了各种版本的《培英毛线编结法》；1949年，所编的《大家来编结》由上海毛绒纺织厂出版。图18-12为鲍国芳、冯秋萍、黄培英所著的图书。

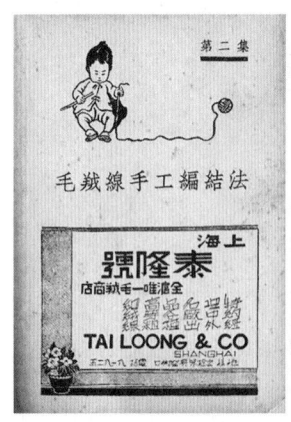

图18-12　鲍国芳、冯秋萍、黄培英所著的图书（从左至右）

三、出版人物分析

在中国近代纺织服饰出版业的发展过程中，涌现出很多著名的出版人物。他们有的作为编者，在纺织服饰报刊或图书的出版中担当了重要的角色；有的作为作者，撰写了报刊文章或著作；还有的两者兼而有之，为纺织服饰出版做出了积极贡献。

在编者方面，他们作为报刊的主编、编辑等，为纺织服饰报刊的创办、运营和发展等立下汗马功劳；作为丛书的主编、编辑等，对纺织服饰图书的顺利出版起着不可替代的作用。

如英国传教士、学者傅兰雅是清末最大的科技著作翻译机构之一上海江南制造局翻译馆的首要口译者，译著达113种，为中国传播西学做出了重大贡献。他对中国纺织领域的贡献是于1891年首次翻译了机器纺织工业技术的图书《纺织机器图说》和《西国漂染棉布论》，使它们成为中国纺织工业技术图书的开山之作。傅兰雅是集编者与作者于一身的著名出版人物。张謇是中国近代实业家、政治家、教育家，曾任南京政府实业总长。他主张"实业救国"，一生创办了多家企业和多所学校，为中国近代民族工业的兴起、教育事业的发展做出了宝贵贡献。他也是中国棉纺织领域早期的开拓者，中国最早的纺织技术学校——南通纺织专门学校的创办人。《雪宧绣谱》是由沈寿口述、张謇整理的，实际上张謇起到了编者的作用。王云五是近代出版家、商务印书馆总经理，出版了大量中外名著、古典文献和教科书、辞典等，为我国近代文化教育事业做出了积极贡献。他主编的商务印书馆"百科小丛书"等丛书中涉及纺织的书籍。还有如《纺织周刊》和《纱布日报》的创办者钱贯一、《纤维工业》杂志的创办者杜燕孙、《纺织染工程》杂志的主编黄希阁等。

在作者方面，他们凭借自己在各个专业方面的能力，为纺织服饰报刊撰写了各种文章，或编著或译著了纺织服饰图书，著书立说，推动了我国近代纺织工业、纺织教育等的发展。

如罗振玉是1896年成立的上海务农会的发起人，中国历史上第一份农业学术刊物《农学报》的创办者，所编撰的图书为（清）直隶臬署原译本、罗振玉润色的《美国种棉述要》。过探先是近代中国历史上第一个民间综合性科学团体——中国科学社的创办人之一，中华农学会的发起人之一，曾任江苏省立第一农业学校校长，所编撰的图书为《种棉法》《爱字棉驯化育种报告》等。穆藕初是近代民族实业家，著名的棉花专家，创办了德大纱厂、上海厚生纱厂、郑州豫丰纱厂，曾任上海华商纱布交易所理事长、国民政府农产促进委员会主任委员，所编撰的图书为《植棉改良浅说》《中国花纱布业指南》《救济棉业计划》。郑辟疆是中国蚕丝教育家，江苏省立女子蚕业学校校长。他以全部精力投身于蚕丝教育事业，并长期从事蚕丝科学技术的研究和推广，所编撰的图书有《养蚕教科书》《制丝教科书》等。朱仙舫是我国著名的纺织工程学家和纺织工业管理专家，发起成立中国纺织学会并任理事长，所编撰的《理论实用纺绩学（前编）》是中国近代第一部由国人编著的纺织科技书籍，其他的书籍还有《改良纺织工务方略》《纺织合理化工作法》等。张方佐是我国近代纺织技术专家、教育家，曾任中国纺织建设公司工务处副处长兼总工程师，主持编写了《工务辑要》《纺织染丛书》等著作。中华人民共和国成立后历任华东纺织工学院、纺织科学研究院、北京化纤学院院长，为我国早期纺织工业技术与管理的发展以及中华人民共和国成立后纺织教育和科技事业的发展做出了重要贡献。诸楚卿是我国近代染整专家、教育家，曾任中国染化工程学会理事长，华东纺织工学院染化工程系教授、系主任，所编撰的图书有《染织品整理学》《染织机械概论》《染织概论》。雷炳林是我国近代纺织工程专家、纺织科研的开拓者，曾任南通纺织专门学校教授，1936年发明了粗纺机双喇叭喂入装置和精纺机弹簧销皮圈式大牵伸机构，取得多国专利，所编撰的图书为《弹簧大牵伸与双喇叭》。朱新予是我国著名的丝绸专家、教育家，曾任镇江女子蚕业学校校长、浙江丝绸工学院（现浙江理工大学）院长。他在20世纪50年代为恢复和发展浙江省的丝绸工业立下了汗马功劳，所编撰的图书为《夏秋蚕人工孵卵法》。杜燕孙是我国著名的印染专家，曾任华东纺织工学院教授、纺织科学研究院副院长，所编撰的图书为《棉练漂学》《国产植物染料染色法》。傅道伸是纺织工程专家和教育家，曾任雍兴实业公司总工程师、西北工学院纺织系教授，所编撰的图书为《实用机织学》。吴味经是棉业专家，曾任中国棉纺织同业公会联合会秘书长、中国纺织建设公司副总经理兼业务处长，所编撰的图书为《日本朝鲜棉业近况》。蒋乃镛是著名纺织科学家，曾任南通学院纺织科教授、文绮染织专科学校教授。他编著的纺织印染著述达300多万字，为我国早期纺织工业发展做出了巨大贡献，所编撰的图书为《理论实用力织机学》《实用织物组合学》《英华纺织染辞典》《纺织染工程手册》等。

图录篇

第十九章 中国近代重要的纺织服饰报刊图录

本章以图录形式介绍中国近代重要的纺织服饰报刊。它们或是封面、序、名人题词，或是目录、版权页，或是精选内页、插图等，生动反映和展现了这些重要报刊的特色和风采。图片均取自当时的原版出版物。

一、纺织报刊图录

1.《柞蚕杂志》（1906）

内页1 　　内页2

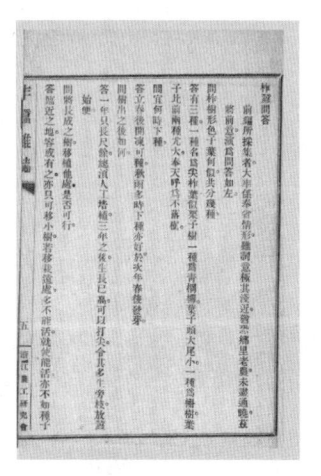

内页3 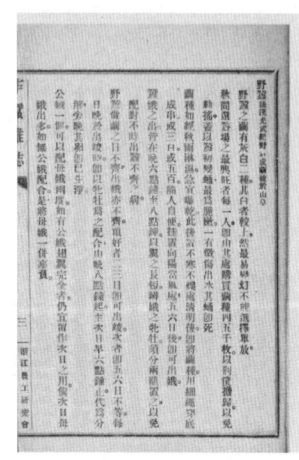　　内页4

2.《中国蚕丝业会报》(1909)

吴锦堂

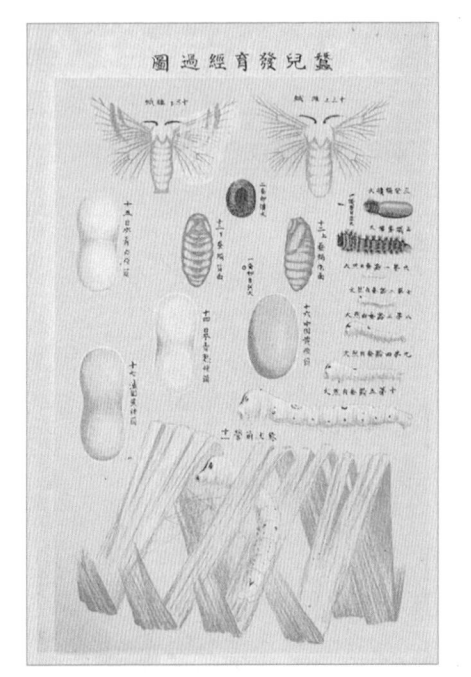

目录

内页1

内页2

3.《浙江蚕业学校校友会杂志》(1918)

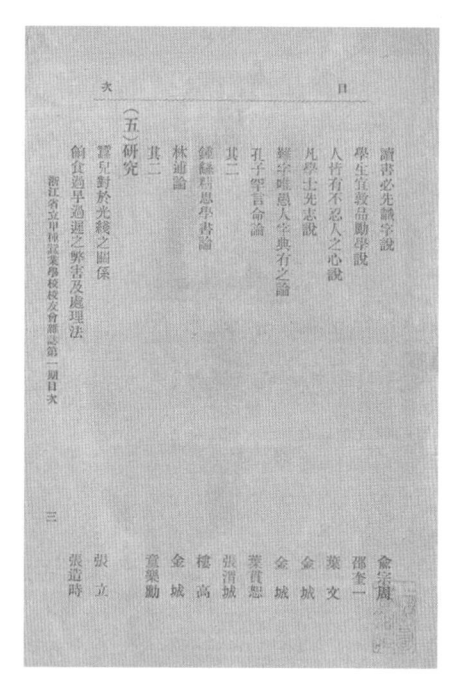

林启

目录

浙江蚕业学校校友会会员

4.《华商纱厂联合会季刊》(1919)

弁言

目录

内页1

内页2

5.《棉产调查报告》(1920)

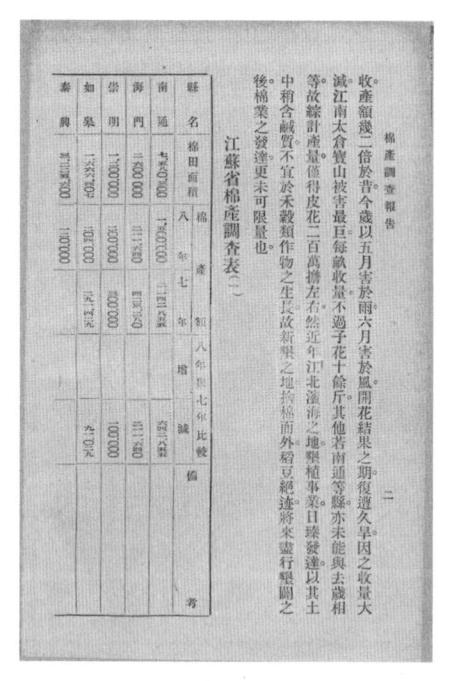

内页1

内页2

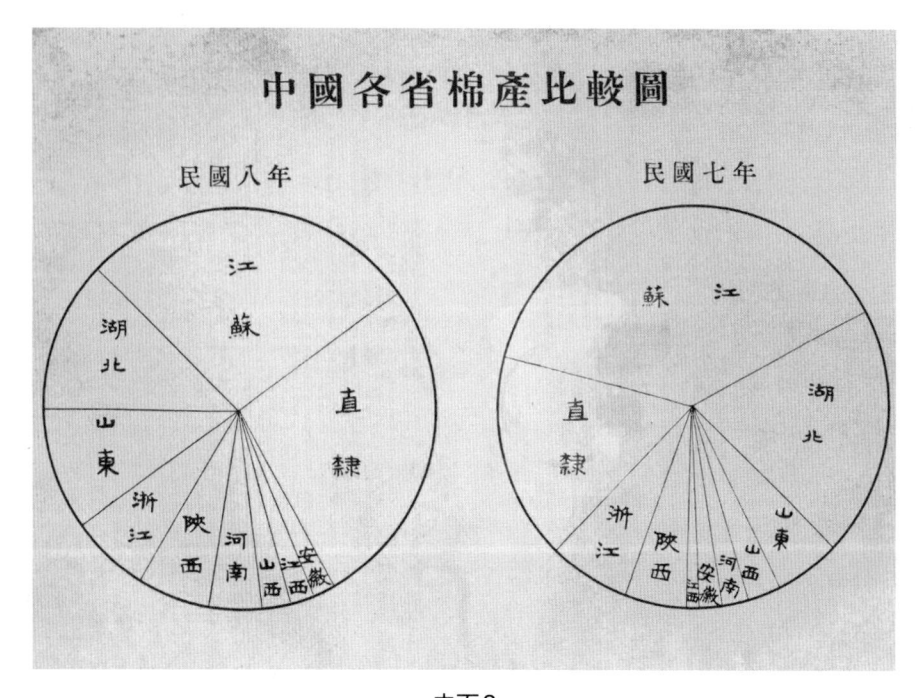

中國各省棉產比較圖

民國八年　　　　民國七年

内页3

6.《纺织时报》(1923)

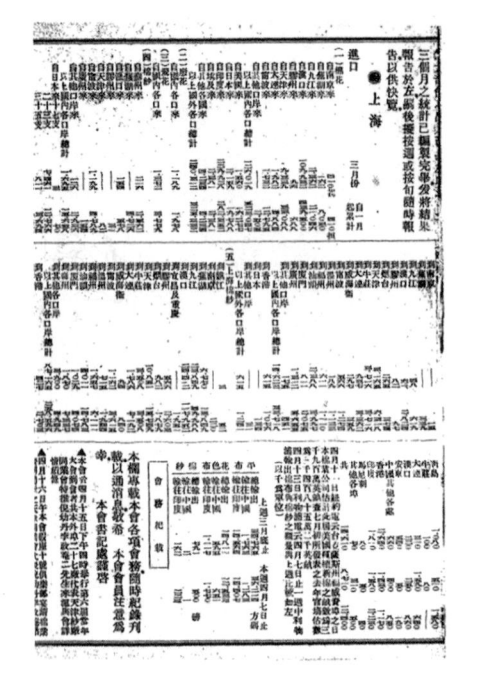

版面1

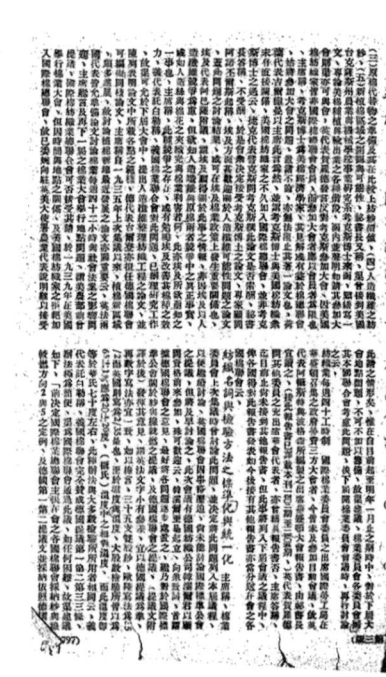

版面2

版面3

版面4

7.《北平纺织染研究会季刊》(1929)

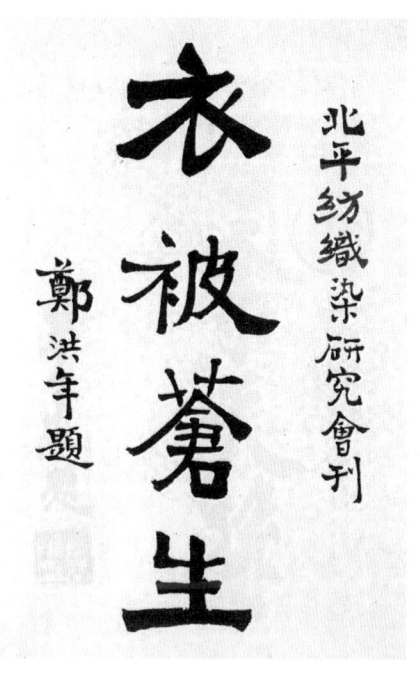

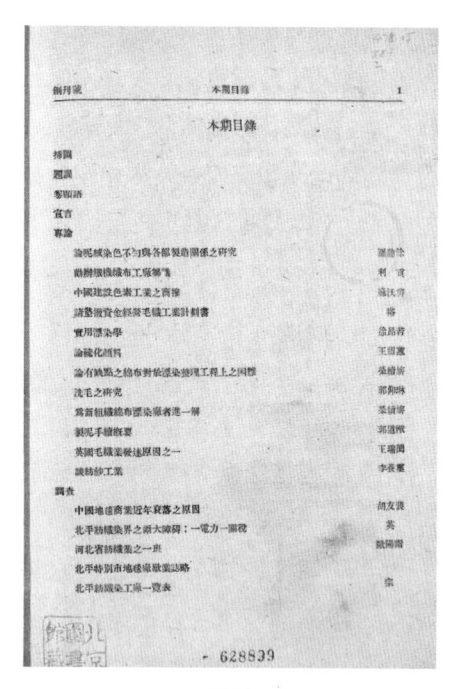

郑洪年题词

目录

北平纺织染研究会委员

8.《蚕声》(1929)

序一

民國十八年十一月

吾國蠶業，素稱最盛。科學，以謀自身之進步，有以致之也。近年以來，有志之士，鑒於國家經濟之損失，農工生計之困難，亟求改良之方法，謀復既衰之蠶業。顧成效徵渺，難得相當之發展，撫衷其故，又因力量不足，組織多端，不能如願進行耳。爲今之計，欲求吾國蠶業發達，復執世界牛耳，蠶業各方一致，就盤計劃，使蠶桑園藝，相應改良，一方須精研技術，政府之提倡，社會蓄謀組織。夜攻而求，期以十年，自能有相當之表現。吾農院同人，一方須多造人材，一方須多造人材，期以十年，自能有相當之表現。吾農院同人，基此意義，與浙省政府，共謀改良，小試二年，頗見成效。惟兹事體大，商鄰全國相聯，擊衆鼓力，以冀對外，則蔣來世界第一蠶業國之盛譽，不難復爲吾有矣。茲於『蠶聲』出世之時，謹述個人對於我國蠶業之希望以爲序。

譚熙鴻

序

浙江重要蠶桑區域桑葉蠶絲生產調查

序 内页

国立浙江大学农学院蚕桑系全体同学

9.《纺织周刊》(1931)

封面

苏汰馀题词

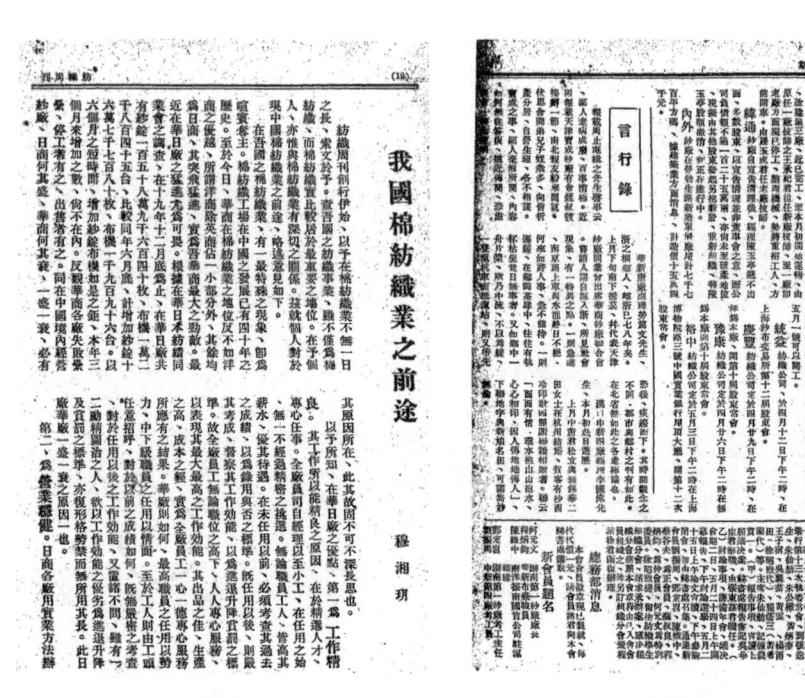

内页1

内页2

10.《纺织年刊》(1931)

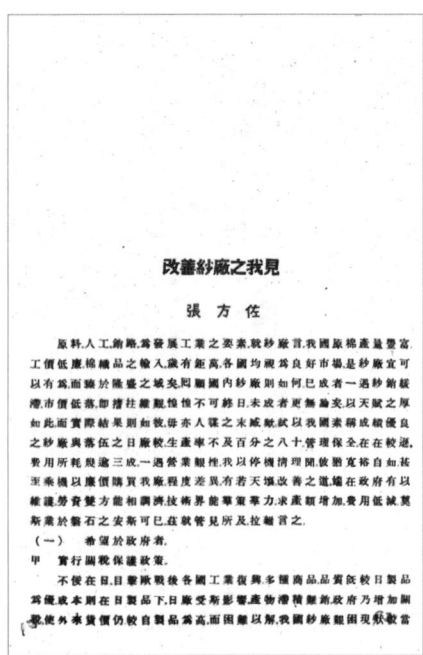

会员像

内页

中国纺织学会成立纪念摄影

11.《纺织之友》(1931)

校 训

张謇校训

马相伯题词

内页

12.《中华棉产改进会月刊》(1931)

封面

内页1

内页2

内页3

13.《拂晓月刊》(1932)

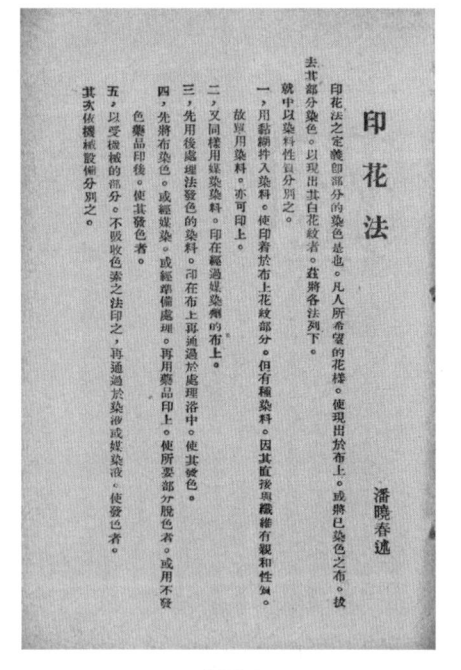

内页1

内页2

内页3

内页4

14.《染织纺周刊》(1934)

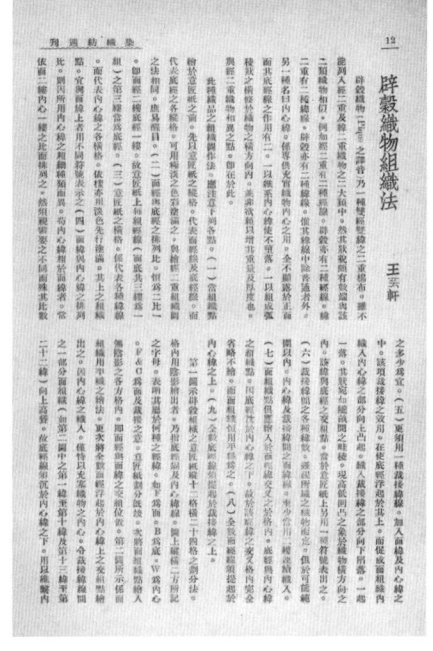

内页1

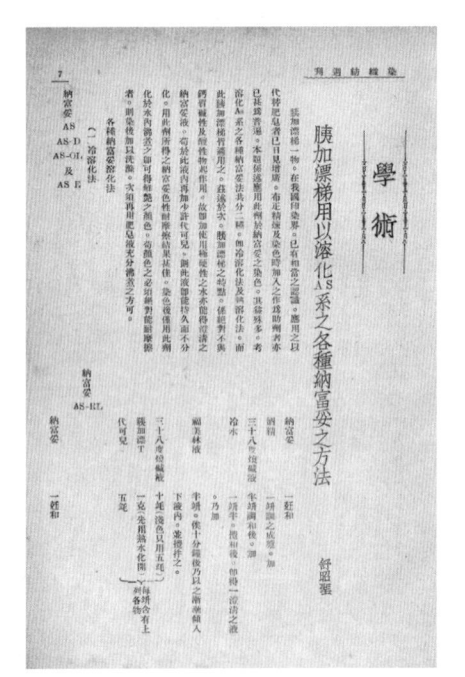

内页2

内页3

内页4

15.《中国蚕丝》(1935)

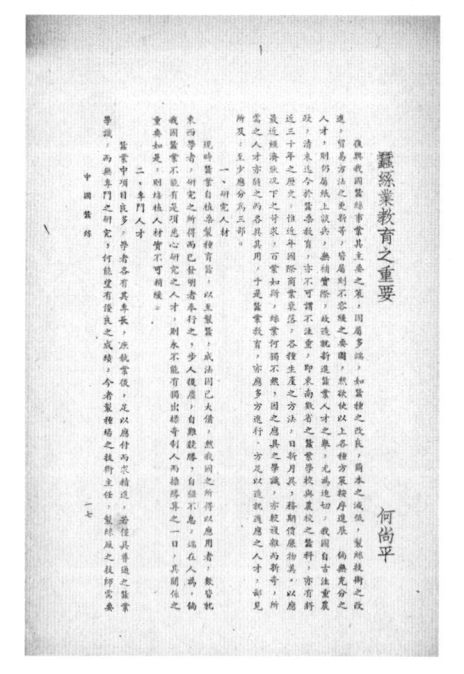

内页1

内页2

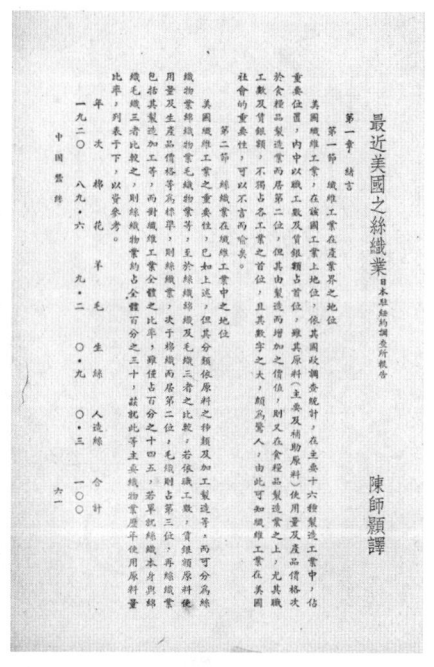

内页3

内页4

16.《棉业月刊》(1937)

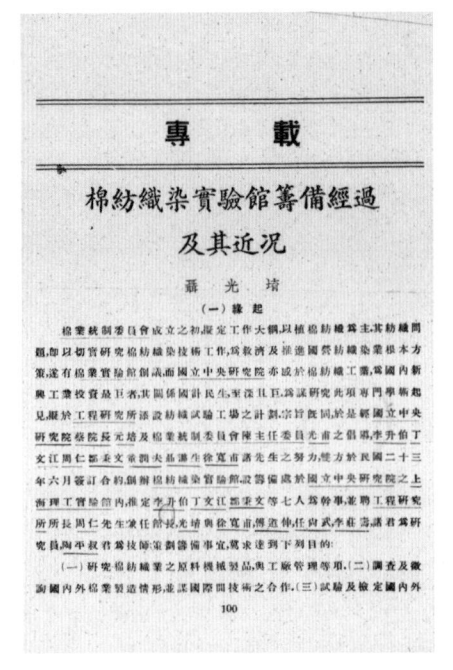

内页1

内页2

棉业统制委员会棉产改进技术行政会议会员

17.《染化月刊》(1939)

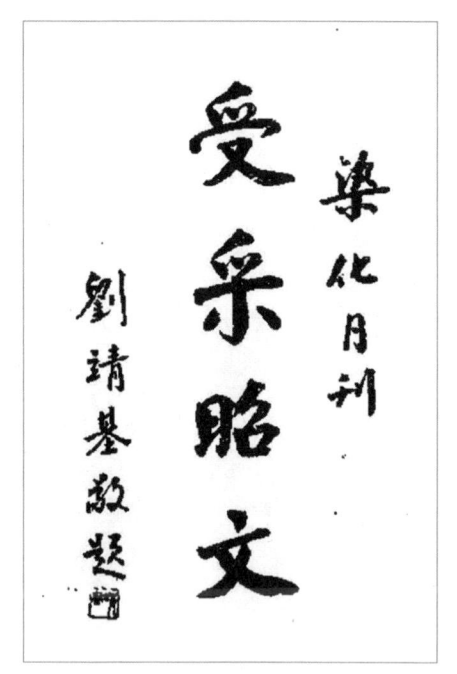

刘靖基题词

刘国钧题词

内页1

内页2

18.《纺织染季刊》(1939)

内封

邓邦逖

江苏省立苏州工业学校纺织染学会成立大会

19.《中国纺织学会会刊》(1943)

目录

版权页

内页1

内页2

20.《纺织建设月刊》(1947)

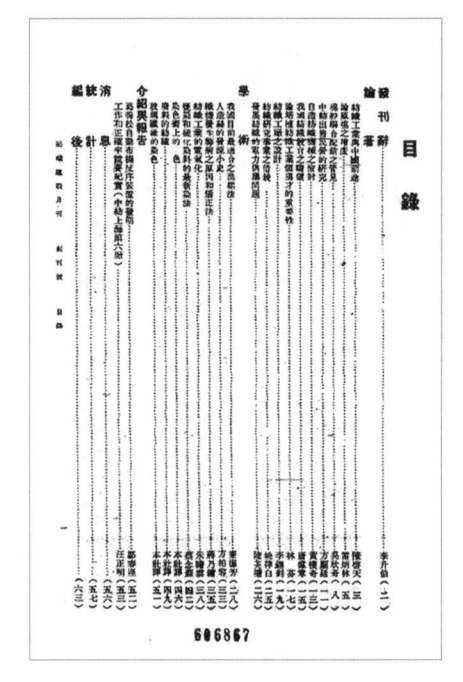

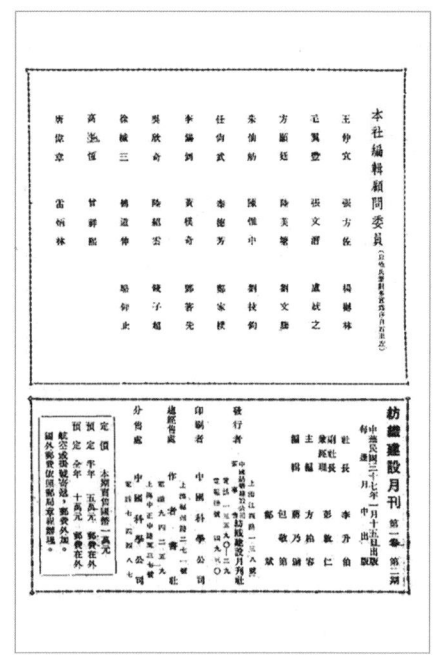

目录

版权页

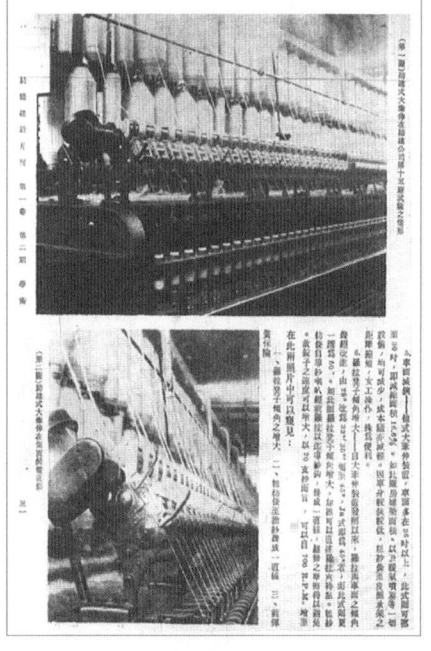

内页1

内页2

二、服饰报刊图录

1.《装束美》(1926)

周瘦鹃题词

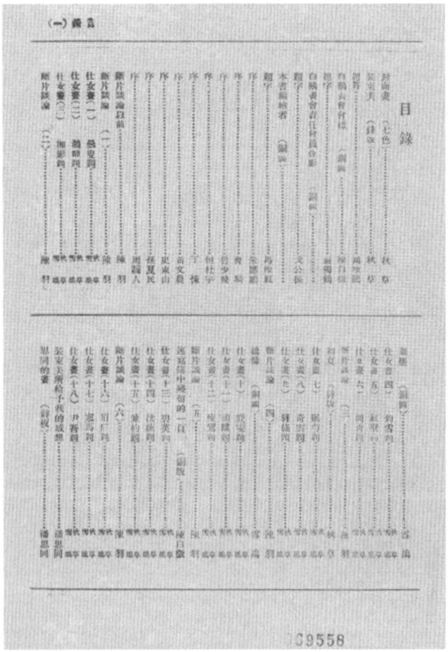

目录

内页

版权页

2.《新妆特刊》(1926)

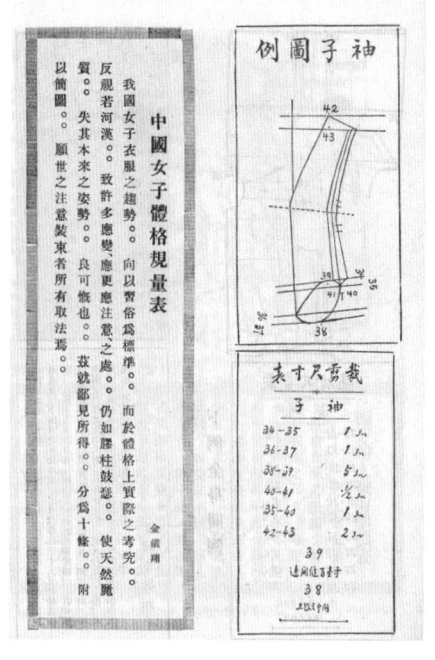

内页1

内页2

内页3

内页4

3.《美的装束》(1927)

封面

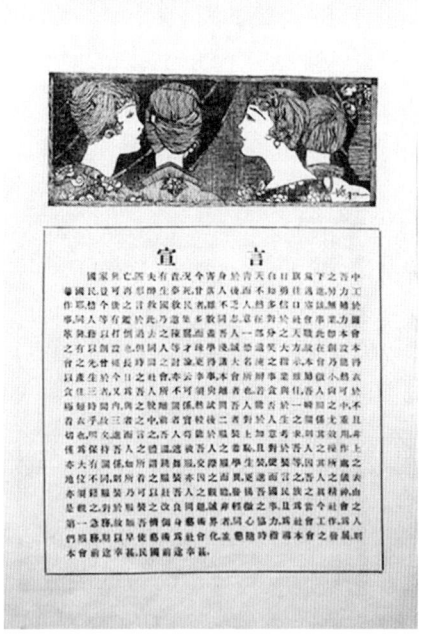

内页1

内页2

内页3

4.《妇女新装特刊》(1928)

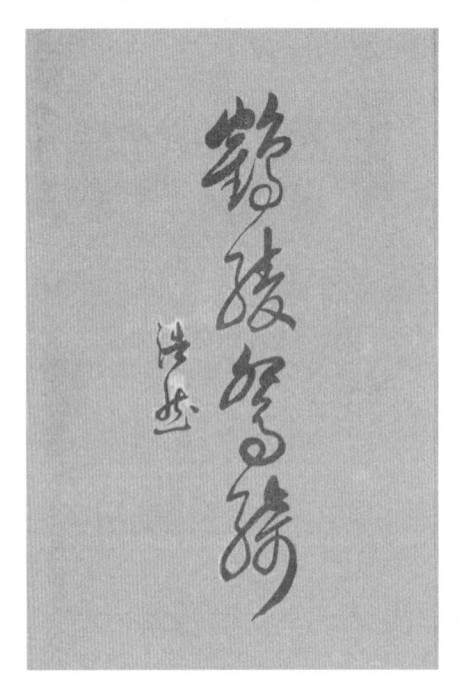

李浩然题词　　　　　　　周瘦鹃题词

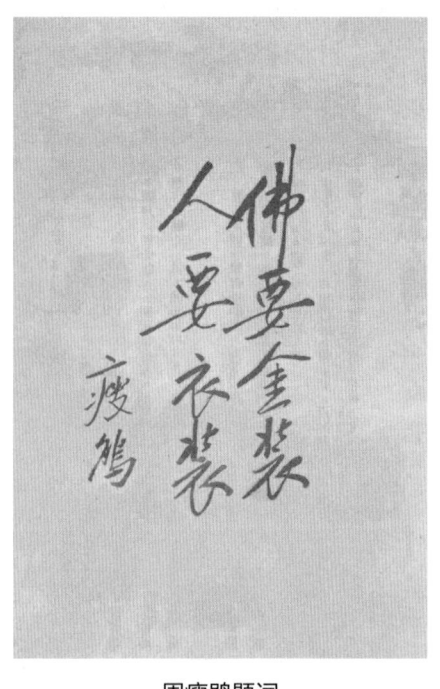

内页　　　　　　　　　　版权页

5.《时装特刊》(1930)

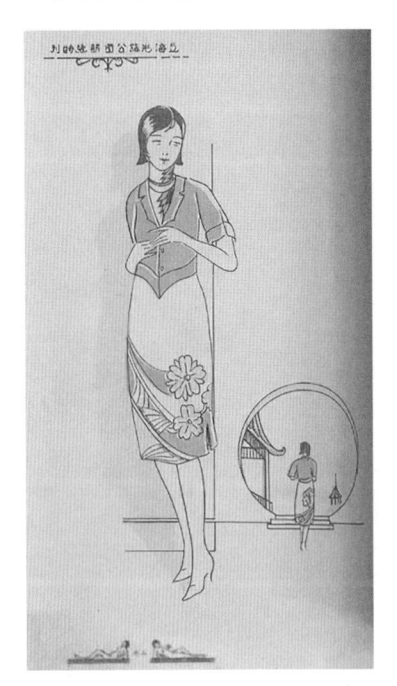

内页1

内页2

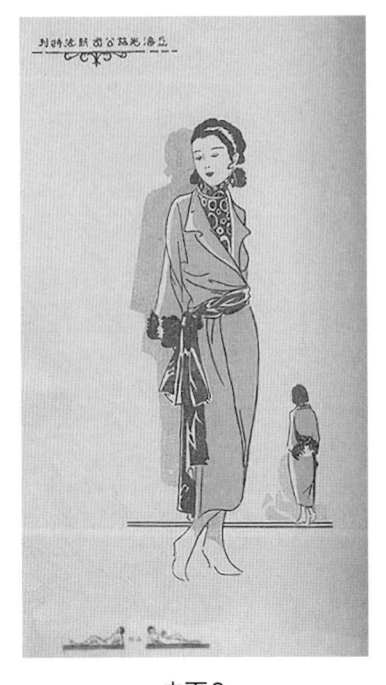

内页3

内页4

6.《社会晚报时装特刊》(1934)

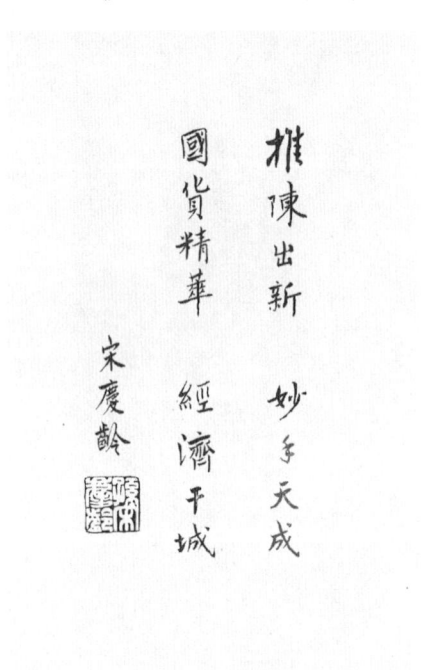

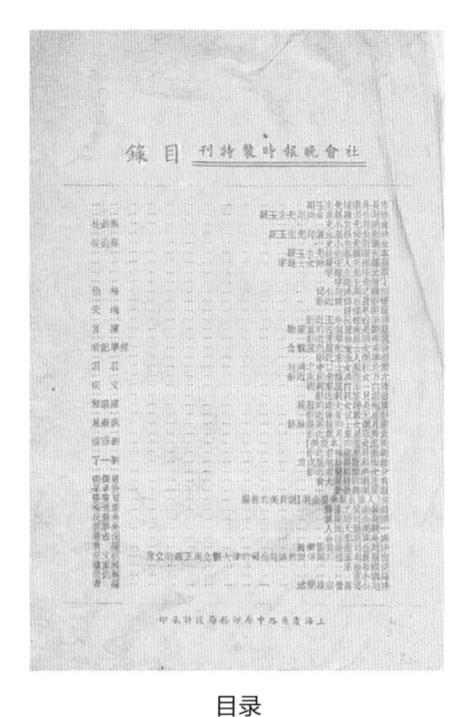

宋庆龄题词

目录

内页1

内页2

7.《时装表演特刊》(1936)

内页1

内页2

内页3

8.《新女型：时装、流行、美容》(1946)

内页1

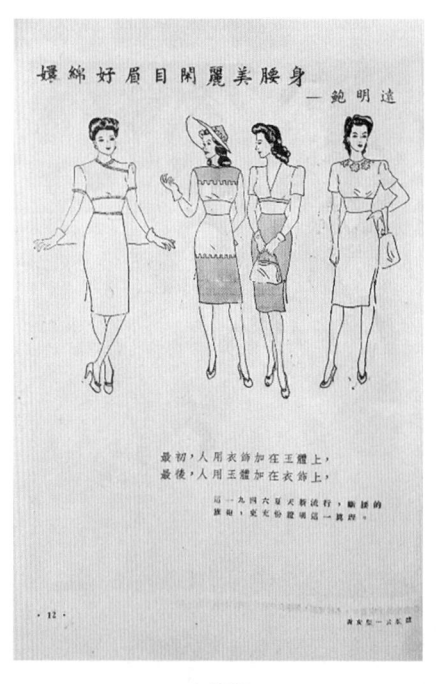

内页2

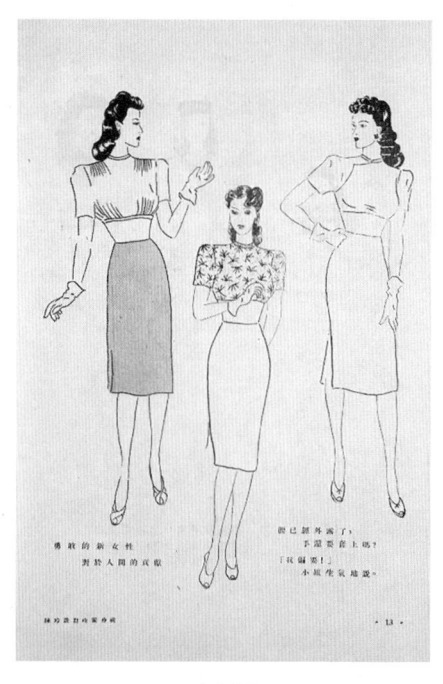

内页3

内页4

9.《良友》(1926)

创刊号

卷头语

身着长衫的鲁迅照片

10.《北洋画报》(1926)

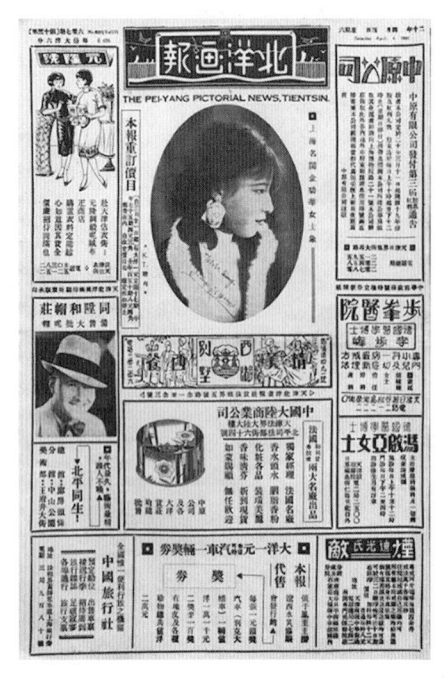

内页1

内页2

内页3

11.《妇人画报》(1933)

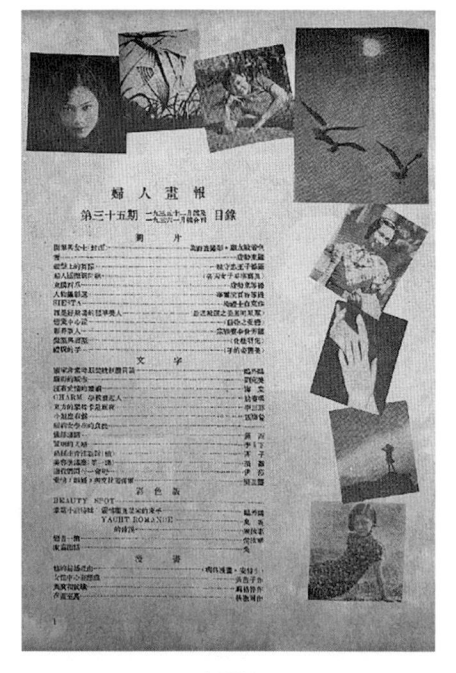

内页1

内页2

内页3

内页4

12.《玲珑》(1931)

内页1

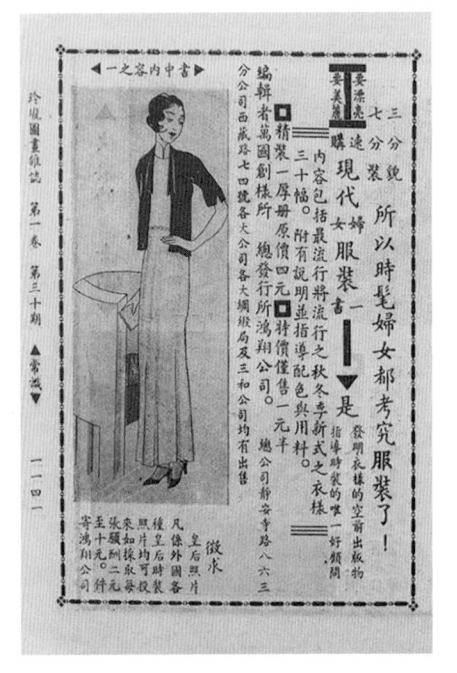

内页2

内页3

内页4

第十九章 中国近代重要的纺织服饰报刊图录　361

13.《中华》(1930)

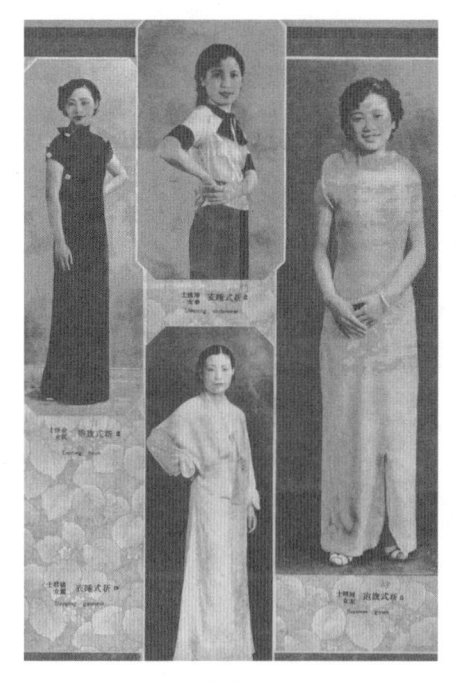

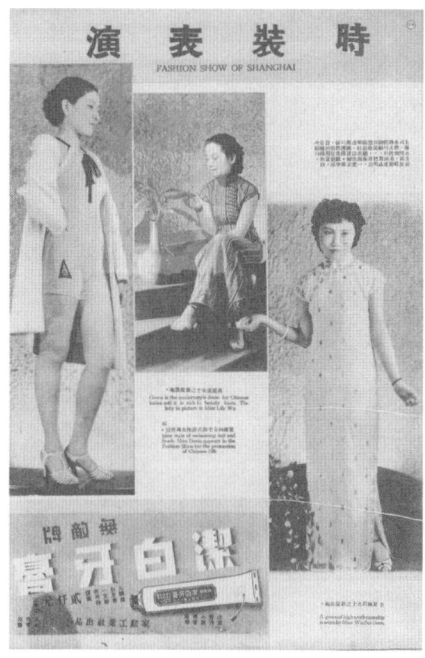

内页1

内页2

内页3

14.《摄影画报》(1925)

内页1

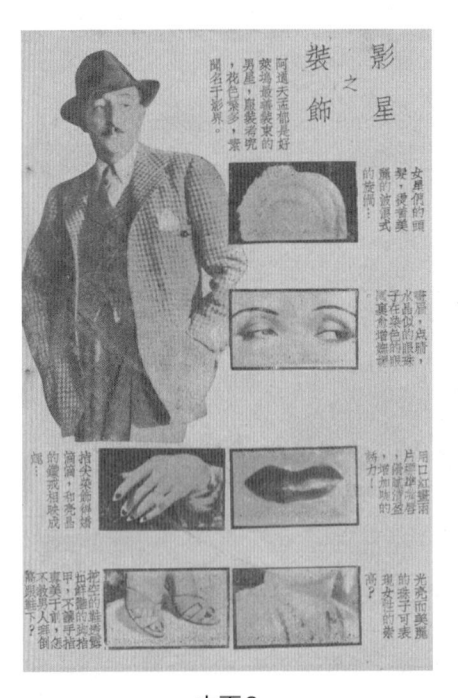

内页2

内页3

内页4

15.《青青电影》(1934)

复刊号

内页1

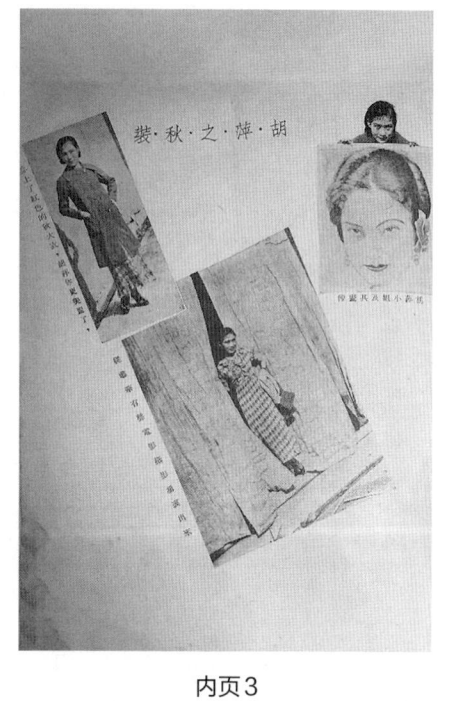

内页2

内页3

16.《妇女杂志》(1915)

创刊号

浅识薄技专号

内页1

内页2

17.《方舟》(1934)

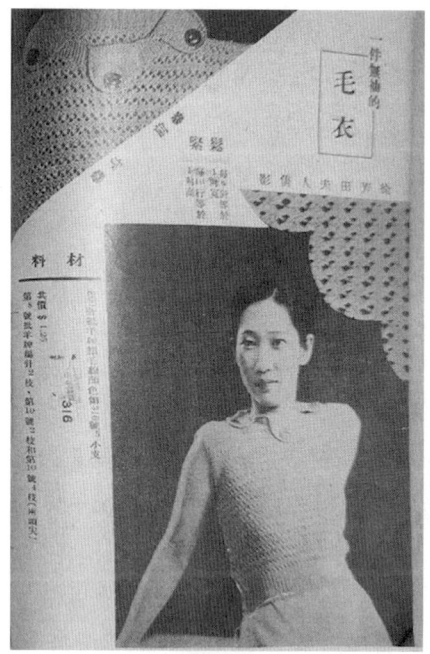

内页1

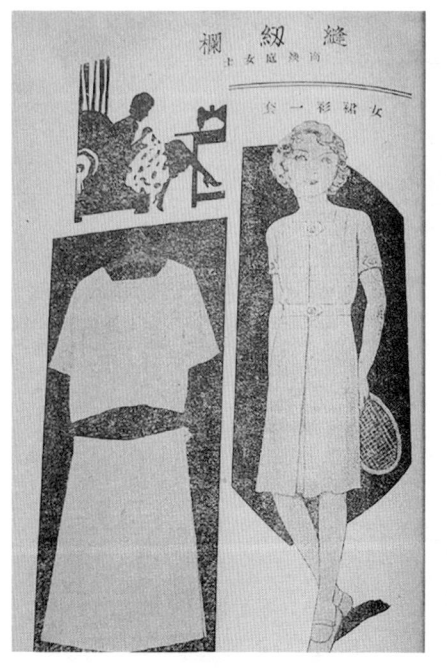

内页2

内页3

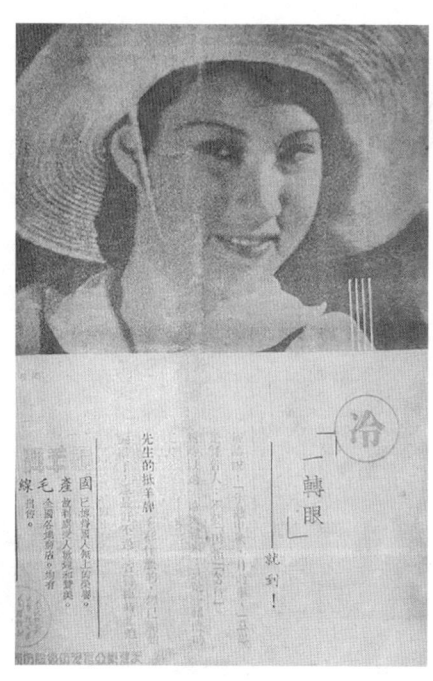

内页4

18.《东方杂志》(1904)

内页1

内页2

内页3

第十九章　中国近代重要的纺织服饰报刊图录　367

19.《紫罗兰》(1925)

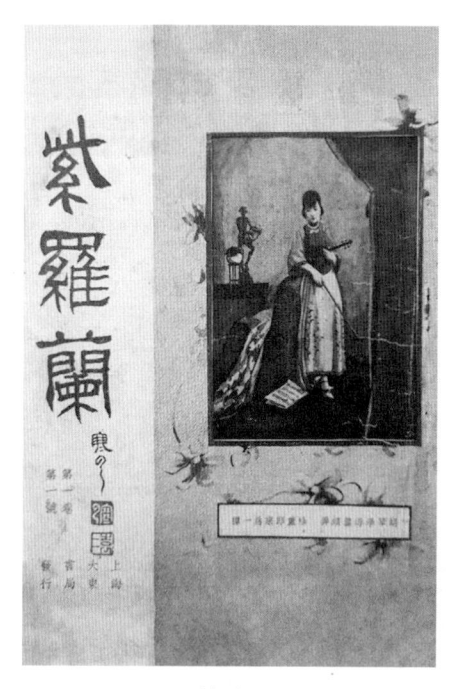

创刊号　　　　　　　　　　　内页

刊首图片

20.《衣食住行周刊》(1938)

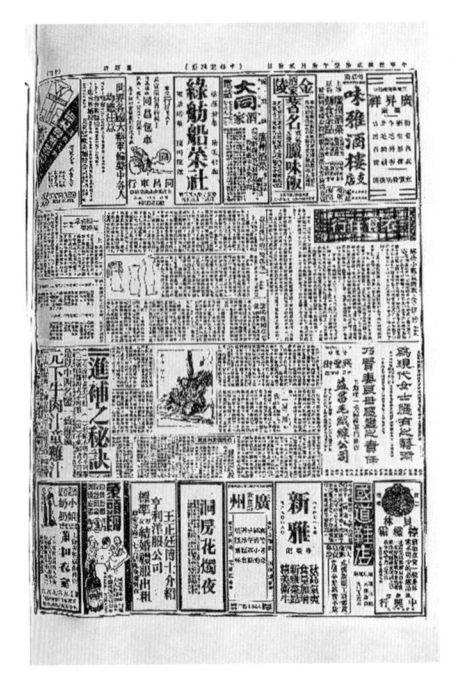

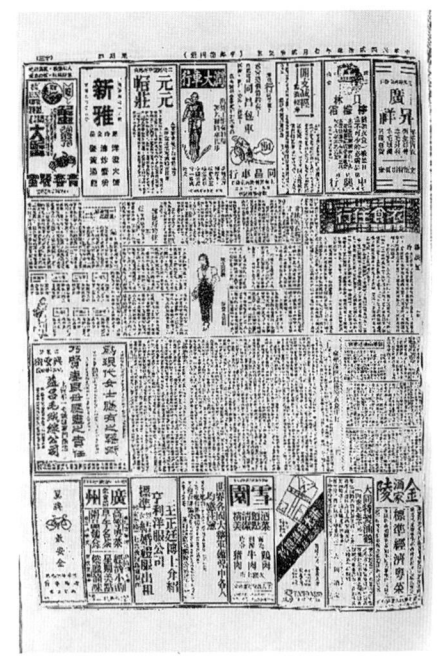

版面1

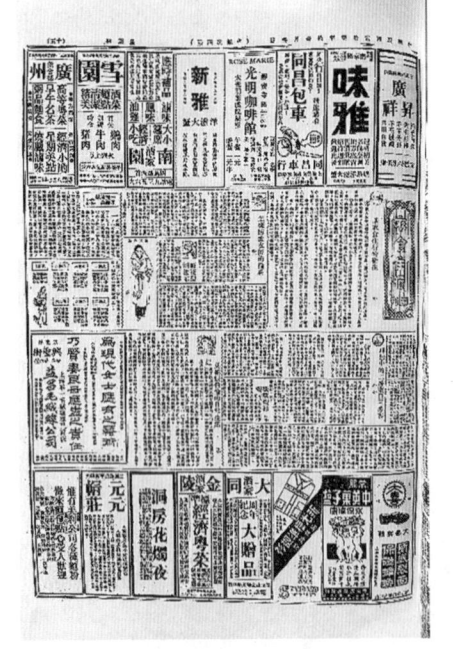

版面2

版面3

版面4

第二十章　中国近代重要的纺织服饰图书图录

本章以图录形式介绍中国近代重要的纺织服饰图书。它们或是封面、序、名人题词,或是目录、版权页,或是精选内页、插图等,生动反映和展现了这些重要图书的特色和风采。图片均取自当时的原版出版物。

一、纺织图书图录

1.《纺织机器图说》(1891)

内页1 　　　　　　内页2

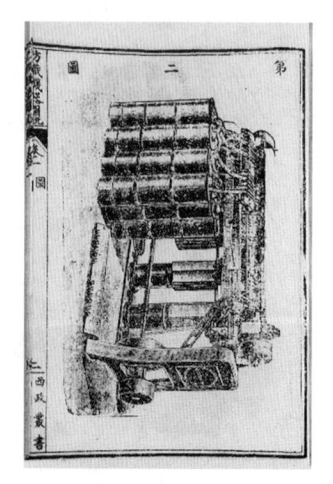

内页3 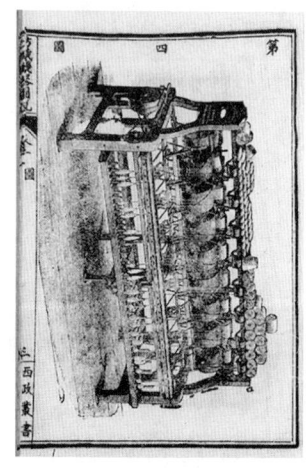　　　　　　内页4

2.《理论实用纺绩学（前编）》(1920)

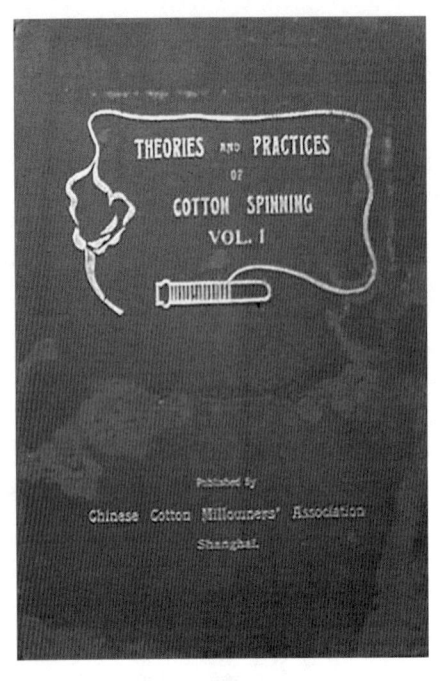

封面

著者小影

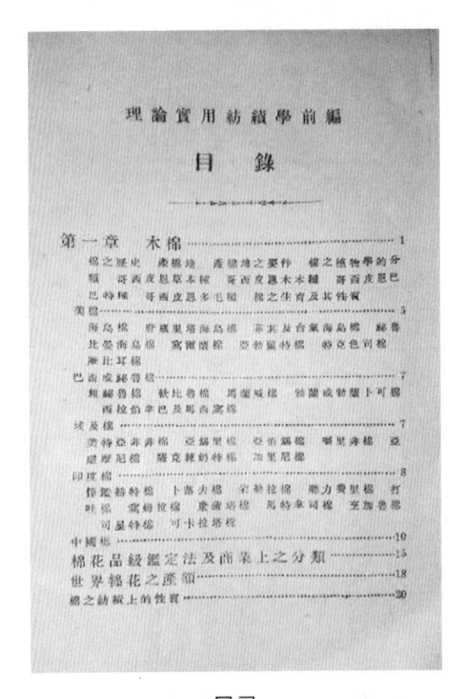

目录

内页

3.《中国蚕业史》(1931)

朱家骅题词

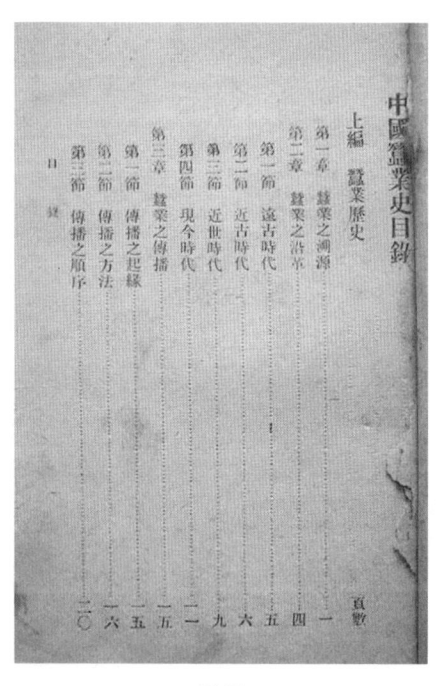

目录

内页

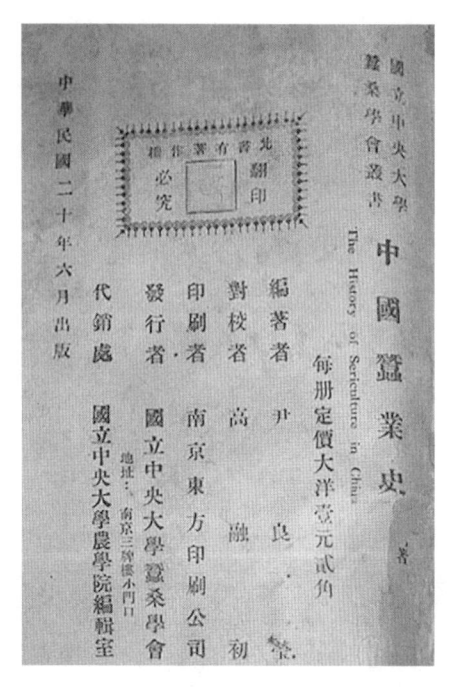

版权页

4.《染织品整理学》(1936)

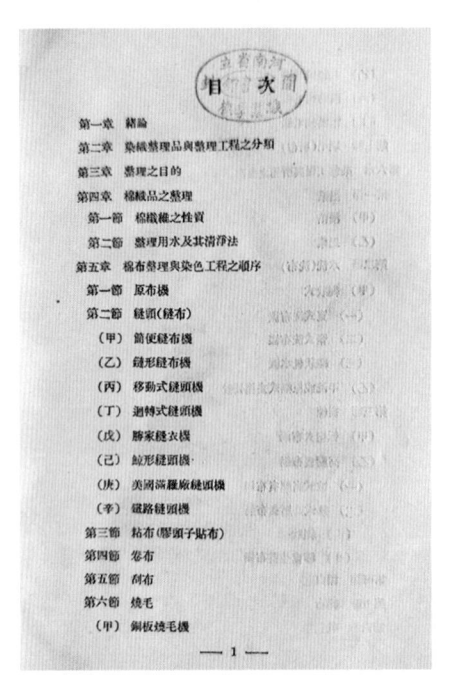

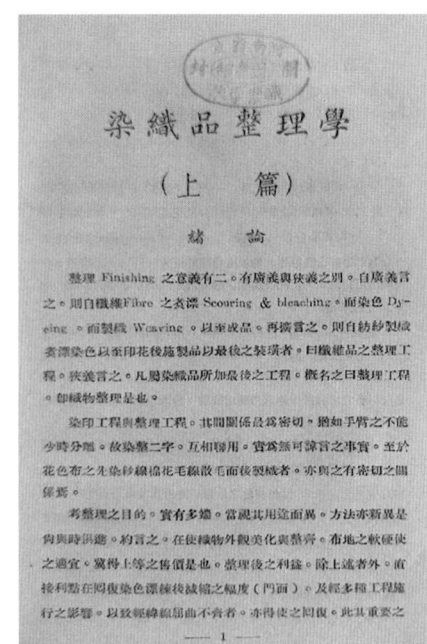

目录

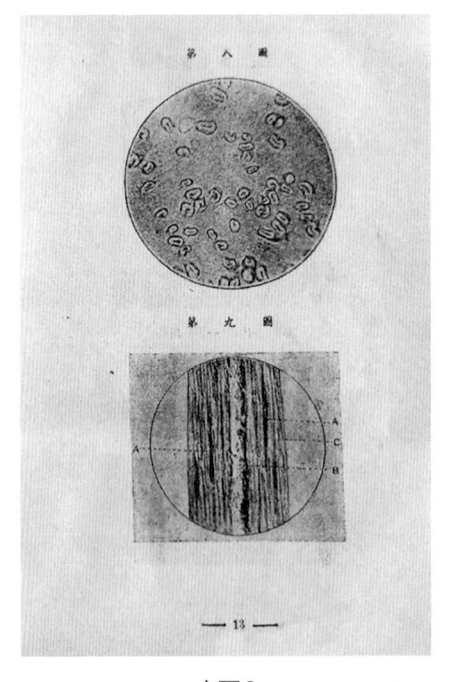

内页1

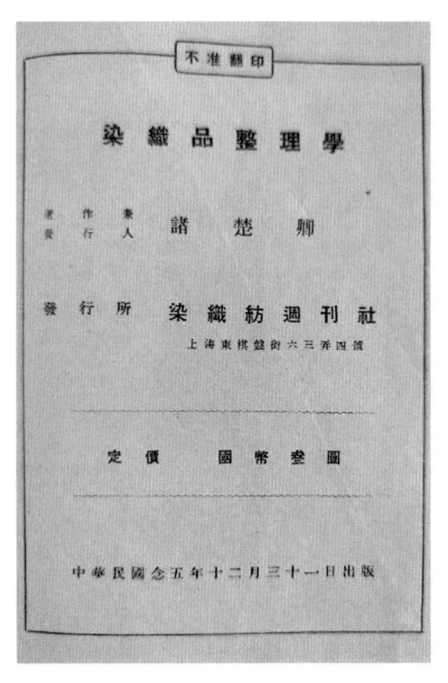

内页2

版权页

5.《中国棉业之发展》（1943）

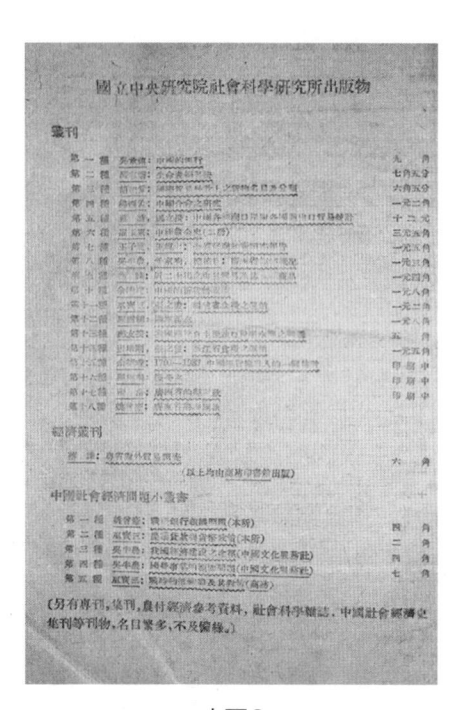

题记

目录

内页1

内页2

6.《棉练漂学(上、中、下册)》(1947)

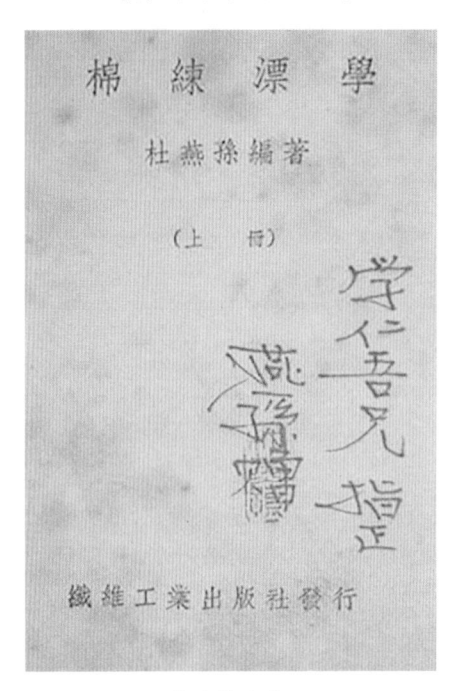

作者签名本

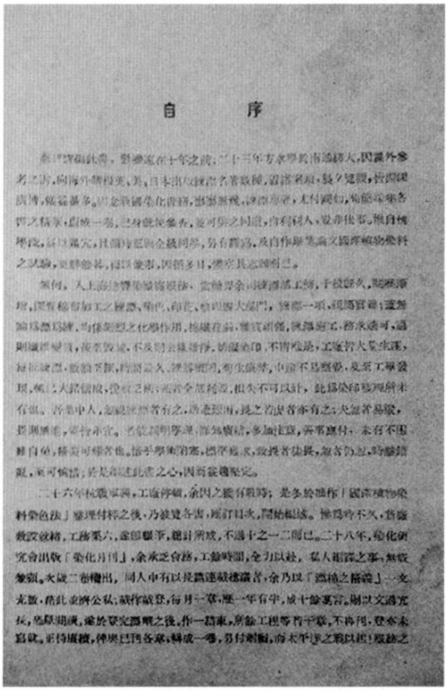

序

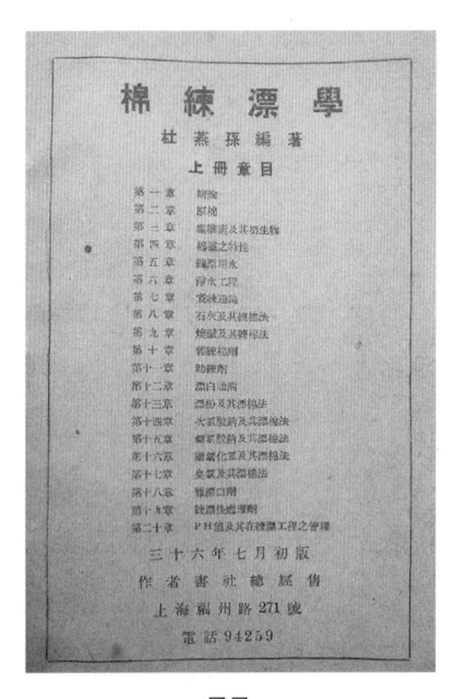

目录

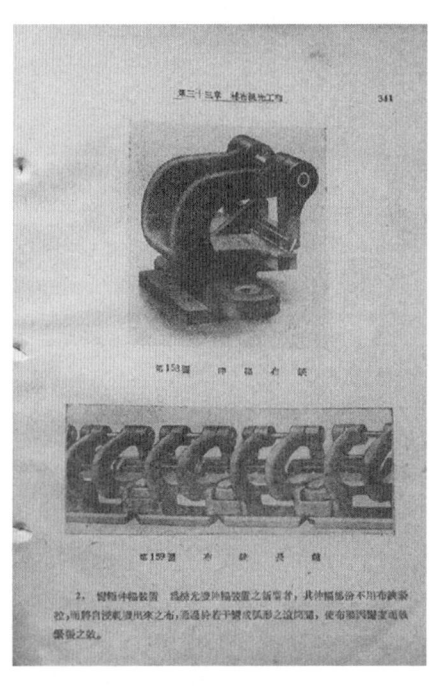

内页

二、服饰图书图录

1.《中华民国服制图》(1912)

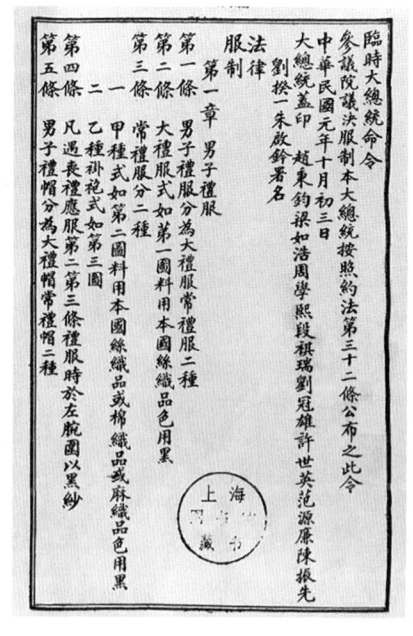

内页1

内页2

内页3

内页4

2.《缝纫教科书》（1914）

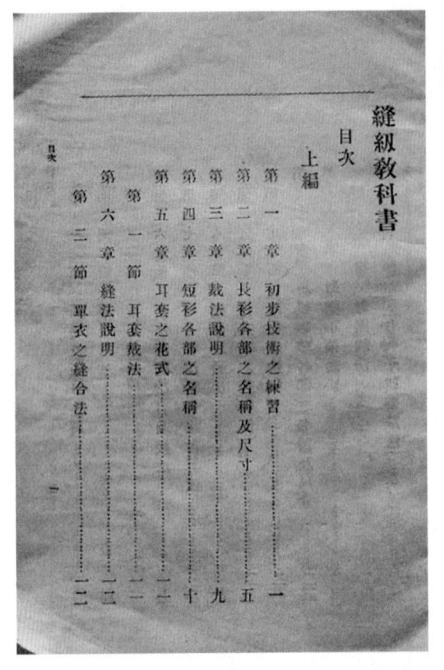

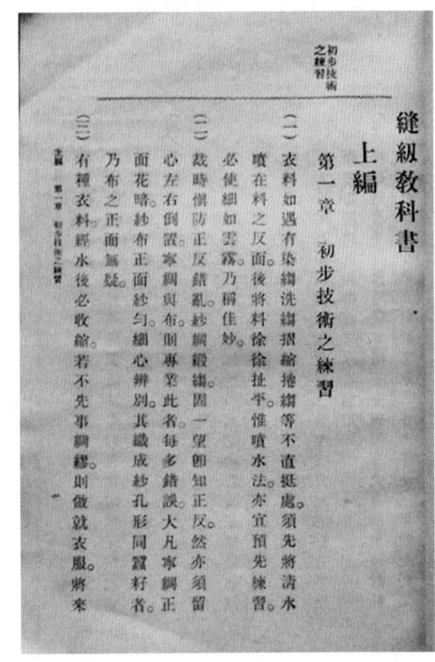

目录

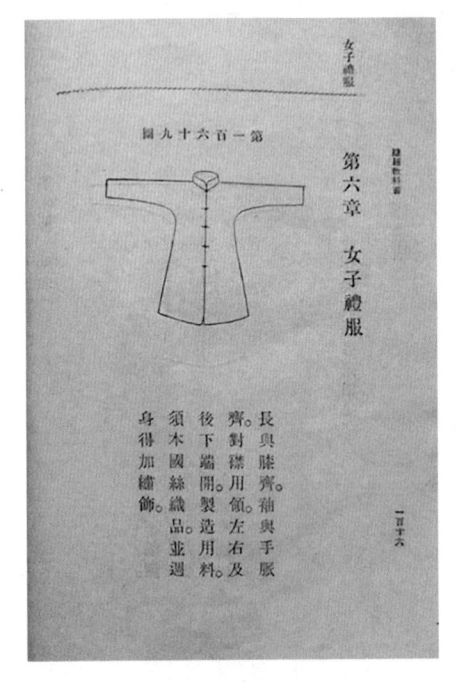

内页1

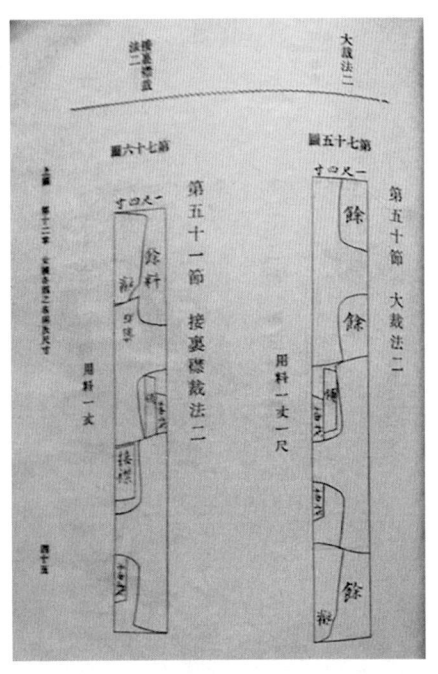

内页2

内页3

3.《雪宧绣谱》(1919)

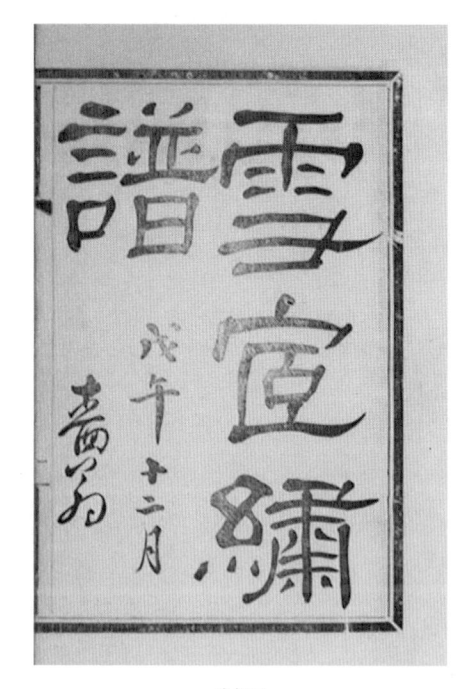

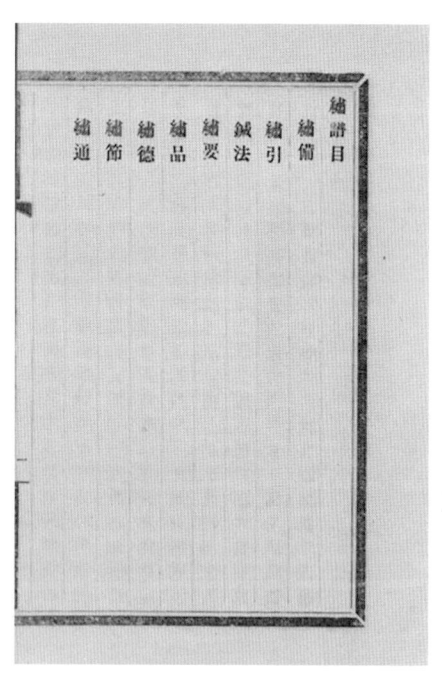

封面

目录

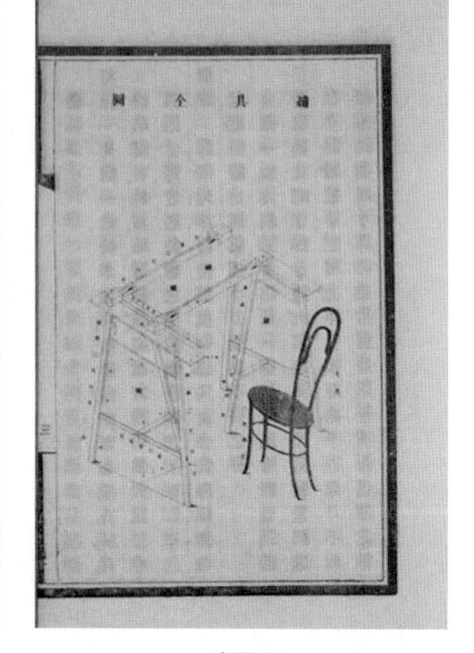

内页1

内页2

4.《西服裁剪指南》(1933)

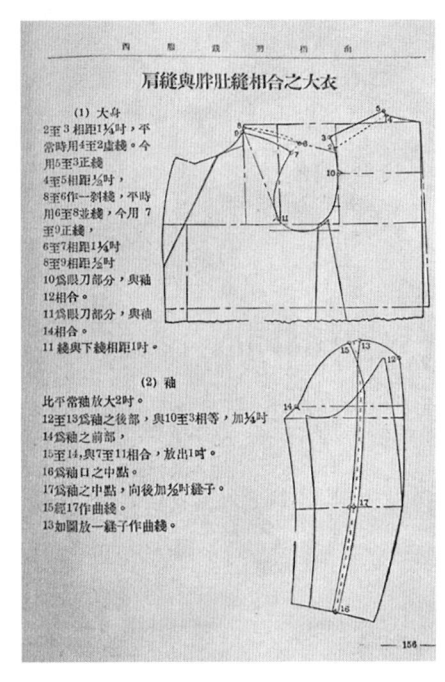

内页1

内页2

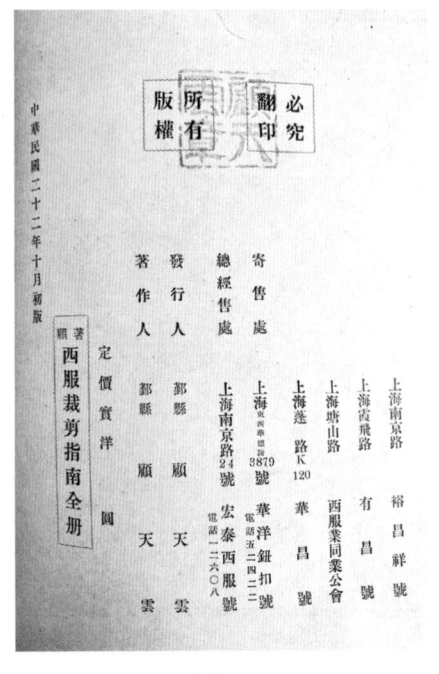

内页3

版权页

参考文献

[1] 《中国近代纺织史》编辑委员会.中国近代纺织史（上卷）[M].北京：中国纺织出版社，1997.

[2] 《中国近代纺织史》编辑委员会.中国近代纺织史（下卷）[M].北京：中国纺织出版社，1997.

[3] 中国大百科全书总编辑委员会《纺织》编辑委员会.中国大百科全书——纺织[M].北京：中国大百科全书出版社，1984.

[4] 陈维稷.中国纺织科学技术史：古代部分[M].北京：科学出版社，1984.

[5] 祝均宙.上海图书馆馆藏近现代中文期刊总目[M].上海：上海科学技术文献出版社，2014.

[6] 上海图书馆.上海图书馆馆藏中文报纸目录：1862—1949[M].上海：上海图书馆，1982.

[7] 上海图书馆.上海图书馆馆藏中文报纸副刊目录：1898—1949[M].上海：上海图书馆，1985.

[8] 北京图书馆.民国时期总书目——语言文字分册（1911—1949）[M].北京：书目文献出版社，1986.

[9] 全国图书联合目录编辑组.全国中文期刊联合目录：1833—1949（增订本）[M].北京：书目文献出版社，1981.

[10] 国家图书馆，上海图书馆.全国中文期刊联合目录：1833—1949（补充本）[M].北京：中央民族大学出版社，2000.

[11] 上海图书馆.中国近代期刊篇目汇录·第一卷[M].上海：上海人民出版社，1965.

[12] 王达.中国明清时期农书总目[J].中国农史，2001（1）：102-113.

[13] 王达.中国明清时期农书总目（续）[J].中国农史，2001（2）：104-109.

[14] 王达.中国明清时期农书总目（续）[J].中国农史，2001（4）：106-110.

[15] 王达.中国明清时期农书总目（续）[J].中国农史，2002（1）：74,108-113.

[16] 姚远，王睿，姚树峰.中国近代科技期刊源流（1792—1949）[M].济南：山东教育出版社，2008.

[17] 王余光, 吴永贵. 中国出版通史-8-民国卷[M]. 北京: 中国书籍出版社, 2008.

[18] 吴永贵. 民国出版史[M]. 福州: 福建人民出版社, 2011.

[19] 石峰主编, 刘兰肖著. 中国期刊史·第一卷（1815—1911）[M]. 北京: 人民出版社, 2017.

[20] 石峰主编, 吴永贵著. 中国期刊史·第二卷（1911—1949）[M]. 北京: 人民出版社, 2017.

[21]《上海市志·纺织业卷》编纂室. 上海纺织工业一百五十年（1861—2010年大事记）[M]. 北京: 中国纺织出版社, 2014.

[22] 汪若海, 李秀兰. 中国棉史纪事: 古代至2005年[M]. 北京: 中国农业科学技术出版社, 2007.

[23] 熊月之, 许敏. 上海通史·第10卷[M]. 上海: 上海人民出版社, 1999.

[24] 卞向阳. 中国近现代海派服装史[M]. 上海: 东华大学出版社, 2014.

[25] 王鸣. 中国服装史[M]. 上海: 上海交通大学出版社, 2013.

[26] 赵云泽. 中国时尚杂志的历史衍变[M]. 福州: 福建人民出版社, 2010.

[27] 左旭初. 近代纺织品商标图典: 汉英对照[M]. 上海: 东华大学出版社, 2007.

[28] 张德龙. 上海高等教育系统教授录[M]. 上海: 华东师范大学出版社, 1988.

[29] 林吕建. 浙江民国人物大辞典[M]. 杭州: 浙江大学出版社, 2013.

[30] 韩光鹏. 吉林科技精英[M]. 长春: 吉林科学技术出版社, 1988.

[31] 陈耀廷.《纺织周刊》特点初析[J]. 中国纺织大学学报, 1989, 15（3）: 91-94.

[32] 吴川灵. 我国纺织期刊的发展[J]. 中国纺织大学学报, 1990, 16（5）: 246-251.

[33] Wu C L. China's Textile Journals[J]. Textile Asia, 1990, 21（2）: 123-125.

[34] 吴川灵. 我国纺织期刊的分布[J]. 纺织学报, 1992, 13（7）: 48, 11, 3.

[35] 吴川灵. 我国纺织期刊现状的分析[J]. 纺织学报, 1992, 13（8）: 47-48, 3.

[36] 吴川灵, 冯美玲, 薛华强. 我国英文版纺织期刊的进展[J]. 苏州丝绸工学院学报, 1992, 12（S1）: 66-68.

[37] 陈耀廷. 三、四十年代国内纺织期刊分析[J]. 中国纺织大学学报, 1993, 19（3）: 92-94.

[38] 徐建红. 时装报刊发展的历史与现状[D]. 上海: 中国纺织大学, 1996.

[39] 姚琦.中国近代报刊业的发展与百年社会变迁[J].社会科学辑刊,2001(6):122-127.

[40] 梁惠娥,张竞琼.从《良友》看民国时期上海服饰的时尚特征[J].装饰,2005(11):46-47.

[41] 张竞琼,曹彦菊.《玲珑》杂志在中西服饰文化传播中的作用探讨[J].武汉科技学院学报,2006,19(12):19-22.

[42] 陆立钧.民国时期上海报刊中的服饰信息研究[D].上海:东华大学,2007.

[43] 阎磊,杨家密.纺织类科技期刊面临的挑战与思考[J].西安工程科技学院学报,2007,21(6):732-736.

[44] 卞向阳,陆立钧,徐惠华.民国时期上海报刊中的服饰时尚信息[J].福州大学学报(哲学社会科学版),2009,23(1):85-91.

[45] 曹振宇.我国近代纺织期刊的创办及意义[J].新闻爱好者,2009(14):122-123.

[46] 王晓光.从《妇女杂志》看民国时期服装工艺与设计问题[J].中华女子学院学报,2011,23(1):103-107.

[47] 刘虹.从《北洋画报》看民国天津女性服饰风尚的传播[J].天津纺织科技,2011(2):55-57.

[48] 齐赫男.《意大利蚕书》研究[D].合肥:中国科学技术大学,2011.

[49] 肖爱丽,杨小明.《申报》有关我国近代纺织业的史料发掘[J].理论探索,2012(2):81-85.

[50] 苏轩,杨小明.论《纺织之友》的几点历史意义[J].丝绸,2014,51(12):64-71.

[51] 林霞.明清农书的创作特点及其影响情况研究[J].农业考古,2015(3):294-299.

[52] 吴川灵.中国近代科技期刊的种类数量与创刊时间统计分析——以上海图书馆馆藏文献为例[J].中国科技期刊研究,2016,27(9):1002-1007.

[53] 张竞琼,许晓敏.民国服装史料与研究方向[J].服装学报,2016(1):94-100.

[54] 李强,张雷,赵金龙,等.解放前刊发的中国纺织类期刊的整理[J].服饰导刊,2017,6(3):14-21.

[55] 刘盼红.《纺织时报》研究[D].上海:上海师范大学,2017.

[56] 胡玥,张竞琼.民国时期中西服饰文化的交流——基于《妇人画报》的研

究[J].浙江理工大学学报（社会科学版），2017，38（4）：330-335.

[57] 葛小寒.论古农书的目录[J].中国科技史杂志，2017，38（3）：319-328.

[58] 吴川灵.中国近代纺织期刊统计分析及其研究意义[J].东华大学学报（自然科学版），2018，44（3）：453-461.

[59] 吴川灵.中国近代出版类期刊统计与研究——以上海图书馆馆藏文献为例[J].编辑之友，2018（4）：103-107.

[60] 刘盼红.九一八事变后上海纺织业界的舆论变化与利益诉求——以《纺织时报》为中心的考察[J]."九一八"研究，2018（1）：150-161.

[61] 梁文倩.解放前刊发的中国时尚类期刊的整理[J].服饰导刊，2018，7（6）：65-74.

[62] 陈宫，张竞琼.从《中华》杂志看近代旗袍的演化[J].服装学报，2018，3（2）：159-166.

[63] 王仰旭.《纺织周刊》研究[D].上海：东华大学，2019.

[64] 高潜.《染织纺周刊》与全面抗战爆发前后的纺织行业[D].上海：东华大学，2019.

[65] 高红霞，刘盼红.《纺织时报》视野中的五卅运动[J].民国研究，2019（2）：1-14.

[66] 吴川灵.中国近代学校出版的纺织期刊评述[J].东华大学学报（社会科学版），2019，19（1）：54-59.

[67] 吴川灵.中国近代行业组织与企业出版的纺织期刊评述[J].东华大学学报（社会科学版），2020，20（1）：49-55.

[68] 吴川灵.中国近代学术团体出版的纺织期刊评述[J].北京服装学院学报（自然科学版），2020，40（3）：106-110.

[69] 施敏俊，吴川灵.中国近代纺织图书统计与分析[J].丝绸，2020，57（9）：96-101.

[70] 赵春园，吴川灵.中国近代艺术期刊统计与分析[J].科技传播，2020，12（14）：75-77.

[71] 韩敏，李强.晚清民国时期中国纺织类期刊的宏观研究[J].丝绸，2020，57（9）：102-107.

[72] 赵博翀，邓可卉.近代科技期刊《纺织之友》的科学教育功能分析[J].出版广角，2020（22）：54-56.

[73] 吴川灵，徐建红.中国近现代读书类报刊整理与研究——以上海图书馆

藏文献为例[J].出版与印刷,2021(6):73-79.

[74] 吴川灵,施敏俊.中国近代纺织报纸整理与研究[J].武汉纺织大学学报,2022,35(2):43-47.

[75] 吴川灵,施敏俊.中国近代服饰报刊整理与研究[J].服装学报,2022,7(3):235-241.

[76] 施敏俊,吴川灵.中国近代服饰图书出版探析(1912—1949年)[J].服饰导刊,2022,11(6):86-93.

[77] 吴川灵,施敏俊.中国近代纺织服饰出版史料的地域分布研究[J].浙江纺织服装职业技术学院学报,2022,21(1):53-59.

[78] 吴川灵,施敏俊.上海近代纺织报刊的行业分布与影响[J].纺织科技进展,2022(5):14-19.

[79] 施敏俊,吴川灵.上海近代纺织图书的作者队伍与出版机构研究[J].纺织报告,2022,41(4):94-97.

[80] 吴川灵.中国近代纺织教育机构史料考证与统计分析[J].纺织服装教育,2022,37(6):495-500.

[81] 徐建红,吴川灵.中国近代刊载服饰时尚信息的重要期刊统计分析[J].丝绸,2023(9):93-103.

[82] 杨直民.从几部农书的传承看中日两国人民间悠久的文化技术交流(上)[J].世界农业,1980(10):16-21.

[83] 陈江,李治家.三十年代的"杂志年"——中国近现代期刊史札记之四[J].编辑之友,1991(3):77-79.

[84] 鞠斐.租界时期上海纺织、服装工业化与现代性设计研究[D].南京:南京艺术学院,2020.

[85] 董水淼.《编物初步》在沪发现显露海派编结源头[J].上海工艺美术,2004(1):28-29.

[86] 董水淼.海派编结的先驱——鲍国芳[J].上海工艺美术,2011(4):28-29.

[87] 叶丹丹.民国时期的中国纺织学会[J].黑龙江史志,2014(13):10-12.

[88] 简逸伦,吕若冰.中国纺织学会与行业自治[J].社会治理,2017(5):85-91.

[89] 陈理想,廖大伟.辉煌与落寞:近代纺织学术团体成立得失浅析——以中国纺织学会为例[J].东华大学学报(社会科学版),2017,17(3):116-120.

[90] 张丽阳.民国时期的中华农学会研究[D].沈阳:东北大学,2012.

[91] 王思明.中华农学会与中国近代农业[J].中国农史,2007,26(4):3-7.

[92] 杨瑞.中华农学会的早期组织演化与宗旨歧变[J].史学月刊,2009(3):46-52.

[93] 陈文源,贺慰.公益工商研究所始末[J].中国纺织大学学报,1994,20(3):129-133.

[94] 王福海,黄为民.抗战时期的中国蚕桑研究所[J].中国蚕业,2006,27(2):99-100.

[95] 王俊明.民国时期的中央工业试验所[J].中国科技史料,2003,24(3):216-227.

[96] 宁言.我国近代纤维质量监督管理的产生与沿革(1)[J].中国纤检,2009(6):19.

[97] 宁言.我国近代纤维质量监督管理的产生与沿革(2)[J].中国纤检,2009(7):27.

[98] 宁言.我国近代纤维质量监督管理的产生与沿革(3)[J].中国纤检,2009(8):27.

[99] 刘欣.白鹅画会研究[D].上海:华东师范大学,2018.

[100] 李娜.四大公司与上海商业文化研究[D].上海:东华大学,2012.

[101] 郭星梅.中国近代纺织品牌研究[D].上海:东华大学,2016.

[102] 李琴生.关于"丝绸之路"形成的历史考察[J].丝绸,1999,36(3):43-45.

[103] 鲍志成.跨文化视域下丝绸之路的起源和历史贡献[J].丝绸,2016,53(1):71-80.

[104] 李芳.试论中国近现代蚕丝业的发展[J].中国蚕业,2005,26(4):69-72.

[105] 夏鼐.我国古代蚕、桑、丝、绸的历史[J].考古,1972(2):12-27.

[106] 黄赞雄.中国古代丝绸文化的历史地位[J].浙江丝绸工学院学报,1993,10(3):81-86.

[107] 章楷.江苏近代的蚕业教育[J].江苏蚕业,1996,18(3):61-62.

[108] 孙玉芹.抗战时期职业教育及对我国职教工作的启示[J].河北工程大学学报(社会科学版),2011,28(3):57-60,65.

[109] 苏轩,杨小明.蚕学馆在纺织丝绸教育发展中的重要作用[J].丝绸,2014,51(8):75-79.

[110] 龚昊.传科学的传教士——傅兰雅与中西文化交流[D].北京:中国社会科学院研究生院,2013.

[111] 苏轩,邓可卉,杨小明.从雷炳林及其发明看中国近代纺织科研发展[J].丝绸,2015,52（6）:61-67.

[112] 苏轩,杨小明.雷氏大牵伸及其历史启示[J].棉纺织技术,2015,43（2）:73-77.

[113] 贺俊杰.林启实业教育思想与实践及其当代价值[J].浙江理工大学学报（社会科学版）,2015（4）:357-362.

[114] 聂庆艳,贺俊杰.林启与杭州蚕学馆首批官派留学生[J].绍兴文理学院学报（哲学社会科学）,2014,34（3）:103-106.

[115] 杨洪林,邱月.张之洞对近代中国纺织教育的改革创新与历史贡献[J].武汉纺织大学学报,2013,26（4）:1-4.

[116] 欧七斤.盛宣怀与中国教育早期现代化——兼论晚清绅商兴学[D].上海:华东师范大学,2012.

[117] 邓可卉,张雷,苏轩.论张謇创办"南通纺织专门学校"的性质[J].丝绸,2017,54（3）:82-87.

[118] 张廷栖,王观龙.张謇创办南通纺织专门学校的历史贡献[J].南通工学院学报,2001,17（1）:58-61.

[119] 季云飞.张謇教育思想述论[J].安徽大学学报,2000,24（4）:85-90.

[120] 蔡燕,张祝平,蒋玲.张謇实践教学思想成功实施的范例——南通学院《振新纺织厂实习报告》的研究[J].南通大学学报（教育科学版）,2008,24（2）:59-63.

[121] 王毅.张謇与南通纺织职业教育[J].南通纺织职业技术学院学报,2006,6（2）:1-3.

[122] 任敏,姜平.张謇职业教育实践对发展应用型本科教育的启示[J].南通大学学报（社会科学版）,2017,33（3）:156-160.

[123] 朱洁颖.试论张謇的刺绣职业教育——以女工传习所为例[J].读与写（教育教学刊）,2013,10（7）:52,65,4.

[124] 李想,廖大为.诸文绮的实业思想及其实践[J].东华大学学报（社会科学版）,2019,19（4）:407-411.

[125] 袁宣萍.从浙江甲种工业学校看我国近代染织教育[J].丝绸,2009,46（5）:45-48,51.

[126] 苏轩.大生纱厂的纺织技术转移（1895—1937）[J].工程研究——跨学科视野中的工程,2018,10（4）:419-427.

[127] 朱丽霞,黄江华.湖北近代纺织工业的兴起及其影响[J].武汉纺织大学学报,2013,26(5):1-4.

[128] 沈剑.简论近代中国蚕丝教育[J].华东师范大学学报(教育科学版),1987,5(2):37-43.

[129] 李平生.论近代山东蚕丝业改良[J].中国社会经济史研究,1994(2):68-77.

[130] 张健熊.略论中国近代的丝绸教育[J].浙江丝绸工学院学报,1996,13(2):37-40.

[131] 秦玉清.民国时期的南通大学[J].南通师范学院学报(哲学社会科学版),2004,20(2):151-154.

[132] 张晓辉,朱昌平.民国时期广东蚕丝改良局述论[J].中国农史,2009,28(2):39-46.

[133] 李龙,窦永群,任永利,等.民国时期中国蚕业的教育科研情况[J].丝绸,2006,43(2):48-51.

[134] 白中阳.清末民初女工传习所探析[J].天津大学学报(社会科学版),2018,20(5):439-445.

[135] 温润,张瑾,马颜雪.清末民初丝绸设计教育模式转型研究[J].丝绸,2016,53(3):57-63.

[136] 杨洁.天津工业大学百年跨越[J].纺织科学研究,2013,24(1):130-133.

[137] 黎飞,袁野.晚清时期四川缫丝业的发展及其原因[J].丝绸,2019,56(8):106-112.

[138] 张健熊.我国近代蚕桑丝绸学校科研的形成与发展[J].浙江丝绸工学院学报,1996,13(5):57-60.

[139] 曹振宇.我国近代纺织教育的创立及其历史贡献[J].郑州经济管理干部学院学报,2006,21(1):75-77.

[140] 孙燕谋.我国近代丝绸业的兴衰[J].丝绸,1997,34(12):45-50,5.

[141] 李和山,杨洪林.武汉纺织大学百年发展史研究——兼论张之洞对武汉纺织教育的历史贡献[J].武汉纺织大学学报,2011,24(1):86-90.

[142] 吴静,张序贵.战时四川纺织工业发展探析[J].纺织科技进展,2016(8):1-3.

[143] 胡茂胜,曹幸穗.中国合众蚕桑改良会述论[J].西南大学学报(社会科学版),2011,37(3):172-179.

[144] 胡茂胜, 曹幸穗. 中国合众蚕桑改良会在江浙地区的蚕业改良（1918—1936）[J]. 中国农史, 2011, 30（2）: 31-39.

[145] 王福海, 黄为民. 中国合众蚕桑改良会镇江蚕种制造场的创建及在历史上的作用[J]. 中国蚕业, 2007, 28（3）: 85-87.

[146] 王福海, 黄为民. 中国合众蚕桑改良会镇江女子蚕业学校创办始末[J]. 北方蚕业, 2011, 32（2）: 66-68.

[147] 朱丽霞, 黄江华. 中国近代纺织工业的历史地位[J]. 武汉纺织大学学报, 2013, 26（4）: 13-16.

[148] 吴洪成, 罗佳玉. 中国近代最早的职业教育机构——杭州蚕学馆[J]. 衡水学院学报, 2015, 17（4）: 82-87.

[149] 常晓京, 张慨. 论清末女子学校教育兴起的原因[J]. 汉中师范学院学报（社会科学）, 2002, 20（4）: 65-69, 74.

[150] 朱新梅. 论我国私立学校的兴起及政府教育职能的转化[J]. 教育科学, 2003, 19（1）: 12-16.

[151] 潘俊. 民国时期的镇江女子职业教育[J]. 江苏教育研究, 2017（12）: 32-35.

[152] 韩兵. 民国时期陕西省女子职业教育考论[J]. 教育与职业, 2019（8）: 99-103.

[153] 叶璐.《玲珑》杂志研究综述[J]. 中国出版, 2015（21）: 64-66.

[154] 李惠, 夏翠娟, 侯君明, 等. 近代报刊新闻报道的时间线抽取——基于《东方杂志》"大事记"专栏的文献整理试验[J]. 大学图书馆学报, 2021（3）: 76-82.

[155] 乐正. 从上海看晚清通俗文化的崛起[J]. 华中师范大学学报（哲学社会科学版）, 1989（2）: 102-109.

[156] 吴毅农. 历年我国棉业刊物之巡礼[J]. 中国棉讯, 1948, 2（4）: 69-71.

[157] 冯文娟, 宋晓轩. 民国时期棉产改进刊物一览[C]. 中国棉花学会2009年年会论文汇编, 北京: 中国棉花学会, 2009, 360-363.

[158] 宋晓轩. 20世纪30~40年代我国棉产改进工作——《中国棉讯》半月刊简介[C]. 中国棉花学会2004年年会论文汇编, 湖北宜昌: 中国棉花学会, 2004, 52-53.

[159] 宋晓轩. 20世纪30~40年代我国棉产改进工作——《棉业月刊》介绍[C]. 中国棉花学会2007年年会论文汇编, 山东青岛: 中国棉花学会, 2007, 35-36.

[160] 宋晓轩.20世纪30年代我国棉产改进工作概述——中华棉产改进会概略[J].中国棉花,2005(12):40.

[161] 魏上吼.近代中国的纺织行业团体[J].中国纺织大学学报,1994(3):56-61.

[162] 任志波,马秀娟.《蚕桑萃编》——我国近代北方蚕桑知识大全[J].安徽农业科学,2012(3):1924-1926.

[163] 熊帝兵.《续修四库全书提要》子部样稿[J].中国文化研究,2014(1):96-97.

[164] 编者.蚕桑书籍介绍——《蚕桑萃编》[J].蚕桑通报,2014(3):4.

[165] 伏兵.清人卫杰与《蚕桑萃编》[J].四川丝绸,2000(1):48-49.

[166] 孙庆国,张竞琼.中国现代编织大师冯秋萍[J].装饰,2006(10):126-127.

[167] 谢倩,蒋晓文.社会背景下女装消费心理研究[J].国际纺织导报,2014(5):66-68.

[168] 高山,高亚萍,赵陈刚.浙江理工大学校名沿革考[J].丝绸,2020(11):114-119.

[169] 邵友亮.商务印书馆与民国时期图书馆学[J].江苏图书馆学报,1996(3):42-44.

[170] 刘丽萍.商务印书馆与中国近代图书馆事业[J].图书馆论坛,2010(3):46-48.

[171] 袁丽.张謇与汉冶萍公司的不解之缘[J].档案记忆,2020(12):24-26.

[172] 于晓磊.南通唐闸的历史工业遗产[J].大众考古,2015(6):80-84.

[173] 丁宇.台湾商务印书馆:文化传承 经久不息[J].两岸关系,2011(8):53-54.

[174] 杨丽君,赵大良,姚远.《格致汇编》的科技内容及意义[J].辽宁工学院学报(社会科学版),2003(2):73-75.

[175] 刘煜.《格致汇编》的科技内容及意义[J].辽宁工学院学报(社会科学版),2003(2):73-75.

[176] 陈耀廷.《纺织周刊》特点初析[J].中国纺织大学学报,1989(3):91-94.

[177] 唐煜.从白鹅画会看20世纪早期业余西画教育团体的文化传播和美术教育[J].新视觉艺术,2011(2):88-89.

[178] 陈妤姝.红掌拨砚近人间——从"白鹅画会"看民国时期社会美术教育

的成因及特征[J].美术,2011(5):89-93.

[179] 夏雨.从民国期刊《装束美》管窥"人生艺术化"的践履[J].创意设计源,2022(2):38-42.

[180] 太清华,陈刚.中国近代社会的"百科全书"——说《申报》[J].新闻传播,2014(13):50.

[181] 祝淳翔.上海"孤岛"时期的一份公共菜单[EB/OL].(2023-10-07)[2023-12-17].

[182] 范伯群,周全.周瘦鹃年谱[J].新文学史料,2011(1):167-199.

[183] 张静秋.南通的女工传习所之创办及沿革[J].档案与建设,2007(3):32-35.

[184] 唐利群.一代宗师沈寿对中国刺绣艺术的影响[J].青年文学家,2015(12):142-143.

[185] 夏丹琼,邵新艳,艾于东.从《良友》看近代海派旗袍的造型变革[J].设计,2018(3):117-119.

[186] 王扬宗.江南制造局翻译馆史略[J].中国科技史料,1988(3):65-74.

[187] 张美平.江南制造局翻译馆的译书活动及其影响[J].中国科技翻译,2009(4):48-51.

[188] 余望.论傅兰雅在近代中国的科技传播实践[J].中国科技期刊研究,2008(2):311-315.

[189] 编者.钩沉[J].教育与职业,2015(4):110.

[190] 范铁权,张小雪.20世纪30年代的中华棉产改进会[J].近代史学刊,2021(2):259-267.

[191] 刁光中.我国棉花界老前辈简介:孙恩麟[J].中国棉花,1991(2):49.

[192] 邓煜生.我国棉花界老前辈简介:冯泽芳[J].中国棉花,1991(3):49.

[193] 王仰旭.中国近代纺织期刊出版研究[J].中国出版史研究,2023(1):61-70.

[194] 赵博翀,邓可卉.中国近代学术出版对学科发展的影响研究——以纺织学科为例[J].出版广角,2021(18):87-89.

[195] 刘盼红.传播实践:中国近代行业报刊对行业发展的影响[J].新闻世界,2022(11):55-61.

[196] 张竞琼,李晓悦.近代天津《大公报》所刊服装广告类型分析[J].创意与设计,2019(5):60-65.

[197] 徐丽飞.清末民初广东农业教育初探[D].广州：中山大学，2010.

[198] 朱昌平.广东蚕丝改良局研究（1923—1939）[D].广州：暨南大学，2010.

[199] 金明.近代大成企业集团职工培训研究[D].苏州：苏州大学，2012.

[200] 羌建.近代南通棉业发展研究（1895—1938）[D].南京：南京农业大学，2010.

[201] 赵军.近代山西机器纺织业发展的考察——以西北实业公司纺织工业为中心[D].上海：东华大学，2014.

[202] 刘美涛.历经风雨 破茧成蝶——民国时期女子职业教育研究[D].西安：陕西师范大学，2013.

[203] 孙毅.留学生与中国近代科学期刊的创办[D].太原：山西大学，2006.

[204] 丁健.民初农商部研究（1912—1916）[D].西安：陕西师范大学，2011.

[205] 王丽娟.民国国立大学学科价值取向流变研究（1912—1937）[D].长春：东北师范大学，2016.

[206] 王秀霞.民国时期的女子职业教育[D].济南：山东师范大学，2004.

[207] 李静体.民国时期的女子职业教育研究——以河北省立北平女子职业学校为个案[D].保定：河北大学，2009.

[208] 陈莎.民国时期福州女子职业教育研究[D].福州：福建师范大学，2015.

[209] 常梅子.民国时期河南蚕桑教育研究[D].新乡：河南师范大学，2014.

[210] 朱绍英.民国时期长沙女子职业教育研究（1912—1949）[D].长沙：湖南师范大学，2009.

[211] 徐姗姗.民国早期广州女子职业教育研究[D].广州：广东省社会科学院，2019.

[212] 王东健.南京国民政府时期江苏高等教育发展研究——以国立大学为中心（1927—1937）[D].成都：西南民族大学，2017.

[213] 袁慧.清末河南蚕桑教育与丝织业发展研究（1904—1911）[D].新乡：河南师范大学，2016.

[214] 范豪志.清末民初河南农业教育研究（1902—1919）——以蚕桑学堂（校）为例[D].新乡：河南师范大学，2012.

[215] 邓世欣.清末民国浒墅关的蚕桑业[D].苏州：苏州科技大学，2016.

[216] 刘训华.清末浙江学生群体与近代中国[D].上海：上海大学，2010.

[217] 王金进.晚清和民国江苏女子职业教育研究（1840—1927）[D].苏州：苏州科技学院，2011.

[218] 苏轩.中国近代纺织学科建制化研究[D].上海：东华大学,2015.

[219] 方家峰.中国近代高等工业教育研究（1840—1927）[D].保定：河北大学,2011.

[220] 卢慧敏.中国早期新式设计教育机构研究[D].南京：南京艺术学院,2016.

[221] 刘亚龙.中华农学会对桑蚕技术的改良与推广（1917—1937）——以江苏省为中心的考察[D].郑州：郑州大学,2019.

[222] 柴德强.南京国民政府全国经济委员会研究（1931—1938）[D].济南：山东师范大学,2017.

[223] 张旻.对20世纪30年代《玲珑》杂志中的服饰信息研究[D].上海：东华大学,2009.

[224] 方吟.20世纪30年代上海女性画报研究[D].上海：上海师范大学,2014.

[225] 陈绪锐.从《玲珑》杂志看民国三十年代女性的服饰审美[D].重庆：西南大学,2016.

[226] 郭媛媛.民国时期上海地区旗袍设计研究[D].淮北：淮北师范大学,2014.

[227] 曹彦菊.吴桥杂技服装与当地民间服装的源流关系[D].无锡：江南大学,2008.

[228] 高阳.《玲珑》杂志与上海中产阶级女性身份认同[D].哈尔滨：黑龙江大学,2015.

[229] 詹宪佳.民国电影女星对上海女性解放的影响（1921—1937）[D].杭州：浙江工商大学,2018.

[230] 蔡彦.Art Deco与上海20世纪早期艺术设计研究[D].无锡：江南大学,2014.

[231] 高俊.论穆藕初的实业振兴思想[D].上海：复旦大学,2006.

[232] 赵毛晨.走出困境：大萧条时期上海华商棉纺业的危机与应对（1932—1936）[D].武汉：华中师范大学,2015.

[233] 黄一迁.近代商务印书馆的美术传播研究（1897—1937）[D].上海：上海大学,2016.

[234] 张彩云.中国中学几何作图教科书发展史（1902—1949）[D].呼和浩特：内蒙古师范大学,2019.

[235] 高金玲."沈绣"技术的教材化与学科化[D].苏州：苏州大学,2020.

[236] 吴昊.民国华商纱厂联合会研究（1918—1937）[D].乌鲁木齐：新疆师范大学,2021.

[237] 史潇.良友图书印刷公司研究[D].上海：上海师范大学, 2023.

[238] 李幸子.《良友》画报办刊特色研究[D].保定：河北大学, 2020.

[239] 柴德强.南京国民政府全国经济委员会研究（1931—1938）[D].济南：山东师范大学, 2017.

[240] 吴瑜晴.《妇人画报》中的近代女性服饰审美研究[D].杭州：浙江理工大学, 2023.

[241] 刘先椆.发刊词[J].中国蚕丝业会报, 1909（1）：1-3.

[242] 朱显邦.发刊词[J].蚕丝专刊, 1921（1）：1.

[243] 编者.发刊小言[J].天津棉鉴, 1930, 1（1）：1.

[244] 方君强.发刊词[J].中华棉产改进会月刊, 1931, 1（1）：2.

[245] 编者.编后语[J].汉口棉检周刊, 1933, 1（1）：43.

[246] 戴岩.发刊词[J].蚕友, 1933（1）：1-3.

[247] 编者.缘起[J].棉讯, 1934（1）：1.

[248] 编者.发刊要义[J].全国棉花搀水搀杂取缔所通讯, 1935（1）：1.

[249] 编者.发刊词[J].合作界, 1935（1）：1.

[250] 陈光甫.发刊辞[J].棉业月刊, 1937, 1（1）：1.

[251] 编者.发刊辞[J].棉检通讯, 1937, 1（1）：封2.

[252] 孙恩麟.发刊辞[J].中国棉讯, 1947（1）：1.

[253] 孙恩麟.发刊辞[J].中国棉业副刊, 1947, 1（1）：1.

[254] 编者.发刊辞[J].中国棉业, 1948, 1（1）：1.

[255] 聂云台.本报发刊缘起[J].华商纱厂联合会季刊, 1919, 1（1）：3-8.

[256] 王瑞闳.卷头语[J].北平纺织染研究会季刊, 1929, 1（1）：1-2.

[257] 钱贯一.发刊词[J].纺织周刊, 1931, 1（1）：7-10.

[258] 张孝若.发刊辞[J].纺织之友, 1931（1）：1-2.

[259] 诸文绮.发刊词[J].染织纺周刊, 1934, 1（1）：1-2.

[260] 吴赞廷.发刊辞[J].纺织染季刊, 1939, 1（1）：1-2.

[261] 陈钧.发刊的话[J].染化月刊, 1939, 1（1）：1.

[262] 黄希阁.发刊辞[J].纺织染工程, 1939, 1（1）：1-2.

[263] 郑瑜.纺工序[J].纺工, 1941, 1（1）：5.

[264] 编者.创刊词[J].纺声, 1945（1）：1.

[265] 编者.南通学院纺织进修社成立经过——代发刊词[J].纺修, 1947, 1（1）：1-2.

[266] 王启宇.创刊辞[J].棉纺会讯,1948,1(1):1.

[267] 朱应鹏.序(一)[J].装束美,1926(1):1.

[268] 张天健.序[J].妇女新装特刊,1928(1):1-2.

[269] 编者.卷首语[J].时装表演特刊,1936(1):1.

[270] 编者.发刊启事[N].纺织时报,1923-4-16(1).

[271] 编者.发刊词[N].纱布日报,1948-6-24(1).

[272] 雷炳林.棉纺大牵伸机伸弹器发明经过及其特点概说[J].纺织之友,1937(6):B87-89.

[273] 李向云.新农式超大牵伸小型纺纱机[J].染织纺,1940(3):2519-2524.

[274] 黄希阁.棉纺机设备之进步[J].纺织染工程,1946,8(3):43-52.

[275] 周承佑.发刊词[J].纺声,1948,1(1):11.

[276] 中华第一针织厂.菊花牌介绍[J].纤维工业,1946,1(2):封3.

[277] 章华毛绒纺织股份有限公司.章华呢绒介绍[J].纺声,1948,1(1):封1.

[278] 荣德生.欲纺织业之发展全在认真(一)[J].人钟月刊,1931(2):2-3.

[279] 许羖.世界上丝的大市场[J].纺织周刊,1931,1(16):400-402.

[280] 张謇.弁言[J].华商纱厂联合会季刊,1919,1(1):1.

[281] 编者.发刊词[J].纺织染月刊,1947(1):19.

[282] 王一鸣.创刊词——汪洋大海中找寻我们的灯塔[J].纺织世界,1936,1(1):1.

[283] 编者.创刊缘起[J].中纺季刊,1947(1):3.

[284] 增韫.弁言[J].柞蚕杂志,1906(1):1.

[285] 朱显邦.序言一[J].浙江蚕业学校校友会杂志,1918(1):1-2.

[286] 董仁清.发刊词[J].蚕丝业月刊,1924,1(1):1-3.

[287] 编者.发刊词[J].蚕声,1929,1(1):5.

[288] 编者.卷首语[J].女蚕期刊,1930(1):1-3.

[289] 何尚平.发刊辞[J].镇蚕,1933(1):1.

[290] 谭熙鸿.发刊词[J].中国蚕丝,1935(1):1.

[291] 编者.发刊词[J].中蚕通讯,1946,1(1):1.

[292] 邵申培.发刊词[J].蚕丝杂志,1947(1):1.

[293] 刘秉权.发刊辞[J].棉业汇刊,1922,1(1):1.

[294] 聂云台.发刊词[J].恒丰周刊,1924(1):2.

[295] 编者.编辑室杂志[J].纺织学友,1931(1):74.

[296] 编者.本会成立宣言[J].纺织年刊,1931:1-2.

[297] 荣尔仁.发刊辞[J].人钟月刊,1931(1):1-2.

[298] 杨清磬.发刊辞[J].拂晓月刊,1932(1):1-3.

[299] 徐佐舜.苏纶半月刊之使命[J].苏纶半月刊,1932(1):5.

[300] 编者.编后例话[J].抒声,1934,2(1):64.

[301] 编者.本刊之因缘及其义旨[J].中国纺织学会会刊,1943(1):1.

[302] 杜燕孙.本社成立旨趣[J].纤维工业,1945,1(1):1-2.

[303] 编者.编后的话[J].纺织染通讯,1948(4):30.

[304] 荣鸿元.发刊辞[J].公益工商通讯,1947,1(1):3.

[305] 董久峰.发刊词[J].棉布月报,1947,1(1):3.

[306] 编者.发刊词[J].纺建,1947,1(1):1.

[307] 李升伯.发刊辞[J].纺织建设月刊,1947,1(1):2.

[308] 编者.雏凤新声(代发刊辞)[J].纤声,1949,1(1):1-2.

[309] 编者.装束美研究会之主旨[J].美的装束,1927,1(1):1.

[310] 蔡钧徒.编辑小言[J].社会晚报时装特刊,1934(1).

[311] 欧阳素心.献辞[J].新女型:时装、流行、美容,1946(1):3.

[312] 邵协华.期望于西服工友:代发刊词[J].西服工人,1946(1):1.

[313] 袁秋芸.从民国时期的《妇女杂志》看中国近代婚礼服的变迁[D].无锡:江南大学,2009.

[314] 王勤.近代中国纺织技术发展——基于《纺织染工程》的研究[D].上海:东华大学,2022.

[315] 宁树藩.《东西洋考每月统计传》评述[J].新闻大学,1982(5):58-63.

[316] 吴川灵.中国近代棉业期刊整理与研究[J].昭通学院学报,2024,46(4):107-119.

附 录

附录一 中国近代大部分纺织服饰报刊目录

编号	刊名	创刊时间	出版者	出版地
1	蚕学月报	1904	武昌农务学堂	武汉
2	蚕业白话演说	1905	四川蚕桑公社	四川
3	柞蚕杂志	1906	浙江农工研究会	杭州
4	农桑学杂志	1907.6	农桑学杂志社	东京
5	蚕学报	1908	广东蚕业学堂	广东
6	染织研究会志	1909	染织研究会	日本
7	中国蚕丝业会报	1909.8	中国蚕丝业会事务所	东京
8	四川蚕丛报	1909	四川蚕丛报社	成都
9	蚕丛	1910.11	蚕丛社	成都
10	学友杂志	1914	南通纺织专门学校	南通
11	江苏省立第一农业学校校友会杂志	1916	江苏省立第一农业学校	南京
12	浙江蚕业学校校友会杂志	1918.12	浙江蚕业学校校友会	杭州
13	江苏省立第三农业学校校友会杂志	1918	江苏省立第三农业学校	淮阴
14	江苏省立育蚕试验所汇刊	1919.1	江苏省立育蚕试验所	无锡
15	华商纱厂联合会季刊	1919.9	华商纱厂联合会	上海
16	农蚕汇刊	1919	江苏省立第二农业学校校友会	苏州
17	棉产调查报告	1920.5	华商纱厂联合会	上海
18	广西棉业促进会季刊	1920.7	广西棉业促进会	南宁
19	浙江省立棉种试验场年报	1920	浙江省立棉种试验场	宁波
20	毛革杂志	1920.9	毛革改良会	北京
21	上海华商棉业公会周刊	1921.1	上海华商棉业公会	上海
22	蚕丝专刊	1921.3	中华农学会	江阴

续表

编号	刊名	创刊时间	出版者	出版地
23	浙江公立工业专门学校校友会年刊	1921	浙江公立工业专门学校校友会	杭州
24	二农月刊	1921	江苏省立第二农业学校校友会	苏州
25	棉业汇刊	1922.6	天津棉业公会	天津
26	棉业画刊	1922	天津棉业工会	天津
27	金陵大学农林科棉业丛刊	1922	金陵大学农林科	南京
28	浙江公立工业专门学校学生自治会会刊	1922.9	浙江公立工业专门学校学生自治会	杭州
29	工业杂志	1922	广东省立第一甲种工业学校	广州
30	纺织时报	1923.4	华商纱厂联合会	上海
31	女蚕	1923.4	江苏省立女子蚕业学校	苏州
32	全国棉场联合会丛刊	1923	全国棉场联合会	南京
33	棉业季刊	1923	棉业季刊编辑处	青岛
34	中国棉产统计	1923	华商纱厂联合会棉产统计部	上海
35	工声	1924.5	浙江公立工业专门学校学生自治会	杭州
36	棉业年报	1924.6	通如海棉业公会	南通
37	蚕丝业月刊	1924.10	四川高等蚕业讲习所本科同学会	成都
38	恒丰周刊	1924.11	恒丰纺织新局周刊社	上海
39	江苏省立蚕桑模范场月刊	1925	江苏省立蚕桑模范场	扬州
40	工业学生自治会会刊	1926.1	浙江公立工业专门学校甲种及五年期学生自治会	杭州
41	恒丰汇刊	1926.3	恒丰纺织新局	上海
42	蚕校月刊	1926.5	浙江省立蚕业学校校友会	杭州
43	新妆特刊	1926.6	上海新妆研究社	上海
44	装束美	1926.10	白鹅画会装饰画研究部	上海
45	种棉浅说	1926	江苏省立第一农业学校	南京
46	抵羊声	—1926	天津东亚毛呢纺织股份有限公司	天津

续表

编号	刊名	创刊时间	出版者	出版地
47	蚕丝丛刊	1927.6	广东省全省改良蚕丝局	广州
48	美的装束	1927.10	上海装束美研究会	上海
49	上海北区丝厂第六业务工会半月刊	1927	上海北区丝厂第六业务工会	上海
50	妇女新装特刊	1928.1	九华绸缎商店	上海
51	新苏农	1928.1	第四中山大学苏州农业学校学生会	苏州
52	江西留通纺织同学会会刊	1928.5	江西留通纺织同学会	南通
53	蚕桑丛刊	1928	无锡县立蚕桑场	无锡
54	浙江省立蚕桑科职业学校卅周年纪念特刊	1928	浙江省立蚕桑科职业学校校友会	杭州
55	绸商旬报	—1928	绸商旬报社	杭州
56	蚕业导报	1929.1	广东建设厅蚕丝改良局	广州
57	淮阴农业学校校刊	1929.1	江苏省立淮阴农业学校	淮阴
58	茂新福新申新总公司卅周年纪念册	1929.1	茂新福新面粉厂、申新纺织厂	上海
59	蚕业月报	1929.2	广东全省改良蚕丝局	广州
60	留日东京高等工业学校同窗会年刊	1929.3	留日东京高等工业学校同窗会	东京
61	北平纺织染研究会季刊	1929.6	北平纺织染研究会	北京
62	西湖博览会盛泽绸部特刊	1929.8	上海大丰绸缎局	上海
63	无锡县丝厂职工联合会会务月刊	1929.10	无锡县丝厂职工联合会	无锡
64	蚕声	1929.12	国立浙江大学农学院蚕桑系同学会	杭州
65	西湖博览会丝绸馆特刊	1929	西湖博览会丝绸馆	浙江
66	时装特刊	1930	先施公司新装部	上海
67	湖南第一纺织厂工余补习学校特刊	1930.1	湖南第一纺织厂工余补习学校	长沙
68	女蚕期刊	1930.3	浙江省立女子蚕业讲习所学生会	杭州
69	天津棉鉴	1930.6	实业部天津商品检验局	天津
70	天津地毯工业	1930.8	南开大学社会经济研究委员会	天津

续表

编号	刊名	创刊时间	出版者	出版地
71	美亚织绸厂十周年纪念特刊	1930.9	美亚织绸厂	上海
72	湖南棉产调查报告	1930	湖南棉业试验场	长沙
73	纺织学友	1931.1	南通学院纺织科	南通
74	蚕钟	1931.1	江苏省立女子蚕业学校学生自治会	苏州
75	纺织周刊	1931.4	纺织周刊社，中国纺织学会	上海
76	纺织之友	1931.4	南通学院纺织科学友会	上海
77	纺织年刊	1931.5	中国纺织学会	上海
78	军政部第一制呢厂厂务季刊	1931.6	军政部第一制呢厂	北京
79	工业年刊	1931.7	河北省立工业学院年刊社、校友会文艺部	天津
80	中华棉产改进会月刊	1931.8	中华棉产改进会	上海
81	人钟月刊	1931.9	申新纺织公司人钟月刊社	无锡
82	中国棉产改进统计会议专刊	1931.12	华商纱厂联合会、中华棉产改进会	上海
83	广东生丝出口及生丝检验统计	1931	实业部广州商品检验局蚕丝检验组	广州
84	湖南第一纺织厂年刊	1931	湖南第一纺织厂	长沙
85	燕晋鲁豫旅通纺织专校校友会会刊	1931	燕晋鲁豫旅通纺织专门学校校友会	南通
86	时装周刊	1932.1	时事新报社	上海
87	山东省立第二棉业试验场特刊	1932.2	山东省立第二棉业试验场	山东齐东
88	拂晓月刊	1932.5	上海印染股份有限公司拂晓月刊社	上海
89	陕西省棉业讨论会会刊	1932.5	陕西省建设厅	西安
90	军政部北平制呢厂特刊	1932.8	军政部北平制呢厂	北京
91	苏纶半月刊	1932.11	苏州苏纶纺织厂苏纶学术会	苏州
92	蚕种	1932.11	安庆二职蚕丝学术研究会	芜湖
93	广东建设厅生丝检查所年报	1932	广东建设厅生丝检查所	广州

续表

编号	刊名	创刊时间	出版者	出版地
94	蚕友	1933.1	安徽省立女子中等职业学校蚕友会	安庆
95	励进月刊	1933.2	常州大成纺织染公司励进月刊社	常州
96	杼声	1933.5	南通学院纺织科学生自治会	南通
97	棉业	1933.8	湖南棉业试验场	长沙
98	镇蚕	1933.8	镇江女子蚕业学校毕业同学会	镇江
99	汉口棉检周刊	1933.10	实业部汉口商品检验局	武汉
100	浙江省蚕种制造技术改进会月刊	1933.10	浙江省蚕种制造技术改进会	杭州
101	广东蚕丝复兴运动专刊	1933.10	广东建设厅蚕丝改良局	广州
102	染织周刊	1934	上海机器染织业同业公会	上海
103	社会晚报时装特刊	1934	社会晚报社	上海
104	服装特刊	1934.1	时报社	上海
105	棉讯	1934.1	中华棉产改进会	上海
106	工学季刊	1934.2	国立北平大学工学院	北京
107	顺德县第一次蚕丝展览会纪念刊	1934.2	顺德县第一次蚕丝展览会宣传部	广东顺德
108	浙江省蚕业指导人员读书会汇刊	1934.3	浙江省建设厅管理改良蚕桑事业委员会	杭州
109	青岛工商学会棉业试验场棉业特刊	1934.4	青岛工商学会棉业试验场	青岛
110	苏农季刊	1934.4	江苏省立苏州农业学校	苏州
111	浙江省立实验农业学校校刊	1934.5	浙江省立实验农业学校	金华
112	中国纺织学会第四届年会论文集	1934.5	中国纺织学会	上海
113	衣食特刊	1934.6	大美晚报社	上海
114	三农学生	1934.7	广东省立第三农业学校学生自治会	梅县
115	纺织染月刊	1934.8	中华纺织染杂志社	上海
116	绸缪月刊	1934.9	上海绸业银行	上海

续表

编号	刊名	创刊时间	出版者	出版地
117	工业学院学报	1934.9	河北省立工业学院	天津
118	纺织特号	1934.9	北平大学工学院	北京
119	染织月刊	1934.10	浙江高级工业职业学校染织工程学会	杭州
120	陕西棉讯	1934.11	陕西棉产改进所	西安
121	全国经济委员会棉业统制委员会专刊	1934	棉业统制委员会	南京
122	陕西棉产估计调查报告	1934	陕西棉产改进所	西安
123	东亚毛呢纺织公司年刊	1934	东亚毛呢纺织公司	天津
124	辛丰织印绸厂三周年纪念特刊	1934	辛丰织印绸厂	上海
125	丝业半月刊	—1934	广东建设厅生丝检查所	广州
126	广东蚕声	1935.1	广东建设厅顺德蚕业改良实施区总区	广东顺德
127	美亚织绸厂十五周年纪念特刊	1935.1	美亚织绸厂	上海
128	服饰	1935.2	时报社	上海
129	蚕丝统计月刊	1935.4	全国经济委员会蚕丝改良委员会	杭州
130	中央棉产改进所浅说	1935.4	中央棉产改进所	南京
131	湖北省棉花掺水掺杂取缔所月刊	1935.5	湖北省棉花掺水掺杂取缔所	武汉
132	合作界	1935.6	金陵大学农学院棉业合作班同学会	西安
133	全国棉花搀水搀杂取缔所通讯	1935.7	中央棉花搀水搀杂取缔所	南京
134	两湖棉讯	1935.7	湖南省棉业试验场，湖北省棉产改进处	湖南澧县湖北光化
135	朝气	1935.7	申新第四纺织厂	武汉
136	染织纺周刊	1935.8	上海机器染织业同业公会	上海
137	中国蚕丝	1935.8	全国经济委员会蚕丝改良委员会	杭州
138	棉级丛刊	1935.10	中央棉产改进所	南京
139	作物成绩报告	1935	江苏省立棉作物试验场	南通

续表

编号	刊名	创刊时间	出版者	出版地
140	陕西棉产改进所工作总报告	1935	陕西棉产改进所	西安
141	棉花搀水搀杂取缔事业工作总报告	1935	全国经济委员会棉业统制委员会中央棉花搀水搀杂取缔所	南京
142	山东棉业调查报告	1935	金城银行总经理处天津调查分部	天津
143	上海恒丰纺织新局附设纺织学校民一八级纪念刊	1935	恒丰纺织新局	上海
144	江苏省立苏州工业学校民二四级毕业纪念刊	1935	毕业刊筹备委员会	苏州
145	时装表演特刊	1936	永安公司	上海
146	浙江省立蚕丝学校校刊	1936	浙江省立蚕丝学校	杭州
147	河南棉业	1936	河南省棉产改进所	开封
148	棉运合作	1936.1	中央棉产改进所棉业经济系	西安
149	浙棉	1936.1	浙江省棉业改良场	杭州
150	济南仁丰纺织染股份有限公司特刊	1936.3	济南仁丰纺织染股份有限公司	济南
151	蚕丝技术月刊	1936.4	浙江省蚕丝统制委员会	杭州
152	纺织世界	1936.5	中国纺织世界社	上海
153	河北棉产汇报	1936.5	河北省棉产改进会	北京
154	绸业专刊	1936.5	凤鸣广告社	上海
155	鄂棉	1936.7	湖北棉业改良委员会试验场	武汉
156	棉业贸易书报摘要	1936.10	中国棉业经济委员会	上海
157	蚕丝改良委员会丛刊	1936.12	全国经济委员会蚕丝改良委员会	杭州
158	永安纺织第三厂劳工学校毕业特刊	1936	永安纺织第三厂劳工学校	上海
159	纺织染	1937	北平大学工学院	北京
160	棉业月刊	1937.1	全国经济委员会棉业统制委员会	上海
161	棉报	1937.4	湖北省棉花搀水搀杂取缔所	武汉

续表

编号	刊名	创刊时间	出版者	出版地
162	南通学院院刊	1937.4	南通学院	南通
163	广东蚕丝出口统计报告	1937.5	实业部广州商品检验局蚕丝检验组	广州
164	棉农导报	1937.5	棉业统制委员会	南京
165	云南旅通学报	1937.6	云南旅（南）通同学会	南京
166	棉检通讯	1937.7	实业部国产检验委员会棉花检验监理处	上海
167	青岛华新纱厂特刊	1937.8	青岛华新纱厂	青岛
168	棉情月志	1937.11	金城、通成、诚孚联合棉业调查所	上海
169	河南省棉产改进所丛刊	1937	河南省棉产改进所	开封
170	天津东亚毛呢纺织有限公司特刊	1937	天津东亚毛呢纺织有限公司	天津
171	蚕丛	1938.3	四川省蚕丝改良场	南充
172	棉市周报	1938.6	金城、通成、诚孚联合棉业调查所	上海
173	云南省第一届棉产展览会纪念刊	1938.6	云南省棉业处	昆明
174	云南棉讯	1938.7	云南省棉业处	昆明
175	衣食住行周刊	1938.10	申报社	上海
176	四川省棉产调查报告	1938	四川省农业改进所	成都
177	染化月刊	1939.3	南通学院纺织科染化工程系同学会染化研究会	上海
178	华北棉产汇报	1939.3	华北棉产改进会	北京
179	纺织染工程	1939.5	中国纺织染工程研究所	上海
180	纺织染季刊	1939.10	苏州工业专科学校纺织染学会	上海
181	蚕丝月报	1939.10	蚕丝月报社	乐山
182	四川省棉作试验场丛刊	1939	四川省棉作试验场	成都
183	庆祝雷老师炳林六十寿辰纪念刊	1939	南通学院纺织科学友会	上海
184	四川植棉浅说	—1939	中央农业实验所	四川荣昌

续表

编号	刊名	创刊时间	出版者	出版地
185	中国染化工程学会成立纪念刊	1940.2	中国染化工程学会	上海
186	棉业年报	1940.2	金城、通成、诚孚联合棉业调查所	上海
187	丝业之友	1940.3	上海丝友社	上海
188	华中蚕丝社报	1940	华中蚕丝股份有限公司	上海
189	纺工	1941.1	南通学院纺工出版委员会	上海
190	衣食住行	1941.3	银钱报社	上海
191	纱布公报	1941.9	上海社会新闻报社	上海
192	中国蚕桑研究所汇报	1941.10	中国蚕桑研究所	遵义
193	绸布月刊	—1941	上海绸布业求知互助社	上海
194	棉市月报	1942	经济部农本局研究室	重庆
195	新光特刊	1942.1	新光标准内衣染织整理厂	上海
196	棉业经济参考资料	1942.12	经济部农本局研究室	重庆
197	江西省农业院吉安棉麦试验场年报	1942	江西省农业院吉安棉麦试验场	江西吉安
198	友生染织厂五周年纪念特刊	1942	友生染织厂	上海
199	棉产汇报	1943.1	华中棉产改进会	上海
200	中国纺织学会会刊	1943.4	中国纺织学会	重庆
201	南通学院纺织科民卅二级毕业纪念刊	1943.4	南通学院纺织科	上海
202	上海棉织厂业同业公会会务月报	1943.6	上海棉织厂业同业公会	上海
203	华北纤维汇报	1943.12	华北纤维统制总会	北京
204	锡毅	1943	无锡新毅一厂学员自治会	无锡
205	华北棉产改进会会报	1943	华北棉产改进会	北京
206	华北麻产改进会会报	1944.1	华北麻产改进会	北京
207	南通学院毕业纪念刊：民三三级纺工系	1944.4	南通学院民三三级纺工系	上海
208	花纱布	1944.5	财政部花纱布管制局	重庆
209	纺声	1945.3	上海纺织工业专科学校纺织工程系学友会	上海

续表

编号	刊名	创刊时间	出版者	出版地
210	平津被服总厂厂庆专刊	1945.10	联合勤务总司令部平津被服总厂	北京
211	纤维工业	1945.11	纤维工业出版社	上海
212	纺织胜利特刊	1945.12	中国纺织学会上海分会	上海
213	江苏省立蚕丝专科学校十周年纪念刊	1945	蚕丝风光社	南京
214	美亚织绸厂二十五周年纪念刊	1945	美亚织绸厂	上海
215	军政部第六被服厂第二分厂厂声	—1945	军政部第六被服厂第二分厂	南京
216	纺织染通讯	1946.1	国立中央技艺专科学校纺织染工程学会	乐山
217	西北实业周刊	1946.3	西北实业公司	太原
218	新女型：时装、流行、美容	1946.5	新女型图画杂志社	上海
219	雄风	1946.6	荣丰纺织厂	上海
220	蚕业通讯	1946.7	浙江省蚕业推广委员会	浙江
221	衣联报	1946.8	上海衣联社学术部	上海
222	西服工人	1946.8	上海市西服业职业工会	上海
223	西北实业月刊	1946.8	西北实业公司	太原
224	农林部华中棉产改进处特刊	1946.9	农林部棉产改进咨询委员会	上海
225	青纺	1946.9	中国纺织建设公司青岛分公司	青岛
226	中蚕通讯	1946.10	中国蚕丝公司	上海
227	编结特刊	1946.10	黄培英	上海
228	绒线周刊	1946.10	和平日报社	上海
229	缫丝工人	1946.11	无锡县缫丝业产业工会	无锡
230	ADK雨衣发行十二周纪念特刊	1946.12	永新汉记内衣雨衣染织制造厂	上海
231	战后国内外棉业动态汇报	1946	通成、金城、诚孚联合棉业调查所	上海
232	纺修	1947	南通学院纺织进修社	上海
233	蚕丝杂志	1947.1	中国蚕丝杂志社	苏州

续表

编号	刊名	创刊时间	出版者	出版地
234	全国纺织业联合会第二届大会特刊	1947.1	中华民国机器棉纺织工业同业公会联合会	上海
235	绚烂月刊	1947.1	上海市丝光漂染业工会布匹组分会	上海
236	劳动周刊	1947.1	无锡县棉纺织业产业工会	无锡
237	青纺统计年报	1947.1	中国纺织建设公司青岛分公司	青岛
238	上海裕民毛绒线厂股份有限公司成立十周年特刊	1947.2	上海裕民毛绒线厂股份有限公司	上海
239	上海市第二区丝织业产业工会一周年纪念特刊	1947.3	上海市第二区丝织业产业工会	上海
240	中国纺织建设公司上海第九纺织厂周年纪念刊	1947.3	中国纺织建设公司上海第九纺织厂	上海
241	中国纺织建设公司上海第十九纺织厂周年纪念刊	1947.3	中国纺织建设公司上海第十九纺织厂	上海
242	公益工商通讯	1947.4	公益工商研究所	上海
243	浙江省立杭州蚕丝职业学校校刊	1947.4	浙江省立杭州蚕丝职业学校	杭州
244	中国棉讯	1947.5	农林部棉产改进处	南京
245	纺织新闻	1947.6	中华工商新闻社	上海
246	中国棉业副刊	1947.7	农林部棉产改进处	南京
247	纺织工业	1947.7	上海市商会商业月报社	上海
248	棉布月报	1947.8	上海市棉布商业同业公会	上海
249	中纺季刊	1947.8	国立西南中山高级工业职业学校纺织学会	昆明
250	中国纺织建设公司东北分公司第一周年纪念刊	1947.9	中国纺织建设公司东北分公司	沈阳
251	中国纺织建设公司高级业务人员调训班结业纪念刊	1947.9	中国纺织建设公司	上海
252	纺联会刊	1947.11	中华民国机器棉纺织工业同业公会联合会	上海
253	棉业月报	1947.11	棉业月报社	广州
254	中国纺织学会天津分会第一届年会会刊	1947.11	中国纺织学会天津分会	天津

续表

编号	刊名	创刊时间	出版者	出版地
255	纺建	1947.11	中国纺织建设公司	上海
256	纺织建设月刊	1947.12	中国纺织建设公司纺织建设月刊社	上海
257	上海市丝光漂染业职工会年刊	1947.12	上海市丝光漂染业职工会	上海
258	中国纺织学会年刊	1947	中国纺织学会青岛分会	青岛
259	裕大纺织学报	1947	河北裕大纺织染学术研究社石门分社	石家庄
260	纺织通讯	1947	西北工学院纺织通讯社	咸阳
261	青纺统计半年报	1947	中国纺织建设公司青岛分公司	青岛
262	上海市立工专毕业纪念刊—纺织科	1947	上海市立工业专科学校	上海
263	平津被服总厂年刊	1947	联合勤务总司令部平津被服总厂	北京
264	天津东亚企业股份有限公司庆祝成立十五周年及更名纪念特刊	1947	天津东亚企业股份有限公司	天津
265	中国棉业	1948.1	农林部棉产改进处	南京
266	中国纺织建设公司上海第六纺织厂汇刊	1948.1	中国纺织建设公司上海第六纺织厂	上海
267	中国纺织建设公司上海第六纺织厂福利设施特刊	1948	中国纺织建设公司上海第六纺织厂	上海
268	中国纺织建设公司上海第六纺织厂六凤农场特刊	1948	中国纺织建设公司上海第六纺织厂	上海
269	中国纺织建设公司上海第六纺织厂养成工特刊	1948.1	中国纺织建设公司上海第六纺织厂	上海
270	津纺统计月报	1948.1	中国纺织建设公司天津分公司	天津
271	津纺统计年报	1948	中国纺织建设公司天津分公司	天津
272	中国原棉研究学会论文集	1948.1	中国原棉研究学会	上海
273	吼声	1948.3	利泰纺织公司	上海
274	青纺技进班第一届结业纪念刊	1948.4	中国纺织建设公司青岛分公司	青岛

续表

编号	刊名	创刊时间	出版者	出版地
275	纺织快讯	1948.5	上海工商新闻社	上海
276	青岛市四方区纺织业产业工会第一届纪念特刊	1948.5	青岛市四方区纺织业产业工会	青岛
277	纺训实习汇报	1948.6	中国纺织建设公司天津分公司	天津
278	纺织季刊	1948.7	青岛纺织学会	青岛
279	纱布日报	1948.7	上海纱布日报社	上海
280	棉花产销	1948.7	中国纺织建设公司丁亥棉运同学会	上海
281	中国纺织建设公司技术人员训练班纪念刊	1948.7	中国纺织建设公司	上海
282	笑峰特刊	1948.7	新光标准内衣染织整理厂	上海
283	棉纺会讯	1948.8	苏浙皖京沪区棉纺织工业同业公会	上海
284	棉检月刊	1948.9	农林部棉产改进处	南京
285	棉花产销月刊	1948	中国棉建公司	上海
286	香港染料同业商会年刊	1948	香港染料同业商会	香港
287	私立上海纺织工业专科学校第二三四届毕业纪念刊	1948	私立上海纺织工业专科学校	上海
288	中国蚕讯	—1948	中国蚕丝公司	上海
289	浙蚕通讯	—1948	浙江省蚕丝业改进管理委员会	浙江
290	染声月刊	1949.1	上海市染坊业职业工会绸布支部	上海
291	蚕丝通讯	1949.1	国立中央技艺专科学校蚕丝学会	乐山
292	棉纺织工程研究论文专辑	1949.2	中国纺织建设股份有限公司专门技术研究班	上海
293	陕西棉检	1949	农林部棉产改进处西安分处陕西省棉花检验所	西安
294	申六员工	1949.6	申新纺织印染第六厂职员联谊会	上海
295	纤声	1949.7	上海文绮染织专科学校纤声出版委员会	上海

续表

编号	刊名	创刊时间	出版者	出版地
296	工涛	1949.7	恒丰纱厂文教科	上海
297	棉纺织工程结业论文专辑	1949.9	中国纺织建设股份有限公司专门技术研究班	上海
298	商情旬报	1949.9	华北花纱公司北京分公司	北京
299	南通学院纺织科民卅八级毕业纪念刊	1949	南通学院纺织科	南通
300	上海纱厂工会成立大会纪特刊	1949	上海纱厂工会委员会	上海

注 创刊时间一栏中有"—"号的为创刊年份不详刊物的停刊年份。

附录二 中国近代大部分纺织服饰图书目录

说明：①本目录收录了1891—1949年中国近代纺织服饰图书1500种；②本目录以图书出版年份顺序排列，同年份按首字拼音排序；③本目录收录首次出版的图书或仅存最早出版日期的图书，不重复收录再版图书，若再版形式或内容发生较大变化的，则再次收录并予以注明；④[ ]中内容为根据图书做出的预估内容；⑤检索所得属于期刊的信息已另归入报刊目录。

图书信息排列顺序：序号　书名\著者\（出版地）出版者　出版年月

1　纺织机器图说\傅兰雅译\（上海）江南制造局翻译馆1891
2　西国漂染棉布论\傅兰雅译\（上海）江南制造局翻译馆1891
3　蚕桑浅说\卫杰撰\出版者不详，光绪十八年刻本1892
4　蚕桑摘要\羊复礼\（浙江）海昌丛载本1892
5　课蚕要录\连平广大生辑著\出版者不详1892
6　蚕桑简易法\佚名撰\出版者不详1893
7　粤中蚕桑刍言一卷\卢燮宸撰\（广东）番禺黄从善堂刻本1893
8　种桑成法\汤聘珍\出版者不详1893
9　大纯机器纺织厂商办说略十二则\（上海）大纯机器纺织厂编印（铅印本）[1894]
10　机器织绸有限公司章程\机器织绸有限公司编印（光绪二十年石印本）1894
11　教种山蚕谱附檞茧谱\汪国璋撰\（四川）宜宾官署刻本1894
12　美国种植棉花法\郑官应撰\出版者不详（光绪二十年刻本）1894
13　农桑辑要\邓宣猷撰\（江西）永丰县署（光绪二十年刻本）1894
14　劝种桑说\吕广文\（浙江）编者刊1894
15　山蚕谱\汪国璋撰\（四川）宜宾官署刻本1894
16　蚕桑备要（补编一卷、图说一卷）\曾鉌编\（不详）蚕桑书局刻本1895
17　蚕桑备要附医蚕病方\刘青藜补辑\[陕西]蚕桑局刻本1895
18　蚕桑图说\王世熙编\（江苏）太仓俞少园刊本1895
19　蚕桑图说\卫杰撰\（河北）编者刊，光绪二十一年刻本1895
20　通海纱丝厂章程\张謇等撰\（江苏）通海纱丝厂1895
21　锡山业勤机器纺纱公厂集股章程\（江苏）锡山业勤机器纺纱公厂编印[1895]
22　种洋棉法\仲教士\出版者不详1895
23　播棉说\叶向荣撰\出版者不详1896
24　东皋蚕桑录\何炯辑\出版者不详1896
25　蚕桑会粹\何品平辑编\出版者不详1896

26 蚕桑说\叶向荣撰\出版者不详1896

27 蚕桑要言\吕广文撰\（浙江）黄岩县署刻印1896

28 裨农最要\陈开沚撰\（四川）潼川文明堂刻本1897

29 蚕桑浅说\陈开沚撰\出版者不详1897

30 蚕桑说\赵敬如撰\（浙江）桐庐袁氏浙西村舍汇刻本1897

31 蚕外记\陈寿彭辑\（上海）务农会石印本1897

32 蚕务条陈\（英）康发达撰，胡濬康译\出版者不详1897

33 广东蚕桑谱\陈启沅撰\（广东）奇和堂药局刻本1897

34 木棉考（种棉法四种）\陈寿彭辑\（上海）农学会（1897—1908）

35 劝种洋棉说（种棉法四种之二）\朱祖荣撰\（上海）农学会（1897—1908）

36 桑蚕辑要（农桑辑要）\陈仲昭\出版者不详1897

37 山东种洋棉简法（种棉法四种之一）\（英）杜均安撰译\（上海）农学会1897

38 通属种棉述略（种棉法四种之三）\朱祖荣\（上海）农学会（1897—1908）

39 粤东饲八蚕法\蒋斧\出版者不详1897

40 振兴中国棉业说\夏敬观\出版者不详1897

41 蚕桑萃编\卫杰撰\（不详）1898

42 蚕桑答问（续编一卷）\朱祖荣编，蒋斧重编\（上海）农学会1898

43 蚕桑辑要\郑文同撰\苏锦霞刻本1898

44 蚕桑实验说（未完)/（日）松永伍作著，滕田丰八译\（上海）农学会1898

45 桑蚕说\江毓昌撰\（浙江东阳）东阳县署刻本1898

46 蚕学丛刊初集\杭州蚕学馆译\（上海）务农会石印本1898

47 杭州蚕学馆章程一卷\（浙江杭州）杭州蚕学馆编\编者刊1898

48 美国种棉述要\直隶臬署原译本，罗振玉润色\（上海）农学会1898

49 泰西育蚕新法\张坤德译\强斋石印本1898

50 天津纺织局集股章程\李光翰撰\（天津）天津纺织局石印本1898

51 养蚕成法\韩理堂辑、黄效成录\（上海）农学会1898

52 意大利蚕书\（意）丹吐鲁撰，（英）傅兰雅、傅绍兰译\（上海）江南制造局1898

53 植美棉简法\（英）杜均安著，陈寿彭辑\（上海）农学会1898

54 种棉实验说\黄宗坚、陈寿彭辑\（上海）农学会1898

55 武昌农务学堂养蚕报告\（湖北武昌）武昌农务学堂编印1899

56 通海大生纱丝厂开办集股章程\刘桂馨等编\（江苏）通海大生纱丝厂1899

57 续蚕桑说\黄秉钧撰\（浙江金华）金华县刻本1899

58 蚕蜂饲养法（农学丛书第二集）\（上海）农学会编\编者刊[1900]

59 蚕桑萃编十五卷首一卷\裕禄撰\（浙江）书局刻本1900

60 蚕桑汇编\魏光寿撰\出版者不详1900

61 桑政迩言\徐树铭\（湖南）出版者不详1900

62 吴苑栽桑记（农学丛书）\孙福保撰\（上海）江南总农会石印1900

63 蚕桑速效编\曹倜辑\（山东）山东省城秀文斋存本1901

64 皇朝经济文新编（农政四卷蚕桑一卷）\宜今室主人编\（上海）编者刊1901

65 农桑简要新编\范村农辑\（江苏）吴门石氏泰安官署刻本1901
66 饲蚕浅说\不详\（福建）试办蚕桑公学刊1901
67 栽苎麻法略二十九则\黄厚裕撰\出版者不详1901
68 植种苎麻法（种麻说）\黄厚裕撰\出版者不详1901
69 蚕桑录要\著者不详\（湖北）清江溥利公司刻本1902
70 蚕桑辑要略编\徐赓熙编著\（山东）出版者不详1902
71 蚕桑简要录\饶敦秩撰\（湖北）东湖饶氏古欢斋刻本1902
72 蚕桑秘要\胡棠[撰]\（不详）宏章书局石印本1902
73 蚕桑浅说\龙璋撰\（江苏）泰兴官廨刻本1902
74 蚕桑摘要\赵渊辑\（四川）德阳县署刻本1902
75 绘图农事略论、蚕务图说、纺织机器图说、儒门医学（新辑各国政治艺学全书）\（美）丁韪良辑译\（上海）鸿宝书局石印1902
76 饲蚕新法\郑恺撰\（浙江）杭州新学书室刻本1902
77 通州大生纱厂第四届账略\（江苏）通州大生纱厂编印1902
78 养蚕要术\潘守廉撰\（河南）南阳县署木刻本1902
79 栽桑问答\潘守廉辑\（河南）南阳县署木刻本1902
80 中国蚕务亟宜讲求整顿以保利源说略\（上海）鸿宝书局1902
81 蚕桑浅说\刘桂馨\（江苏）澄衷学堂排印1903
82 蚕桑述要\李向庭辑\（浙江）出版者不详1903
83 蚕桑验要\吴诒善编\（浙江瑞安）出版者不详1903
84 麻科辑要\黄年辉\出版者不详[1903]
85 南海县蚕业调查报告一卷（农学丛书6）\姚绍书撰\（上海）出版者不详1903
86 劝桑说\陈开沚撰\出版者不详1903
87 养蚕必读\庄景仲撰\（浙江）新学会社1903
88 蚕桑浅要\林志洵撰\（云南）蚕桑学堂刊本刻本1904
89 蚕桑说法\刘锡纯撰\（四川）通俗报馆刻1904
90 椿蚕说\王戴中\出版者不详[1904]
91 汇纂种植喂养椿蚕浅说\许廷瑞撰\出版者不详1904
92 汇纂种植养蚕浅说\许廷瑞撰\出版者不详1904
93 柳蚕发明辑要（吉林柳蚕报告书）\张瀛\（吉林）出版者不详[1904]
94 棉业考\陈秉濂译\（湖北）洋务局编译科排印本1904
95 桑蚕条说\林扬光撰\金城金文同刻印本1904
96 推广种橡树育山蚕说\曹广权辑\出版者不详1904
97 最新养蚕学\针塚长太郎撰，野浦斋译\（浙江）官书局铅印本1904
98 蚕桑刍言\王景松撰\（河南）商务农工总局印1905
99 纺织图说\孙琳\江南总农会1905
100 木棉谱\褚华\出版者不详1905
101 山蚕图说\夏与赓\（贵州）遵义夏氏刻本1905
102 野蚕录\王元廷辑\（上海）商务印书馆1905
103 植棉辑要\饶敦秩\出版者不详1905

104 种麻新法广义\辛观涛特著\出版者不详1905
105 北京志成合资有限纺纱公司章程暨预算进支大略表\（北京）北京志成合资有限纺纱公司编印1906
106 福田自动织机图说\（日）大隆制造所撰，川濑夥太郎译\（天津）北洋官报局1906
107 枫蚕通说\秦柟\出版者不详1906
108 麻栽制法\（日）高桥重郎撰，藤田丰八译\（天津）北洋官报局1906
109 太仓济泰公记纺织厂重订招股开办章程\（江苏）太仓济泰公记纺织厂编印[1906]
110 柞蚕杂（汇）志\增韫汇辑\（浙江）浙江官书（纸）局刻本1906
111 栽桑养蚕白话\吴宗周等撰\（河南）汴省农工商务局刻本1906
112 种棉五种（合订本）\罗振玉辑\（天津）北洋官报局石印本[1906]
113 蚕桑白话\吴宗周撰\（河南）汴省农工商务局刻本1907
114 蚕桑白话\林绍年撰\（河南）汴省农工商务局印本1907
115 蚕桑浅说\黄祖徽编\出版者不详1907
116 蚕桑浅说（附蚕标准表）\吕瑞廷撰\（湖北）出版者不详1907
117 广蚕桑说辑补校订四卷\沈练撰，仲昂庭辑补，章震福校订\（北京）农工商部印刷科铅印本1907
118 山蚕图说（附白话告示）\夏与赓辑\（四川）合江劝工局刻本1907
119 新辑蚕桑范本\胡晋钰编\国学丛书社石印本1907
120 养蚕新论\邱中馨撰\出版者不详1907
121 养蚕新论（蚕业丛书2）\黄毅编\（上海）新学会社1907
122 栽桑新论（蚕业丛书1）\黄毅编\（上海）新学会社1907
123 蚕桑新法韵言\廖文成编\（上海）大同书局1908
124 蚕桑质说\饶敦秩撰\出版者不详1908
125 蚕体病理论（蚕业丛书7）\黄湄西著，陈奭棠改订\（上海）新学会社1908
126 蚕务图说\康发达撰\格致丛书本1908
127 工艺染织新编\张长、彭应球编辑\（上海）江南劝业机器工艺总局1908
128 烘山蚕种日记簿\著者不详\（安徽）劝业道署抄本1908
129 劝业道委员调查奉省柞蚕报告书\张培撰\出版者不详1908
130 橡蚕刍言\孙尚资撰\出版者不详1908
131 屑茧纺丝论（蚕业丛书第4编）\林在南著\（上海）新学会社1908
132 种棉浅说[广西农林试验场兼讲习所丛书]\广西农林试验场编\（广西）编者刊1908
133 最近实验蚕桑学新法（附桑树种植新法）\薛晋康、梁作霖[撰]\（上海）科学书局1908
134 最新蚕业经济论\吴绍伯著\（上海）科学书局1908
135 法国丝市调查录\卢焕文、李惟弼辑\（上海）上海通运公司1909
136 杭州蚕桑女学堂章程\（浙江）杭州蚕桑女学堂1909
137 育蚕捷法\直隶农务总会刊印1909
138 柞蚕简法\徐澜编辑\（安徽）安徽劝业道署1909

139 栽桑捷法\直隶农务总会刊印1909

140 栽苎麻法略广义\黄厚裕撰，辛观涛广义\（江西）官纸印刷所石印1909

141 制丝新论（蚕业丛书第十编）\赖晋仙编辑\（上海）新学会社1909

142 制丝新法（上编）\张青选\（上海）中国公学宋兆信1909.3

143 植棉说\（美）梅亚尔撰，易扬远译\出版者不详1909

144 安徽劝办柞蚕案\劝业道署编\（安徽）编者刊1910

145 蚕桑简法\陈雪堂等编\（安徽）安庆同文印书馆1910

146 蚕桑讲义\山西农务总会编\（山西）编者刊1910

147 鲁桑[湖桑]栽培新法\倪绍雯\（上海）新学会社1910

148 棉花新法图说\著者不详\（北京）京师农工商部印刷科1910

149 棉业图说\农工商部官撰\（北京）农工商部印刷科1910

150 棉业新法图说四卷首一卷\爱新觉罗·载湉编\出版者不详1910

151 实验蚕桑简要法\陈淳\出版者不详1910

152 艺麻辑要\董元亮撰\（浙江）劝业公所1910

153 艺麻辑要\汪曾保\（浙江）劝业公所1910

154 柞蚕简法补遗\徐澜编辑\（安徽）劝业道署1910

155 直隶劝业公所创办棉业研究所报告书\棉业研究总所编\（北京）劝业公所1910

156 种棉简法\徐澜撰\（安徽）劝业道署刊行1910

157 奏办京师蚕业讲习所简章\农工商部撰\（北京）编者刊[1910]

158 最新实验漂白法（化学工业丛书）\扬开溥编译\[新城]1910

159 蚕桑简法\吕吉甫、李麓仙、蒋晓舫编辑\（安徽）蚕业讲习所1911

160 蚕桑图说\叶向荣撰\（浙江）衢城正新书局石印本1911

161 纺纱机说明书\溥祐辑\（不详）[1911]

162 湖北广济工艺厂制造纺纱各机械说明书\（湖北）广济工艺厂编印[1911]

163 谨拟奖励棉业章程\农工商部编印1911

164 岭南蚕桑要则（泷阳蚕桑之学刊）\赖逸甫撰\（广东）泷阳蚕桑义学刻本，佛山同文堂承印1911

165 柳蚕新编\许鹏翊撰\（安徽）劝业道署排印本1911

166 棉布论略\王萃馨著\出版者不详1911

167 棉业丛书汇译新编\赵志松辑译\（闽广农工路矿总公司版）（广东）城翰华阁铅印1911

168 棉业改良发明书\赵志松辑译\（广东）总商会报排印1911

169 农林蚕说\叶向荣撰\（浙江）衢城正新书局石印本1911

170 山蚕讲义\余铣撰\（贵州）遵义艺徒堂本石印本1911

171 直隶农事试验总场棉业研究会第二次报告\直隶农事试验总场编印1911

172 蚕桑简编续录\杨名扬撰\出版者不详1912

173 蚕桑新术\陈启莹\（安徽）农务总会1912

174 改装必读\吴稚晖著\（上海）文明书局1912

175 染色法卷1\（日）高松丰吉编，藤田丰八译，王季点重编\（上海）江南制造局1912

176	染色法卷2\（日）高松丰吉编，藤田丰八译，王季点重编\（上海）江南制造局1912	
177	染色法卷3\（日）高松丰吉编，藤田丰八译，王季点重编\（上海）江南制造局1912	
178	染色法卷4\（日）高松丰吉编，藤田丰八译，王季点重编\（上海）江南制造局1912	
179	养蚕教科书\（日）松永伍著，郑辟疆编译\（上海）新学会社1912.10	
180	中华民国服制图（大总统公布参议院议决）\（上海）中华国货维持会1912	
181	调查纺织业报告书\工商部工务司编\（北京）编者刊1913	
182	棉业论（基本产业论之一）\工商部编纂科编\（北京）工商部编纂科1913	
183	缝纫教科书（教育部审定女子中学校及师范学校用）\汪农麟编纂\（上海）商务印书馆1914.11	
184	棉树栽培新法\（美）德嘉著，刘靖夫、刘靖邦译\（上海）商务印书馆1914	
185	制种法（蚕业丛书）\陈淳\（上海）新学会社1914.11	
186	南通农校棉作展览会报告\孙观澜编辑\（江苏）南通农校1915.11	
187	农商部核定江浙皖丝厂茧业总公所章程\（上海）江浙皖丝厂茧业总公所编印1915	
188	实验棉业学丛书汇译新编（中等农学校用）\李茂新编\（上海）科学书局1915.3	
189	羊毛业论（商业丛书之一）\胡大望、江起鲲\（上海）新学会社1915	
190	植棉改良浅说\穆藕初著\（上海）德大纱厂批发所1915.1	
191	制丝教科书（大学院审定蚕业学校用）\郑辟疆编\（上海）商务印书馆1915.12	
192	种棉法\江志伊编著\（上海）新学会社1915.7	
193	最近实验养蚕法教科书\赵季甫编\（上海）科学书局1915	
194	棉布厂（牛津大学实业丛书）\（英）柯克原著,（美）潘慎文、陆咏笙编译\（上海）牛津图书公司中国代理处1916	
195	呢布厂（牛津大学实业丛书）\（英）柯克著，陆咏笙译\（上海）牛津图书公司中国代理处1916	
196	夏秋蚕人工孵化法\张镜明著\出版者不详1916	
197	衣服论（通俗教育丛书）\邹德瑾、蒋正陆编译\（上海）商务印书馆1916.12	
198	编物图说（手工丛书）\张叔平编\（上海）商务印书馆1917.11	
199	蚕体解剖教科书\郑辟疆编\（上海）商务印书馆1917	
200	蚕体生理教科书\郑辟疆编\（上海）商务印书馆1917	
201	崇明大生分厂第一次股东会议事录并账略\（江苏）通州大生纱厂编印1917.1	
202	江苏省立蚕桑模范场第一期成绩报告书\（江苏）省立蚕桑模范场辑[1917]	
203	江浙皖三省丝厂茧行同业录\江浙皖丝厂茧业总公所编印1917	
204	棉业论（商业丛书）\（英）辟奇氏著，新学会社译\（上海）新学会社1917.1	
205	清稗类钞·第四十六册：舟车服饰\徐珂编纂\（上海）商务印书馆1917.11	
206	丝业论（商业丛书之六）\何巴氏著，余秦杜译\（上海）新学会社1917	
207	中国花纱布业指南\（美）克赖克著，穆湘玥译\（上海）厚生纱厂1917.3	
208	最新机织法\黄腾浦编著\（上海）中国工商学会1917.6	

209	纺织工业大要（职业教育丛书）\陈文编\（上海）科学会编译部1918.10
210	女子刺绣教科书\张华瑱、李许频韵编\（上海）商务印书馆1918
211	实验机织改良法\苏雄亚编\（上海）新学会社1918
212	养蚕法教科书\郑辟疆编\（上海）商务印书馆1918.7
213	衣食住（第一册 衣）（新智识丛书之八）\沈德鸿编纂\（上海）商务印书馆1918.4
214	柞蚕论\（日）丹羽四郎著，袁沅译辑\出版者不详1918
215	浙江农事试验场试验成绩报告（棉作）\稽伟、李德祥等编\（浙江）编者刊1918.9
216	中国生丝说明\沈镛辑\出版者不详1918
217	中国养蚕学\郭褒琳编\（上海）新学会社1918.7
218	崇明大生纺纱分厂第十三届账略\（江苏）通州大生纱厂编印1919
219	崇明大生分设纱厂专章\（江苏）通州大生纱厂编印1919
220	纺纱厂实地经营法（第1册）\王竹铭著\（上海）新华书局1919
221	纺织技师手册\恒丰纺织新局编\（上海）编者刊1919.8
222	民国七年上海棉纱贸易概况\毕云程编\（上海）纱业公所1919
223	山蚕辑略\孙仲宣撰\（山东）编者刊1919
224	山西棉业逐年进行计划案\著者不详\（不详）文蔚阁1919
225	雪宧绣谱\沈寿口述，张謇整理\（上海）翰墨林书局1919.4
226	通俗蚕种学\陈奭棠编译\（上海）新学会社1919.3
227	浙江省立女子蚕业讲习所报告书\浙江省立女子蚕业讲习所编印1919
228	编物图案集成\曾毓瑞著\（上海）商务印书馆1920.2
229	蚕学新著——蛾饲育法\袁沅著\（上海）新学会社1920.5
230	崇明大生第二纺纱公司第十四届帐略\（江苏）崇明大生第二纺纱公司编印1920
231	改良中国棉种刍议\芮思娄著，赵崇鼎译\（南京）金陵大学农林科1920
232	河南橡蚕问答\洪怀祖编\（南京）龙章印刷厂1920.10
233	华丰纺织股份有限公司章程\华丰纺织股份有限公司编\（上海）编者刊1920
234	检选棉种要诀\整理棉业筹备处编\（天津）编者刊1920.8
235	江苏省纺织业状况\江苏实业厅第三科编\（上海）商务印书馆1920.1
236	江苏省立第二农事试验场（蚕事）成绩报告\江苏省立第二农事试验场编印1920.2
237	江苏省立第二农事试验场（棉作试验）成绩报告\江苏省立第二农事试验场编印1920.2
238	京兆直隶棉业调查报告书\刘家瑶编\（北京）农商部棉业处1920.12
239	理论实用纺绩学（前编）\朱升芹著\（上海）华商纱厂联合会1920
240	棉产调查报告（民国八年）\华商纱厂联合会调查部编\（上海）编者刊1920.5
241	明成纺纱机说明书\明成铁工厂编\出版者不详1920
242	南通大生纺织公司第二十二届账略\（江苏）南通大生纺织公司编印1920
243	农商部第三棉业试验场一览\农商部第三棉业试验场编\（武昌）编者刊1920
244	农商部第二棉业试验场要览\农商部第二棉业试验场编\（南通）编者刊1920

245	实验蚕桑全书\奚楚明编\（上海）中华全国工界协进会1920.3	
246	实验栽桑养蚕新法\王宗朴、庄纪庆\（上海）新学会社1920.9	
247	实用染色法（日用工业丛书）\陶平叔编\（上海）有正书局1920	
248	养蚕法（农学小丛书）\关维震编\（上海）商务印书馆1920.7	
249	养蚕学（农业学校用）\吴志远编\（上海）商务印书馆1920.10	
250	振华纺织公司庚申年份账略\振华纺织公司编印1920	
251	中国采种美棉前途之希望\著者不详\出版者不详1920	
252	种棉浅说\整理棉业筹备处编\（天津）编者刊1920.1	
253	最近中国棉业调查录\整理棉业筹备处编\（上海）华新印刷所1920.10	
254	最新养蚕法\关维震编\（上海）商务印书馆1920.8	
255	纺纱业之将来\（日）下野新之助著，整理棉业筹备处调查股编\（天津）整理棉业筹备处棉业传习所1921	
256	庚申植棉试验录\整理棉业筹备处编\编者刊1921.6	
257	广东省地方农林试验场蚕桑科第五次报告书\广东省地方农林试验场编印1921	
258	华棉改良之研究\（日）驹井德三著，整理棉业筹备处棉业传习所编译\（天津）编者刊1921.2	
259	华商纱厂联合会植棉场报告（民国九年第一号）\（上海）华商纱厂联合会1921.3	
260	华新纺织有限公司津厂第三届账略\周学熙等撰\（天津）华新纺织有限公司1921	
261	金陵大学棉作改良部报告\郭仁风著\（南京）金陵大学棉作改良部1921	
262	民国九年棉产调查报告\华商纱厂联合会编辑部编\（上海）编者刊1921.5	
263	上海华商纱布交易所股份有限公司第一届营业报告书（1921年12月止）\（上海）华商纱布交易所股份有限公司编印1921.12	
264	纬成股份有限公司第九届报告\纬成股份有限公司1921	
265	养蚕浅说\苏之耀编\（天津）华新印刷局1921.5	
266	有机染料学（北京大学化学系三年级讲义）\张乃燕\（北京）新知书社1921.12	
267	云南棉业概况\云南省长公署政务厅第三科编\（云南）编者刊1921.8	
268	中国合众蚕桑改良会民国九年报告\中国合众蚕桑改良会编\（上海）编者刊1921	
269	种植美棉浅说\刘德元著，直隶省农事试验场选种科编\（天津）编者刊1921.3	
270	制丝法\天津蚕桑传习所撰\（天津）编者刊1921	
271	最新实验养蚕法\邬祥赓编译\（上海）新学会社1921	
272	崇明大生第二纺纱公司第十六届账略\（江苏）崇明大生第二纺纱公司编印1922	
273	大中华纺织公司中华民国十一年四月开幕纪念\（上海）大中华纺织公司编印1922	
274	电气针织图说\海京洋行编辑\（上海）海京洋行1922.3	
275	改良蚕种方法论（蚕业丛刊）\钱天鹤著\（南京）金陵大学农林科1922	
276	广东省蚕业调查报告书\广东省地方农林试验场编\（广东）编者刊1922	

277	江浙皖丝厂茧业总公所征信录\江浙皖丝厂茧业总公所编\（上海）编者刊1922	
278	棉产调查报告（民国十年）\华商纱厂联合会编辑部编\（上海）编者刊1922.6	
279	棉纺机械算法\（英）太葛氏著，樊鼎新译\（山东）鲁丰纺织公司1922.10	
280	棉稼去劣选择法\郭仁凤著\（南京）金陵大学农林科1922.5	
281	棉作试验及事业（2）\东南大学农事试验场棉作改良委员会编\（江苏）编者刊1922	
282	纽约第一次万国丝绸博览会辑里丝业代表调查报告汇录\纽约第一次万国丝绸博览会辑里丝业代表团编\（不详）编者刊[1922]	
283	纱厂大全\童溪石编译\（上海）纺织丛书编辑社1922	
284	上海鸿章纺织染厂有限公司壬戌年报告书\上海鸿章纺织染厂编印1922	
285	上海华商纱布交易所股份有限公司第二届营业报告书\上海华商纱布交易所股份有限公司编印\（上海）编者刊1922.6	
286	上海华商纱布交易所股份有限公司第三届营业报告书（1922年7月至12月止）\上海华商纱布交易所股份有限公司编印1922.12	
287	染色学\张迭生著\（上海）华商纱厂联合会1922.10	
288	实用机织法\黄浩然编\（上海）学海书局1922	
289	纬成股份有限公司第十届报告（民国十一年）\纬成股份有限公司编\（杭州）编者刊1922	
290	新法蚕桑浅说（线装全一册）\唐鲤澜、王桂生编订\（浙江）大律师唐璋印行1922	
291	颜料\戴济著\（北京）国立北京工业专门学校1922	
292	养蚕学\沈叔贤编译\（上海）世界书局1922	
293	中国合众蚕桑改良会民国十年报告\中国合众蚕桑改良会编\（上海）编者刊1922	
294	中国合众蚕桑改良会1921、1922年报告册\中国合众蚕桑改良会编\（上海）编者刊1922	
295	中国棉业调查录（民国九、十两年）\（天津）整理棉业筹备处编\编者刊1922	
296	植棉报告录\武藻编\（山西）文蔚阁1922	
297	朝鲜棉业调查录\王泽敷调查\（天津）整理棉业筹备处1923	
298	国立东南大学农科与中国棉业\国立东南大学农科编\（南京）编者刊1923	
299	烘茧法（蚕业丛书）\陈淳著\（上海）新学会社1923	
300	棉（百科小丛书）\过探先著\（上海）商务印书馆1923.1	
301	棉产调查报告（民国十一年）\华商纱厂联合会编辑部编\（上海）编者刊1923.6	
302	棉作试验及事业（3）\东南大学农事试验场棉作改良委员会编\（南京）编者刊1923	
303	上海鸿章纺织染厂有限公司癸亥年营业账略报告书\上海鸿章纺织染厂编印1923	
304	上海华商纱布交易所股份有限公司第四届营业报告书\上海华商纱布交易所股份有限公司编印1923.6	

305	上海总商会商品陈列所第二次报告书\上海总商会商品陈列所编印刊1923
306	新编染色术\杨时中编\（上海）商务印书馆1923.1
307	张孝若沿制棉业商榷书简明表说\张孝若著\（不详）1923.4
308	制种法之研究（金陵大学蚕业丛刊）\顾莹著\（南京）金陵大学农林科1923
309	中国合众蚕桑改良会民国十一年报告\中国合众蚕桑改良会编\（上海）编者刊1923
310	种棉法（农学小丛书）\过探先著\（上海）商务印书馆1923.1
311	北京地毯业调查记\包立德、朱积权编\（北京）基督教青年会服务部1924
312	蚕丝概论\（美）胡泊尔著，钱江春、侯绍裘译\（上海）商务印书馆1924.1
313	朝鲜棉作必携\陈临之译述\（天津）新懋印刷局1924
314	国立东南大学农科棉作研究室报告（十二年）\王善佺等编\（南京）东南大学农科1924
315	虎林丝织股份有限公司第十二届营业报告\虎林丝织股份有限公司编印\（浙江）编者刊1924
316	鲁丰纺织有限公司十二年份报告书\鲁丰纺织有限公司编印\（山东）编者刊1924
317	美国维定厂制纺纱机器图说\海京洋行编译\（上海）海京洋行1924
318	棉产统计报告书（民国十二年）\通如海棉业公会编纂\（江苏）翰墨林印书局1924
319	棉花贸易学（油印本）\叶元鼎撰\（上海）出版者不详1924
320	棉花纤维（百科小丛书）\吴季诚著，王云五主编\（上海）商务印书馆1924.10
321	棉花纤维学（百科小丛书）\吴季诚著，王岫庐主编\（上海）商务印书馆1924.10
322	棉作试验及事业（三下）\东南大学农事试验场棉作改良委员会编\（南京）编者刊1924.5
323	漂棉学\张迭生著\（上海）华商纱厂联合会1924.2
324	染色试验法\张迭生著\（上海）华商纱厂联合会1924.12
325	上海鸿章纺织染厂有限公司甲子年营业账略报告书\上海鸿章纺织染厂编印1924
326	上海永安纺织股份有限公司开幕纪念册\上海永安纺织股份有限公司编印1924.11
327	先施公司二十五周年纪念册\先施公司编\（上海）编者刊1924
328	振兴河南棉业刍议\宋毓修著\北京豫社1924.6
329	中国蚕业概况\万国鼎编\（上海）商务印书馆1924
330	中国合众蚕桑改良会民国十二年报告\中国合众蚕桑改良会编\（上海）编者刊1924
331	中棉育种初次报告\东南大学农事试验场棉作改良委员会编印1924.9
332	爱字棉驯化育种报告\过探先、周凤鸣著\（上海）中国科学社1925.6
333	常阴沙棉育种报告\过探先、周凤鸣著\（上海）中国科学社1925.7
334	河南全省棉业调查报告书\河南实业厅编\（河南）编者刊1925

335　河南郑州豫丰纺织股份有限公司甲子年营业报告\郑州豫丰纺织股份有限公司编印 1925
336　美棉品种试验成绩\东南大学农事试验场棉作改良委员会编印 1925.2
337　美棉育种报告（十二、三年）\东南大学农事试验场棉作改良委员会编印 1925.6
338　棉产统计报告书（民国十三年）\通如海棉业公会编纂\（江苏）翰墨林印书局 1925.1
339　南通私立纺织专门学校学则\南通私立纺织专门学校编印 1925
340　南中国丝业调查报告书\（美）布士维著，黄泽普译\（广东）岭南农科大学 1925.1
341　平汇水与设厂纺纱\刘家富著\出版者不详 1925
342　青年植棉竞进团之成绩\东南大学农事试验场编印 1925
343　人类的衣（儿童史地丛书）\约翰·张伯伦（J.F.Chamberlain）著，徐亚倩译述\（上海）商务印书馆 1925
344　人类生活的衣和食（少年自然科学丛书）\郑贞文等编\（上海）商务印书馆 1925.10
345　山西棉业试验场民国十二年成绩报告书\山西棉业试验场编印 1925
346　上海鸿章纺织染厂有限公司乙丑年营业账略报告书\上海鸿章纺织染厂编印 [1925]
347　中等棉作学（大学院审定新学制农业教科书）\冯泽芳编\（上海）中华书局 1925.8
348　中国合众蚕桑改良会民国十三年报告\中国合众蚕桑改良会编\（上海）编者刊 1925
349　中国纱厂一览表（中华民国十四年秋季调查）\华商纱厂联合会编\（上海）编者刊 1925
350　制丝营业论\林在南著\（上海）新学会社 1925.11
351　古今中外人体服装画谱\朱凤竹编\（上海）形象艺术社 1926
352　湖南第一纺纱厂办事规程\湖南第一纺纱厂编印 1926.12
353　简明缝纫教本（上、下册）\仇良辅著\（上海）世界书局 1926.10
354　简捷手织机说明书（第一辑）\李志清著\（上海）新法编织研究会 1926.12
355　江阴白籽棉\王善佺编著\（江苏）国立东南大学农科棉作改良推广委员会 1926.10
356　棉（儿童理科丛书）\徐应昶著\（上海）商务印书馆 1926.8
357　棉产统计报告书（民国十四年）\通如海棉业公会编\（江苏）翰墨林印书局 1926.1
358　上海鸿章纺织染厂有限公司丙寅年营业账略报告书\上海鸿章纺织染厂编印 [1926]
359　实用染色学\陈骅声编\（上海）新学会社 1926.7
360　实用选棉种法\胡竟良著\（江苏）国立东南大学农科棉作改良推广委员会 1926.7

361	夏秋蚕人工孵卵法\朱新予著\（上海）新学会社1926.8
362	烟台华洋丝业联合会会务报告书\烟台华洋丝业联合会\（山东）编者刊1926
363	植棉学（农学小丛书）\陆协邦编\（上海）商务印书馆1926.2
364	植棉学（中国科学社丛书）\章之汶著\（上海）商务印书馆1926.3
365	中国合众蚕桑改良会民国十四年报告\中国合众蚕桑改良会编\（上海）编者刊1926
366	中华（手工十字、图案选编）刺绣范本\陈英戴编制\（上海）中华美术手工社1926
367	种棉浅说\许震宙著\（南京）江苏省立第一农业学校1926
368	广东蚕种制造法\李秉楠著\（广州）国立中山大学出版部1927.4
369	加萨卜兰客氏棉纱纺绩大牵伸机\平和洋行编\（上海）编者刊[1927]
370	美华十字挑绣图案（第一集）\兆贤、季华制图\（上海）美华手工挑绣公司1927
371	棉作学\顾思九著\（上海）新学会社1927.1
372	染色学\沈觐寅编\（上海）商务印书馆1927.10
373	染色学纲要\（日）中岛武太郎等著，李文译\（上海）商务印书馆1927.6
374	上海鸿章纺织染厂有限公司丁卯年营业账略报告书\上海鸿章纺织染厂编印1927
375	天津蚕桑传习所纪实\天津蚕桑传习所\（天津）编者刊1927.6
376	纬成股份有限公司第十五届报告（民国十六年）\（杭州）纬成股份有限公司1927
377	颜料业与染业\著者不详\出版者不详1927.8
378	中国合众蚕桑改良会民国十五年报告\中国合众蚕桑改良会编印\（上海）编者刊1927
379	蚕病预防法（农林浅说蚕桑类3）\国立中山大学农林科推广部编\（广州）国立中山大学出版部1928.5
380	存素堂丝绣录\朱启钤编著\（贵州）存素堂1928
381	对于研究美棉的贡献\蒋迪先著\（上海）华商纱厂联合会发行部1928
382	改订棉织品税则建议\叶量著\（上海）国民政府财政部驻沪调查货价局1928
383	救济棉业计划\穆藕初著\出版者不详1928.6
384	南通纺织大学概况一览\南通纺织大学编\（南通）编者刊1928.5
385	实用生丝检验学（国立中山大学农科丛书）\谢醒农著\（香港）商务印书馆
386	苏浙丝厂经营概况（国立浙江大学农学院、浙江省立蚕业改良场调查报告第一号）\沈九如著\（杭州）浙江省立蚕业改良场1928.11
387	养蚕纪要\国立中山大学农林科\（广州）编者刊1928.5
388	养蚕须知\国立浙江大学农学院、浙江省立蚕业改良场编\（浙江）编者刊1928
389	养蚕学（高级农业学校教科书）\吴志远、龚厥民编\（上海）商务印书馆1928.6
390	中国合众蚕桑改良会民国十六年报告\中国合众蚕桑改良会编\（上海）编者刊1928

391 中国棉产统计（民国十七年）\华商纱厂联合会棉产统计部编\（上海）编者刊1928

392 中国之纺织业及其出品\（日）井村薰雄著，周培兰译\（上海）商务印书馆1928.8

393 最新植棉学\陆协邦\（上海）商务印书馆1928

394 蚕桑建设（建设小丛书）\建设委员会编\（不详）编者刊[1929]

395 绸缎业概况\（职业教育研究丛辑）\潘吟阁编著\中华职业教育社1929

396 东三省之柞蚕业（东北新建设丛书）\徐丽生编译\（辽宁）东北新建设杂志社1929

397 工程名词草案——染织工程\陶平叔、张元培、倪维熊编\（上海）中国工程学会1929.6

398 花纱业概况（职业教育研究丛辑）\潘吟阁编著\（上海）中华职业教育社1929.6

399 江苏省立女子蚕业学校推广部事迹报告（十八年度）\江苏省立女子蚕业学校编印[1929]

400 江苏省立扬州蚕业试验场十七年度工作概况\江苏省立蚕业试验场编印1929

401 理论实用纺绩学（中编）\朱升芹著\（上海）华商纱厂联合会1929

402 历年输出各国丝类统计表（民国元年至十七年）\工商部编\（南京）编者刊1929

403 岭南大学民国十七年六月至十八年五月蚕丝推广成绩报告\岭南大学编\（广州）1929

404 南京特别市市立第一平民工厂十七年业务年报\第一平民工厂编\（南京）编者刊1929.2

405 纱厂机械算法（第三版）\（美）派扣著，杨思源译\（上海）出版者不详1929.3

406 棉花搀水的弊害\工商部上海商品检验局\（上海）编者刊1929.8

407 棉花检验政策（中国棉业问题之一）\叶元鼎等编述\（上海）工商部上海商品检验局1929

408 棉作纯系选种\王善佺\（南京）国立中央大学农学院1929.4

409 棉作品种试验\叶元鼎\（南京）国立中央大学农学院1929.4

410 染色学（5册合订本，华商纱厂联合会出版书籍第8种）\张迭生著\（上海）光中染织厂\[1922—1929]

411 染织、针织业概况（职业教育研究丛辑）\潘吟阁编著\（上海）中华职业教育社1929.6

412 山东省立第二棉业试验场民国十八年成绩报告（第二期）\山东省立第二棉业试验场编印1929

413 上海鸿章纺织染厂有限公司己巳年营业账略报告书\上海鸿章纺织染厂编印1929

414 上海振泰纺织公司达丰染织公司两厂摄影\上海振泰纺织公司达丰染织公司编印1929

415 丝业、茶叶概况（职业教育研究丛辑）\潘吟阁编著\（上海）中华职业教育社1929.5

416 私立岭南大学蚕丝学院（民国十七至十八年）\私立岭南大学蚕丝学院\（广州）编者刊[1929]

417 芜湖裕中第一纺织股份有限公司民国十八年账略\芜湖裕中第一纺织股份有限公司编印1929

418 新建设（蚕丝专号）\广东省建设厅编\（广州）编者刊1929

419 养蚕法（万有文库）\关维震编\（上海）商务印书馆1929.10

420 养蚕法\邬祥赓编译\（上海）新学会社1929.10

421 养蚕学（高级农业学校教科书）\龚厥民编\（上海）商务印书馆1929.6

422 浙江产棉各县棉业调查报告\浙江省立棉业改良场编\（浙江）编者刊[1929]

423 植棉须知\许罗云编\（杭州）国立浙江大学农学院推广部1929.5

424 种美棉浅说（第二版）\河南中山大学农业推广部编辑股编辑\（河南）中山大学农业推广部1929

425 中国棉业论\冯次行编\（上海）北新书局1929.9

426 中国丝业（万有文库）\曾同春著\（上海）商务印书馆1929.10

427 种棉法（万有文库）\过探先著\（上海）商务印书馆1929.10

428 本校蚕桑部两年来改良蚕种之概略\杨邦杰著\（广州）仲恺农工学校1930

429 蚕桑浅说\山西省农矿厅编\（山西）编者刊1930

430 蚕种浅说\彭允之编\（河南）中山大学农业推广部1930.6

431 铲除棉花搀水积弊之检验（中国棉业问题之一）\徐右方等编\（上海）工商部上海商品检验局\1930.8

432 刺绣图案集（第1册）/何明斋、都彬如编\（上海）商务印书馆1930.1

433 刺绣图案集（第2册）/何明斋、都彬如编\（上海）商务印书馆1930

434 发展安徽蚕业计划\李安著\（安徽）安徽省建设厅编译处1930.7

435 改良鸡脚棉\江苏省立棉作试验场编\（南通）编者刊1930.4

436 改良种棉浅说\山西省农矿厅编印1930.2

437 古今合纂植桑法\金步瀛撰\出版者不详1930

438 广东丝业贸易概况\李泰初编译\（广州）中华编译社1930.7

439 汉口棉花调查\朱金寿、沈青山编\（汉口）交通银行1930

440 湖南第一纺纱厂报告书\彭尌雉编\（湖南）第一纺纱厂1930.1

441 江苏省立棉作试验场一览\江苏省立棉作试验场编印1930

442 江苏省立棉作试验场十八年份工作总报告书\江苏省立棉作试验场编印1930

443 江苏省十七年度蚕业状况\江苏省农矿厅编\（江苏）省农矿厅第6科1930.3

444 江浙蚕业概况\金晏澜编\出版者不详1930

445 救济国产绸缎问题\高事恒著\（上海）美亚织绸厂1930.1

446 开发广东区蚕业的建议和计划\赵烈著\出版者不详1930

447 理论实用纺绩学（后编）\朱升芹著\（上海）华商纱厂联合会1930

448 鲁丰纺织股份有限公司第九届第二次股东会议决录\天津总公司办事处\（天津）编者刊1930.8

449	毛织物之输入\赵诵轩编\（上海）中华书局1930.4	
450	美国棉业法规振兴中国棉业之借镜\叶元鼎等译述\（上海）工商部上海商品检验局1930.11	
451	棉花搀伪的弊害\工商部汉口商品检验局编\（汉口）编者刊1930.11	
452	棉花检验浅说\工商部汉口商品检验局\（汉口）编者刊1930	
453	棉花品级鉴定学\（美）米勒（T.S.Miller）著，王善佺译\（汉口）实业部汉口商品检验局1930.10	
454	棉花纤维（万有文库）\吴季诚著\（上海）商务印书馆1930.4	
455	棉织业之现状\赵诵轩、黄炎、杨允鸿编\（上海）中华书局1930.4	
456	拟订天津棉花品质检验意见书\陈天敬编\（天津）商品检验局1930.8	
457	染色术（万有文库）\孟心如著\（上海）商务印书馆1930.4	
458	人造丝问题（建设丛刊之二）\程振钧著\（杭州）浙江省建设厅第七科编辑股1930.10	
459	山东省立第二棉业试验场民国十九年试验报告（第三期）\山东省立第二棉业试验场编印1930	
460	上海鸿章纺织染厂拾玖年营业账略报告书\上海鸿章纺织染厂编印1930	
461	实业部上海商品检验局生丝检验处检验细则（民国十九年一月十一日部令公布）\实业部上海商品检验局生丝检验处\（上海）编者刊1930.1	
462	首都丝织业调查记\工商部技术厅编辑\（南京）工商部总务司编辑科1930.9	
463	丝绣笔记\朱启钤辑，阚铎霍初校\（贵州）无冰阁排印1930	
464	天津地毯工业\方显廷著\（天津）南开大学社会经济研究委员会1930.8	
465	天津棉业调查专号（天津棉鉴第一卷第六期）\实业部天津商品检验局编\（天津）编者刊1930.11	
466	童子军服装与用品\国民党浙江省执行委员会训练部编辑\（杭州）浙江省杭州印刷局1930.11	
467	纬成股份有限公司纪实\（杭州）纬成股份有限公司1930	
468	颜料及涂料（万有文库第一集，工学小丛书）\戴济著\（上海）商务印书馆1930.4	
469	养蚕须知\浙江省立蚕丝业改良场编\（浙江）编者刊1930	
470	养蚕有限无限合作社模范章程\江苏省农矿厅编印1930	
471	衣·食·住·行（少年自然科学丛书12）\郑贞文、于树樟编纂\（上海）商务印书馆1930.11	
472	浙江之丝茧（浙江省工商访问处丛刊第1种）\浙江省工商访问处编印1930.9	
473	植棉浅说\周惟诚编\（上海）中华书局1930.10	
474	制丝教科书\郑辟疆编（修订11版）\（上海）商务印书馆1930.7	
475	中国合众蚕桑改良会镇江蚕种制造场试验成绩报告（第1号）\中国合众蚕桑改良会镇江蚕种制造场\（镇江）编者刊1930.8	
476	中国棉花贸易情形\叶元鼎等编\（上海）工商部上海商品检验局1930.4	
477	中国棉业状况\叶元鼎等编\（上海）工商部上海商品检验局1930.1	
478	中国三大产物丝茶豆（民众经济丛书）\赵诵轩等编\（上海）中华书局1930	

479 种苎麻法（万有文库）\张勋著\（上海）商务印书馆1930.10
480 布（商品调查丛刊5）（又名《上海之棉布与棉布业》）\上海商业储蓄银行调查部编辑\上海商业储蓄银行信托部1931.12
481 蚕丝学概论\贺康著\（上海）商务印书馆1931.9
482 蚕业要览\顾青虹编\（南京）尧化门民丰制种场1931
483 厂务报告书（石印本）\何元文编\（湖南）湖南第一纺纱厂1931.8
484 纺织业调查报告\吴子光、陈举编\天津市社会局1931.12
485 河北棉花之出产及贩运（社会研究丛书）\曲直生著\（上海）商务印书馆1931.4
486 湖南修业学校棉稻试验场报告书\湖南修业学校棉稻试验场编印1931
487 机织法（上、下册）（手写线装）\吴子展著\出版者不详1931
488 机织学系毛纺学机械图\国立北平大学工学院编\（北京）编者刊1931.8
489 江苏省立棉作试验场盐垦分场十九年份工作总报告书\江苏省立棉作试验场编印1931
490 江苏省农矿厅第一次蚕业设计委员会会议记录\江苏省农矿厅蚕业设计委员会编印1931.2
491 江苏省农矿厅蚕业取缔所周年工作报告\江苏省农矿厅蚕业取缔所编印1931.3
492 江苏省最近三年茧行状况\江苏省农矿厅编印1931.4
493 棉（商品调查丛刊2）（又名《上海之棉花与棉业》）\上海商业储蓄银行调查部编辑\上海商业储蓄银行信托部1931.9
494 棉花品级问题（丛刊第7种）\叶元鼎等编著\（上海）实业部上海商品检验局1931.7
495 棉织品\中日贸易商品调查所编辑\（上海）编者刊1931.11
496 青茎鸡脚棉育种报告\江苏省立棉作试验场编印1931.6
497 纱（商品调查丛刊3）（又名《上海之棉纱与纱业》）\上海商业储蓄银行调查部编辑\上海商业储蓄银行信托部1931.10
498 缫丝学概论（工学小丛书）\贺康著\（上海）商务印书馆1931.9
499 山东省立第二棉业试验场民国二十年试验报告（第四期）\山东省立第二棉业试验场编印1931
500 丝厂管车须知\张娴编\（上海）开明书店1931.7
501 纱厂实用手册\陈绍云编\（上海）华商纱厂联合会1931
502 上海鸿章纺织染厂贰拾年营业账略报告书\上海鸿章纺织染厂编印1931
503 上海华商纱布交易所股份有限公司章程\华商纱布交易所股份有限公司\（上海）编者刊1931
504 实地养蚕法（自然丛书）\李钟瑞编\（上海）中华书局1931.4
505 实业部蚕种制造取缔规则\出版者不详1931
506 天津市纺纱业调查报告\吴子光、陈举编辑\天津市社会局1931
507 天津针织工业\方显廷著\（天津）南开大学经济学院1931.12
508 天津织布工业（南开大学经济学院工业丛刊第2种）\方显廷著\（天津）南开大学经济学院1931.12
509 土纱救国计划书\刘国钧编述\（江苏）大成纺织印染厂1931.10

510	纬成股份有限公司第十九届报告（民国二十年）\纬成股份有限公司编\（杭州）编者刊1931
511	我们穿的（民众科学问答丛书）\江苏省立教育学院\（江苏）编者刊1931.1
512	夏秋蚕饲育法\（日）横田长太郎著，赖晋仙（昌识）编译\（上海）新学会社1931
513	养蚕法讲义\顾青虹编\（南京）民丰制种场1931.1
514	野蚕浅说\江苏昆虫局编印1931.3
515	中国蚕业史\尹良莹著\（南京）国立中央大学蚕桑学会1931.6
516	中国羊毛品质之研究（再版）\李秉权著\（北京）京城印书馆1931.3
517	中棉纤维捻曲数之检验方法的研究\程养和著\实业部上海商品检验局农作物检验组\（上海）编者刊1931.4
518	周年工作报告（十九年四月迄二十年三月）\江苏省农矿厅蚕业取缔所编印1931.5
519	百万棉\浙江省农业改良场总场棉场编印1932.12
520	大牵伸\（日）沈泮元著，申新公司职员养成所编译\（上海）华商纱厂联合会1932.6
521	短纤维工业经营之经过与吾辈今后之觉悟、中国近代之危机与吾辈之责任\池宗墨述\出版者不详1932
522	纺织合理化工作法\朱升芹著\（上海）华商纱厂联合会1932.3
523	改良纺织工务方略\朱升芹著\（上海）华商纱厂联合会1932.2
524	改良推广中国棉作应取之方针论（再版）\孙恩麟著\（江苏）国立东南大学农科1932.1
525	广东省建设厅生丝检查所年报\广东省建设厅生丝检查所编印1932.5
526	贵州省立女子蚕丝业传习所第四期毕业同学录\贵州省立女子蚕丝业传习所编印1932
527	海门大生第三纺织公司民国二十一年股东会议事录\柯沧遗记录\（江苏）海门大生第三纺织公司1932
528	河北省东北河区域棉业调查报告\陈天敬撰\（天津）实业部天津商品检验局1932
529	湖南第一纺织厂规程汇编\湖南第一纺织厂编印1932.9
530	湖南棉业试验场合作场第一次报告\谭常恺编\湖南棉业试验场1932
531	江苏省蚕业取缔所二周工作报告\江苏省蚕业取缔所编印1932.3
532	江苏省实业厅蚕业设计委员会会议记录\江苏省实业厅蚕业设计委员会编印1932.8
533	救济棉花对外贸易入超的一个意见\王又民著\（河北）正定棉业试验场1932.12
534	美棉（农民读物）\赫铁振编\（河北）河北省立实验乡村民众教育馆1932
535	棉的用途（农产品展览会宣传品）\浙江省建设厅编印1932
536	棉纺织标准工作法（第二集梳棉并条科）\陈芳洲编译\（天津）大公报馆、华新纱厂1932

537	棉花品质之研究\（英）波尔士著，实业部汉口商品检验局编译\（汉口）编者刊1932.4	
538	民丰纱厂第一次报告\民丰纱厂编\（上海）编者刊1932.9	
539	南通学院纺织科招生简章\南通学院编\（南通）编者刊1932	
540	拟订棉花品质品级检验方案\实业部上海商品检验局农作物检验处编\（上海）编者刊1932.12	
541	染色学纲要（第一版）\（日）中岛武太郎等著，李文译\商务印书馆1932.11	
542	人类的生活——衣（小学校生活课补充读物）\朱尧铭编\（上海）新中国书局1932	
543	人造丝的统计与制法研究\张时雨著\（上海）广益书局1932.1	
544	纱花市况（二十年、二十一年上半年）\中国棉业贸易公司调查科编\（上海）编者刊1932.8	
545	山东省立第二棉业试验场民国二十一年试验报告（第五期）\山东省立第二棉业试验场编印1932	
546	山东省立第二棉业试验场民国二十一年推广报告（第一期）\山东省立第二棉业试验场编印1932	
547	上海鸿章纺织染厂贰拾壹年营业账略报告书\上海鸿章纺织染厂编印1932	
548	上海隆茂纺织有限公司\上海隆茂纺织有限公司编印1932	
549	丝绸篇\建设委员会调查浙江经济所统计科编\（杭州）编者刊1932.10	
550	私立南通学院纺织科规程\私立南通学院编\（南通）编者刊1932	
551	平湖陆辅舟先生文录\陆辅舟著，钱贯一辑\（平湖）著者自刊1932	
552	唐山华新纺织公司开厂十周年纪念册\唐山华新纺织公司编印1932	
553	吴淞永安第二纱厂在日军侵沪时所受损失总录\郭乐辑\（上海）出版者不详1932	
554	养蚕概要\张祝三、李化鲸编\（浙江）浙江省立蚕丝改良场1932	
555	浙江棉业改进之过去现在及将来\浙江省建设厅农产品展览会编印1932.12	
556	浙江省蚕业生产合作事业进行计划蚕业生产合作社章程样式\浙江省立蚕丝改良指导部编印1932.3	
557	织物机器样本\上海三星棉铁厂股份有限公司编印1932.8	
558	中国纱厂一览表（第十一次编订）\华商纱厂联合会编\（上海）编者刊1932.7	
559	中国合众蚕桑改良会业务报告书\中国合众蚕桑改良会编\（上海）编者刊1932	
560	中国生丝对外贸易手续\中国国际贸易协会编\（上海）黎明书局1932.8	
561	蚕桑浅要\林志恂著、中国蚕桑研究会主编\（上海）大东书局1933	
562	蚕体生理学（黎明农业丛书）\尹良莹编\（上海）黎明书局1933	
563	刺绣花圃\郭瑞兰编\（天津）北洋国立女子师范学院1933	
564	纺织（上册）（万有文库）\朱升芹著\（上海）商务印书馆1933.12	
565	纺织（小学生文库工程类）\宗亮晨著\（上海）商务印书馆1933.12	
566	纺织工厂管理学上集\邓禹声编著\（上海）南通学院纺织科学友会1933.10	
567	改进湖北棉产刍议\洛夫等著\出版者不详1933	
568	改良湖北全省棉产八年计划书\杨显东著\（湖北）棉业改良委员会1933.12

569	海门大生第3纺织公司第13届股东常会议事录\吴复观记录\海门大生第3纺织公司1933
570	华商纱厂联合会报告书\华商纱厂联合会编\（上海）编者刊1933.4
571	华新纱厂职工教育实施概况\青岛华新纱厂职工补习学校\（青岛）编者刊1933.5
572	湖南棉业试验场二十一年份报告书\湖南棉业试验场编印1933
573	湖南棉业试验场合作场第二次报告书\湖南棉业试验场编印1933
574	湖南棉业试验场技术工作报告书\湖南棉业试验场编印1933
575	湖南棉业试验场津市轧花厂第一次报告书（湖南棉业试验场刊物）\湖南棉业试验场编印1933.8
576	湖南棉业试验场民国二十二年份事业进行计划\湖南棉业试验场编印1933
577	基本总论力织机构学（增补上册）\蒋乃镛编著\（上海）华商纱厂联合会1933.8
578	江浙蚕丝织绸业调查报告\黄永安\（广州）广东建设厅蚕丝改良局1933.8
579	理论实用力织机学（上册）\蒋乃镛编\（上海）南通大学纺织科学友会1933.8
580	理论实用力织机学（下册）\蒋乃镛编\（上海）南通学院纺织科学友会1933
581	梁邹美棉运销合作社第二届概况报告\山东乡村建设研究院编印1933
582	麻（小学生文库第一集植物类）\徐亚生著\（上海）商务印书馆1933.12
583	美棉的栽培\实业部汉口商品检验局编\（汉口）编者刊1933.6
584	棉（小学生文库）\徐应昶著\（上海）商务印书馆1933.10
585	棉、纱、纺织参考书籍索引\全国经济委员会棉业统制委员会编\（上海）编者刊1933.12
586	棉纺标准工作（第三集）\陈芳洲编译\（天津）大公报馆1933
587	棉纺织工作管理法\朱希文著\（上海）华商纱厂联合会1933.1
588	棉花搀伪的弊害（实业部宣传小册第2种）\实业部汉口商品检验局编\（汉口）编者刊1933.6
589	棉花统计\全国经济委员会棉业统计委员会统计科编\（上海）编者刊1933.12
590	棉作学（教科书）\马广文编著\（上海）商务印书馆1933.7
591	棉作育种学\武藻著\山西省棉业试验场编\（山西临汾）编者刊1933
592	民丰纱厂第二届报告\民丰纱厂\（上海）编者刊1933.11
593	普通养蚕学\尹良莹编\（上海）黎明书局1933
594	染色术（工学小丛书）\孟心如著\（上海）商务印书馆1933.5
595	染织工业（中华百科丛书）\舒新城编\（上海）中华书局1933
596	人造丝制造法概论\潘晓春编译\上海纺织印染厂有限公司1933.12
597	日本蚕丝业视查概略\盛克勤撰\（四川）大华生丝公司1933.6
598	日本蚕丝业之统制（日本研究会小丛书）\南柔编\（南京）正中书局1933.6
599	日本之棉纺织工业\王子建著\（北京）社会调查所1933.1
600	山蚕浅说\张鹤经著\（山东）文登县政府第五科1933
601	上海鸿章纺织染厂贰拾贰年营业账略报告书\上海鸿章纺织染厂编印1933

602	上海华商纱布交易所股份有限公司经纪人公会规约\上海华商纱布交易所股份有限公司编印 1933	
603	上海华商纱布交易所股份有限公司评议会章程\上海华商纱布交易所股份有限公司编印 1933	
604	上海华商纱布交易所股份有限公司营业细则\上海华商纱布交易所股份有限公司编印 1933	
605	实验蚕桑全书（第一册栽桑编）（修正4版）\奚楚明编\（上海）中国实业研究会 1933	
606	实验的植棉学\陈安国著\（四川）夹江廿四军成区棉业试验场 1933	
607	实验养蚕问答（畜牧问答指导丛书）\程宗颐编\（上海）南星书店 1933	
608	实业部上海商品检验局蚕丝检验组检验方法（民国二十二年九月订正）\实业部上海商品检验局蚕丝检验组编\（上海）编者刊 1933.9	
609	丝业与棉业（东方文库续编）\吴兆名、黎名郇著，王云五主编\（上海）商务印书馆 1933.12	
610	实用纱布成本计算法\唐熊源著\出版者不详 1933.8	
611	实用养蚕法\江蝶庐编\（上海）新民书局 1933.2	
612	通成久记纺织股份有限公司招股章程\通成久记纺织股份有限公司\（常州）编者刊 [1933]	
613	推广美棉三五计划与五三育种计划\王又民著\（河北）实业部正定棉业试验场 1933.3	
614	推广南通土布计划书\全国经济委员会棉业统制委员会编\（上海）编者刊 [1933]	
615	纹织机及意匠法\（日）横井寅雄著，周南藩编\（南京）编者刊 1933	
616	为棉花分级劝告棉商文\全国经济委员会棉业统制委员会编\（上海）实业部上海商品检验局 1933.12	
617	西服裁剪指南\顾天云著\（上海）南京路宏泰西服号 1933	
618	新绛雍裕纺织股份有限公司第一届营业报告书\新绛雍裕纺织股份有限公司编\（山西）编者刊 1933	
619	养蚕浅说\山东省立蚕业试验场编\（山东）编者刊 1933.1	
620	羊和羊毛（小学生文库）\徐应昶著\（上海）商务印书馆 1933.10	
621	衣（中年级自然读物）\卢祝平编\新中国书局 1933.6	
622	衣服与健康\薛德焴著\（上海）新亚书店 1933.3	
623	颜料及涂料（工学小丛书）\戴济著\（上海）商务印书馆 1933.3	
624	赞棉歌（宣传小册）\实业部汉口商品检验局编\（汉口）编者刊 1933.6	
625	浙江省蚕业指导讲演录\浙江省农业改良总场蚕桑场编印 1933.2	
626	浙江省农业改良总场棉场二十一年度施政报告\浙江省农业改良总场棉场 1933.9	
627	织布工场之合理化与成本计算\（日）喜多卯吉郎著，陆绍云译\（上海）纺织周刊社 1933.10	
628	植棉浅说\实业部汉口商品检验局编\（汉口）编者刊 1933.6	
629	制丝浅说\戴官勋编\山东省立蚕业试验场 1933.4	

630 中等养蚕法（新学制农业教科书）\王历农、钱天鹤编\（上海）中华书局 1933.7
631 中国合众蚕桑改良会镇江女子蚕业学校概况\镇江女子蚕业学校编印 1933
632 中国棉花品质之研究\实业部上海商品检验局农作物检验组编\（上海）编者刊 1933.9
633 中国内衣织染厂有限公司目录\中国内衣织染厂编\（上海）利民印刷所 1933.1
634 中国纱厂一览表（第十二次编订）\华商纱厂联合会编\（上海）编者刊 1933
635 中国丝业（商学小丛书）\曾同春著\（上海）商务印书馆 1933.11
636 中美棉纯系育种程序\陈燕山著\（上海）中国科学社 1933.10
637 种苎麻法（农学小丛书）\张勔著\（上海）商务印书馆 1933.12
638 最新人造丝毛工业\关实之著\（上海）中华化学工业会 1933.3
639 蚕（动物解剖丛书）\薛德焴\新亚书店 1934.2
640 蚕和丝（小学生文库第一集）\徐应昶编\（上海）商务印书馆 1934.2
641 蚕丝改良事业工作报告（二十三年）\全国经济委员会蚕丝改良委员会编\（杭州）编者刊 1934
642 蚕体解剖学（高级农业学校教科书）\朱美予编\（上海）商务印书馆 1934.9
643 蚕体生理学（高级农业学校教科书）\陆星恒编纂\商务印书馆 1934.8
644 蚕学大意\山东省政府建设厅合作事业指导委员会编印 1934.11
645 蚕种学\求良儒编著\（上海）新亚书店 1934.3
646 蚕种制造须知\江苏省蚕种制造技术改进会编\浙江省蚕种取缔所 1934.5
647 重庆市工业普查报告（第1辑：纺织业）\重庆市政府编\（重庆）编者刊 1934
648 纺织（上、下册）（工学小丛书）\朱升芹著\（上海）商务印书馆 1934.2
649 纺织原料（讲义）\赵光宸编\（天津）天津工商学院 1934
650 妇女职业与蚕丝问题\广东省建设厅蚕丝改良局 1934.8
651 改良种植美棉的简要方法\湖北棉业改良委员会沙市分会编印 1934
652 广东工商业（丝）\国民政府西南政务委员会、国外贸易委员会编\（广州）国外贸易委员会 1934
653 广东省建设厅顺德县蚕业改良实施区工作计划及实施方针\广东建设厅蚕丝改良局、广东建设厅顺德县蚕业改良实施区编印 1934.10
654 广东生丝统计\广东省政府秘书处统计股编\（广州）编者刊 1934.7
655 国联蚕丝专家玛利报告（全国经济委员会报告汇编第4集）\全国经济委员会编印 1934.5
656 国立中山大学农学院南路蚕业试验场报告书\刘伯渊著\（广州）国立中山大学 1934.7
657 华商纱厂联合会报告书（民国二十三年五月）\华商纱厂联合会编\（上海）编者刊 1934.5
658 湖南棉业试验场二十三年份事业进行计划\湖南棉业试验场编印 1934
659 湖南棉业试验场津市轧花厂第一次报告书\湖南棉业试验场津市轧花厂编印 1934

660 湖南棉业试验场津市轧花厂第二次报告书\湖南棉业试验场津市轧花厂编印 1934.8
661 湖南棉业试验场合作场第三次报告书\湖南棉业试验场合作场编印 1934
662 江苏省棉产改进所工作报告\江苏省棉产改进所编印 1934
663 毛绒线手工编结法（初集）\鲍国芳编著\国芳编结社 1934.10
664 毛线织物图解（豫庐丛书）\孙均（孙一青）编\（北京）著者书店 1934.9
665 棉布业（商业统计丛书）\上海市商会商务科编\（上海）编者刊 1934.5
666 棉纺标准工作（第四集）\陈芳洲编译\（天津）大公报馆 1934
667 棉花分级标准说明书\全国经济委员会棉业统制委员会编印 1934.9
668 棉花品级检验及研究报告\狄福豫著\（上海）实业部上海商品检验局农作物检验组 1934.9
669 棉花品质实验\陈纪藻编\（上海）实业部上海商品检验局 1934.9
670 棉花栽培法\广西农林局编\（广西）编者刊 1934.11
671 民国二十三年河北省棉产概况\王又民编\实业部正定棉业试验场\（河北）编者刊 1934
672 南宁染织厂概况（广西工商丛书）\南宁染织厂编印 1934
673 南通学院纺织科学友录（1934）\南通学院纺织科学友会编\（南通）编者刊 1934
674 日本蚕丝业之概况（日本研究会小丛书）\陈贵琴\（南京）日本评论社 1934.5
675 纱布厂经营标准\任学礼著\全国经济委员棉业统制会 1934
676 山西棉业试验总场工作总报告\武藻谨编\山西棉业试验总场编印 1934
677 陕西泾惠渠永乐区保证责任棉花生产运销合作社第一次工作报告\（陕西）永乐合作社编印 1934.12
678 陕西棉产估计调查报告（民国二十三年）\陕西棉产改进所编\（陕西）编者刊 1934
679 世界蚕丝业概观（商学小丛书）\朱美予\（上海）商务印书馆 1934.3
680 视察棉纺织厂报告书\（英）彭考夫（H.Bancroft）著\（不详）著者自刊 1934
681 省、县、区保证责任棉花生产运销合作社模范章程\陕西省棉产改进所编\（陕西）编者刊 1934.5
682 实用机织法纹地组织（上、下篇）\张元寿著\（山西太原）晋兴斋 1934
683 实用机织学（前、中、后编）\傅道伸著\（上海）中国纺织染工程研究所 1934.1
684 试订棉花品级标准关于类别级别之说明\实业部上海商品检验局农作物检验处编\（上海）编者刊 1934.7
685 顺德县第一次蚕丝展览会纪念刊\顺德县第一次蚕丝展览会宣传部编\（顺德）编者刊 1934.2
686 特用作物学\莫定森编\（上海）黎明书局 1934.2
687 天津东亚毛呢纺织有限公司征求实业救国同志运动周年纪念\天津东亚毛呢纺织有限公司编印 1934
688 天津棉花运销概况\方显廷主编\（天津）南开大学经济研究所 1934

689	芜湖裕中第一纺织股份有限公司民国廿三年账略\芜湖裕中第一纺织股份有限公司编印 1934	
690	养蚕研究\蒋念英编著\(上海)大中华书局 1934	
691	摇纱机管理法\名取义雄编译\(上海)华商纱厂联合会 1934.4	
692	衣(幼童文库)\李自珍编\(上海)商务印书馆 1934.12	
693	浙江省建设厅二十二年改良蚕桑事业汇报\浙江省建设厅蚕桑委员会编印 1934	
694	浙江省建设厅管理改良蚕桑事业委员会二十二年秋蚕讲演会讲演录\浙江省建设厅管理改良蚕桑事业委员会编印 1934.2	
695	中国纱厂一览表(第十三次编订)\华商纱厂联合会编\(上海)华商纱厂联合会 1934.6	
696	中国棉花改良法\(美)洛夫(H.H.Love)著,陈燕山译\(南京)实业部中央农业试验所 1934.12	
697	中国棉货总产销量之结算\叶量著\(南京)财政部国定税则委员会 1934	
698	中国羊毛之品质(百科小丛书)\李秉权编著\(上海)商务印书馆 1934.5	
699	中国之棉纺织业\方显廷著\国立编译馆出版,(上海)商务印书馆印行 1934.11	
700	苎麻栽培法\广西农林局编\(广西)编者刊 1934.11	
701	编物大全(职业学校教科书)\缪凤华编著\(上海)商务印书馆 1935.12	
702	蚕的话(小学中级常识丛书)\周法均编\(上海)小朋友书局 1935.1	
703	蚕种学(教科书)\陆星垣编纂\(上海)商务印书馆 1935.1	
704	重庆市之棉织工业(四川经济丛刊第7种)\重庆中国银行编辑\(重庆)中国银行总管理处经济研究室 1935.8	
705	川丝整理委员会二十三年春季试育改良蚕种报告书\川丝整理委员会编\(四川)编者刊 1935	
706	刺绣样本\宋春轩编\(安东)诚文信书局 1935	
707	廿三年棉作试验概要\程侃声\(广西)农事试验场 1935.7	
708	纺织概论(工学小丛书)\谭勤余编译\(上海)商务印书馆 1935.11	
709	纺织工厂管理学(中、下集)\邓禹声著\(南通)南通学院纺织科学友会 1935	
710	纺织原料(天津工商学院丛书)\赵光宸编\(天津)天津工商学院 1935.8	
711	广东纺织厂内容一览\广东纺织厂编\(广州)展明公司 1935.4	
712	广东纺织厂之缘起及其将来\广东建设厅编\(广州)编者刊 1935	
713	广东省省营纺织厂概况\广东省调查统计局编\(广州)编者刊 1935	
714	国产棉纤维脂蜡之近似分量及其与纤维品质之关涉(中央棉产改进所投稿选印本第1号)\程养和著\中央棉产改进所棉花分级室 1935.7	
715	国立中央大学、棉业统制会植棉训练班毕业纪念册\国立中央大学、棉业统制会植棉训练班编\(南京)编者刊 1935	
716	河北省棉产概况(民23年)\王又民编\(河北)实业部正定棉业试验场 1935	
717	河北省棉花运销合作之第三年(中国华洋义赈救灾总会丛刊)\中国华洋义赈救灾总会编印 1935.5	

718 河南省棉花搀水搀杂取缔所查验棉花统计（民国二十三年十月至二十四年三月份）\河南省棉花搀水搀杂取缔所编印 1935
719 华北乡村织布工业与商人雇主制度\方显廷\（天津）南开大学经济研究所 1935.10
720 华商纱厂联合会报告书（中华民国二十四年五月）\华商纱厂联合会编\（上海）编者刊 1935.5
721 湖南长沙之绸布业\赵永余调查\中国经济统计研究所 1935
722 湖南之棉花及棉纱（湖南省经济调查所丛刊）\孟学思编述\湖南省经济调查所 1935.7
723 济南染织工业（国货丛刊）\山东省国货陈列馆编印 1935.12
724 嘉氏提花机及综线穿吊法（工学小丛书）\王芸轩编译\（上海）商务印书馆 1935.6
725 江苏省蚕种制造取缔规则\江苏省建设厅编印 1935.5
726 江苏省立棉作试验场成绩汇报\江苏省立棉作试验场\（南通）编者刊 1935
727 江西苎麻及其利用法之调查\谢光蓬著\（天津）黄海化学工业研究社 1935.11
728 交通部邮电员工制服图式\交通部编\（南京）编者刊 1935
729 精梳毛绒纺绩学\张汉文讲\（北京）国立北平大学工学院 1934.9—1935.6
730 矿物颜料（学艺汇刊 37）\万希章编\（上海）中华学艺社出版、商务印书馆发行 1935.11
731 梁邹美棉运销合作社第三届概况报告\山东乡村建设研究院编印 1935.3
732 毛巾织物机织法（工学小丛书）\王芸轩编纂\（上海）商务印书馆 1935.10
733 毛绒线手工编结法（二集）\鲍国芳编著\（上海）时代印刷厂印刷 1935.10
734 毛织工业报告书（全国经济委员会经济专刊第3种）\全国经济委员会编\（上海）编者刊 1935.8
735 美棉栽培法、耐旱高粱栽培法\河北农事第一试验场编印 1935.1
736 美棉之栽培\赖为屏编辑\（河北）河北省立农事第四试验场 1935.1
737 棉（民众基本丛书）\张伯康编\（上海）商务印书馆\1935.9
738 棉（小学生分年补充读本）\徐应昶编\（上海）商务印书馆 1935.11
739 棉产改进事业工作总报告\全国经济委员会棉业统制委员会编\（上海）编者刊 1935
740 棉纺织厂经营标准\全国经济委员会棉业统制委员会编\（上海）编者刊 1935.1
741 棉花搀水搀杂取缔事业工作总报告（第1期）\全国经济委员会棉业统制委员会中央棉花搀水搀杂取缔所编印 1935
742 棉花产销合作社模范章程\全国经济委员会棉业统制委员会编\（上海）编者刊 1935.4
743 棉花生产运销合作社应办理籽棉分级刍议\狄福豫著\（上海）实业部上海商品检验局 1935
744 棉作试验取样之研究（瓣内棉籽之取样）\程侃声\（广西）农事试验场 1935.7
745 民国二十三年的中国棉纺织业（国立中央研究院社会科学研究所来搞）\王子建著\（南京）出版者不详 1935

746 耐旱种棉新法说明书\蔺香山编\(山西太原)经济建设委员会1935.8

747 漂白和染色(小学生分年补充读本)\沈雷渔编著\(上海)商务印书馆1935.11

748 七省华商纱厂调查报告(国立中央研究院社会科学研究所丛刊第7种)\王子建编著\(上海)商务印书馆1935.11

749 秋萍毛线刺绣编结法(第1部)\冯秋萍编著\(上海)良友编结社1935

750 染料概论(工学小丛书)\谭勤余编\(上海)商务印书馆1935.11

751 染料及其半制品之制造\约翰·凯思(J.C.Cain)著,朱积煊、高维礽编译\(上海)中华书局1935.9

752 染织论丛(染织周刊社染织丛书)\染织周刊社编辑\(上海)上海商报社1935.5

753 人造染料(工学小丛书)\朱积煊编\(上海)商务印书馆1935.9

754 人造丝(工学小丛书)\高维礽、朱积煊\(上海)商务印书馆1935.6

755 人造丝(小学生分年补充读本)\沈雷渔编著\(上海)商务印书馆1935.11

756 人造丝概论\北平大学工学院编\(北京)北平大学工学院1935

757 人造丝制造法\赵良壁著\(上海)新学会社1935.4

758 日本新设纱厂之实绩\全国经济委员会棉业统制委员会编\(上海)编者刊1935.7

759 山东棉业调查报告(民国二十四年调查)\金城银行总经理处天津调查分部编\(天津)编者刊1935

760 陕西棉花产销合作社一年来之概况\陕西棉产改进所编印1935

761 陕西棉业之回顾\李国桢编\(南京)中国棉业出版社1935.12

762 实业部上海商品检验局特种报告第一号\实业部上海商品检验局编\(上海)编者刊1935.11

763 实业部商品检验局麻类检验施行细则(民国二十四年二月十九日部令公布)\实业部商品检验局编\(上海)编者刊1935.2

764 实业部商品检验局生丝检验施行细则(中华民国二十四年二月十九日部令公布)\实业部商品检验局编印1935.2

765 实业部中央农业实验所二十二年家蚕品种试验第一年结果报告\孙本忠著\(南京)实业部中央农业实验所1935.2

766 实用纺织机械学(前篇)\姚兆康著\南通大学纺织科学友会1935

767 特用作物\舒联莹编述\出版者不详1935

768 天津棉花需求—价格相关之研究\叶谦吉著\(天津)南开大学经济研究所1935

769 我们的衣服(小学中年级劳作副课本)\丁曾元编\(上海)中华书局1935.7

770 我们学养蚕\陈伯吹等撰稿,儿童书局编辑部编辑\(上海)儿童书局1935

771 武昌纺织业产业工会工人教育馆半年来工作概况\武昌纺织业产业工会工人教育馆编印1935

772 现代刺绣范本(第一、二、三集)\中国艺术手工社制图\(上海)中国艺术手工社1935

773	亚洲棉与美洲棉杂种之遗传学及细胞学的研究\冯泽芳著，曹诚英译\出版者不详 1935.3	
774	养蚕浅说\秦翌著\（上海）中华书局 1935.5	
775	羊和羊毛（小学生分年补充读本）\徐应昶编著\（上海）商务印书馆 1935.11	
776	一岁之广东蚕业改良实施区\广东建设厅顺德县蚕业改良实施区总印 1935.4	
777	衣的科学化\张敬伯编著，冯明权检阅\（上海）信行社科学洗染部 1935.10	
778	衣的演进（小学社会副课本）\姜龙章编\（上海）中华书局 1935	
779	衣食住（民众基本丛书第一集）\江红蕉编\（上海）商务印书馆 1935.9	
780	衣食住（基本知识丛书）\邱子澄著\（上海）亚细亚书局 1935.9	
781	衣食住行工艺概要（第一册　衣）（初中学生文库）\薛明剑编\（上海）中华书局 1935.6	
782	云南推广种棉章程\云南省实业厅编\（云南）编者刊\1935.1	
783	浙江省杭州缫丝厂会计办法\周维城编制\（杭州）浙江省杭州缫丝厂 1935	
784	浙江省建设厅二十三年改良蚕桑事业汇报\浙江省建设厅管理改良蚕桑事业委员会编印 1935.3	
785	浙江省棉业推广指导员训练班演讲录\浙江省棉业推广指导员训练班编印 1935.10	
786	整理机器专号（染织周刊社丛书）\诸楚卿编\（上海）染织周刊社 1935.7	
787	制丝学（农业丛书）\张娴著\（上海）中华书局 1935.8	
788	中国蚕丝\乐嗣炳编\（上海）世界书局 1935.8	
789	中国蚕丝业概况及其复兴之我见\夏道湘著\出版者不详 1935	
790	中国纺织品产销志\叶量著\（上海）生活书店 1935.1	
791	中国纱厂一览表（第十四次编订）\华商纱厂联合会编\（上海）华商纱厂联合会 1935	
792	种棉浅说\楼荃著\全国经济委员会棉业统制委员会中央棉产改进所 1935.4	
793	中央棉产改进所投稿选印本\中央棉产改进所棉花分级室编印 1935	
794	着色法\张朵山、曹克良编\（北京）国立北平大学工学院 1935	
795	阪本式自动织机\傅翰声著\（上海）纺织世界社 1936	
796	蚕的一生（小学中年级）\储孝善编\（上海）中华书局 1936	
797	蚕和丝（小学生分年补充读本）\徐应昶编\（上海）商务印书馆 1936.3	
798	蚕丝（正中少年故事集）\于起凤编著\（南京）正中书局 1936.5	
799	蚕丝业泛论\戴礼澄\（上海）商务印书馆 1936.11	
800	蚕种学\（日）梅谷与七郎著，汪协如译\（上海）商务印书馆 1936.10	
801	蚕种制造条例\江苏省蚕业改进管理委员会编印 1936	
802	裁缝大要（初中学生文库）\何文元编\（上海）中华书局 1936.6	
803	裁缝课本（职业学校教科书）\何明齐、徐瑞秋编纂\（上海）商务印书馆 1936.7	
804	诚孚管理恒源、北洋纺织公司暂行会计规程\诚孚管理委员会编印 1936.9	
805	筹办河北省棉场指导区及棉产调查进行办法\河北省棉产改进会编印 1936.3	
806	大牵伸理论与实际\喜多卯吉郎著，何达译\（上海）华商纱厂联合会 1936.5	

807 二十五年临朐蚕业合作指导报告\山东省政府建设厅合作事业指导处编印 1936.10
808 纺织厂\广东纺织厂编\（广东）岭海印务局承印 1936.6
809 服装心理学\（德）弗卢格尔（J.C.Flugel）著，孙贵定、刘季伯译\（上海）商务印书馆 1936.10
810 改良广东蚕丝第二期三年施政计划\广东省建设厅蚕丝改良局、广东全省蚕业改良实施区总区合编\（广州）广东省建设厅蚕丝改良局 1936
811 告棉农书\河北省棉产改进会编印 1936
812 顾绣考（上海市博物馆丛书）\徐蔚南著\（上海）中华书局 1936.11
813 广东工业建设概况（第3种纺织厂）\广东纺织厂编印 1936.6
814 广东全省蚕业改良实施区总分区成立之经过及三年来之工作概况\广东全省蚕业改良实施区总分区编印 1936.6
815 国产羊毛品质之研究\陈文沛著\（上海）实业部上海商品检验局 1936.8
816 河北省棉花运销合作之第四年\中国华洋义赈救灾总会编印 1936
817 河北省棉产改进会理事会章程\河北省棉产改进会理事会编印 1936
818 河北省棉花产销问题\河北省棉产改进会编印 1936
819 河南省棉产改进所二十四年份工作报告\河南省棉产改进所编印 1936
820 湖南省棉花搀水搀杂取缔所工作报告\湖南省棉花搀水搀杂取缔所编印 1936
821 华商棉纺织厂生产费用与人工成本计算方法的错误\王镇中著\（南京）国立中央研究院社会科学研究所 1936.9
822 华商纱厂联合会报告书（中华民国二十五年六月）\（上海）华商纱厂联合会编印 1936.4
823 家蚕品种改良法（农学小丛书）\熊季光、李绍宜编著\（上海）商务印书馆 1936.5
824 济南市纺织工业调查统计报告（民国二十五年八月调查）\济南市政府秘书处编印 1936
825 济南市棉业调查统计报告（民国二十五年七月调查）\济南市政府秘书处编印 1936
826 济南市漂染业调查统计报告（民国二十五年三月调查）\济南市政府秘书处编印 1936
827 简明实用缫丝工厂管理概要\高景岳著\中国人事管理学会 1936.8
828 近五年天津棉市概况\王兴周编著\（天津）实业部天津商品检验局 1936
829 晋县保证责任棉花生产运销合作社联合社第一年度业务报告书\河北晋县保证责任棉花生产运销合作社联合社编印 1936.6
830 力织机构学\（日）大住吾八著，曹骥才译\（上海）商务印书馆 1936.2
831 梁邹美棉运销合作社第四届概况报告\山东乡村建设研究院编印 1936
832 麻（小学生分年补充读本四年级自然课）\徐亚生编\（上海）商务印书馆 1936.3
833 麻的一生（小学自然副课本）\顾元培编\（上海）中华书局 1936
834 毛纺学\张汉文编\（北京）国立北平大学工学院 1936.5

835 毛绒线手工编结法（三集）\鲍国芳编著\（上海）国芳编结社 1936.5
836 毛绒线手工编结法（四集）\鲍国芳编著\（上海）国芳编结社 1936.11
837 美恒织染厂染整部实习报告（手抄本）\美恒织染厂编 1936
838 美华十字挑绣图案（第三十七集）\兆贤、季华制图\（上海）美华手工挑绣公司 1936.2
839 梅菉麻织厂概况（广东工业建设概况）\广东省营产物经理处编印 1936
840 美亚织绸厂\沈载伦撰\（上海）美亚织绸厂 1936
841 棉花搀水搀杂取缔事业工作总报告（第2期）\全国经济委员会棉业统制委员会中央棉花搀水搀杂取缔所编印 1936
842 棉花分级标准说明书（改订）\全国经济委员会棉业统制委员会编印 1936.10
843 棉花运销合作社\桂少良编\（山东）省第一民众教育辅导区 1936.3
844 棉衡\黄艺锡著\出版者不详 1936.12
845 棉纤维之室内研究法\克雷格（G.G.Clegg）著，饶信梅译\（上海）实业部上海商品检验局 1936.4
846 棉业论丛\吴华棻\出版者不详 1936
847 棉作施肥浅说\朱海帆著\全国经济委员会棉业统制委员会中央棉产改进所 1936.2
848 民丰纱厂第四届报告（二十五年五月）\民丰纱厂编\（上海）编者刊 1936.5
849 南通土布市场工作概况（油印本）\著者不详\出版者不详 1936
850 南通学院农科棉作化学室过去研究结果现时工作状况及将来计划\南通学院农科棉作化学室编\（南通）编者刊 1936
851 漂染概论（工学小丛书）\谭勤余编\（上海）商务印书馆 1936.1
852 漂洗和染色\顾元培编著\（上海）中华书局 1936
853 庆丰纺织漂染整理股份有限公司第十四届账略\庆丰纺织漂染整理股份有限公司编\（无锡）锡成公司代印 1936
854 秦豫棉况一瞥\通成公司天津分公司棉业部编\（天津）编者刊 1936.11
855 全国棉花检验及取缔机关所用各种证书及标志式样之调查\全国经济委员会棉业统制委员会中央棉花搀水搀杂取缔所编印 1936.7
856 染织概论\诸楚卿著\（上海）染织纺周刊社 1936
857 染织工业（中华百科丛书）\陶平叔编\（上海）中华书局 1936.10
858 染织机械概论\诸楚卿著\（上海）染织纺周刊社 1936
859 染织品整理学\诸楚卿著\（上海）染织纺周刊社 1936.12
860 人造丝工业报告书\全国经济委员会编\（上海）编者刊 1936.5
861 人造丝和人造革\王汤浩著\（上海）商务印书馆 1936
862 人造丝及其他人造纤维\（美）达尔比（W.D.Darby）著，张泽垚译\（上海）中国科学图书仪器公司 1936.8
863 山东省棉花搀水搀杂取缔所第一期工作报告\山东省棉花搀水搀杂取缔所编印 1936.6
864 山东省政府建设厅二十三年度推广美棉产销合作工作报告\山东省政府建设厅合作事业指导处编印 1936.3

865 山东省之蚕丝（晒印）\蒋滋福纂辑\出版者不详1936.12
866 陕西棉产改进所二十四年份工作总报告\陕西棉产改进所编印1936
867 陕西棉产改进所推行合作事业报告\陕西棉产改进所编印1936.9
868 陕西棉产改进所植棉工作概况（23—25年）\陕西棉产改进所编印1936
869 山西省二十五年份棉业改进及推广各项实施办法\山西省建设厅编印1936.3
870 上海鸿章纺织染厂贰拾伍年营业账略报告书\上海鸿章纺织染厂编印1936
871 上海棉布（上海市博物馆丛刊）\徐蔚南著\（上海）中华书局1936.11
872 实用染色学（工业学校适用）（上册）\徐传文著\（江西）省立南昌工业职业学校1936.2.1
873 实用线绣图案\王燕如编绘\（上海）商务印书馆1936
874 实用印花学\（日）西田博太郎著，季子译\（上海）振记印务所1936
875 实业部正定棉业试验场津南农村生产建设实验场民国廿四年份联合推广棉业报告书\实业部正定棉业试验场津南农村生产建设实验场编\（河北）编者刊1936
876 实业部正定棉业试验场民国二十四年份试验报告\实业部正定棉业试验场编\（河北）编者刊1936
877 四川省蚕桑改良场筹备工作报告\四川省蚕桑改良场编印1936.12
878 四川省立棉作试验场二十四年度已举办事项\四川省立棉作试验场编印1936
879 四川省立棉作试验场计划书\文元编\出版者不详1936
880 四川省之夏布\重庆中国银行编辑\（重庆）中国银行总管理处经济研究室1936.6
881 四季的衣服：自然类（小朋友文库）\吴翰云、赵蓝天编\（上海）中华书局1936.10
882 四年级纺系精梳毛线纺绩学\张汉文讲\（北京）国立北平大学工学院1936.2
883 四年级纺系精纺工程\张汉文讲\（北京）国立北平大学工学院[1936]
884 天蚕生活史及制丝方法\广东建设厅农林局\（广州）编者刊1936
885 通城棉毛纺织股份有限公司第一届决算报告书\通城棉毛纺织公司编印1936
886 我们参观人造丝制造厂\陈伯吹等撰稿，儿童书局编辑\（上海）儿童书局1936
887 我们的衣（小学生分年补充读本）\王鸿文编著\（上海）商务印书馆1936.3
888 我们研究棉花\陈伯吹等撰\（上海）儿童书局1936.1
889 我们研究呢绒\陈伯吹等撰\（上海）儿童书局1936
890 我们做组织纱厂的设计\陈伯吹等撰\（上海）儿童书局1936.1
891 舞台服装（戏剧小丛书）\向培良著\（上海）商务印书馆1936.9
892 现代刺绣范本（第四—六集）\中国艺术手工社制图\（上海）中国艺术手工社1936
893 纤维素化学工业（中华百科丛书）\余飒声编\（上海）中华书局1936.9
894 乡村织布工业的一个研究\吴知著\（上海）商务印书馆1936.1
895 一匹布（小学低年级自然副课本）\陆雅娥编\（上海）中华书局1936
896 英汉纺织辞典\孟洪诒编\（上海）染织纺周刊社1936
897 应用家庭工业纺纱机以促进农村经济复兴之我见\徐缄三著\出版者不详1936

898 由宝坻手织工业观察工业制度之演变（工业丛刊）\方显廷、毕相辉著\（天津）南开大学经济研究所1936
899 豫鄂皖赣四省之棉产运销\金陵大学农学院农业经济系调查编纂\（南京）编者刊1936.6
900 豫丰和记纱厂第一届报告\豫丰和记纱厂编\（河南）豫丰和记纱厂1936.5
901 云南省棉业调查报告摘要\全国经济委员会棉业统制委员会编印1936
902 浙江省蚕桑改良场一览\浙江省蚕丝统制委员会编\（杭州）编者刊1936.3
903 浙江省蚕丝统制委员会二十五年蚕业指导讲习会讲演录\浙江省蚕丝统制委员会编\（杭州）编者刊[1936]
904 浙江省改进蚕丝工作一览\浙江省蚕丝统制委员会\（杭州）编者刊1936.3
905 浙江省杭州缫丝厂一览\浙江省蚕丝统制委员会编\（杭州）编者刊1936.3
906 浙江省建设厅二十四年改良蚕桑事业汇报\浙江省建设厅管理改良蚕桑事业委员会编\（杭州）编者刊1936
907 浙江省棉业推广工作程序便览\著者不详\出版者不详[1936]
908 织物构造与分解\孟洪诒编\（苏州）小说林书社1936.8
909 织物解析\国立北平大学工学院纺织系\（北京）编者刊1936.8
910 中国蚕丝问题\钱天达著\（上海）黎明书局1936.10
911 中国棉业问题（万有文库第2集七百种）\金国宝著\（上海）商务印书馆1936.3
912 中国绣之原理及针法\马则民编\（上海）商务印书馆1936
913 种棉浅说\河南棉产改进所编印1936.2
914 重要衣服工业概况（小学高年级劳作副课本）\吕佩华编\（上海）中华书局1936
915 最近棉纺织厂精纺机实用皮圈式大牵伸装置\全国经济委员会棉业统制委员会编\（上海）编者刊1936.6
916 最近棉花分级概况\实业部上海商品检验局编\（上海）编者刊1936.8
917 最新毛绒线手工编结法\强恕编著\（上海）家事研究社1936.9
918 最近三年来棉作遗传研究之一斑\杨志复著\（南京）中华棉产改进会1936.12
919 蚕学（上卷）\姚鋈编述\（北京）文化学社1937.1
920 分类专论力织机构学\蒋乃镛编著\（上海）华商纱厂联合会1937.2
921 缝纫方法（儿童劳作小丛书）\姚家栋、许剑盦编\（南京）正中书局1937.2
922 改进陕西土布运动集\刘任夫著\（陕西）和记印书馆1937
923 国芳刺绣范本\鲍国芳编\（上海）生生美术公司1937
924 河北省棉产改进会第一年度工作概况\河北省棉产改进会编\（北京）编者刊1937
925 河北省棉产改进会之棉花运销合作事业\卢广绵著\（北京）河北省棉产改进会1937
926 河北省棉产改进事业工作总报告（河北棉产改进会特刊第三种）\河北省棉产改进会著\（北京）编者刊1937
927 河南省棉产改进所二十五年份工作总报告\全国经济委员会棉业统制委员会河南省棉产改进所编印1937

| 928 | 河南省棉产改进所概览（河南省棉产改进特刊）\河南省棉产改进会编印 1937.4
| 929 | 河南省棉产改进所四年改进计划\河南省棉产改进所编印 1937
| 930 | 湖北省棉产改进所报告书\湖北省棉产改进所编印 1937
| 931 | 湖北之棉业\袁仲远著\（湖北）湖北省棉产改进所 1937.07
| 932 | 华东人造丝厂股份有限公司章程草案\华东人造丝厂编\（上海）编者刊 1937
| 933 | 华东人造丝厂营业计划书\华东人造丝厂编\（上海）编者刊 1937
| 934 | 华商纱厂联合会报告书（民国二十六年）\华商纱厂联合会编\（上海）编者刊 1937.4
| 935 | 简易的绒线编织和刺绣\姚家栋、许剑鑫编著\（南京）正中书局 1937.2
| 936 | 简易纱布防毒口罩之制法\军政部兵工署编\（南京）军政部兵工署 1937
| 937 | 旧厂迁移计划及成本预算书\全国经济委员会棉业统制委员会编\（上海）编者刊 1937
| 938 | 考察欧美生丝市场报告\李善著\（不详）著者自刊 1937.3
| 939 | 力织机构造学\李崇典编著\（上海）大公报代办部 1937.1
| 940 | 力织机使用法（职业学校教科书）\李崇典编著\（上海）商务印书馆 1937.3
| 941 | 麻（商品研究丛书）\实业部国际贸易局编\（上海）商务印书馆 1937
| 942 | 棉纺学（棉纤维梳棉工程）\钱彬编译\（上海）商务印书馆 1937.1
| 943 | 棉纺织厂会计规程草案\全国经济委员会棉业统制委员会编\（上海）编者刊 1937.5
| 944 | 棉花贸易学（棉业经济丛书第1种）\中国棉业经济研究会主编\（上海）编者刊 1937.5
| 945 | 棉作学（黎明农业丛书）\冯奎义编\（上海）黎明书局 1937.6
| 946 | 棉作学\杨宝茹编著\出版者不详 1937
| 947 | 南京缎锦业调查报告\国民经济建设运动委员会总会编辑\（南京）编者刊 1937.5
| 948 | 南通区土布改进计划大纲\南通区土布改进委员会编\（南通）编者刊 1937.4
| 949 | 漂染印整工厂日用手册\南通学院纺织科染化工程系编\（上海）染织纺周刊社 1937
| 950 | 秋蚕饲育浅说\四川省蚕桑改良推广股编印 1937
| 951 | 秋萍毛线刺绣编结法（第2部）\冯秋萍编著\（上海）良友编结社 1937.4
| 952 | 全国经济委员会棉业统制委员会三年来工作报告\全国经济委员会棉业统制委员会编\（上海）编者刊 1937.6
| 953 | 全国棉纺织厂统计资料汇编\全国经济委员会棉业统制委员会编\（上海）编者刊 1937.6
| 954 | 染色术（南昌市染色业补习班讲义）\徐传文编著\（南昌）江西省实施百业教育委员会 1937.4
| 955 | 人造丝制造法\（英）惠勒（E.Wheeler）著，张泽垚译\（上海）商务印书馆 1937.2
| 956 | 日本朝鲜棉业近况\吴味经编\（上海）中国棉业贸易公司 1937.5
| 957 | 日本棉纺织业考察纪略\吴文伟编\（上海）中国棉业贸易公司 1937.6

958 沙市棉检\实业部汉口商品检验局沙市检验分处编辑\（汉口）编者刊 1937.6

959 绍兴之丝绸\建设委员会经济调查所统计科编辑\（杭州）建设委员会经济调查所 1937.1

960 申新纺织第九厂规章汇编\申新纺织第九厂编\（上海）编者刊 1937.1

961 生丝检验之研究\缪钟灵编著\出版者不详 1937.4

962 石家庄大兴纺织染厂概况\汪文竹著\（石家庄）大兴纺织染厂 1937

963 世界主要产棉国家之棉业金融问题\科斯坦佐（G.Costanzo）著，王益滔译\（北京）国立北平大学农学院农业经济学系 1937.2

964 实用纺织机械计算法\郭耀辰译\（上海）中华书局 1937

965 实用机织学（大学用书）\陶平叔著\（上海）中华书局 1937.9

966 实用力织机标准\应寿纪、吕师尧编译\（上海）纺织世界社 1937

967 实用织物组合学\蒋乃镛著\（上海）商务印书馆 1937.2

968 梳棉机管理法\何达译\（上海）纺织世界社 1937

969 天津棉花运销概况（增订重印本）\金城银行总经理处天津调查分部编\（天津）编者刊 1937.1

970 洗濯化学\哈维（A.Harvey）著，郭仲熙译\（上海）中国科学图书仪器公司 1937.2

971 现代刺绣范本（第七—九集）\中国艺术手工社制图\（上海）中国艺术手工社 1937

972 协助植棉报告\华北农业合作事业委员会编印 1937.4

973 衣服的洗涤法\姚家栋、许剑盦编著\（南京）正中书局 1937.2

974 云南木棉之初步调查报告（云南农业小丛书）\云南省棉业处编\（云南）编者刊 1937

975 中国蚕丝问题（上、下册）（万有文库）\缪毓辉著\（上海）商务印书馆 1937.3

976 中国蚕丝业与社会化经营\沈文纬著\（上海）生活书店 1937.1

977 中华人造丝厂股份有限公司计划书\鄞云鹤编\中华人造丝厂股份有限公司 1937

978 种棉浅说（云南农业小丛书）\云南省棉业处编\（云南）编者刊 1937.3

979 植棉浅说\陶恒棻编\（浙江）浙江省立棉业改进场 1937

980 刺绣教本（劳作科）（上册 5 版）\田云青编绘\（上海）新亚书店 1938.8

981 刺绣术（职业学校教科书）（改订第一版）\张华瑾编纂\（长沙）商务印书馆 1938.12

982 川北蚕业推广区域视察报告\何乃仁著\（成都）新新新闻文化服务部 1938.9

983 纺纱学（职业学校教科书）\成希文编著\（长沙）商务印书馆 1938.6

984 缝纫业分析（百业教育丛刊）\鄞廷和著\（南昌）江西实施百业教育委员会 1938.6

985 贵阳土布进口业\国民经济研究所编印 1938

986 国产植物染料染色法（工学小丛书）\杜燕孙编著\（长沙）商务印书馆 1938.10

987 河北省棉产改进会第二年度工作概况\河北省棉产改进会编\（北京）编者刊 1938.7

| 988 | 河北省棉产改进会第三年度上半期工作概况\河北省棉产改进会\（北京）编者刊1938.7
| 989 | 河南省棉产改进所二十六年份工作总报告\河南省棉产改进所编印1938
| 990 | 湖北武汉之针织业（工业门针织类）\王石卿调查\中国经济统计研究所1938.8
| 991 | 湖北之棉花\金城银行总经理处汉口调查分部编\（汉口）编者刊1938.2
| 992 | 湖南长沙之针织业（工业门针织类）\王石卿调查\中国经济统计研究所1938.8
| 993 | 湖南棉业试验场津市轧花厂第三次报告\湖南棉业试验场编印1938
| 994 | 浣洗化学（家庭丛书）\哈维（A.Harvey）著，顾远芗译\（长沙）商务印书馆1938.8
| 995 | 江西南昌之针织业（工业门针织类）\吴德麟调查\中国经济统计研究所1938.5
| 996 | 江西瑞昌湖北阳新大冶苎麻之生产及运销\金陵大学农业经济系调查编撰\（成都）编者刊1938.10
| 997 | 九江棉纺业调查（商业门棉纺类）\于锡猷调查，国民经济研究所编辑\国民经济研究所1938
| 998 | 抗战与棉丝业复兴\教育部民众读物编审委员会编\（重庆）正中书局1938.8
| 999 | 棉纱并线学（大学丛书）\（英）韦克菲尔德（S.Wakefield）著，唐仁杰译\（长沙）商务印书馆1938.7
| 1000 | 棉作学（油印本）\杨树藩著\出版者不详1938.8
| 1001 | 培英毛线编结法（合集）\黄培英编著\（上海）培英编结公司1938.6
| 1002 | 秋萍毛线刺绣编结法（第3部）\冯秋萍编著\（上海）良友编结社1938.3
| 1003 | 秋萍毛线刺绣编结法（第4部）\冯秋萍编著\（上海）良友编结社1938.9
| 1004 | 染织业国货征信集\上海市机器染织业同业公会编\（上海）编者刊1938.12
| 1005 | 纱厂成本计算法\何达著\（上海）中国纺织染工业补习学校1938.3
| 1006 | 生丝原料学（职业教科书委员会审查通过）\张绍武编\（长沙）商务印书馆1938.7
| 1007 | 四川成都之棉织业（工业门纺织类）\赵永余调查\中国经济统计研究所1938.9
| 1008 | 四川成都之针织业（工业门针织类）\赵永余调查\中国经济统计研究所1938.11
| 1009 | 四川嘉定丝绸产销调查报告书\国立武汉大学经济学会、工商调查委员会编\（武汉）编者刊1938.12
| 1010 | 四川省农业改进所蚕丝试验场二十七年度工作报告\（成都）四川省农业改进所蚕丝试验场1938
| 1011 | 天津东亚毛呢纺织股份有限公司民国二十六年份营业报告\天津东亚毛呢纺织股份有限公司编印1938
| 1012 | 现代线绣图案集\周吉士编绘\（北京）商务印书馆1938
| 1013 | 云南省棉业处民国二十六年份工作报告\云南省棉业处编\（云南）朝报馆1938.6
| 1014 | 战时宁波染织业近况\国民经济研究所编印1938
| 1015 | 浙江黄岩之棉织及毛巾业（工业门纺织类）\张圣轩调查\中国经济统计研究所1938.7

1016 浙江绍兴之棉织及毛巾业（工业门纺织类）\张圣轩调查\中国经济统计研究所 1938.7

1017 浙江永嘉之棉织及毛巾业（工业门纺织类）\张圣轩调查\中国经济统计研究所 1938.7

1018 浙江永嘉之针织业（工业门针织类）\张圣轩调查\中国经济统计研究所 1938.8

1019 种棉法（四川省棉作试验场丛刊）\李世材著\（成都）四川省棉作试验场 1938.2

1020 种棉须知\任国梁著\（河北）冀东建设厅 1938.1

1021 纸绳刺绣及造化法（中学劳作丛书）\何明斋编\（长沙）商务印书馆 1938.7

1022 蚕户训练教本\陆星垣编\（昆明）大中印刷厂 1939.11

1023 蚕桑改进所生产农场半年来工作报告\常宗会报告\（昆明）大中印刷厂 1939

1024 蚕桑推广指导工作报告\常宗会编\（昆明）大中印刷厂 1939.8

1025 初级养蚕概要\陆星垣编\（昆明）大中印刷厂 1939.9

1026 鄂北光化（附襄阳、枣阳）棉花及其他农产品生产成本之研究（研究丛刊第3号）\杨蔚、潘鸿声著\（成都）金陵大学农学院 1939.6

1027 二十七年业务报告\江西省民生手工纺织社编\（江西吉安）江西省民生印刷厂 1939.1

1028 纺纱常识（石印本）\李禹门编\（重庆）璧山县民教馆 1939.3

1029 纺织浅说（应用科学小丛书）\陈庆堂著，抗日自卫委员会战时教育文化事业委员编\（浙江丽水）编者刊 1939.4

1030 纺织业与抗战建国\石志学\（西安）秦风日报社 1939.6

1031 复兴滇省蚕丝初步详细计划及预算书（云南省建设厅蚕桑改进所印刷品第1号）\常宗会著\（昆明）大中印刷厂 1939.6

1032 改良七七棉纺机简易说明书\穆藕初著\（重庆）农产促进委员会 1939

1033 贵阳之绸缎匹头业\国民经济研究所编印 1939

1034 贵州贵阳之土布业\陈建棠调查\中国经济统计研究所 1939.6

1035 贵州气候与植棉\李良骐著\出版者不详 1939.8

1036 贵州之棉纱业\国民经济研究所编印 1939

1037 国立中央大学农学院二十六年份棉作事业简报\国立中央大学农学院 1939.2

1038 国立中央大学农学院之改良棉种\俞启葆\国立中央大学农学院 1939.4

1039 河北棉产之改进与斯字棉之将来\陈燕山著\国立北京大学农学院 1939

1040 合作社棉花分级方法（民国二十八年度）\华北棉产改进会编\（北京）编者刊 1939

1041 华北棉花事情\华北棉产改进会调查科编\（北京）编者刊 1939.11

1042 华北之棉业\李植全译\中国经济统计研究所 1939.4

1043 华中蚕丝业概况\华中蚕丝股份有限公司编\（上海）编者刊 1939.3

1044 简易手织厂经营法\葛鸣松著\（重庆）农产促进委员会 1939.3

1045 江西省难民第二工厂一年来工作概况（二十八年一月至十二月）\江西省难民第二工厂编\（江西吉安）经济部江西农村服务区管理处 [1939]

1046 江浙缫丝业之现状及其所受战事之影响\李植全辑\中国经济统计研究所 1939.8

1047	抗战期中之上海华商纱厂（油印本）\作者不详\出版者不详 1939	
1048	昆明市改良布业调查\国民经济研究所编印 1939	
1049	昆明市土布进口业\国民经济研究所编印 1939	
1050	乐山丝茧产制销之概况（川康鄂区调查报告第23号）\胡邦宪[著]\出版者不详 1939	
1051	毛绒线手工编结法（五集）\鲍国芳编著\（上海）国芳编结社 1939.10	
1052	美国抵制日丝之失败与丝价上涨之影响\陈忠译\中国经济统计研究所 1939.6	
1053	美国棉业及实施棉花分级考察报告\狄福豫著\著者自刊 1939	
1054	美棉去劣去伪\江西省农业院编印 1939.4	
1055	棉纺机械计算学\唐仁杰编\（上海）中国纺织染工业补习学校 1939	
1056	棉花产销合作社之组织与经营\王一蛟著\（上海）中华书局 1939.8	
1057	棉花运销合作概要\新民合作社中央会编辑股编辑\（北京）新民印书局 1939	
1058	棉农应当怎样去劣去伪\江西省农业院编\（江西）编者刊 1939	
1059	南阳之丝绸（河南农工银行经济丛刊2）\貊菱、李召南撰\（洛阳）河南农工银行经济调查室编 1939.12	
1060	农产促进委员会特约设立手纺训练所简章\（重庆）农产促进委员会 1939.2	
1061	培英丝毛线编结法\黄培英编\（上海）培英编结传习所 1939.11	
1062	秋萍毛线刺绣编结法（5—8合订本）\冯秋萍编著\（上海）良友编结社 1939.9	
1063	染色实验法（职业学校教科书）\吴与言编著\（长沙）商务印书馆 1939.5	
1064	上海丝织厂业近况\吴德麟调查\中国经济统计研究所 1939.4	
1065	生产农场半年工作报告（民国二十七年至二十八年）（云南省建设厅蚕桑改进所印刷品第2号）\常宗会报告\（昆明）大中印刷厂 1939.7	
1066	实业部改进华北棉产计划大纲草案\实业部编印 [1939]	
1067	四川重庆市之服装业\赵永余调查\中国经济统计研究所 1939.6	
1068	四川重庆之织袜业\赵永余调查\中国经济统计研究所 1939.5	
1069	四川省棉产与棉纺织工业\作者不详\出版者不详 1939.3	
1070	四川綦江之土布业\赵永余调查\中国经济统计研究所 1939.6	
1071	天津东亚毛呢纺织股份有限公司民国二十七年份营业报告\天津东亚毛呢纺织股份有限公司编印 1939	
1072	天津棉花统计\金城银行总经理处天津调查分部编\（天津）编者刊 1939.1	
1073	推行手纺的六大条件\穆藕初著\（重庆）农产促进委员会 1939	
1074	我们的衣服（自然教材）\陈鹤琴主编，陈品琼编辑\（上海）民众书店 1939.7	
1075	现代流行刺绣图解\陈敏编\（上海）新亚书店 1939	
1076	颜料及涂料（万有文库）（简编版）\戴济著\（长沙）商务印书馆 1939.12	
1077	养蚕法辑要\许纯兰编\（江苏）句容县公署 1939.4	
1078	摇纱机管理法\何达著\（上海）中国纺织染工业补习学校 1939	
1079	一九三八年世界羊毛贸易\梁桢译\（重庆）财政部贸易委员会 1939	
1080	云南省棉业处民国二十七年份工作报告（云南农业小丛书第15种）\云南省棉业处编\（昆明）云南开智印刷公司 1939.7	
1081	中华棉业统计会二十五年棉产统计\中华棉业统计会编\（上海）编者刊 1939.12	

1082 种植美棉浅说\华北棉产改进会指导部\（北京）编者刊1939.5

1083 最新棉纺学\何达编\（上海）中国纺织染工业补习学校1939.2

1084 纺织机械\黄希阁、姜长英编著\（上海）中国纺织染工程研究所1940.2

1085 烘茧须知\四川丝业公司编印1940

1086 华北棉产改进会业务概要（改订）\华北棉产改进会调查科编\（北京）编者刊1940.12

1087 湖北省棉花营运办法\湖北省政府秘书处编印1940.12

1088 华中棉产改进会要览\华中棉产改进会编\（上海）编者刊1940.10

1089 冀、鲁、豫、晋四省棉产量\刘铁孙纂辑\中国经济统计研究所1940.8

1090 江苏省、浙江省蚕业调查报告\黎德昭著\（北京）东亚文化协议会1940.10

1091 江西省改善麻业概况\江西省政府建设厅编印1940.12

1092 浸染学（职业学校教科书）\李文编著\（长沙）商务印书馆1940.2

1093 麻（商品研究丛书）\实业部国际贸易局\（长沙）商务印书馆1940.2

1094 满洲棉产调查报告\华北棉产改进会调查科编\（北京）编者刊1940.5

1095 毛绒线手工编结法（六集）\鲍国芳编著\（上海）国芳编结社1940.11

1096 美国棉花市场之组织及其交易方法\狄福豫著\（不详）著者自刊1940

1097 棉纺合理化工作法\薛韶笙著\（上海）中国纺织染工业补习学校1940.2

1098 棉花分级与检验\华北棉产改进会\（北京）编者刊1940.8

1099 棉作学（大学丛书）\郝钦铭著\（长沙）商务印书馆1940.7

1100 男女洋服裁缝法\蒋乃镛编\（长沙）商务印书馆1940.8

1101 黏胶人造丝制造法（教科书）\佩拉（D.L.Pellatt）著，许宝骏译\（长沙）商务印书馆1940.2

1102 染色学纲要（职业学校教科书）（改订第一版）\（日）中岛武太郎著，李文译\（长沙）商务印书馆1940.6

1103 纱花布匹交易（知识丛书）\张一凡编\（上海）美商环球信托公司1940.11

1104 汕头抽纱工业\翁桂清拟\出版者不详1940

1105 上海丝织厂业近况（工业门纺织类）\国民经济研究所纂辑\国民经济研究所1940

1106 丝茧部民国二十八年工作报告\浙江省油茶棉丝管理处丝茧部编\（浙江）编者刊1940.4

1107 手工纺纱\虞振镛编著，贵州省手工纺纱推广委员会编\贵州省手工纺纱推广委员会1940

1108 四川三台蚕丝之产销研究（研究丛刊第4号成都号）\刘润涛、潘鸿声著\（成都）金陵大学农学院1940.6

1109 四川省乐山县丝绸产销概况\金陵大学文学院政治经济系编\（成都）编者刊1940

1110 四川省农业改进所二十八年度四川棉作推广报告（农林丛刊）\四川省农业改进所，中农所四川工作站合编\（四川）编者刊1940

1111 四川丝业股份有限公司营业报告书（1939年度）\（重庆）四川丝业股份有限公司编印1940

1112	天蚕丝制造法\江西省工商管理处编印 1940
1113	天津东亚毛呢纺织股份有限公司民国二十八年份营业报告\天津东亚毛呢纺织股份有限公司编印 1940
1114	西南麻织厂股份有限公司章程\西南麻织厂股份有限公司撰写\（重庆）编者刊 1940
1115	西式衣服裁制法\蒋乃镛编\（长沙）商务印书馆 1940.8
1116	现代棉纺织图说\何达编\（上海）中国科学图书仪器公司 1940.10
1117	养蚕学\戴礼澄编著\（长沙）商务印书馆 1940.12
1118	阴丹士林染棉法（工学小丛书）\周天民编\（长沙）商务印书馆 1940.8
1119	印地科素尔颜料之各种印花染色及压染方法\瑞士度伦颜料厂编印 1940
1120	印染学（职业学校教科书）\李文编著\（长沙）商务印书馆 1940.3
1121	玉溪县织布业\赵德民调查，国民经济研究所纂辑\国民经济研究所 1940
1122	云南楚雄县之织布业\赵德民调查，国民经济研究所纂辑\国民经济研究所 1940
1123	云南建水县织布业调查\赵德民调查，国民经济研究所纂辑\国民经济研究所 1940
1124	云南下关之织布业\赵德民调查，国民经济研究所纂辑\国民经济研究所 1940
1125	云南之蚕桑\常宗会著\云南省建设厅蚕桑改进所 1940.7
1126	战时蚕丝动员\王天予著\（四川乐山）蚕丝月报社 1940.6
1127	中国蚕丝业之总检讨\钱承绪编\（上海）中国经济研究会 1940.7
1128	中国绸业概况\美亚织绸厂编\（上海）编者刊 1940
1129	中国棉业问题（中央训练团党政训练班讲演录）\谢家声讲\中央训练团党政训练班 1940.5
1130	织物整理学（职业学校教科书）\周南藩编著\（长沙）商务印书馆 1940.5
1131	保丰纺织漂染整理厂纱厂汇编\魏亦九等编辑\（上海）编者刊 1941.5
1132	刺绣教本（劳作课）（中、下册 7 版）\田云青编绘\（上海）新亚书店 1941.1
1133	敌寇统制下之华北棉产（油印本）\著者不详\出版者不详 1941
1134	福建省企业公司纺织厂设计书\福建省企业公司编印 1941
1135	广东蚕丝业概况\广东农村局编\（广东曲江）新建设出版社 1941.3
1136	河南之棉花（河南农工银行经济丛刊 3）\河南农工银行经济调查室编印 1941.7
1137	华源织造厂股份有限公司概况\丁趾祥著\（重庆）华源织造厂股份有限公司
1138	机织工程学\黄希阁著\（上海）中国纺织染工程研究所 1941.4
1139	家蚕提早上簇对于减低茧丝成本之研究\杨碧楼著\四川省政府建设厅 1941.3
1140	交织物染色法\奚杏荪著\（上海）上海染化研究所 1941.12
1141	军政部纺织厂标准成本会计制度草案\刘溥仁著\出版者不详 1941.1
1142	柳州之织布业\赵德民调查\出版者不详 1941
1143	洛河下游的农村经济与纺织业\中国工业合作协会晋豫区处经济研究室编印 1941
1144	毛绒线手工编结法（七集）\鲍国芳编著\（上海）国芳编结社 1941.11

1145 棉纺学（上卷、中卷）\石志学编著\（西安）大华纱厂1941.12
1146 棉和麻（特教丛刊）\顾元亮编著\（重庆）正中书局1941.8
1147 棉作（农业丛书）\季君勉编\（昆明）中华书局1941.3
1148 农村棉产通信调查员须知\华北棉产改进会调查科编\（北京）编者刊1941
1149 农林部中央农业实验所蚕桑系三年来之工作概况\孙本忠\出版者不详1941
1150 秋萍毛线刺绣编结法（9—12合订本）\冯秋萍编著\（上海）良友编结社1941.11
1151 现代染色概要（工业常识丛刊）\（英）休厄尔（W.G.Sewell）著，中国工业合作研究所译\（成都）中国工业合作研究所1941
1152 兴国立锭纺纱机说明书\徐志远著\（西安）兴国立锭纺纱机制造厂1941.7
1153 西北羊毛与畜牧事业\张之毅著\（香港）中国国货实业服务社1941
1154 西康省立毛织厂雅安分厂一览\西康省立毛织厂雅安分厂编\（雅安）编者刊1941
1155 现代刺绣范本（第十五集）\中国艺术手工社制图\（上海）中国艺术手工社1941
1156 纺厂成本计算\诚孚信托公司执行委员会成本计算处编\（上海）编者刊1942.9
1157 高初级工业职业学校棉织科、漂染科、陶瓷科、制图科课程及设备标准\（重庆）教育部1942.10
1158 工艺作物概要\湖南省地方行政干部训练团编印1942.4
1159 湖南省第一纺织厂一年纺织统计\湖南省第一纺织厂总务科编\（长沙）编者刊1942
1160 经营国产染料之商榷\江西省民生染厂编\（江西）编者刊1942
1161 棉纺学（下卷）\石志学编著\（西安）大华纱厂1942.12
1162 棉纺织厂成本会计\陈文麟著\（上海）立信会计图书用品社1942.6
1163 民国三十年度华北棉产改进会业务概要\华北棉产改进会调查科编\（北京）编者刊1942
1164 "耐隆"与生丝之前途\王天予编著\（重庆）正中书局1942.2
1165 农林部江西农村服务区管理处麻业实验经过\农林部江西农村服务区管理处编印1942
1166 皮辊工程学\吴支峰著\（重庆）申新第四纺织厂1942
1167 黔省柞蚕问题\顾青虹著\（贵阳）文通书局1942.9
1168 生丝整理检查学\戴元亨著\（南京）中央技专出版组1942
1169 十年来之纤维研究与试验\张永惠著\（重庆）经济部中央工业试验所1942.5
1170 西江各县蚕丝业\邓浩存等著\广东建设厅农业局西江蚕丝改良场1942
1171 怎样推广植棉和改良棉种\饶华棣编著\（江西赣县）新赣南出版社1942.5
1172 战时中国大后方纺织染整工厂一览表：棉毛麻丝\蒋乃镛编制\（重庆）申新第四纺织公司1942.9
1173 煮茧学\戴元亨著\（南京）中央技专出版组1942
1174 纺织日用手册\陆绍云著\（上海）中国纺织染工程研究所1943.1
1175 甘肃羊毛调查报告\贸易委员会西北办事处调查科编制\（不详）编者刊1943

1176 关于纺织用棉花鉴别上之须知\华北棉产改进会山西省支部田川薰编\（山西）编者刊1943.8

1177 湖南第三纺织厂（三十二年份）（油印本）\湖南第三纺织厂编\（长沙）编者刊[1943]

1178 湖南省第一纺织厂二年纺织统计\湖南省第一纺织厂总务科编\（长沙）编者刊1943.7

1179 华北之棉产统制（中国经济研究丛刊4）\思淑著\出版者不详1943

1180 花纱布管制之概况\财政部花纱布管制局编\（重庆）中央信托局印制处1943.11

1181 华中蚕丝股份有限公司第九届营业报告书\华中蚕丝股份有限公司编\（上海）编者刊1943

1182 换纬式自动织机手册\黄金声著\（上海）中国纺织染工程研究所1943.1

1183 江西省农业院棉麦试验场三年来工作概况\江西省农业院棉麦试验场编印1943

1184 军需工作建设：服装工业建设之现状\陈良著\（重庆）国防研究院1943

1185 棉纺要览（纺织丛书）\诚孚公司设计室编辑\（上海）诚孚公司1943.1

1186 棉纺用皮辊（纺织丛书）\诚孚公司设计室编辑\（上海）诚孚公司1943.1

1187 棉纺织试验法（纺织丛书）\诚孚公司设计室编辑\（上海）诚孚公司1943.1

1188 棉花分级检验手册\夏起诗编\（北京）华北棉产改进会1943

1189 棉纱暨棉纱直接织成品暂定估价税率表\财政部税务署编\（不详）编者刊1943.1

1190 绵羊与羊毛学\张松荫编著\（不详）中国畜牧兽医学会1943

1191 棉之不孕籽研究\王培祺编著\（重庆）农林部中央农业实验所1943.3

1192 上海染织业概况（工业调查丛刊3）\单岩基著\（不详）中国经济研究会1943.10

1193 实用柞茧缫丝学\任醇修编\（河南南召）河南省柞蚕改良场1943

1194 实用柞蚕饲育学\任醇修编\（河南南召）河南省柞蚕改良场1943.2

1195 收买棉纱棉布办事处业务报告\收买棉纱棉布办事处编\（不详）编者刊1943.12

1196 四川棉业之希望\四川政府建设厅秘书室编审股编印1943

1197 私立中国纺织染工业专科暨补习学校一览\中国纺织染工程研究所编\（上海）编者刊1943.5

1198 天津特别市机器漂染厂调查报告\天津特别市工厂联合会调查组编辑\（天津）天津特别市机器漂染工厂同业会1943.6

1199 我国战时后方棉花之产销管制概况\伪国民政府所属机关编\出版者不详1943

1200 英华纺织染辞典（初稿）\蒋乃镛编著\（重庆）中国纺织学会1943.1

1201 战前及现在之上海棉纺织业（中国经济研究会工业调查丛刊）\冯叔渊著\（上海）中国经济研究会1943

1202 中国棉业之发展（国立中央研究院社会科学研究所丛刊第19种）\严中平著\（重庆）商务印书馆1943.9

1203 中农德字棉两新品系之育成（珂字棉品种）\胡竟良著\（重庆）农林部中央农业实验所1943.12

1204 澳洲羊毛\顾宗析编著\（上海）毛业研究会 1944.12
1205 财政部花纱布管制局管制办法（油印本）\财政部花纱布管制局编印 1944.4
1206 重庆棉货市场及市价之研究（中央银行经济研究处丛刊）\杨蔚、陈敬先编著\（重庆）中央银行经济研究处 1944.2
1207 重庆市工业普查报告第一辑：纺织业\著者不详\出版者不详 1944.6
1208 德字棉之试验结果及其推广成绩\胡竟良著\（重庆）农林部农业实验所 1944.4
1209 鄂棉产销研究\梁庆椿等编\（重庆）中国农民银行经济研究处 1944.12
1210 纺织机构学（纺织丛书）\诚孚公司设计室编辑\（上海）诚孚公司 1944.6
1211 纺织染工程手册（上下册）\蒋乃镛编著\（重庆）大东书局 1944.5
1212 福建省之棉产\福建省农业改进处编印 [1944.10]
1213 扩充纱锭计划纲要（国讯 382 期附册）\刘国钧著\出版者不详 1944.7
1214 棉纺织运转工作法（纺织丛书）\诚孚公司设计室编辑\（上海）诚孚公司 1944.4
1215 民国三十一年度棉冬作物生产费调查成绩\华中棉产改进会编\（上海）编者刊 1944.2
1216 上海特别市毛纺织厂业同业公会会员名册\上海特别市毛纺织厂业同业公会编印 1944
1217 上海特别市棉织厂业同业公会会员录\上海特别市棉织厂业同业公会编印 1944.5
1218 实用皮辊学（纺织丛书）\诚孚公司设计室编辑\（上海）诚孚公司 1944
1219 四川蚕丝产销调查报告\钟崇敏、朱寿仁调查编著\（重庆）中国农民银行经济研究处 1944.6
1220 纤维棉——维丝脱拉\徐学文译述\（上海）五洲书报社 1944.8
1221 战后实施衣被工业建设方针\荣尔仁编\出版者不详 1944.3
1222 战时纺织女工（妇女新运丛书）\新运妇女指导委员会文化事业组撰述\（重庆）编者刊 1944
1223 怎样种棉花\高自立著\（陕西）边区政府建设厅 1944.2
1224 中国纺织染业概论\蒋乃镛著\（重庆）中华书局 1944.10
1225 中国丝绢西传史（中山文化教育馆研究丛刊）\姚宝猷著\（重庆）商务印书馆 1944.6
1226 最近三年来花纱布收购供应产量及管理费占营业额百分数统计图\财政部花纱管制局编印 1944
1227 最新纺纱计算学（上册）\何达编著\（上海）中国纤维工业研究所 1944.6
1228 蚕种制造\殷秋松编\（上海）中华书局 1945.10
1229 川北遂宁棉花与粮食作物生产成本之研究\张德粹、谢森中著\财政部花纱布管制局、国立中央大学农学院 1945.7
1230 大后方纱厂一览表\吴味经编\中国纺织企业公司 1945.1.1
1231 东亚精神（甲）\天津东亚毛呢纺织公司编印 1945.10
1232 对花纱布增产意见书\土布工业同业公会技术研究委员会编印 1945.3

1233 纺绩工程学\黄希阁著\（上海）中国纺织染工程研究所1945.8

1234 纺织原料与试验\黄希阁编著\（上海）中国纺织工程研究所1945.8

1235 合作棉业示范场计划书\社会部全国合作社物品供销处东南分处拟\（不详）编者刊1945.9

1236 家蚕新品种"贸易一号"育种经过及推广成绩初步报告\孙本忠著\财政部贸易委员会外销物资增产推销委员会1945

1237 江苏省立蚕丝专科学校十周年纪念刊\江苏省立蚕丝专科学校风光社编印1945

1238 棉纺织工场之设计与管理\张方佐著\（上海）作者书社1945.1

1239 漂染印花整理学\中国纺织染工程研究所研究委员会编辑室编撰\（上海）编者刊1945.8

1240 青海羊毛产销调查报告\李自发调查\贸易委员会西北办事处1945

1241 四川省成都市及南充县生丝消费量初步调查报告\孙伯和著\财政部贸易委员会外销物资增产推销委员会1945

1242 四川之丝绸业\丁趾祥著\（重庆）华源公司出版部1945.11

1243 纤维报告书\东北科学技术学会编印1945.9.1

1244 纤维工业辞典\黄希阁、姜长英编著\（上海）中国纺织染工程研究所1945.8

1245 怎样精纺精织\晋绥边区行政公署建设处编\（山西）晋绥边区行政公署1945.1

1246 怎样种棉花\席凤洲编\出版者不详1945.7

1247 织物组合与分解\黄希阁、瞿炳晋著\（上海）中国纺织染工程研究所1945.8

1248 中国棉产改进史\胡竟良著\（重庆）商务印书馆1945.11

1249 植物色素\孟心如著\（上海）商务印书馆1945

1250 自动织机手册\黄金声编著\（上海）中国纺织染工程研究所1945

1251 第六区机器棉纺织工业同业公会会员录\（上海）第六区机器棉纺织公会1946.4

1252 对今后发展纺织的意见\晋绥边区生产委员会编\（山西）编者刊1946.2

1253 湖北棉业建设五年计划\杨显东著\湖北农业复员委员会1946.12

1254 抗战时期南通大生纺织公司文献之一\南通大生纺织公司编\（南通）编者刊1946

1255 南通学院纺织科学友录（1946）\南通学院纺织科学友会编\（南通）编者刊1946.12

1256 秋萍毛线刺绣编结法（13—16合订本）\冯秋萍编著\（上海）良友绒线公司1946.12

1257 纱厂成本计算法（增订3版）\何达著\（上海）中国纤维工业研究所1946.10

1258 陕甘宁边区民间纺织业\罗琼著\中国妇女社1946.3

1259 上海市毛绒纺织整染工业同业公会会员名册\上海市毛绒纺织整染工业同业公会编印1946.9

1260 世界棉业概况及统计\胡竟良鉴定辑译\（上海）农业林部棉产改进咨询委员会1946.9

1261 四川蚕丝业\姜庆湘编著\（重庆）四川省银行经济研究处1946.3

1262　四川丝业股份有限公司第十一次董监联系会议记录\四川丝业股份有限公司编印 1946

1263　天津中纺一周年\中国纺织建设公司天津分公司编\（天津）编者刊 1946.12

1264　纤维材料学\应寿纪编著\出版者不详 1946

1265　衣服故事（儿童知识文库）\倪锡英编\（上海）大众书局 1946

1266　衣冠服饰（日常事务掌故丛书）\杨荫深编著\（上海）世界书局 1946.9

1267　浙江蚕丝概况\苏浙两省秋茧贷款联合管理处编印 1946

1268　织物分解（职业学校教科书）\周南藩编著\（上海）商务印书馆 1946.9

1269　中国标准式大牵伸细纱机说明书\中国纺织机器制造股份有限公司编\（上海）编者刊 1946.12

1270　中国纺织建设公司法令章则汇编（修订）\中国纺织建设公司编\（上海）编者刊[1946]

1271　中国纺织建设公司青岛分公司工作报告书\（青岛）中国纺织建设公司青岛分公司 1946

1272　中国纺织染业概论（增订 2 版）\蒋乃镛著\（上海）中华书局 1946.6

1273　中国纺织学会上海分会会员录\中国纺织学会上海分会编\（上海）编者刊 1946.10

1274　中国棉产统计（民国三十五年）\农林部棉产改进咨询委员会、中国棉纺织业联合会编\（上海）编者刊 1946

1275　中国棉业复兴纲领\胡竟良著\（上海）农业林部棉产改进咨询委员会 1946.9

1276　中国之蚕丝业\周开发主编\（上海）中国蚕丝业研究会 1946

1277　种蓝—打靛—染布（农业技术文件）\太行行署编印 1946

1278　种棉问题（晋绥边区生产会议材料）\晋绥边区生产委员会编印 1946

1279　最新纺纱计算学（下册）\何达编著\（上海）中国纤维工业研究所 1946.1

1280　最新棉纺学（增补 3 版）\何达著\（上海）中国纤维工业研究所 1946.3

1281　被服之保管与补给\联合勤务干部训练班编\编者刊 1947.1

1282　裁剪大全（4 版）\卜珍著\（广东）岭东科学裁剪学院 1947.8

1283　第六区机器棉纺织工业同业公会会员录\第六区机器棉纺织工业同业公会编\（上海）编者刊 1947.7

1284　东北棉产运营概况\中国纺织建设公司东北分公司业务科编\（沈阳）中国纺织建设公司东北分公司 1947.6

1285　东北生产管理局沈阳纺织厂概况\东北生产管理局沈阳纺织厂编\（沈阳）编者刊 1947.8

1286　防护服装\社会部工矿检查处编\（南京）编者刊 1947

1287　纺联概览\全国纺织业联合会编\（上海）编者刊 1947.12

1288　纺织（上、下册）（新中学文库，工学小丛书五版）\朱升芹著\（上海）商务印书馆 1947.1

1289　纺织工业\行政院新闻局编\（南京）编者刊 1947.11

1290　纺织工业\上海市商会商业月报社编\（上海）编者刊 1947.7

1291　纺织工业工作竞赛办法\工作竞赛推行委员会编\出版者不详 1947.8

1292	纺织力学（全一册）\何达撰\（上海）中国纤维工业研究所1947.3
1293	纺织运动与纺织英雄\太行二届群英大会编辑委员会编\（河北邯郸）编者刊1947.1
1294	广东实业有限公司纺织厂工作概况\萧国藩编著\广东实业有限公司纺织厂1947
1295	换管式自动织机保全要项\金国英编\（上海）中国科学图书仪器公司1947.9
1296	混棉学（油印本）\中国纺织建设公司原棉研究班编\（上海）编者刊1947.8
1297	机织法（职业学校教科书）\张炳炘著\（上海）商务印书馆1947.9
1298	经济部纺织工业生产会议记录\经济部纺织工业生产会议编\（上海）编者刊1947.9
1299	美棉在河南的栽培法\王宪中编著\（郑州）正中书局郑州特约所1947.1
1300	棉纺工程\吕德宽编著\（上海）纤维工业出版社1947.3
1301	棉花产销\行政院新闻局编\（南京）编者刊1947.11
1302	棉练漂学（上册）（纺织染丛书）\杜燕孙编著\（上海）纤维工业出版社1947.7
1303	棉练漂学（中册）（纺织染丛书）\杜燕孙编著\（上海）纤维工业出版社1947.12
1304	棉纱联合配销问题\钱贯一\全国纺织业联合会编\（上海）编者刊1947.11
1305	年余来之中国纺织建设公司\中国纺织建设公司\（上海）编者刊1947.9
1306	农林经济部蚕丝产销协导委员会浙江办事处三十六年度工作报告\农林经济部蚕丝产销协导委员会浙江办事处编\（浙江）编者刊1947
1307	培英毛线编结法\黄培英编\（上海）培英编结公司发行1947.10
1308	皮圈式大牵伸\（英）诺盖拉（J.Noguera）著，何达译\（上海）中国纤维工业研究所1947.7
1309	秋萍绒线编结法\冯秋萍编著\（上海）良友绒线公司1947.10
1310	染色术（新中学文库，工学小丛书七版）\孟心如著\（上海）商务印书馆1947.3
1311	染色用药品（职业学校教科书）\周南藩编著\（上海）商务印书馆1947.9
1312	荣丰纺织厂股份有限公司职员服务暂行规则\荣丰纺织厂股份有限公司编\（上海）荣丰纺织厂1947.6
1313	三十六年份第二次棉产估计\全国纺织业联合会编\（上海）编者刊1947
1314	山东棉花概况\（日）渡部诚著\（青岛）中国纺织建设公司青岛分公司1947.8
1315	陕西棉业\李国桢编\陕西农业改进所1947.3
1316	上海市机器染织工业同业公会会员录\上海市机器染织工业同业公会\（上海）编者刊1947
1317	上海丝织业概览\联合征信所调查组编\（上海）编者刊1947.5
1318	生丝产销\行政院新闻局编\（南京）编者刊1947.10
1319	私立南通学院概况\私立南通学院编\（上海）编者刊1947.2
1320	实用机织学（修增再版）\傅道伸\（上海）中国纺织染工程研究所1947.9
1321	四川蚕业改进史\尹良莹著\（上海）商务印书馆1947.9

1322	四川省农业改进所棉业改良场试验工作年报\四川省农业改进所编印1947
1323	台湾纺织工业概况\台湾工矿股份有限公司纺织公司编\（台湾）编者刊1947.9
1324	太行区纺织运动调查材料\太行财办办公室调查\（河北）邯郸太行贸易总公司1947.12
1325	提案原文\经济部全国纺织工业生产会议秘书处编印1947.9
1326	天津中纺二周年\中国纺织建设公司天津分公司秘书室编\（天津）编者刊1947.12
1327	我国棉纺织工业之回顾与前瞻\李升伯著\出版者不详1947
1328	我国衣服原料的生产\（作者不详）\（上海）大东书局1947
1329	我们的衣服（三年级常识课）\孙慕坚编著\（上海）商务印书馆1947.10
1330	纤维学\陈文沛著\（上海）文沛纺织化学工程所1947.8
1331	现行家蚕新品种性状概说\中国蚕丝公司编\（上海）商务印书馆1947.6
1332	新品种养蚕概说\中国蚕丝公司编\（上海）商务印书馆1947.6
1333	颜料及涂料（新中学文库，工学小丛书七版）\戴济著\（上海）商务印书馆1947.3
1334	衣服卫生法（儿童卫生教育丛书）\王晋斋编著\（上海）中华书局1947
1335	衣：人生四大要素之一\陈文沛著\（上海）文沛纺织化学工程所1947.8
1336	英华纺织染辞典（中国纺织学会丛书）（增订再版）\蒋乃镛编\（上海）世界书局1947.11
1337	蒽醌还原染料\陈彬、王世椿合著\（上海）中国科学图书仪器公司1947.8
1338	柞蚕学概论\贺康著\（上海）广学会1947.5
1339	中国纺织建设公司劳工福利规章汇编\中国纺织建设公司劳工福利委员会编\（上海）编者刊1947
1340	中国纺织建设公司青岛第六纺织厂三十五年度年报\中国纺织建设公司青岛第六纺织厂编\（青岛）编者刊1947.6
1341	中国纺织建设公司青岛各纺织厂工务概况\中国纺织建设公司编\（青岛）1947.4
1342	中国纺织建设公司三十六年度工作总报告\中国纺织建设公司编\（上海）1947
1343	中国纺织建设公司上海第一纺织厂概况\中国纺织建设公司上海第一纺织厂编\（上海）编者刊1947.6
1344	中国纺织建设公司上海第一绢纺厂概况\中国纺织建设公司上海第一绢纺厂编\（上海）编者刊1947
1345	中国纺织建设公司上海第一印染厂概况\中国纺织建设公司上海第一印染厂编\（上海）编者刊1947.1
1346	中国纺织建设公司上海第一针织厂概况\中国纺织建设公司上海第一针织厂编\（上海）编者刊1947.4
1347	中国纺织建设公司上海第一制麻厂概况\中国纺织建设公司上海第一制麻厂编\（上海）编者刊1947.7
1348	中国纺织建设公司上海第二制麻厂概况\中国纺织建设公司上海第二制麻厂编\（上海）编者刊1947.1

1349 中国纺织建设公司上海第三印染厂概况\中国纺织建设公司上海第三印染厂编\（上海）编者刊1947.6

1350 中国纺织建设公司上海第四毛纺织厂概况\中国纺织建设公司上海第四毛纺织厂编\（上海）编者刊1947.3

1351 中国纺织建设公司上海第四印染厂概况\中国纺织建设公司上海第四印染厂编\（上海）编者刊1947.5

1352 中国纺织建设公司上海第六纺织厂概况\中国纺织建设公司上海第六纺织厂编\（上海）编者刊1947.4

1353 中国纺织建设公司上海第七纺织厂三十五年度概况\中国纺织建设公司上海第七纺织厂编\（上海）编者刊1947.5

1354 中国纺织建设公司上海第七纺织厂三十六年度工作概要\中国纺织建设公司上海第七纺织厂编\（上海）编者刊1947.12

1355 中国纺织建设公司上海第十纺织厂概况\中国纺织建设公司上海第十纺织厂编\（上海）编者刊1947.12

1356 中国纺织建设公司上海第十二纺织厂概况\中国纺织建设公司上海第十二纺织厂编\（上海）编者刊1947.1

1357 中国纺织建设公司上海第十四纺织厂三十五年度工作年报\中国纺织建设公司上海第十四纺织厂编\（上海）编者刊1947.1

1358 中国纺织建设公司上海第十五纺织厂概况\中国纺织建设公司上海第十五纺织厂编\（上海）编者刊1947.5

1359 中国纺织建设公司上海第十六纺织厂概况\中国纺织建设公司上海第十六纺织厂编\（上海）编者刊1947.10

1360 中国纺织建设公司上海第十七纺织厂概况\中国纺织建设公司上海第十七纺织厂\（上海）编者刊1947

1361 中国纺织建设公司上海第十九纺织厂三十六年度上半年工作概况\中国纺织建设公司上海第十九纺织厂编\（上海）编者刊1947.10

1362 中华民国机器棉纺织工业同业公会联合会第二届会员大会记录\中华民国机器棉纺织工业同业公会联合会编\（上海）编者刊1947.9

1363 植棉手册\农林部棉产改进处编\（南京）农林部棉产咨询委员会1947.2

1364 织纹组合学（部定大学用书）(增订第一版)\蒋乃镛著\（上海）商务印书馆1947.7

1365 织物构造学\应寿纪编\（上海）世界书局1947.3

1366 自动织机工作与管理\黄金声、张灿著\（上海）纤维工业出版社1947.10

1367 编结和刺绣\潘澹明编\（上海）中华书局1948.2

1368 蚕丝改进计划草案\农林部编\南京）编者刊1948.1

1369 蚕业指导\殷秋松编著\（上海）正中书局1948.3

1370 刺绣术（改订第四版）\张华瑾、李许频韵编纂\（上海）商务印书馆1948.8

1371 第六区机器棉纺织工业同业公会第一届会务报告\第六区机器棉纺织工业同业公会编\（上海）编者刊1948.6

1372 第六区机器棉纺织工业同业公会会员录\第六区机器棉纺织工业同业公会编\（上海）编者刊1948.6

1373　第六区机器棉纺织工业同业公会章程修正草案\第六区棉纺织工业同业公会编\（上海）编者刊1948

1374　东北生产管理局东北纺织公司及所属各厂概况\东北生产管理局东北纺织公司编\（沈阳）编者刊1948

1375　纺建要览\王望孚等编，彭敦仁主编\（上海）中国纺织建设公司1948.1

1376　纺纱（中华文库）\王凤瑞编\（上海）中华书局1948.7

1377　纺织厂成本会计（《棉纺织厂成本会计》另一版本）\陈文麟著\（上海）立信会计图书用品社1948.10

1378　纺织计算学\瞿炳晋编著\（上海）纤维工业出版社1948.8

1379　纺织染工程手册（增补3版）\蒋乃镛编\（上海）中国文化事业社1948

1380　丰田式自动换梭织机机械状况计分标准\棉纺织技术促进组编\出版地不详1948.10

1381　冯泽芳先生棉业论文选集\农林部棉产改进处编\（南京）中国棉业出版社1948.1

1382　汉口区花纱布调查统计摘要\经济部纺织事业调节委员会汉口区办事处编\（汉口）编者刊1948.1

1383　华北棉花及增产问题（资源委员会经济研究所丛刊第3种）\叶笃庄著\（南京）资源委员会经济研究所1948.10

1384　胡竟良先生棉业论文选集\胡竟良著，农林部棉产改进处编\（南京）中国棉业出版社1948.6

1385　机动辊轴轧花机之使用与管理\赵伯基著\（南京）农林部棉产改进处1948.8

1386　浆纱学\杨樾林编著\（青岛）中国纺织学会青岛分会1948.2

1387　浆纱总报告\杨樾林著\（青岛）中国纺织学会青岛分会1948

1388　精纺机装置及保全标准\中国纺织建设公司纺织染技术研究班精纺组著\（上海）编者刊1948.8

1389　经纬纺织机制造公司制造纺织机器计划书\经纬纺织机制造公司编\（上海）编者刊1948

1390　力织机构学\雷锡璋著\（上海）中国纺织染工程研究所1948.1

1391　鲁北区之棉花\中国纺织建设股份有限公司青岛分公司编\（青岛）编者刊1948.10

1392　棉纺工场工作法\谈祖彦编著\（上海）中华书局1948.4

1393　棉纺机械调查记分标准\棉纺织技术促进组[编]\出版者不详1948

1394　棉纺机械计算法\郭辉南编著\（上海）中华书局1948.7

1395　棉花（财政部贸易委员会商品丛书）\杨逸农编著\（上海）正中书局1948.2

1396　棉花产销合作之组织与经营\王树基、鲁镇湘编著\中央合作金库1948

1397　棉花概念（原棉训练班讲义）\中国纺织建设公司天津分公司编\（天津）编者刊1948.12

1398　棉花及其市场\中国纺织建设股份有限公司青岛分公司编\（青岛）编者刊1948

1399　棉练漂学（下册）（纺织染丛书）\杜燕孙编著\（上海）纤维工业出版社1948.5

1400　棉练漂学（合订再版）\杜燕孙编著\（上海）纤维工业出版社1948.12

1401 棉作学（部定大学用书）（上册）\孙逢吉编著\（上海）国立编译馆1948.3

1402 棉作学（部定大学用书）（下册）\孙逢吉编著\（上海）国立编译馆1948.7

1403 培英毛线编结法\黄培英编\（上海）培英毛线编结公司1948

1404 青岛中纺各厂设备之特点\中国纺织建设公司青岛分公司编\（青岛）编者刊1948.6

1405 清棉机械装置及保全标准（纺织染丛书第2辑）\中国纺织建设股份有限公司专门技术研究班清棉组著\（上海）中国纺织建设股份有限公司董事会纺织建设月刊社1948.12

1406 秋萍绒线刺绣编结法（第十九册）\冯秋萍编著\（上海）良友绒线公司1948.4

1407 秋萍绒线刺绣编结法（第二十册）\冯秋萍编著\（上海）良友绒线公司1948.11

1408 全国花纱布管制委员会三十七年下半年度业务计划及营业预算\全国花纱布管理委员会编印1948

1409 人造纤维\丁宪祜、王世椿编\（上海）纤维工业出版社1948.4

1410 三十六年度统计年报\中国纺织建设公司青岛分公司统计室编\（青岛）编者刊1948.1

1411 三十六年棉纺织业大事记（纺联会刊）\全国纺织业联合会编辑\（上海）编者刊1948.1

1412 上海区机器棉纺织工业同业公会章程修正草案\上海区机器棉纺织工业同业公会编\（上海）编者刊1948

1413 上海市纺织印染工业\工商部上海工商辅导处调查资料编辑委员会编\（上海）编者刊1948.11

1414 上海市机器染织工业同业公会会员录（续集）\上海市机器染织工业同业公会编\（上海）编者刊1948

1415 上海市棉布商业同业公会会员录\上海市棉布商业同业公会编\（上海）编者刊1948.4

1416 上海市棉花商业同业公会棉业从业人员训练班毕业纪念册\上海市棉花商业同业公会编\（上海）编者刊1948

1417 生丝（财政部贸易委员会丛书）\夏光耀编\（上海）正中书局1948.10

1418 生丝检验论\王天予编著\（上海）正中书局1948.7

1419 实例棉纺织标准成本计算法\吴欣奇、王世勋等编著\（上海）中国纺织建设公司1948

1420 十年来之蚕丝事业（经济部成立十周年）\谭熙鸿等著\（上海）中华书局1948

1421 十年来之棉纺织工业（经济部成立十周年）\李升伯著\（上海）中华书局[1948]

1422 梳棉机械运转工作标准（纺织染丛书第9辑）\中国纺织建设公司专门技术研究班清棉组著\（上海）中国纺织建设公司1948

1423 梳毛纺绩学\孙文胜、竺开伦编著\（上海）纤维工业出版社1948.10

1424 私立上海纺织工业专科学校校务报告（三十七年度下学期）\私立上海纺织工业专科学校编\（上海）编者刊1948

1425 私立上海纺织工业专科学校一览\颜惠庆编\（上海）私立上海纺织工业专科学校1948.1

1426	苏浙皖京沪区机器棉纺织工业同业公会会员录\苏浙皖京沪区机器棉纺织工业同业公会编\（上海）编者刊1948.7	
1427	弹簧大牵伸与双喇叭\雷炳林等著\（上海）[大利铁厂]1948.10	
1428	天津中纺三周年\中国纺织建设公司天津分公司编\（天津）编者刊1948.12	
1429	吴江县织绸运销合作社概况\吴江县织绸运销合作社联合社编\（江苏吴江）编者刊1948.8	
1430	纤维工业（东北经济小丛书14）\东北物资调节委员会研究组编辑\（沈阳）编者刊1948.2	
1431	现行棉花检验法规汇编\农林部棉产改进处编\（南京）编者刊1948.7	
1432	洋裁全书\著者不详\（台湾）稻江洋裁补习学校1948	
1433	羊毛改进计划草案\农林部编\（南京）编者刊1948.1	
1434	原棉研究录\杨书恩编著\出版者不详1948.8	
1435	云南木棉研究报告（农林部中央农业实验所特刊）\陈仁、奚元龄[著]\（南京）农林部中央农业实验所1948	
1436	柞蚕饲养法（职业学校教科书）\蒋根尧编著\（上海）商务印书馆1948.8	
1437	战后初期之日本棉纺织工业\全国纺织业联合会编\（上海）编者刊1948	
1438	战后日本棉纺织之三年计划、战时日本纤维工业之统制情形\全国纺织业联合会编辑\（上海）编者刊1948.4	
1439	战后织造工业在香港\神州电讯社编\（上海）神州电讯社1948.2	
1440	整经机总报告\中国纺织建设公司专门技术研究班准备组编\（上海）编者刊1948	
1441	中国的茶和丝（文通少年丛书）\王冰著\（上海）文通书局1948	
1442	中国的棉和毛\王冰著\（上海）文通书局1948.8	
1443	中国纺织建设公司\行政院新闻局编\（南京）编者刊1948.11	
1444	中国纺织建设公司技术人员训练班印染系毕业纪念册\中国纺织建设公司编\（上海）编者刊1948.7	
1445	中国纺织建设公司青岛第一机械厂三十六年度工作报告\中国纺织建设公司青岛第一机械厂编\（青岛）编者刊1948.1	
1446	中国纺织建设股份有限公司三十八年度营业计划\中国纺织建设股份有限公司编\（上海）编者刊1948	
1447	中国纺织建设公司上海第二、三纺织厂概况\中国纺织建设公司上海第二、三纺织厂编\（上海）编者刊1948.1	
1448	中国纺织建设公司上海第二毛纺织厂概况\中国纺织建设公司上海第二毛纺织厂编\（上海）编者刊1948.7	
1449	中国纺织建设公司上海第三毛纺织厂概况\中国纺织建设公司上海第三毛纺织厂编\（上海）编者刊1948.3	
1450	中国纺织建设股份有限公司上海第五纺织厂概况\中国纺织建设公司上海第五纺织厂编\（上海）编者刊1948	
1451	中国纺织建设股份有限公司上海第十一纺织厂概况\中国纺织建设股份有限公司上海第十一纺织厂编\（上海）编者刊1948.10	

1452	中国纺织学会第十三届年会会刊\中国纺织学会编\（上海）编者刊1948
1453	中国纺织学会会员（第十三届）\中国纺织学会编\（上海）编者刊1948
1454	中国棉产统计（中华民国三十七年）\农林部棉产改进咨询委员会、全国纺织业联合会编\（上海）编者刊1948
1455	中国纱厂一览表（1948）\全国纺织业联合会调查编制\（上海）编者刊1948
1456	织布（中华文库）\张柱惠编\（上海）中华书局1948.7
1457	织布机装置及保全标准（纺织染丛书第7辑）\中纺建设公司工务处棉纺技术促进组织造股编，葛鸣松编审\（上海）中国纺织建设公司1948
1458	植棉·养蚕（中华文库）/周惟诚、陈醉云编\（上海）中华书局1948
1459	准备部机械运转工作标准（纺织染丛书第12辑）\中国纺织建设股份有限公司编\（上海）中国纺织建设股份有限公司董事会纺织建设月刊社1948.11
1460	并条粗纺机械装置及保全标准（纺织染丛书第4辑）\中国纺织建设股份有限公司工务处棉纺织技术促进组粗纺股编辑\（上海）中国纺织建设股份有限公司1949.8
1461	并条粗纺机械运转标准（纺织染丛书第10辑）\中国纺织建设股份有限公司工务处棉纺织技术促进组粗纺股编辑\（上海）中国纺织建设股份有限公司1949
1462	裁剪缝绣学入门\王圭璋著\（上海）景华函授学院1949
1463	大家来编结\黄培英编\（上海）毛绒纺织厂1949
1464	纺织染工程概说\蒋乃镛编撰\（上海）大东书局1949
1465	纺织试验理论与实际（上）\傅翰声著\（上海）中国纺织染工程研究所1949
1466	工务辑要\中国纺织建设公司工务处编\（上海）纺织建设月刊社1949.5
1467	关于推广苎麻事业之意见\邓云鹤著\著者刊1949
1468	华北花纱布公司原棉手册\原棉采购部技术指导科编印1949
1469	华北棉产概况及今后改进事业之方针任务\华北棉产改进处编\（北京）1949
1470	混棉学（纺织染丛书第1辑）\中国纺织建设股份有限公司原棉研究班全体著\（上海）中国纺织建设股份有限公司1949.2
1471	机织学（英文版）\张朵山编\（陕西）国立西北工业学院纺织系1949
1472	机织准备工程学\蒋乃镛著\（上海）中国文化事业社1949
1473	江西省苎麻及其利用法之调查\黄海化学工业研究社编\（不详）龙门联合书局1949
1474	晋绥解放区妇女纺织发展概况\晋绥边区民主妇女联合会编\（山西）编者刊1949
1475	精纺部机械运转工作标准（纺织染丛书第11辑）\中国纺织建设股份有限公司专门技术研究班清棉组著\（上海）中国纺织建设股份有限公司1949.8
1476	毛麻绢纺织、针织之部\中国纺织建设股份有限公司编\（上海）编者刊1949
1477	棉布印花浆通例（纺织染丛书第29辑）\中国纺织建设股份有限公司\（上海）编者刊1949
1478	棉种机械装置及保全标准（纺织染丛书）\中国纺织建设股份有限公司工务处棉纺织技术促进组梳棉股编\（上海）中国纺织建设股份有限公司1949
1479	南通学院纺织科学友录\南通学院纺织科学友会编\（南通）编者刊1949.3

1480　青纺三年\中国纺织建设公司青岛分公司编\（青岛）编者刊1949.6
1481　清棉部机械运转工作标准（纺织染丛书第8辑）\中国纺织建设股份有限公司清棉组著\（上海）中国纺织建设股份有限公司1949.2
1482　培英毛线编结法\黄培英编\（上海）培英编结公司1949.8
1483　全国棉纺织厂调查统计\美援花纱布联营处编\（不详）编者刊1949.1
1484　染织业商情讲义\徐秀晓著\（不详）1949
1485　陕西棉产\李国祯编\（南京）中国棉业出版社1949.1
1486　上海市民营棉纺织工业概况\苏浙皖京沪区机器棉纺织工业同业公会\（上海）编者刊1949
1487　上海纱厂的生产效率问题、上海棉纺织工业的电力供应问题\中国工业经济研究所编\（上海）工商经济出版社1949
1488　世界各国纺织工业\蒋乃镛\（上海）华美出版社1949
1489　梳棉机械装置及保全标准（纺织染丛书第3辑）\中国纺织建设股份有限公司工务处棉纺技术促进组梳棉股编\（上海）纺织建设月刊社1949
1490　孙恩麟先生棉业论文选集\农林部棉产改进处编\（南京）中国棉业出版社1949.1
1491　乌江棉花之生产及运销（金陵大学农学院乌江农业推广实验区丛刊）\崔毓俊著\（成都）金陵大学农学院1949
1492　养蚕法\宋君宜编\（上海）中国农业书局1949.3
1493　印染工厂工作法——机械篇（纺织染丛书第18辑）\中国纺织建设股份有限公司专门技术研究班清棉组著\（上海）中国纺织建设股份有限公司1949.9
1494　中国纺织建设公司（上海调查资料）\江南问题研究会编印1949.3
1495　中国纺织建设股份有限公司各纺织印染厂成品种类规格一览\中国纺织建设股份有限公司编\（上海）编者刊1949
1496　中国纺织建设公司各棉纺织厂生产量\中国纺织建设公司编\（上海）编者刊1949
1497　中国棉业文献索引\吴中道编订，农林部棉产改进处暨中央农业实验所棉作系编辑\（南京）中国棉业副刊社1949.1
1498　织布部机械运转工作标准（纺织染丛书第13辑）（附整理部机械保全运转工作标准）\中国纺织建设股份有限公司工务处棉纺技术促进组织造股编，葛鸣松编审\（上海）中国纺织建设股份有限公司1949
1499　织布计算法\（日）森山弘助著，仲统甡译\关东实业公司企划部1949
1500　准备机械装置及保全标准（纺织染丛书第6辑）\中国纺织建设股份有限公司工务处编\（上海）纺织建设月刊社1949

后　记

历经数年写作，这本《中国近代纺织服饰出版史》终于完稿了。这可以算是我们在这个领域多年研究的一个总结。

其实对于纺织出版物的关注早始于20世纪90年代初。出于兴趣和职业环境，我对当时的纺织期刊做了初步的探讨。相关成果发表于《中国纺织大学学报》《纺织学报》《苏州丝绸工学院学报》，尤其是《我国纺织期刊的发展》一文，涉及中国近代纺织期刊。但囿于当时条件，只能浏览到图书馆开放的纸质文献，只窥得冰山一角。随着互联网与数据库技术的发展，使比较全面地了解我国近代纺织服饰出版物成为可能，这也使我们的研究能够站在一个更高的台阶上。也许是理工科出身的缘故，比较喜欢分类统计和数据分析，这一特点体现在我们所发表的一系列论文中。这也许是本书的一个特色吧。

本书由我们三人共同完成。施敏俊先生原是东华大学图书馆党总支书记、副馆长，长于图书情报研究，是对中国近代纺织服饰图书的搜集、整理和研究做得最深入细致的学者之一。本书图书部分的文字介绍、图片整理以及图书附录由其完成。徐建红副编审是东华大学出版社时尚工作室主任，擅长服饰文献研究。其硕士论文为《时装报刊发展的历史与现状》。她对众多刊登服饰时尚信息的非服饰专业期刊，通过科学的方法进行整理和研究。本书第九章"中国近代刊载服饰时尚信息的其他期刊的发展"由其完成。或许是我研究生期间参与编辑过学校研究生会《研究生》杂志的缘故，也可能受到我的导师严灏景教授是《中国纺织大学学报》主编的影响，我踏上了编辑出版之路。几十年来从事期刊和图书编辑工作，发表有关中国近代出版文献研究的论文近20篇，涉及中国近代科技期刊、出版类期刊、读书类期刊、纺织报刊和服饰报刊等，当然最多的还是纺织服饰出版文献。在本书中，我完成了全书构思、除上述两位完成部分以外章节的撰写以及全书的统稿工作。

在本书的出版过程中，得到了中国纺织出版社有限公司的大力支持。感谢詹琏副总经理和孔会云总编辑对本书的肯定。

本书资料的收集整理与研究工作耗费了我们大量的时间和精力，尽管如此，书中缺点错误在所难免，希望专家学者不吝指正。我们期望有更多的研究者能参与进来，以使中国近代纺织服饰业者那种不懈努力、实业救国、教育救国的精神、理念和气节能够得到传承并发扬光大，助力当代纺织服饰业振兴、中华民族复兴的伟大事业。

吴川灵

2024年春节

作者简介

吴川灵出生于上海,毕业于中国纺织大学(现东华大学)纺织材料专业,获工学硕士学位。东华大学编审。

长期从事期刊、图书的编辑和研究工作。历任中国高校学报研究会青年委员会委员,东华大学出版社副总编辑,教育部高等学校纺织类专业教学指导委员会纺织装备分委员会委员等。担任策划与责任编辑的图书项目获得中华优秀出版物奖、上海图书奖等,四次获得国家出版基金和多次省部级各类出版基金资助。领衔上海市哲学社会科学规划课题项目。在《中国科技期刊研究》《编辑之友》《编辑学报》《现代出版》《编辑学刊》《纺织学报》《服装学报》《东华大学学报(自然科学版)》《北京服装学院学报(自然科学版)》《武汉纺织大学学报》等刊物发表论文50余篇。主要研究方向为中国近代出版史、中国近代纺织服饰史。

吴川灵

代表性论文:

1. 《我国纺织期刊的发展》,《中国纺织大学学报》1990年第5期;
2. 《中国近代科技期刊的种类数量与创刊时间统计分析——以上海图书馆馆藏文献为例》,《中国科技期刊研究》2016年第9期;
3. 《中国近代纺织期刊统计分析及其研究意义》,《东华大学学报(自然科学版)》2018年第3期;
4. 《中国近代服饰报刊整理与研究》,《服装学报》2022年第3期;
5. 《中国近代纺织报纸整理与研究》,《武汉纺织大学学报》2022年第2期;
6. 《中国近代纺织教育机构史料考证与统计分析》,《纺织服装教育》2022年第6期。

作者简介

施敏俊

施敏俊出生于上海，毕业于中国纺织大学化学纤维专业。曾任东华大学出版社副社长、东华大学图书馆党总支书记兼副馆长等。

多年从事图书情报管理与研究工作，尤其对中国近代纺织图书和服饰图书有深入研究。获钱之光教育奖，参与上海市哲学社会科学规划课题项目。在《丝绸》《服饰导刊》《纺织报告》等刊物发表相关研究论文。主要研究方向为中国纺织服饰图书、图书情报学研究。

代表性论文：

1. 《中国近代纺织图书统计与分析》，《丝绸》2020年第9期；
2. 《中国近代服饰图书出版探析（1912—1949年）》，《服饰导刊》2022年第6期；
3. 《上海近代纺织图书的作者队伍与出版机构研究》，《纺织报告》2022年第4期。

作者简介

徐建红，副编审，东华大学出版社时尚工作室主任，毕业于中国纺织大学服装专业。

策划、组织实施和担任责任编辑的重点图书项目入选国家出版基金项目、上海市各类图书出版专项、普通高等教育本科国家级规划教材，以及获上海图书奖、中国大学出版社图书奖、华东地区大学出版社优秀教材/学术专著奖等各类奖项，出版著作《上海人手册》等。

徐建红

代表性论文：

1. 《时装报刊发展的历史与现状》，1996年中国纺织大学硕士论文；
2. 《针对国家出版基金项目申报的选题策划经验要点》，《编辑学刊》2022年第4期；
3. 《中国近代刊载服饰时尚信息的重要期刊统计分析》，《丝绸》2023年第9期。

特别鸣谢

上海市哲学社会科学规划办公室

东华大学

中国国家图书馆

上海图书馆

南京图书馆

重庆图书馆

东华大学图书馆

中国纺织出版社有限公司